高职高专财政与金融类专业系列教材

互联网金融基础

主　编　吴庆念

副主编　傅凌燕　姚建锋

机 械 工 业 出 版 社

本书共八章：第一章介绍了互联网金融的发展沿革、概念辨析、发展模式与业态等内容；第二章至第四章重点介绍了网络支付、P2P 网络借贷和网络众筹三个主要的互联网金融业态，分别阐述了基本概念及类型、运营模式或盈利模式、实务操作流程、风险管理等问题；第五章和第六章介绍了互联网银行、互联网证券、互联网保险、互联网基金、互联网信托、互联网消费金融、互联网金融信息门户和互联网征信等新兴业态，阐述了概念、类型、发展模式和典型案例等内容；第七章探讨了大数据、云计算、人工智能和区块链等技术在互联网金融行业的应用状况和基本概念等问题；第八章论述了互联网金融风险的类型和控制措施、互联网金融监管的现状及模式等内容。本书的正文中设有“案例分析”，每章设置了知识和能力的“学习目标”，章后附有“本章小结”“知识自测”“技能实训”等内容。

本书可作为高职高专院校、继续教育学院、民办高校和中职学校等相关专业学生的学习教材，还可作为互联网金融行业的从业人员及其他有关人员的参考用书。

本教材配有电子课件等教师用配套教学资源，凡使用教材的教师可登录机械工业出版社教育服务网 www.cmpedu.com 下载。咨询可致电 010-88379375，QQ：945379158。

图书在版编目（CIP）数据

互联网金融基础/吴庆念主编．—北京：机械工业出版社，2018.8（2025.6 重印）
高职高专财政与金融类专业系列教材
ISBN 978-7-111-60665-9

Ⅰ．①互…　Ⅱ．①吴…　Ⅲ．①互联网络—应用—金融—高等职业教育—教材
Ⅳ．①F830.49

中国版本图书馆 CIP 数据核字（2018）第 184369 号

机械工业出版社（北京市百万庄大街 22 号　邮政编码 100037）
策划编辑：孔文梅　　责任编辑：孔文梅　张美杰
责任校对：王　欣　　封面设计：鞠　杨
责任印制：单爱军

北京盛通数码印刷有限公司印刷

2025 年 6 月第 1 版第 7 次印刷
184mm×260mm · 15.75 印张 · 359 千字
标准书号：ISBN 978-7-111-60665-9
定价：45.00 元

电话服务	网络服务
客服电话：010-88361066	机　工　官　网：www.cmpbook.com
010-88379833	机　工　官　博：weibo.com/cmp1952
010-68326294	金　　书　　网：www.golden-book.com
封底无防伪标均为盗版	机工教育服务网：www.cmpedu.com

序

随着互联网技术的发展，在新的经济结构中不仅是“互联网+机器”，有一个非常重要的方面就是“互联网+金融”，也就是互联网金融。什么叫互联网金融？我们认为互联网金融实际上分为广义和狭义，大家一般所理解的互联网金融其实是狭义的互联网金融，就是非金融机构通过互联网提供金融服务业务。这种模式的前提是非金融机构，如支付宝、余额宝等。广义的互联网金融是指，金融机构与非金融机构，不管什么机构，只要通过互联网提供金融服务业务，都应该属于互联网金融的范畴。

我们看到，互联网金融经过多年的快速发展取得了很大成就，特别是移动支付。我国移动支付产业已经从线上渗透到线下，基本覆盖了人民群众的衣食住行。同时，移动支付开始向交通、医疗、教育与政务等垂直领域拓展，极大地推动了普惠金融与实体经济的发展。不仅如此，我国移动支付产业已取得全球领先地位，在国际上产生了重要的影响，具体表现在以下几个方面：

第一，交易规模与渗透率全球领先。据工信部数据显示，2017 年我国移动支付交易规模超 200 万亿元，位居全球首位；全球知名调研公司益普索（Ipsos）数据显示，中国移动支付渗透率高达 77%，遥遥领先于美国等发达国家，位居全球第一。

第二，安全可靠性国际领先。我国移动支付企业积极探索大数据、人工智能和生物识别等技术创新，防控金融风险，取得了较好的效果。根据市场主要支付机构的披露数据，因支付风险而产生的资金损失比率低于百万分之一，远低于国际领先支付机构千分之三的水平，同时也低于国内信用卡万分之一左右的资损率。

第三，我国移动支付产业“走出去”提升了“一带一路”沿线国家心目中的中国国家形象。国外使用中国移动支付的居民，切实感受到了便利，对中国国家形象更具好感。

但目前还存在着两个影响我国移动支付产业国际领先地位的问题，一是国内支付创新受到抑制，影响国际竞争力。近几年，“伪 P2P”“伪现金贷”企业引发了一系列风险案件。为此，管理层加强了互联网金融监管。而第三方支付由于实行持证上岗，规范管理，虽然并没有产生较大风险，但是也受到加强监管的很大影响。例如，限制支付额度、限制远程开户等一些举措，在强调风险管理的同时，也对移动支付的市场创新活力产生了抑制作用。二是中国支付产业“走出去”面临在标准制定上话语权的缺乏问题。长期以来，国际上的支付标准由维萨和万事达卡等西方银行卡组织发起的产业联盟（EMVCo）制定，全球银行和商户必须遵守这一“西方标准”。针对中国领先的二维码支付，EMVCo 也制定了“西方标准”并在全球推广。两种标准的技术兼容难度较大，一旦 EMV 标准成为主流，将使中国移动支付产业处于国际竞争的劣势。

因此，我在 2018 年的全国政协提案中提出了以下建议：

第一，将移动支付作为推进数字普惠金融国策的核心战略，为移动支付创新与“走出去”提供良好的政策环境。政府应支持企业进行具有社会意义的创新，如试点生物识别应用于偏远农村地区的远程开户等。以做强国内为基础，为“走出去”完善配套政策，进一步提升移动支付的国际竞争力。

第二，支持将移动支付作为“一带一路”倡议的一部分，鼓励中国企业与国外机构合作。中国移动支付具备国际领先优势，周边国家也存在迫切的需求，我们应该从政府间交流、外汇管理、信贷政策等方面鼓励中国企业与国外机构合作，造福沿线人民。

第三，鼓励中国企业牵头制定国际支付行业标准，增强“中国标准”的话语权。国内移动支付的用户体验和安全性经过市场多年检验，政府应鼓励中国支付企业在全球推广“中国标准”，勇于与“西方标准”竞争，争夺未来发展的“制高点”。

第四，加速强化粤港澳大湾区不同移动支付标准融合，建立区域级移动支付互联互通的世界标杆。目前香港金管局在当地推广 EMV 二维码支付标准，导致内地和香港在标准上不一致，影响两地支付互通体验。建议在粤港澳大湾区推进移动支付互联互通试点，既有助于区域贸易和金融效率提升，也有助于港澳与内地经济深度融合，对地区繁荣稳定起到积极作用。

科技进步中的金融创新给我们带来了很多惊喜，同时也出现了风险与监管困惑。早在 2010 年，第三方支付公司出现了野蛮生长的状态，存在较大的金融风险。当时我写了一个关于规范发展第三方支付的全国政协提案，递交给中国人民银行，要求把第三方支付监管起来，通过审核，持证上岗。我的提案得到央行的高度重视，作为重点提案，并且立刻组织了八部委联合考察团到杭州考察了支付宝。在考察过程中，中国人民银行决定给支付宝发放第一块互联网金融牌照，实际上这是巨大的监管创新。央行在当时对非金融机构发放业务牌照，这在国内确实从来没有过。从此，第三方支付进入了规范发展的阶段，发展迅速并衍生出了一系列金融创新产品，如余额宝。根据天弘基金披露的数据，截至 2018 年第一季度末，余额宝规模为 1.68 万亿元，短短的几年时间，发展非常迅速。天弘基金公司已经成为国内最大的基金管理公司，由于央行及时对第三方支付进行了监管，第三方支付到现在没有发生重大的金融风险。但是在前几年，P2P 也出现了野蛮发展状态，可惜很多人把 P2P 看成是金融创新，只进行鼓励，而疏于监管，因此产生了一系列重大的安全监管风险。

前几年大家认为互联网金融是一大金融创新，我们就提出了大力发展互联网金融。但是随后由于 P2P 在发展中出现了一系列严重的问题，许多老板卷款跑路，我们就把提法改变为规范发展互联网金融。由于近两年 P2P 不断爆发风险事件，缺乏监管，于是我们在 2017 年又提出了防范债务违约、影子银行与互联网金融的风险。短短几年，我们对互联网金融的态度不断改变，使许多人认为互联网金融已经变成了贬义词，因此，有专家学者又把互联网金融改为更加创新的概念，例如把互联网金融称作金融科技或者科技金融、电子金融、数字金融等。这么多金融创新的概念，与互联网金融有什么相同？有什么不同？这一系列新概念之间有什么差异和区别，值得我们去辨析和思考。

由于 P2P 不断引爆重大的金融安全风险，因此必须加强对互联网金融的监管。但是，我们对互联网金融这种金融创新，如何科学合理监管、保证活而不死、活而不乱，如何根本区分互联网金融的不同特点，如何将互联网金融监管细化落实，实现合理有效的监管，这一系列监管创新中的问题，确实值得探讨。在严格监管之中的金融监管创新，也有很多问题值得研究和思考。

浙江经济职业技术学院吴庆念教授及其团队编写的这本《互联网金融基础》高职教材，清晰地阐述了互联网金融的各种概念、各类业态的特点和发展现状，也探讨了金融科技的前沿问题和互联网金融监管问题，值得广大读者学习和参考。

第十一、十二、十三届全国政协委员
中央财经大学教授、博士生导师　　贺强
中央财经大学证券期货研究所所长

前 言

党的十八大以来，互联网金融成为我国金融创新的重要成果之一。互联网金融的产生与发展提升了人民群众的金融获得感和满意度，实现了金融服务的普惠性。在互联网金融出现之前，由于门槛过高、征信缺失等因素，低收入人群、小微企业等所谓的金融市场“长尾”群体无法获得传统金融机构的投融资等金融服务。在互联网金融出现之后，基本金融服务门槛大幅降低，满足了“长尾”客户群体的需求。而传统金融机构也在互联网金融的发展带动下，借助互联网渠道提升服务和获客能力，加大了对 IT 设施技术的投入应用和对金融科技人才的重视，降低了运营成本，实现了转型升级。大数据、云计算、人工智能、区块链等先进技术也已经开始广泛应用于金融系统的构建优化和金融服务的场景中，个人征信体系及服务得到改善。

互联网金融出现以后，激发了国内金融市场的活力。传统金融机构服务的互联网化和互联网企业进入金融业务，网络支付、网络借贷、网络众筹、互联网银行、互联网证券、互联网保险、互联网基金、互联网信托等新兴业态迅速发展，互联网金融和传统金融之间虽有竞争但能够优势互补、共同发展。党的十八大以来，我国的金融对外影响力不断提升，这得益于我国互联网金融的迅猛发展。据相关报告，我国的互联网金融在体量上已经位居全球首位，特别是移动支付，在全球支付产业中继续保持着领先地位。这在我国金融业对外开放和“一带一路”倡议的建设中有着非常重要的意义。

互联网金融的本质是金融，在其粗放式的“野蛮”生长阶段，必定伴随着巨大的风险。特别是在 2015 年 7 月到 2016 年 9 月，互联网金融处于风险爆发阶段。从 2016 年 10 月至今，互联网金融处于风险专项整治阶段。互联网金融的风险具体表现在非法集资、违规经营、网络欺诈、违约跑路等方面，“高度警惕互联网金融风险”被写入 2017 年政府工作报告。在互联网风险专项整治阶段，国务院及相关部委、监管部门陆续出台文件，逐步规范互联网金融业务活动，健全互联网金融监管制度。目前，第三方支付、网络借贷、股权众筹、互联网保险、互联网资产管理、现金贷、虚拟货币、互联网金融交易所等业务模式及平台，均已被纳入互联网风险专项整治范畴。

党的十九大要求，深化金融体制改革，增强金融服务实体经济能力，提高直接融资比重，促进多层次资本市场健康发展。健全金融监管体系，守住不发生系统性金融风险的底线。通过互联网金融风险专项整治工作，划定互联网金融从业底线，明确互联网金融模式定位，加强互联网金融的功能监管、行为监管和联合监管，目前已取得了明显的成效。在第五次全国金融工作会议上，设立了国务院金融稳定发展委员会，明确指出“加强互联网金融监管”；并要求各地金融监管部门（包括地方金融办、地方金融工作局等）加挂地方金融监督管理局牌子，持续加强监管职能。2018 年 3 月，中共中央印发了《深化党和国家机构改革方案》，将原银监会、原保监会的职责整合，组建中国银行保险监督管理委员会，深化金融监管体制改革，解决了现行体制存在的监管职责不清晰、交叉监管和监管空白等问题，我国金融监管形成了“一委一行两会”+地方金融监管局的新格局。

我们认为，目前对互联网金融的规范整治和加强监管，是为了互联网金融在未来能够健康地、可持续地发展。展望未来，互联网金融发展将更倚重科技力量的推动，互联网金融公司与传统金融机构会更加紧密合作，并且走向持牌经营的合规化道路，拓展海外新兴市场。

截至 2017 年年末，全球的互联网用户数量突破 40 亿，其中，我国网民规模达 7.72 亿，互联网普及率为 55.8%，我国手机网民规模达 7.53 亿。购买互联网理财产品的网民规模达到 1.29 亿，使用网上支付的用户规模达到 5.31 亿。手机支付用户规模增长迅速，达到 5.27 亿。全国有 150 个高职院校开设互联网金融专业，在校互联网金融专业学生规模在 2 万人以上。据中关村互联网金融研究院数据，2019 年互联网金融从业人员将达 104 万人。为了普及互联网金融的基础知识，适应互联网金融行业对人才培养的需求、投资者教育以及科学研究的需要，我们组织编写了这本《互联网金融基础》教材。

本书分八章。第一章互联网金融概述，第二章网络支付实务，第三章 P2P 网络借贷实务，第四章网络众筹实务，第五章互联网金融新兴业态（一），第六章互联网金融新兴业态（二），第七章互联网金融的创新发展，第八章互联网金融风险及监管。本书按照当前互联网金融典型业态的分布，介绍了各业态的基本概念、类型模式、发展状况、实务操作和典型案例，并专门介绍了大数据、人工智能、区块链等高科技在互联网金融领域的应用及基本概念。本书的正文中设有“案例分析”，每章设置了知识和能力的“学习目标”，章后附有“本章小结”“知识自测”“技能实训”等内容。本书有配套的教学资源库，包括多媒体课件、教学微课、习题库及答案等，在浙江省高等学校在线开放课程展示，欢迎登录该平台（http://teacher.zjedu.moocollege.com）注册学习或下载课程教学资源。本课程组将根据互联网金融的最新发展情况，不断补充和完善教学资源。

由于互联网金融是个新兴领域，我们在编写过程中，参考和借鉴了许多专家学者的研究成果、教材、著作和网络文献等资料，在此向各类文献的作者表示真挚由衷的感谢。在编写过程中，我们还得到了微贷网、同花顺、连资贷等互联网金融公司和深圳典阅科技有限公司的大力支持与合作，在此一并表示感谢。

本书由浙江经济职业技术学院吴庆念教授拟定编写大纲并总纂定稿；中央财经大学贺强教授、杨金观教授，浙江经济职业技术学院聂华教授对本书的编写予以了指导和支持；浙江经济职业技术学院傅凌燕、姚建锋、杨桂苓、陈伟平、林铭、王晓蕾等老师参与了编写工作。由于我们的能力水平有限，时间经验不足，书中难免存在不足之处，恳请广大读者批评指正、提出建议，以帮助我们不断完善和提高。

凡选用本书作为教材的教师也可登录机械工业出版社教育服务网 www.cmpedu.com 免费下载部分资源。如有问题请致电 010-88379375，QQ：945379158。

编　者

目 录

第一章　互联网金融概述

学习目标

知识目标

- 熟悉互联网金融的产生与发展过程。
- 掌握互联网金融的定义、特征及本质。
- 掌握金融互联网、金融科技、科技金融的基本概念。
- 熟悉互联网金融发展的两种模式和六大业态。

能力目标

- 会分析互联网金融与传统金融生态规则的区别。
- 会分析互联网金融与金融互联网的区别与联系。
- 会辨析金融科技、科技金融与互联网金融的关系。
- 会辨析互联网金融的业态类型。

案例导读

我国政府工作报告提到的互联网金融

自2014年政府工作报告首提互联网金融开始，互联网金融就再也未缺席之后的政府工作报告。回顾政府工作报告提及互联网金融的措辞和对互联网金融的工作部署，互联网金融从野蛮生长到规范化发展和监管，逐步回归其创新性、普惠性的金融本质。

2014年的政府工作报告中提到“促进互联网金融健康发展，完善金融监管协调机制”；2015年的报告中提到“促进电子商务、工业互联网和互联网金融健康发展”；2016年的报告中提到“规范发展互联网金融。大力发展普惠金融和绿色金融”和“整顿规范金融秩序，严厉打击金融诈骗、非法集资”；2017年的报告中提到“当前系统性风险总体可控，但对不良资产、债券违约、影子银行、互联网金融等累积风险要高度警惕”；2018年的政府工作报告中指出，“强化金融监管统筹协调，健全对影子银行、互联网金融、金融控股公司等监管，进一步完善金融监管”。

目前，对互联网金融的监管仍然存在很多问题。当前的数字货币、区块链、人工智能、大数据等创新技术手段，为我国金融行业带来了深刻的变革和发展机遇。但是怎样监管这些高度复杂、跨国的技术，又成为考验监管能力的难题，当然这也是一种历史机遇。新时代下的互联网金融行业将不断规范和发展，我们拭目以待。

思考：新时代背景下的互联网金融如何才能健康发展？

（资料来源：根据网络资料整理）

互联网技术的发展和应用已经被公认为是改变人类社会的“第三次革命”。“互联网+”与传统金融行业的深度融合，产生了互联网金融这一新兴领域和各种新型金融服务模式。到底什么是互联网金融？本章内容就让我们来认知互联网金融的前世今生、定义与内涵、发展模式与业态类型，使读者对互联网金融有一个概括性的了解。

第一节　互联网金融的前世今生

互联网诞生于1957年，互联网精神就是“开放、平等、协作、分享”。互联网起初的主要目的是为了实现信息的传输与共享。随着互联网技术的成熟和发展，互联网的功能也由最初简单的数据传送发展到应用于社会的各方面以及人们的日常生活，包括电子商务、电子政务、对海量数据的采集和分析以及互联网金融等。本节我们从国外、国内的不同视角来探讨互联网金融的产生和发展过程。

一、互联网金融的产生与发展

国际上第一个互联网金融企业是1995年10月18日在美国成立的“美国安全第一网络银行”（SFNB），被视为互联网金融的雏形，此后随着互联网技术的应用，互联网金融发展非常迅速。我国的互联网金融是在国外互联网金融发展的基础上逐渐被引入国内的，虽起步较晚，但发展势头更猛。我们将从互联网金融产生的背景、国外互联网金融和国内互联网金融三个视角来认识互联网金融的产生与发展。

（一）互联网金融产生的背景

1. 经济背景

截至2017年年末，全球的互联网用户数量突破40亿，其中，我国网民规模达7.72亿，互联网普及率为55.8%，我国手机网民规模达7.53亿。购买互联网理财产品的网民规模达到1.29亿，使用网上支付的用户规模达到5.31亿。手机支付用户规模增长迅速，达到5.27亿㊀。互联网的发展在改变人们生活的同时，也改变了传统行业的商业模式。随着互联网技术的推进和发展，互联网巨头、商业银行抢滩互联网金融市场：一方面，以互联网理财、移动支付、网络信贷、直销银行等新业务为代表的互联网热点产品不断涌现；另一方面，以免费、让利等为主的营销活动，以及依托社交网络开展的病毒式营销，使得互联网金融产生一个个市场奇迹和热点话题。

㊀ 数据摘自2018年1月31日中国互联网络信息中心（CNNIC）发布的第41次《中国互联网络发展状况统计报告》。

2．政策背景

互联网金融的快速发展引起了我国政府和有关监管部门的高度重视。2014 年，互联网金融一词首次写入政府工作报告，提出要“促进互联网金融健康发展”，对行业发展意义非凡。截至 2018 年 3 月，互联网金融连续 5 年写入政府工作报告。5 年来，政府工作报告对互联网金融的描述，由促进发展，到规范发展，到警惕风险，再到健全监管，展现出我国互联网金融发展的变迁史。互联网金融的监管也将日益完善，按照“依法监管、适度监管、分类监管、协同监管、创新监管”的原则，确立互联网支付、网络借贷、股权众筹融资、互联网基金销售、互联网保险、互联网信托和互联网消费金融等互联网金融主要业态的监管职责分工，落实监管责任，明确业务边界，确保互联网金融持续稳定健康发展。

我国互联网金融的发展将坚持以市场为导向，遵循服务好实体经济、服从宏观调控和维护金融稳定的总体目标，切实保障消费者合法权益，维护公平竞争的市场秩序。在互联网行业管理、客户资金第三方存管、信息披露、风险提示、合格投资者制度、消费者权益保护、网络与信息安全、反洗钱和防范金融犯罪等方面，应加强互联网金融行业自律以及外部监管的相互协调与数据统计监测。各相关部门要按照《关于促进互联网金融健康发展的指导意见》（以下简称《指导意见》）㊀的职责分工，认真贯彻落实各项要求，依法合规开展各项经营活动，规范互联网金融发展环境，有效防范和化解金融风险。

3．技术背景

根据浙江大学互联网金融研究院贲圣林等（2017）的研究成果㊁，从技术发展的角度看，互联网金融的产生主要得益于互联网在三个方面的深入发展。如图 1-1 所示，一是由信息技术（IT）向数据技术（DT）的发展，二是由互联网向物联网的发展，三是由互联网向移动互联网以及以互联网作为支付系统的发展。

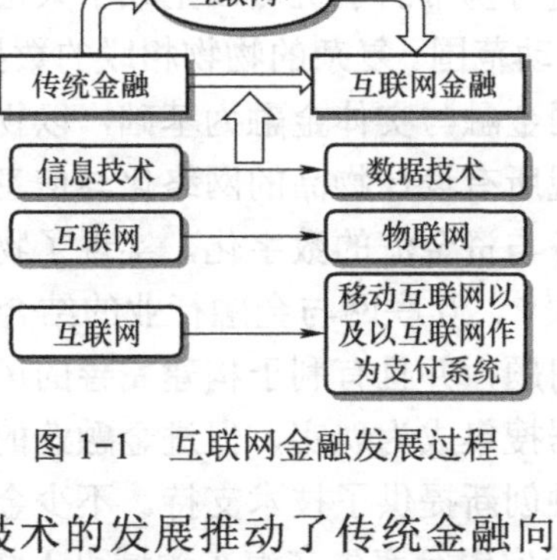

图 1-1 互联网金融发展过程

（1）从信息技术到数据技术的发展推动了传统金融向未来金融的转变。贲圣林等（2017）认为，信息技术利用计算机网络等各种硬件设备及软件工具，对各种信息进行获取、加工、存储、传输与使用。数据技术则强调一切数据化，包括定量和非定量的信息，也就是将各类信息数据化，即把我们生活的方方面面都变成电子化的数据，再把这些数据

㊀ 2015 年 7 月，中国人民银行、工业和信息化部、公安部、财政部、国家工商总局、国务院法制办、中国银行业监督管理委员会、中国证券监督管理委员会、中国保险监督管理委员会、国家互联网信息办公室联合印发了《关于促进互联网金融健康发展的指导意见》（银发〔2015〕221 号）。

㊁ 贲圣林，张瑞东，等．互联网金融理论与实务[M]．北京：清华大学出版社，2017：1-5.

信息转化成有价值的新形式。例如，实现位置信息的数据化后，可以随时追踪质押物的状况。互联网由信息技术向数据技术的演变，更加速了互联网金融行业模式的实现。例如，利用信息技术我们可以实现网上购物的功能，人们可以查看网站上的商品，并进行买卖行为，此时的物联网扮演着信息传递和分享的角色。随着数据技术的发展，同样是在网上购物，利用数据技术可以采集购买商品的过程数据，同时记录和存储相关支付数据，利用个人众多的购买消费行为，可以得出个人信用特征和消费倾向，数据分析结论也可以被金融机构所使用。这里的数据技术就扮演了数据的采集、存储、处理角色。在整个过程中，传统金融不能实现的电子征信数据收集，借助互联网技术就得以实现。信息技术向数据技术的演变，推动了传统金融向未来金融的转变。

信息技术用于金融领域，更多体现在金融渠道和模式的拓宽上，如网上银行、手机银行、众筹、P2P 等新形式。数据技术对金融行业则有更加深远的影响，数据化的信息可以为金融发展提供新的切入口。数据技术可以让一个与金融行业毫不相关的企业迅速变成一个金融服务的提供商，让跨行业发展服务成为可能。金融行业本质上是一个数据行业，各个行业数据化的信息都可以为金融行业所用，如制造企业、房地产企业的数据可以用于信用评估，电商平台的销售数据可以作为客户信用评价的基础数据，可以为金融征信所用。此外，通过了解用户的行为和信用特征，还可以有针对性地设计金融产品和服务。数据技术最终会拉近整个社会发展的各个方面与金融业的距离，为金融业未来发展提供网络和数据支持。

（2）从互联网到物联网的演变促进了互联网金融的发展。贲圣林等（2017）认为，互联网的另一个发展方向就是物联网。物联网通过射频识别、红外感应器、全球定位系统、激光扫描器等信息传感设备，按约定协议，把任何物品与互联网连接起来，进行信息交换和通信。物联网技术与金融的融合，促进了互联网金融的发展。从互联网到物联网的转变过程，是金融领域业务模式通过互联网不断深入整个社会生活的过程。利用物联网技术，可以产生更多数据。例如，随身携带的手机可以生成个人位置的数据化信息，通过这些位置数据，可以计算出个人的活动范围。复杂的物物相联的数据信息有助于风险分析和控制。

物联网金融是指以互联网金融与实体金融为基础，以物联网为载体的全新金融模式。在该种金融模式下，可以实现所有设计物品的网络化与信息化，从而形成可供金融使用和加载的信息流，通过金融服务与资金流的数字化，实现了物联网中物质属性与金融属性的合一，是智慧金融的突出代表㊀。互联网与金融行业的结合可以有效地降低交易成本，在一定程度上减少信息不对称问题，并且有利于构建完善的风控与征信体系。物联网技术让海量的、客观的、全面的数据搜集成为现实，促进金融业的风险由主观信用向客观信用转变。物联网为动产融资、金融创新提供了技术支持。不少金融机构已经开始这一领域的业务实践，例如：在 2014 年，平安银行率先在汽车领域引入物联网技术，实现了对汽车的智能监管，弥补了在传统人工监管模式下信息传递不及时等不足；2015 年，平安银行将物联网技术应用拓展到钢铁行业；2016 年，平安银行也逐步将物联网动产融资的范围覆盖至有色金属、能源、建材、矿产品、农产品等行业。

（3）从互联网到互联网支付的发展创新了互联网金融模式。金融业主要的创新是互联网支付系统的迅速发展和普及。互联网作为一个支付系统成为一个全新的业务方向，得益

㊀ 江瀚，向君．物联网金融：传统金融业的第三次革命[J]．新金融，2015（7）：39-42．

于移动互联网和基于移动互联网的智能手机的发展。互联网支付就是通过互联网技术实现支付功能，网银、第三方支付、移动支付就是互联网支付的主要表现形式。传统的支付方式大致分为三种：现金、票据、银行卡。互联网支付是指通过计算机、手机等设备，依托互联网支付指令来转移货币价值以清偿债权债务关系的服务㊀。

互联网支付和传统支付相比有许多不同。首先，传统支付一般是封闭交易模式，互联网支付系统是基于互联网这个开放的系统空间，运行空间更大、涵盖内容广泛、功能更强大；其次，互联网支付高效、快捷、省时，所需的时间和费用比传统支付低至少一倍；再次，互联网支付是运用先进技术以数字形式进行交易传递，传统支付需要现金、票据等才能完成交易；最后，互联网支付对技术要求更高，特别是在软、硬件和配套设施方面。

（二）国外互联网金融视角

我们选择了几个具有代表性的国家来探讨国外互联网金融的产生和发展，可以看到，一个国家互联网金融的发展程度与该国传统金融、科技水平的强弱有密切的关系㊁。

1. 美国是互联网金融的诞生摇篮和发展先驱

互联网金融最早起源于美国，20世纪90年代以来，网络银行、网络保险、网络证券、网络理财以及新兴的网络融资等互联网金融模式在美国率先出现并蓬勃发展，对美国的金融体系与金融市场产生了重大而深远的影响。在1995年成立的美国安全第一网络银行（Security First Network Bank，简称SFNB）是全球第一家无任何分支机构的“只有一个站点的银行”，其前台业务在网上进行，后台处理集中在一个地点进行。SFNB依靠业务处理速度快、服务质量高、存款利率高和业务范围广，在成立后的2～3年里最高拥有1 260亿美元资产，位列美国第六大银行。不过，SFNB的发展并非一帆风顺，它存在着三个固有问题：一是客户黏性；二是产品开发；三是风险管理。随着2000年前后互联网发展低谷的到来，SFNB被收购。

美国是互联网金融发展的先驱，它于1971年创立纳斯达克（Nasdaq）系统，标志着互联网金融这一全新的经营方式从构想进入实际运营。从20世纪70年代以来美国金融市场与金融体系的结构性演变这一历史视角来看，互联网金融的兴起在本质上是美国在利率市场化进程结束后出现的一轮技术性脱媒。美国基于互联网的新型支付体系、新型贷款模式以及新型筹资模式等迅速发展起来，其发展历程大致可分为三个阶段：㊂

第一个阶段：20世纪90年代初期，传统金融机构和金融业务信息化的阶段。此阶段处在信息化兴起的过程中，传统金融业务建立在信息化体系和进行业务流程再造的过程中，使得互联网成为金融业务内嵌式的软件框架，两者有机地融合起来，从而使美国甚至全球金融体系一体化进程大大地提速了，并形成了全球性的金融信息化和支付体系。

第二个阶段：20世纪90年代中后期，基于传统业务和互联网融合的创新性业务探索与实践的阶段。区别于上阶段的电子银行，此阶段出现了纯粹的、没有任何网点实体柜台的“网络银行”等网络型企业。网上发行证券、网上销售保险、网上理财等业务模式也不断涌现。此时美国的互联网金融仍然是基于传统业务的升级，但逐步呈现出相对独立的经营业态。

㊀ 苗文龙．互联网支付：金融风险与监管设计[J]．当代财经，2015（2）：55-65.

㊁ 赍圣林，张瑞东，等．互联网金融理论与实务[M]．北京：清华大学出版社，2017：161-166.

㊂ 摘自中经未来产业研究院《2016—2020年中国互联网金融行业发展前景与投资预测分析报告》.

第三个阶段：21 世纪初以来，有别于传统金融业务的互联网金融蓬勃发展起来，主要是非传统信贷业务、支付体系的变迁以及虚拟货币的发展。2005 年美国第一家 P2P 借贷平台 Prosper 成立，是美国互联网信贷业务发展的新起点。2007 年美国最大的网络贷款平台 Lending Club 成立。2013 年这两家公司的成交量总计 24.2 亿美元，比 2012 年增长 177%。2013 年共有 300 万人向众筹平台 Kickstarter 的项目投入了 4.8 亿美元，成功筹资项目达 1.99 万个，相当于每天筹资 131.552 万美元，每分钟筹资 913 美元。

2．德国和法国的互联网金融以传统金融的互联网化为发展之路

（1）德国。德国是欧盟人口多、经济实力强的国家之一，法制较为健全。由于德国的科技公司较少、金融科技研发能力并不领先，因此德国选择了以传统金融的互联网化作为其互联网金融行业的发展之路。德国互联网金融业态主要包括网络借贷、众筹、网络支付、网络保险公司以及网络银行等，发展程度不一。20 世纪 90 年代末，网络保险公司和网络银行就已在德国出现，而网络借贷则直至 2007 年才开始运营但发展迅速。

据德意志银行统计，在 2014 年，德国主要的四家网络银行（Comdirect、DAB、CortalConsors 及 ING-DiBa）吸收的存款额占全部银行存款余额的 6%，受托资产规模占 8%，拥有客户证券账户数量占 14%，开展证券交易占比超过 35%。德意志银行预测，在 2019—2024 年的某一个时刻，德国网络银行的市场占比将超过 1/5。德国选择了传统金融的互联网化作为其发展之路，而非科技公司增加金融相关业务研发，这与其混合经营的金融体制有一定关系。德国的网络保险公司和网络银行隶属于保险集团和银行集团，并由集团为其提供业务支持和营销网络。

（2）法国。法国与德国有一定的相似性，由于法国的科技公司较少，金融科技研发能力并不领先，因此法国也选择了传统的互联网化作为其互联网金融行业的发展之路。法国的互联网金融业起步较晚，呈现出网络借贷、网络支付、众筹、网络理财、互联网金融资产交易所、互联网小额贷款等多种业态共同发展的状态。互联网金融正深刻地改变着法国金融服务业的内涵和版图。

网贷在法国仍处于起步阶段，相关立法仍未建立。法国的网贷平台有营利和非营利两种模式。非营利模式主要为发展中国家的个人或小企业提供创业支持，借款金额从几百欧元到几千欧元不等。用户选择感兴趣的项目或个人进行公益投资，由互联网金融平台筹集资金后发放给发展中国家当地的小微金额合作机构，并通过这些机构将贷款发放给借款人。这些机构对借款人及借款用途的真实性进行审核，负责贷后管理，跟进借款人的资金使用情况等。此类项目都是公益性质的，贷款人的资金都为无息资金，不收取利息。法国众筹业务起步较晚，在法国国内被定义为“参与性融资”。在立法方面，法国于 2014 年 5 月通过了专门针对众筹的《参与性融资法令》，同年 10 月 1 日正式生效。法令创制了两种金融服务中介牌照，全面覆盖三大模式的众筹活动。

3．印度依靠科技实力发展互联网金融以填补传统金融短板

传统金融弱、科技实力强是印度的特点，也是印度互联网金融发展的契机。印度互联网金融已经成为印度吸引投资第二多的领域，获得了阿里战略投资的 Paytm（印度最大移动支付和商务平台）已经成为印度互联网金融的金字招牌。印度的传统金融基础较弱，设施完善性不足，金融服务可得性较差。例如，基于印度人民重视现金交易的传统，其银行卡持有人数不足 20%，群众征信数据严重缺失，信贷市场的发展受到制约。因此，发展互联网金融不仅是对于印度传统金融体系的有力补充，也是印度未来金融发展的重要契机。

智能手机应用的兴起和互联网流量的增加使消费互联网金融应运而生，而印度巨大的人口基数是互联网金融极佳的目标市场。但是在印度，人们没有机会了解自己的信用记录和信用评分，而这在欧美发达国家并没有如此困难。在印度，人们只有在申请贷款并被拒绝后才能知道自己的信用评级到底如何。

4. 迪拜酋长国借助区块链成为中东金融科技中心

迪拜酋长国对区块链的重视程度居中东国家前列，政府官方预计其区块链战略每年能够为迪拜节约 2 510 万小时的经济生产力，同时还能减少二氧化碳的排放。2015 年，由阿拉伯联合酋长国（UAE）和阿联酋副总统兼总理谢赫·穆罕默德·本·拉希德·阿勒·马克图姆（Sheikh Mohammed bin Rashid Al Maktoum）投资创建的未来博物馆（Museum of the Future），宣布组建专注研发区块链技术的全球区块链委员会（GBC）。该区块链委员会由 32 位成员组成，包括政府实体，如智能迪拜办事处、迪拜智能政府、迪拜多商品交易中心（DMCC）、国际公司（思科、IBM、SAP、微软）以及区块链创业公司（Bit Oasis、Kraken 以及 Yellowpay）等。2016 年 4 月，迪拜发起了一个全球区块链计划（Global Blockchain Initiative，GBI），在发起之时已经招募了近 30 个来自公共及私有领域的成员，截至 2016 年 10 月，成员数已增加至 47 个，其中不乏来自政府及金融机构的成员。2016 年 10 月，迪拜宣布了一项战略性计划，即在 2020 年之前所有的政府文件都会在区块链上安全保存，而该区块链战略将建立在政府效率、行业创造力和国际领导力的基础之上。全球区块链委员会的作用在于研究、商讨基于区块链技术的潜在应用，以突出它对迪拜国内外金融和非金融商业领域的影响。据基金会迪拜博物馆首席执行官预测，到 2020 年，全球在区块链上的投资将达到 3 000 亿美元。

（三）国内互联网金融视角

互联网在中国的实践具有中国特色，“互联网+”和互联网金融的概念就是在中国首先被提出并在实践中得以快速发展的。“互联网+”即以互联网平台为基础，将信息通信等技术与其他各行业进行跨界融合。从行业发展的角度看，“互联网+”非常成功的一个行业融合就是与金融行业的融合。在互联网（含移动互联网）平台上，进行的所有与金融产品和服务相关的活动就是互联网金融。

中国互联网金融从产生至今历史还不长久，其发展主要经历了以下四个阶段，如图 1–2 所示。

第一阶段是 2005 年以前，互联网与金融的结合主要体现为互联网为金融机构提供技术支持，帮助银行把业务搬到网上。

第二阶段是 2005—2011 年，在这一阶段，网络借贷开始在我国萌芽，第三方支付机构逐渐成长起来，互联网与金融的结合开始从技术领域深入金融业务领域。这一阶段具有标志性的事件是 2011 年中国人民银行开始发放第三方支付牌照。

第三阶段是 2012—2015 年，从 2012 年开始，P2P 网络借贷平台得到快速发展，众筹融资平台开始起步，第一家专业网络保险公司获得批准，一些银行、券商也以互联网为依托，对业务模式进行重组改造，加速建设线上创新型平台，使互联网金融的发展进入了新的阶段。2013 年可以被称为中国互联网金融发展的“元年”，这一时期，中国的互联网金融呈现爆炸式增长态势，而这种粗放式的发展方式带来了巨大的金融风险。

第四阶段是 2016—2018 年，从 2016 年 4 月开始，国务院联合 14 个部委召开电视会议决定，展开为期一年的互联网金融领域专项整治，从这个时候开始，互联网金融进入监管全面趋严的阶段。

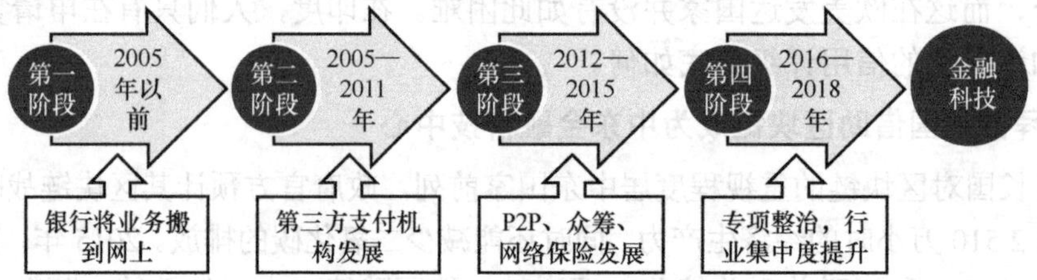

图 1-2 中国互联网金融发展的四个阶段

2014—2018 年，政府工作报告连续五年提到互联网金融，措辞也从 2014 年、2015 年的"促进互联网金融健康发展"转变为"规范发展""警惕风险"。2016 年拉开了全国互联网金融风险专项整治的大幕。2016 年政府工作报告的重点工作部分提出，"加快改革完善现代金融监管体制，提高金融服务实体经济效率，实现金融风险监管全覆盖""规范发展互联网金融。大力发展普惠金融和绿色金融。"

从 2016 年开始，行业的热点已经从"互联网金融"切换到"金融科技"。金融科技更强调技术在金融业务中的运用，未来互联网金融行业的发展是金融科技向线上线下全方位的输出，以大数据、云计算、人工智能和区块链为代表的新技术将继续促进金融业务的快速发展。

根据艾瑞咨询的研究资料，中国网络信贷市场发展较快，2016 年和 2017 年两年，大批网络信贷平台上市，在公司业绩拉动和现金贷等新模式的推动下，用户增速有反超网络理财的趋势。据艾瑞咨询预计，截至 2020 年，网络理财用户规模将突破 3 亿人，如图 1-3 所示。㊀

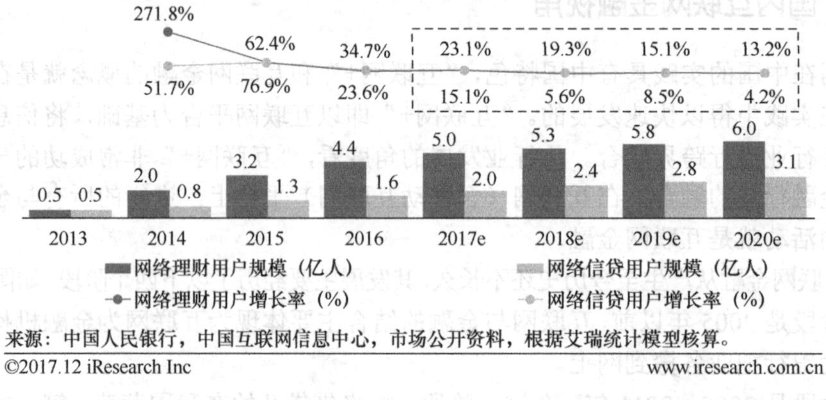

（资料来源：艾瑞咨询）

图 1-3 2013—2020 年中国互联网金融用户规模及增长情况

另根据艾瑞咨询的研究资料，由于人口红利是近年来互联网面临的压力之一，在支付领域，2018 年后用户增速将下降到 10%以下，如图 1-4 所示。这意味着一方面行业内用户

㊀ 艾瑞咨询．2017 年中国互联网金融行业发展报告，http://report.iresearch.cn/report/201712/3107．shtml.

争夺将更加激烈，但好的另一方面是在支付普及程度如此高的情况下，支付账户将成为串联起各大金融集团业务线的天然纽带。

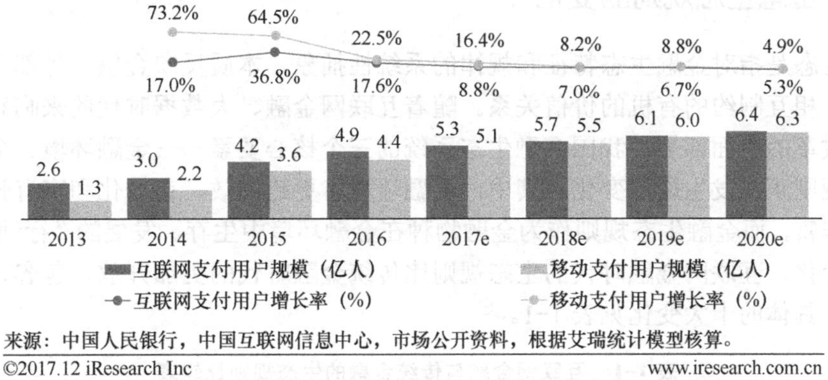

（资料来源：艾瑞咨询）

图 1-4　2013—2020 年中国互联网与移动支付用户规模及增长情况

二、互联网金融与传统金融的比较

（一）互联网金融与传统金融的区别与联系

传统金融主要是指只具备存款、贷款和结算三大传统业务的金融活动。而互联网金融则是指传统金融机构与互联网企业利用互联网技术和信息通信技术实现资金融通、支付、投资和信息中介服务的新型金融业务模式，其具有成本低、效率高、覆盖广、发展快等优势。

互联网金融与传统金融的区别主要表现在以下几个方面[㊀]：

首先，从模式上看，虽然两者在互联网技术的运用上都很积极，但是在模式的设计上还是存在一定的差别的，传统金融是从线下向线上进行扩展，而互联网金融则是从线上向线下扩展，在这点上，两者是相反的。

其次，从两者的驱动因素来看，传统金融注重的是与客户面对面的直接沟通，属于过程驱动，而互联网金融则是通过网络来为客户提供投资的平台，是在线上完成的。

最后，从治理机制上来看，传统金融需要担保抵押登记、贷后管理等治理机制，而互联网金融则需要制定透明的规则，建立公众监督的机制来赢得信任。

互联网金融与传统金融之间也存在一定联系。互联网金融是传统金融的有力补充，两者形成了线上与线下、互联网思维与传统金融理念的互补关系，其不仅在服务对象上是互补的，在思维模式上也是互补的。可以这么说，两者的相互碰撞为当今社会经济生活带来了前所未有的变革，在一定程度上，互联网金融在不断发展的同时也为传统金融带来了一定的发展机遇。

虽然互联网金融为投资者提供了许多便捷之处，但是其也存在着一定的缺点，主要体现在管理弱、风险大、网络安全等方面的问题，这就需要各大企业与平台不断加大监管力

㊀ 参考自：http://blog.jrj.com.cn/2040590195, 15492369a.html.

度，从而减少互联网金融本身所带来的风险，这也是广大投资者所重点关注的一个问题。

（二）金融生态规则的变化

金融生态是指对金融生态特征和规律的系统性抽象，本质反映金融内外部各因素之间相互依存、相互制约的有机的价值关系。随着互联网金融、大数据时代的来临和国家对进一步深化改革的全面部署，我国金融生态系统的三个核心要素——金融环境、金融物种和金融生态规则正在发生剧烈变化。其中，金融环境将更趋高效、市场化和富有弹性，金融物种更趋丰富，而金融生态规则作为金融物种在金融环境中生存、发展的“行动指南”，也即将发生变化。互联网金融时代的生态规则比传统金融时代的更加开放、包容、普惠、共赢和高效，具体的十大变化见表 1-1。㊀

表 1-1　互联网金融与传统金融的生态规则比较表

序　号	互联网金融规则	传统金融规则	传统金融机构的转型措施
1	普惠金融	二八定律	缓解信息不对称、降低服务成本、改进服务效率、提高服务覆盖面和可获得性
2	上善若水	赢者通吃	追求合理回报、利他主义、和谐共赢
3	协作共赢	同质竞争	多方在线协同、联合竞争、提供综合金融服务
4	无界经营	有界经营	混业经营、跨界经营、开发增值服务
5	信息为王	资金为王	掌握信息、数字资源，靠近终端客户
6	效率优势	规模优势	提高资源配置效率，打造智慧型金融机构，促进内生增长
7	个体风险定量	总体风险定量	深度融合应用大数据、云计算和行为分析理论
8	小而不倒	大而不倒	坚持服务实体经济，掌握信息资产
9	为客户树立影响力	为自己树立影响力	以客户为中心，做好个性化、增值性、尊享型服务
10	为客户创造新需求	满足客户现实需求	科学分析、识别和转换客户的潜在需求

案例分析

拉卡拉——综合新型金融服务商业模式

拉卡拉发展十余年，是普惠金融代表之一，采用“征信+大数据+云平台+风控系统+产品+服务”模式，提供收单机具、金融、经营、行业应用等综合服务，通过推动中小企业、小微商户在数据、平台、风控和受理端进行低成本、高效率的运转，有助于弥补企业资金缺口，解决中小微企业的融资、经营等发展难题。拉卡拉在 2011 年获得牌照之后，围绕普惠金融服务的核心，在个人支付、收单、信贷、理财、征信等多领域开展了业务，如图 1-5 所示。在几年时间里，拉卡拉做到了中国第三方移动支付市场前三，中国线下收单市场交易规模第三。在便民支付领域，拉卡拉是中国最大的社区金融自助终端运营商，覆盖全国 300 多个城市，为超过 1 亿的个人用户提供服务。95%以上的品牌连锁店，均将拉卡拉作为合作伙伴；在智能支付领域，拉卡拉是中国最大的智能支付硬件运营商，产品覆盖个人与企业用户，创新推出互联网 POS+、手机收款宝、开店宝等产品。

㊀ 周雷．互联网金融理论与应用[M]．北京：人民邮电出版社，2016：10-14.

思考：互联网金融企业如何运用创新经营模式助力中小微企业发展？

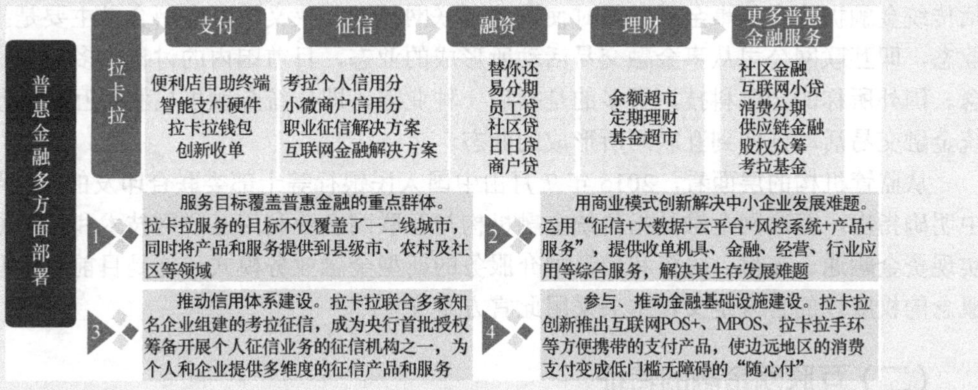

（资料来源：根据网络资料整理）

图 1-5　拉卡拉的综合新型金融服务商业模式

第二节　互联网金融的定义及内涵

美国 SFNB 成立被视为互联网金融史上的标志性事件，此后，互联网金融在欧洲及日本等一些国家和地区开始逐渐兴起，一般被表述为：Online Banking（网上银行业务）、Digital Banking（数字银行业务）等。目前，互联网金融在我国尚无统一的定义，但随着近年来不断创新和发展，其概念的内涵变得较为丰富。本节将对互联网金融、金融互联网、金融科技、科技金融等概念进行辨析，以避免读者混淆。

一、互联网金融的定义、特征和本质

（一）互联网金融的定义

我们将从学术界、业界和监管机构三个不同层面来认识和理解互联网金融的具有代表性的定义。

从学术界学术研究的层面看，最具代表性的是谢平（2015）认为互联网金融是一个谱系或有连续性形态的概念。⊖金融包括一个最左端，一个最右端，以及中间的各种形态。最左端是指以"中心化、中介化、政府监管"为特征的传统银行、证券、保险、交易所等金融中介和市场形态，最右端是指以"去中心化、去中介化、去政府监管"为特征的无中介或无中心市场形态，中间是指介于两端的所有可能的金融交易和组织形式，而互联网金融就是这中间形态的一种，或者说是刚偏向右端的一个形态。互联网金融的交易和组织形式受到互联网技术和互联网精神的影响。该定义的意义在于：互联网金融是一个发展的概念，也是金融发展的一个阶段。

从业界参与金融行业主体的层面看，互联网金融有广义和狭义之分。对广义的互联网

⊖ 谢平，邹传伟，刘海二．互联网金融的基础理论[J]．金融研究，2015（8）：1-12.

金融而言，参与金融行业的主体既包括从事金融交易活动的互联网公司（IT 企业），又包括传统金融机构在从事金融交易时使用的互联网技术。狭义的互联网金融主要是指前一种业态，即互联网公司从事金融交易活动所形成的业态，目前国内的讨论大多是狭义上的概念。国外所称的金融科技，更多的是指后一种业态，即传统金融机构利用互联网技术把传统金融交易活动延伸到互联网所形成的业态。

从监管机构的层面看，2015 年 7 月由中国人民银行等十部委联合印发的《指导意见》中明确指出，互联网金融是指传统金融机构与互联网企业利用互联网技术和信息通信技术实现资金融通、支付、投资和信息中介服务的新型金融业务模式。这是目前对互联网金融概念的权威性的官方定义，本书采用此官方定义。

（二）互联网金融的特征

我国的互联网金融在历经了野蛮生长、模式分化以及风险爆发之后，已逐步走向政策包容、市场成熟、用户依赖、生态有序的发展阶段，显现出了一些共性特征，主要表现在以下几个方面：㊀

1. 与电子商务相伴共生

互联网时代的电子商务平台，是一种轻资产形式的虚拟营业场地，其价值通过其广泛连接的商务机构网络得以充分体现。平台在与各类外部机构建立连接的同时，与所连接机构双方的资源也实现了有效的互补。一方面，平台为外部机构提供了用户、账户、支付工具等一系列的基础资源；另一方面，外部机构为平台增添了各类业务、产品资源。双方通过彼此连接快速实现了资源的共享，彼此经营能力都得以快速提升。广泛连接下的资源聚合，成为互联网平台的核心价值体现。

2. 积极跨界的经营活动

跨界让互联网商务平台具备了无限的可延伸性，特别是以往不能想象的商务领域向金融领域的大尺度跨界。一方面，电商平台基于商品贸易活动出发，向搭建闭环生态补充各类金融禀赋。比如，支付宝、财付通等支付工具作为电商网站配套设施的蓬勃兴起，京东白条、蚂蚁花呗等消费金融产品的积极涌现，电商网站在用户信用评级、水电煤缴费、信用卡还款等个人综合金融服务方面提供平台。另一方面，金融机构也在向商业反向跨界，并在银行、证券、保险等机构之间相互跨界。自中国建设银行首推电子商城以来，大量的商业银行开始自建商务网站，纷纷推出商品和金融产品销售。此外，证券机构、基金公司也在跨界开展支付、网贷和财富管理服务，提供一站式的综合服务。

3. 平台开放广泛连接

互联网金融平台间不断扩展的互联互通，极大地丰富了多维延伸的电子商务空间，用户不但可以通过一个入口完成所有服务和产品的选择，而且大大提高了选择的可能性和便捷性。各种互联网平台开放地以企业对企业（B2B）形式，带着各自的客户资源，通过连接完善了平台功能，实现共享资源。而广泛连接又为平台导入的流量带来了新的价值，比

㊀ 万建华．互联网金融的七个基本特征[J]．清华金融评论，2015（12）．

如：有的大型平台可以把流量导向垂直渠道进行精准营销；几大平台商定时间联合组织促销；平台主动焊接功能型网站（如征信、支付）等。这种商业联盟既形成了互联网时代的专业化分工，又实现了互为客户、互为服务、互为资源的局面。连接越多，流量越大，平台的资源也就越多，潜能就越大，价值就越高。

4. 基于大数据精耕账户

在互联网金融平台广泛连接的基础上，无论是传统的银行存款账户，还是为支付便利开立的支付账户、优惠积分账户、电子钱包账户，或是迅速成长的个人理财账户、高端财富管理账户等，都可以成为个人金融资产或货币财富集聚的大本营，作为消费、投资行为的出发点和归宿点，所有个人财富的商业价值派生于账户。在一个账户之内，货币资产据以集聚，金融业务、金融产品和投资的分类、分级账户可以集成管理和相互转化。同时，客户的风险偏好、消费能力、行为特征、品牌倾向等，均能通过账户这一经营单元的原始交易数据进行归集，并基于这些数据进行定制化推广和精准营销。就互联网金融平台而言，通过账户，用户可以更好地获取综合金融服务，而平台经营者则可以更好地向用户提供丰富的金融产品和综合金融服务。因此，谁拥有了规模化的账户体系，谁就拥有了丰富的金融资源；谁能够有效开发并经营好账户体系，谁就能在互联网金融大潮中抢得先机并占有市场竞争的制高点。

5. 自我进化的生态圈

平台的广泛连接和账户的持续创新，带动了互联网金融向生态化演绎。一方面，互联网商务的延伸效应，使得各种金融产品和增值服务可以在平台上自然生长，用户基于一个平台、一个入口可以选择多种产品和配套服务；另一方面，支付、电商、网贷、众筹、理财等基础的金融要素，在一个平台上繁衍成互为依存的生态环境，彼此带动，相互提携，交叉发展，形成了一站式自我进化的综合服务的互联网金融生态圈。比如，BAT三巨头（指百度、阿里巴巴、腾讯三大公司）互联网生态体系的构建，无一不是从某项服务出发，到支付工具、搜索引擎、电子商务等平台的搭建，再到积极构建囊括餐饮、娱乐、打车等具体应用场景在内的生活生态圈。

6. 便利的普惠金融

互联网金融平台对传统商业长尾客户的服务改善则表现为一种金融普惠性。过往由于各种原因无法得到有效金融服务的群体，借助互联网方式享受到了福利。这一点在小微企业金融服务领域表现鲜明。一方面，由于互联网技术边际成本极低，大大降低了金融服务的沟通成本和交易成本，小微企业这些过去未得到银行充分服务的客户越来越成为银行的重点对象；另一方面，大数据、云计算等技术使银行能够及时掌握客户的交易数据和行为信息，提升了风险控制水平，融资难的瓶颈正在逐步突破。互联网超越了实体经济的发达程度和边远地区乃至山区的物理交通阻隔，将无差别的普惠金融服务传播到不同的空间和所有的人群。

（三）互联网金融的本质

在“互联网+”思维的引导下，互联网金融不断创造出新的网络金融产品，几乎覆盖了全部的传统金融业务领域，但互联网金融从事资金融通、资源配置和风险管理的本质属性不会改变，因此，互联网金融的本质仍然是金融。

1．互联网金融的主要功能是筹集融通资金

金融的本质是实现资金供给者和资金需求者的融通，促进储蓄向投资转化。而正是资金供求双方对更高效资金融通的追求，成为互联网金融诞生和发展的内在动力。譬如网络借贷和股权众筹的发展，满足了大量小微企业的融资需求和普通投资者的投资需求，提高了“储蓄-投资”转化率。互联网金融的资金供给与需求体系如图 1-6 所示。㊀

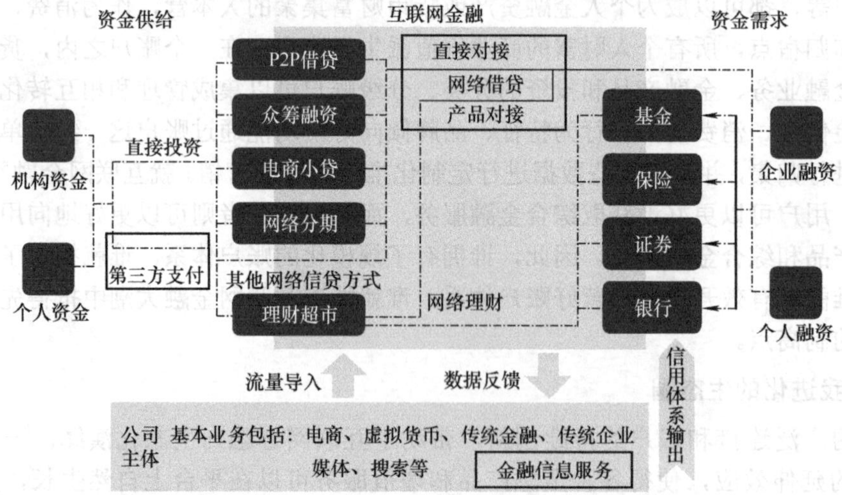

图 1-6　互联网金融的资金供给与需求

2．发展互联网金融的主要目的是提高资源跨时空配置效率

从微观角度来看，金融的目的就是实现资源的跨时空优化配置，而互联网金融充分利用互联网去中心化、信息对称、普惠可获得、无空间限制等特征，并通过大数据、移动支付、云计算、搜索引擎等新技术和新工具，大幅降低了金融交易成本和运营成本，提高了资源配置的效率。

3．互联网金融的规范发展需要有效监管

互联网金融本质上仍属于金融，同样存在信用风险、市场风险和道德风险，没有改变金融风险隐蔽性、传染性、广泛性和突发性的特点。互联网金融不能游离于金融监管框架之外，必须通过有效监管才能守住不发生系统性金融风险的底线。加强互联网金融监管，是促进互联网金融健康发展的内在要求，同时互联网金融是新生事物和新兴业态，要制定适度宽松的监管政策，为互联网金融创新留有余地和空间。

二、互联网金融与金融互联网辨析

金融互联网与互联网金融由于概念上的模糊性经常引起争议，目前对金融互联网也没

㊀ 周雷．互联网金融理论与应用[M]．北京：人民邮电出版社，2016：6-7.

有统一的定义。一些主流的观点认为金融互联网是对传统金融业务的延伸，是传统金融机构利用计算机系统、电子渠道建立的能够取代人工和银行网点满足客户随时随地获得金融服务需求的模式，主要包括电话银行、网上银行以及银行建立的电商平台等。

郭福春等（2015）的研究㊀认为，是否具备互联网精神、能否形成以客户需求为导向并注重客户体验等要素，是互联网金融与金融互联网的本质区别。他们从发展理念思维方式、管理方式与组织架构、导向与出发点、客户群与客户体验、交易金额与频率、交易价格策略、信息差异性、新技术运用以及安全性与监管体系方面，对互联网金融和金融互联网两种不同金融模式进行了比较，见表1-2。

表1-2 互联网金融与金融互联网的区别

区　别	互联网金融	金融互联网
发展理念及思维方式	互联网理念、互联网思维方式	传统理念、传统思维方式
管理方式与组织架构	现代管理方式、相对独立、多变	传统管理方式、附属、相对稳定
导向与出发点	客户需求	自我、盈利
客户群与客户体验	开放、年轻的客户，便捷、互动	稳健、保守的客户，烦琐、单向
交易金额与频率	金额小、频率高	金额大、频率低
交易价格策略	免费、低价	相对高价
信息差异性	对称、透明、去中介化	不对称、不透明、中介化
新技术运用	快	慢
安全性	相对弱	相对强
监管体系	相对薄弱，亟待完善	相对成熟、完善

尽管互联网金融与金融互联网存在一定的差异，但最终的目的均是为客户提供更好的金融服务，更好地促进实体经济的发展。因此。这两种不同的模式可以互为补充、自由竞争和共同发展。

三、金融科技、科技金融与互联网金融辨析

与互联网金融的概念相类似的且在国内被频繁提及的另外一个概念是金融科技。如果说互联网金融的概念是在中国最先提出来的，那么金融科技的概念则是在欧美先提出来的，而且从时间上看比互联网金融的概念要早。尽管这两个概念有很大的重叠，浙江大学互联网金融研究院贲圣林等认为㊁，互联网金融的概念和实践，从全球范围来看，是金融科技发展的一个阶段；从传统金融到互联网金融的变革，可以通过不同的手段和途径，但其核心必然是互联网。

（一）区别与联系

1. 金融科技

金融科技（Financial technology），即 Fintech。目前已有部分国家和地区对金融科技进

㊀ 郭福春，陶再平．互联网金融概论[M]．北京：中国金融出版社，2015：8-15.

㊁ 贲圣林，张瑞东，等．互联网金融理论与实务[M]．北京：清华大学出版社，2017：9-11.

行了官方定义。例如，在亚洲，日本和中国台湾修改了传统金融机构对金融科技企业的持股比例上限。中国台湾，金融科技业整体上被认定为“金融相关事业”，具体定义为利用咨询或网络科技，为金融机构提供支持性信息数据服务（如大数据、云计算、机器学习等），以及效率和安全性提升服务（如移动支付、自动化投资理财顾问、区块链、生物识别等）等创新金融服务的行业，但原则上不包含硬件设备企业。

2016 年 3 月，国际组织金融稳定理事会（FSB）首次发布了金融科技的定义。金融稳定理事会认为，金融科技是指技术带来的金融创新以及所能创造的新的业务模式、应用、流程或产品，从而对金融市场、金融机构和金融服务的提供方式造成重大影响；这些技术包括传统的信息技术以及新兴的物联网、大数据、云计算、人工智能和数字货币等技术在金融领域的融合运用所形成的一些全新的技术、方法和应用；这些技术正在对银行、保险和支付这些传统金融领域的核心功能产生非常大的影响。需要强调的是，金融科技并未改变传统金融的核心业务逻辑，即资金的融通，也没有改变金融服务的本质，金融科技只是改变了技术在金融活动过程中的流程与重要性，将技术端从过去的支持、辅助性工具推向前台，突出信息科技和数据驱动的 B 端（即 Business，企业用户）和 C 端（即 Customer，个人用户）业务流程。

金融科技在 2016 年迎来风口，基于互联网金融与金融科技的一些共性，部分互联网金融企业开始向金融科技靠近。但是两者之间仍旧难以画等号。很多互联网金融公司试图将互联网金融与金融科技概念混淆，来确立自己的市场价值。但是这对于整个行业和投资者来说，将产生较大干扰。

从属性上看，互联网金融的落脚点在金融，互联网金融本质是金融，是传统金融业务与互联网技术结合后的升级版、更新版。例如，中国式 P2P（纯线上的平台除外）基本就是传统小贷业务+线上获取资金的模式。但金融科技的落脚点在科技，强调以及利用大数据、云计算、区块链等在金融服务和产品上的应用。而从业务模式看，金融科技公司更多地强调金融的科技化和产业化，金融科技自身则作为金融产业链上的基础设施环节。而互联网金融平台则更多地强调互联网化以及平台的服务，业务创新点在于互联网技术和信息通信技术。一个是利用互联网工具的金融业态，一个是服务于金融行业的科技产业，等同起来完全就是错误。

2．科技金融

金融科技和科技金融两个词长得很像，经常被混乱地用于各种场合，但金融科技和科技金融完全不是一个概念。

国务院印发的《“十三五”国家科技创新规划》（下文简称《规划》）明确了科技金融的性质和作用。《规划》第十七章提到：“建立从实验研究、中试到生产的全过程、多元化和差异性的科技创新融资模式，鼓励和引导金融机构参与产学研合作创新。在依法合规、风险可控的前提下，支持符合创新特点的结构性、复合性金融产品开发，加大对企业创新活动的金融支持力度。”这是目前对国内科技金融最权威的表述。科技金融落脚于金融，利用金融创新，是高效、可控地服务于科技创新创业的金融业态和金融产品。《规划》明确指出，要推进各具特色的科技金融专营机构和服务中心建设，集聚科技资源和金融资源，打造区域科技金融服务品牌，鼓励高新区和自贸试验区开展科技金融先行先试。

3. 金融科技与科技金融的区别

金融科技与科技金融存在以下几个方面的区别：

（1）概念核心不同。金融科技的概念核心是科技，具备为金融业务提供科技服务的基础设施属性，与其并列的概念还有军事科技等；科技金融则着眼于金融，是用以服务于科技创新的金融业态，也是金融服务于实体经济的典型代表，与其并列的概念还有消费金融等。

（2）目标不同。发展金融科技的目标在于利用科技的手段提高金融的整体效率；发展科技金融的目标在于以金融服务创新来支持实体经济，推动科技创新创业。

（3）参与主体不同。金融科技的主体是以科技企业、互联网企业、偏技术的互联网金融企业为代表的技术驱动型企业；科技金融的主体是以传统金融机构、互联网金融为代表的金融业。

（4）实现方式不同。实现金融科技创新的方式是技术的突破；实现科技金融创新的方式是金融产品的研发。

（5）具体产品不同。金融科技的具体产品包括第三方支付、大数据、金融云、区块链、征信、人工智能等；科技金融的具体产品包括投贷联动、科技保险、科技信贷、知识产权证券化、股权众筹等。

（二）互联网金融是金融科技发展的一个阶段

从 IT 技术对金融行业推动演变的角度看，金融科技的发展可以发分为三个阶段：㊀

1. 金融 IT 阶段（金融科技 1.0 阶段）

这个阶段是以传统金融行业为主体，通过传统 IT 软件和硬件的应用和普及以实现金融业务的电子化及自动化，从而提高金融业务的效率及便捷性，如 ATM 机在全球联网，信用卡的芯片技术使信用卡的使用更普及和安全。但在传统金融业，数据和业务的处理都是中心化的，信用是由第三方通过传统的线下征信手段提供的。

2. 互联网金融阶段（金融科技 2.0 阶段）

这个阶段以 IT 或互联网技术企业为主体，以传统金融行业的积极参与为特征，其结果是促进普惠金融。对传统金融企业而言是搭建在线业务平台，对 IT 和技术企业而言则是变革传统金融。互联网金融就在于利用互联网或者移动终端的渠道来汇集海量的用户和信息，从而实现金融业务中的资产端、交易端、支付端、资金端的任意组合和互联互通，实现信息共享和业务融合。数据和业务的处理出现了非金融行业的第三方，信用可以在线建立和获取。在线征信成为普遍手段。传统金融渠道的改变促进了新的金融服务及产品在互联网上的实现，包括 P2P 网络借贷、互联网保险和众筹等。

3. 金融科技 3.0 阶段

在这个阶段以 IT 或技术企业为主体，以传统金融行业功能的弱化为特征。整个金融业是开放的，业务的完成是高效率和低成本的。大数据、云计算、人工智能、区块链这些新

㊀ 巴曙松．2017 中国金融科技发展现状与趋势．中国金融信息中心．2017-1-21．

的技术逐步成熟，数据和业务的处理实现去中心化和去信任化，信用可以全球在线建立和获取，主要经济体的数字货币在加快经济全球化方面意义重大，数字货币以及区块链技术有可能会真正改变或颠覆传统的金融体系。我们现今正处在互联网金融阶段向金融科技 3.0 阶段发展的过程中。

案例分析

普惠金融呈现良好发展新生态[1]

在经济发展新时代的宏观背景下，金融科技不断赋能，普惠金融正迎来发展新生态。从市场表现看，我国普惠金融服务的供给主体日趋丰富。除了互联网金融平台、小额贷款、融资担保等专注于小额分散金融服务的公司之外，银行业等传统主流金融机构也加快了发展普惠金融业务的步伐。国际货币基金组织（IMF）和世界银行公布的报告表示，我国在普惠金融方面取得重大进展，账户渗透率、储蓄和支付服务的使用已达到很高水平。其中，金融科技的显著发展促进了金融包容性，在普惠金融方面发挥了非常积极的作用。近年来，金融科技在我国呈现出蓬勃发展的态势，大数据、云计算、人工智能等新技术手段的加速渗透，在降低金融机构服务成本，进一步拓宽金融服务的深度和广度方面效果显著。

国务院在 2016 年印发的《推进普惠金融发展规划（2016—2020 年）》中就提出，要健全多层次的金融服务供给体系，充分发挥传统金融机构和新型业态的作用，积极引导各类普惠金融服务主体，借助互联网等现代信息技术，创新金融产品，降低交易成本。2017 年中央经济工作会议明确提出，打好防范化解重点风险攻坚战，重点是防控金融风险。当前，我国普惠金融发展仍然存在着一些问题，比如商业可持续性不足，数字普惠金融兴起后，互联网金融和传统金融的边界在变得模糊的同时，也带来了一些新型金融风险问题。国际货币基金组织也提示，中国普惠金融需要提供更广泛的金融服务，同时也需进一步提高金融知识普及程度，特别是在农村，以免投资者被误导。此外，随着大数据技术的深入发展，用户的行为数据、信息都呈现线上化趋势，普惠金融的服务场景也趋于非现场和移动化，金融服务终端越来越多，相关数据的信息安全泄露问题也日渐暴露。金融机构可以利用大数据、人工智能机器的学习技术，挖掘数据背后的价值和规律，用于进行精准定价和智能风控，也可以利用区块链、分布式账户技术和加密技术对数据存储、传输进行更加有效和安全的处置。

思考：普惠金融与互联网金融的联系和区别。

第三节　互联网金融的发展模式与业态

在“互联网+”思维和实践的推动下，互联网金融在中国快速发展，出现了许多创新的发展模式和业态类型。互联网金融从路径上看主要有两种发展模式，六个业态类型，本

[1] 陈彦蓉．普惠金融呈现良好发展新生态[EB/OL]．http://www.financialnews.com.cn/ncjr/phjr/201712/t20171230_130688.html．

节我们将逐一进行分析。

一、互联网金融的发展模式

浙江大学互联网金融研究院贲圣林等（2017）认为㊀，从发展的路径上看互联网金融有两种模式，一是传统金融行业把传统业务向互联网空间延伸，即“传统金融行业+互联网”的发展模式；二是新兴的互联网企业向金融服务领域的发展和创新，即“IT 创新企业+互联网+金融产品和服务”的发展模式。这两种模式，尤其是第二种模式，在互联网金融的产品和服务的创新方面发挥着巨大的作用。

（一）“传统金融行业+互联网”发展模式

在这种发展模式下，金融机构通过对传统业务的互联网化来提升其在服务和管理方面的质量和效率。比如，20 世纪 90 年代末兴起的网上银行服务，作为我国最早进入公众视野的运用互联网办理金融业务的模式，被称为 3A（Anytime，Anywhere，Anyhow）金融服务。借助于互联网，客户在享受银行提供的金融服务时受时间、地点、方式上的限制更少，从而收获了更好的体验。然而，网上银行的实质只是为客户提供了一个“先进的渠道”。客户接受的网上银行服务本身与在银行物理网点中接受的服务并无本质差别。可见，当时的银行还主要把互联网定位为金融服务的从属工具，更多的是根据自身传统业务的需求来规划使用互联网的深度和广度，金融服务与互联网技术之间并没有深层次融合。

同网上银行一样，其他基于“金融+互联网”思维产生的新金融服务，如互联网证券交易、互联网理财产品销售等，依然没有摆脱传统金融的局限。这些模式仅仅是将线下的金融模式移植到线上，产生同传统金融一一对应的模式，而没有开发出互联网金融中的新业态。仅仅依靠“金融+互联网”的思维来改造传统金融机构并不能有效支撑传统金融向互联网金融的成功转型。对我国互联网金融来说，这种发展模式的局限性很大。

（二）“IT 创新企业+互联网+金融产品和服务”发展模式

这种模式让互联网思维成为改造金融服务的指导思想。例如，阿里巴巴作为一家 IT 企业，推出创新性的基于互联网的金融服务产品——支付宝，以提供第三方支付服务，从而进入了互联网金融行业。

第二种模式与第一种模式的根本区别在于：对传统金融体系变革的力量只能从外部产生。在第二种模式所催生的业态中，如众筹、网络借贷、第三方支付等金融模式在传统正规金融体系中很难找到其原型，可以说是完全依托于互联网的金融产品和业态。这些业态可以统称为互联网金融业态。

这些互联网金融业态通过互联网提供了全功能、全流程的金融服务。而在新型金融服务产生的基础上，专注于互联网金融服务的新型金融机构也应运而生，为互联网金融的发展提供了更大的想象空间，具体体现在以下三个方面：

㊀ 本部分主要参考：贲圣林，张瑞东，等．互联网金融理论与实务[M]．北京：清华大学出版社，2017：5-8.

（1）第二种模式通过有机结合互联网和金融业务，改变了金融服务产品中的要素以及组织结构，实现了金融产品的创新，满足了更加多元化的场景需求。比如，针对电子商务贸易中买卖双方的信任难题，电子商务技术企业将第三方担保机制嵌入原有的互联网支付体系中，改变了原有金融服务的结构，从而形成了第三方支付这种新的金融服务。

（2）第二种模式以及“金融+互联网”的思路让金融服务的触角延伸到了那些传统金融无法覆盖的“长尾”群体，能够为更广泛的社会群体提供服务。互联网的开放性和广泛性的特征能够整合海量市场信息，满足小微市场主体分散化、碎片化的投融资需求，在此基础上形成规模优势，撬动现有金融市场底层的巨大潜力。

（3）在“金融+互联网”的背景下，更多信息技术企业开始进入服务领域，成为金融服务行业中心的成员，拓展了开展金融服务主体的范围。依托于互联网带来的低中介成本，这些技术企业可以将很多金融服务用更加低成本的渠道加以实现，促进了金融服务的去中介化。

互联网金融发展模式将互联网思维融入了金融创新的过程中，从而能够产生新的金融业态，服务于更多新的受众，一方面促进普惠金融，另一方面满足了更多层次的投融资需求。

二、互联网金融的业态

互联网金融是一个新兴概念，过去缺乏系统分类。目前，北京软件和信息服务交易所（以下简称“软交所”）和中国人民银行等十部委联合印发的《指导意见》分别对互联网金融业态提出了明确的分类。为了对互联网金融的业态做一个清晰的界定，北京软交所互联网金融实验室从 2012 年开始，通过持续对互联网金融领域企业进行调研走访，深度解析互联网金融相关资讯，并对互联网金融创新产品、现象进行认真研究，最终系统梳理出了第三方支付、P2P 网络借贷、大数据金融、众筹、信息化金融机构、互联网金融门户六大互联网金融模式。

而在《指导意见》中，依据“依法监管、适度监管、分类监管、协同监管、创新监管”的原则，科学合理地界定了互联网金融各业态的业务边界及准入条件。本书重点介绍《指导意见》中所界定的六大互联网金融业态。

（一）互联网支付

互联网支付是指通过计算机、手机等设备，依托互联网发起支付指令、转移货币资金的服务。互联网支付应始终坚持服务电子商务发展和为社会提供小额、快捷、便民小微支付服务的宗旨。银行业金融机构和第三方支付机构从事互联网支付，应遵守现行法律法规和监管规定。第三方支付机构与其他机构开展合作的，应清晰界定各方的权利义务关系，建立有效的风险隔离机制和客户权益保障机制。要向客户充分披露服务信息，清晰地提示业务风险，不得夸大支付服务中介的性质和职能。互联网支付业务由中国人民银行负责监管。

（二）网络借贷

网络借贷包括个体网络借贷（即 P2P 网络借贷）和网络小额贷款。个体网络借贷是指个体和个体之间通过互联网平台实现的直接借贷。在个体网络借贷平台上发生的直接借贷行为属于民间借贷范畴，受《中华人民共和国合同法》（以下简称《合同法》）、《中华人民共和国民法通则》（以下简称《民法通则》）等法律法规以及最高人民法院相关司法解释规范。个体网络借贷要坚持平台功能，为投资方和融资方提供信息交互、撮合、资信评估等中介服务。个体网络借贷机构要明确信息中介性质，主要为借贷双方的直接借贷提供信息服务，不得提供增信服务，不得非法集资。网络小额贷款是指互联网企业通过其控制的小额贷款公司，利用互联网向客户提供的小额贷款。网络小额贷款应遵守现有小额贷款公司监管规定，发挥网络贷款优势，努力降低客户融资成本。网络借贷业务由银保监会㊀负责监管。

（三）股权众筹融资

股权众筹融资主要是指通过互联网形式进行公开小额股权融资的活动。股权众筹融资必须通过股权众筹融资中介机构平台（互联网网站或其他类似的电子媒介）进行。股权众筹融资中介机构可以在符合法律法规规定的前提下，对业务模式进行创新探索，发挥股权众筹融资作为多层次资本市场有机组成部分的作用，更好地服务创新创业企业。股权众筹融资方应为小微企业，应通过股权众筹融资中介机构向投资人如实披露企业的商业模式、经营管理、财务、资金使用等关键信息，不得误导或欺诈投资者。投资者应当充分了解股权众筹融资活动风险，具备相应风险承受能力，进行小额投资。股权众筹融资业务由中华人民共和国证券监督管理委员会（以下简称“证监会”）负责监管。

（四）互联网基金销售

基金销售机构与其他机构通过互联网合作销售基金等理财产品的，要切实履行风险披露义务，不得通过违规承诺收益方式吸引客户；基金管理人应当采取有效措施防范资产配置中的期限错配和流动性风险；基金销售机构及其合作机构通过其他活动为投资人提供收益的，应当对收益构成、先决条件、适用情形等进行全面、真实、准确的表述和列示，不得与基金产品收益混同。第三方支付机构在开展基金互联网销售支付服务过程中，应当遵守中国人民银行、证监会关于客户备付金及基金销售结算资金的相关监管要求。第三方支付机构的客户备付金只能用于办理客户委托的支付业务，不得用于垫付基金和其他理财产品的资金赎回。互联网基金销售业务由证监会负责监管。

（五）互联网保险

保险公司开展互联网保险业务，应遵循安全性、保密性和稳定性原则，加强风险管理，完善内控系统，确保交易安全、信息安全和资金安全。专业互联网保险公司应当坚持服务互联网经济活动的基本定位，提供有针对性的保险服务。保险公司应建立对所属电子商务公司等非保险类子公司的管理制度，建立必要的防火墙。保险公司通过互联网销售保险产品，不得进行不实陈述、片面或夸大宣传过往业绩、违规承诺收益或者承担损失等误导性

㊀ 2018 年 3 月，全国人大通过了《国务院机构改革方案》，将原银监会、原保监会的职责整合，组建中国银行保险监督管理委员会，简称“银保监会”。

描述。互联网保险业务由银保监会负责监管。

（六）互联网信托和互联网消费金融

信托公司、消费金融公司通过互联网开展业务的，要严格遵循监管规定，加强风险管理，确保交易合法合规，并保守客户信息。信托公司通过互联网进行产品销售及开展其他信托业务的，要遵守合格投资者等监管规定，审慎甄别客户身份和评估客户风险承受能力，不能将产品销售给与风险承受能力不相匹配的客户。信托公司与消费金融公司要制定完善产品文件签署制度，保证交易过程合法合规，安全规范。互联网信托业务、互联网消费金融业务由银保监会负责监管。

案例分析

加强校园贷规范管理

自原银监会、教育部等六部委《关于进一步加强校园网贷整治工作的通知》（银监发[2016]47 号）印发以来，各地加大对网络借贷信息中介机构（以下简称网贷机构）校园网贷业务的清理整顿，取得了初步成效。但部分地区仍存在校园贷乱象，特别是一些非网贷机构针对在校学生开展借贷业务，突破了校园网贷的范畴和底线，一些地方“求职贷”“培训贷”“创业贷”等不良借贷问题突出，给校园安全和学生合法权益带来了严重损害，造成了不良社会影响。为进一步加大校园贷监管整治力度，从源头上治理乱象，防范和化解校园贷风险，原中国银监会、教育部、人力资源和社会保障部联合印发了《关于进一步加强校园贷规范管理工作的通知》（银监发[2017]26 号）。

思考：查阅《关于进一步加强校园贷规范管理工作的通知》的内容，思考在校大学生应该如何规避校园贷风险。

本章小结

（1）互联网金融的产生有其经济背景、政策背景和技术背景。从技术发展的角度看，互联网金融的产生是得益于三个方面：一是由信息技术向数学数据技术的发展，二是由互联网向物联网的发展，三是由互联网向移动互联网以及互联网作为支付系统的发展。

（2）美国是互联网金融的诞生摇篮和发展先驱，德国和法国的互联网金融以传统金融的互联网化为发展之路，印度依靠科技实力发展互联网金融以填补传统金融短板，迪拜酋长国借助区块链成为中东金融科技中心。我国互联网金融发展主要经历了四个阶段。

（3）互联网金融是指传统金融机构与互联网企业利用互联网技术和信息通信技术实现资金融通、支付、投资和信息中介服务的新型金融业务模式。互联网金融的本质仍然是金融。互联网金融具有与电子商务相伴共生、积极跨界的经营活动、平台开放广泛连接、基于大数据精耕账户、自我进化的生态圈和便利的普惠金融六个特征。

（4）是否具备互联网精神，能否形成以客户需求为导向并注重客户体验等要素，是互联网金融与金融互联网的本质区别。从属性上看，互联网金融的落脚点在金融，是传统金融业务与互联网技术结合后的升级版、更新版，但金融科技的落脚点在科技，强调以及利用大数据、云计算、区块链等在金融服务和产品上的应用。

（5）金融科技与科技金融的区别在于概念核心不同、目标不同、参与主体不同、实现方式不同、具体产品不同。互联网金融是金融科技发展的一个阶段。

（6）互联网金融从发展的路径上看有两种模式，一是“传统金融行业+互联网”的发展模式；二是“IT创新企业+互联网+金融产品和服务”的发展模式。中国人民银行在《指导意见》中提出了互联网支付、网络借贷、股权众筹融资、互联网基金销售、互联网保险、互联网信托和互联网消费金融六大业态。

知识自测

一、单选题

1. （　　）强调一切数据化，包括定量和非定量的信息，也就是将各类信息数据化。

A. 信息技术　　B. 数据技术　　C. 网络技术　　D. 电子技术

2. （　　）是指以互联网金融与实体金融为基础，以物联网为载体的全新金融模式。

A. 互联网金融　　B. 供应链金融　　C. 物联网金融　　D. 普惠金融

3. 金融业主要的创新是（　　）的迅速发展和普及。

A. 互联网支付系统　　B. 网络借贷系统

C. 互联网征信系统　　D. 互联网众筹

4. （　　）是指传统金融机构与互联网企业利用互联网技术和信息通信技术实现资金融通、支付、投资和信息中介服务的新型金融业务模式。

A. 普惠金融　　B. 互联网金融　　C. 物联网金融　　D. 绿色金融

5. 互联网金融的本质仍然是（　　）。

A. 互联网　　B. 金融科技　　C. 资金供求　　D. 金融

6. 互联网金融是（　　）发展的一个阶段

A. 互联网技术　　B. 金融科技　　C. 传统金融　　D. 普惠金融

7. 互联网支付业务由（　　）负责监管。

A. 银监会　　B. 中国人民银行

C. 证监会　　D. 保监会

8. 网络借贷业务由（　　）负责监管。

A. 银保监会　　B. 中国人民银行

C. 证监会　　D. 保监会

9. 互联网信托业务、互联网消费金融业务由（　　）负责监管。

A. 银保监会　　B. 中国人民银行

C. 证监会　　D. 保监会

10. 股权众筹融资业务由（　　）负责监管。

A. 银监会　　B. 中国人民银行

C. 证监会　　　　　　　　　　　　　　D. 保监会

二、多选题

1. 从技术发展的角度看互联网金融的产生，得益于互联网在（　　）的深入发展。

A. 从信息技术到数据技术　　　　　　　B. 从互联网到物联网

C. 从传统金融到互联网金融　　　　　　D. 从互联网到互联网（移动互联网）支付

2. 我国金融生态系统的三个核心要素（　　）规则正在发生剧烈变化。

A. 金融环境　　B. 金融资源　　C. 金融物种　　D. 金融生态

3. 互联网金融就在于利用互联网或者移动终端的渠道来汇集海量的用户和信息，从而实现金融业务中的（　　）的任意组合和互联互通，实现信息共享和业务融合。

A. 资产端　　B. 交易端　　C. 支付端　　D. 资金端

4. 从发展的路径上看，互联网金融发展的模式有（　　）。

A. “传统金融行业+互联网”的发展模式

B. “互联网+传统金融行业”的发展模式

C. “IT 创新企业+互联网+金融产品和服务”的发展模式

D. “IT 创新企业+金融产品和服务”的发展模式

5. 由证监会负责监管的互联网金融业态有（　　）。

A. 股权众筹融资　　　　　　　　　　　B. 互联网支付

C. 互联网保险　　　　　　　　　　　　D. 互联网基金销售

三、判断题

1. 从信息技术到数据技术的转变使社会经济发展和技术也变得相互选择，数据技术可以方便信息的控制和管理。（　　）

2. 互联网作为一个支付系统成为一个全新的业务方向，得益于移动互联网和基于移动互联网的智能手机的发展。（　　）

3. 从行业发展的角度看，“互联网+”非常成功的一个行业融合就是与信息行业的融合。（　　）

4. 互联网金融本质上仍属于金融，同样存在信用风险、市场风险和道德风险，但是改变了金融风险隐蔽性、传染性、广泛性和突发性的特点。（　　）

5. 发展互联网金融的主要目的是提高资源跨时空配置效率。（　　）

6. 从传统金融到互联网金融的变革，可以通过不同的手段和途径，但其核心必然是金融。（　　）

7. 仅依靠“金融+互联网”的思维来改造传统金融机构可以有效支撑传统金融向互联网金融的成功转型。（　　）

8. 对传统金融体系变革的力量只能从内部产生。（　　）

9. 互联网支付应始终坚持服务电子商务发展和为社会提供小额、快捷、便民小微支付服务的宗旨。（　　）

10. 基于大数据的金融服务平台主要指拥有海量数据的金融企业开展的金融服务。（　　）

技能实训

1. 实训主题：探究我国互联网金融发展的现状及特点。

为了能够掌握我国互联网金融发展的现状及特点，梳理我国互联网金融发展的总体情况，请通过网络搜索查找我国互联网金融发展的起源、进程及现状，以小组为单位整理资料制作 PPT，汇报我国互联网金融发展的总体情况并分析其发展的特点。

2. 实训主题：讨论我国互联网金融的主要模式及典型代表。

通过上网查找相关资料，了解我国现存的主要互联网金融业态及典型代表，并根据自己的兴趣，分析一种互联网金融业态的典型代表，以 PPT 的形式进行班级交流。

第二章　网络支付实务

学习目标

知识目标

- 掌握网络支付体系、网络支付产业链的概念。
- 了解我国网络支付的产生、发展历程及现状。
- 掌握网络支付运营模式、盈利模式的类型及其基本概念。
- 了解网络支付的风险及监管政策。
- 熟悉网络支付的主要应用场景。

能力目标

- 会辨析网络支付的类型及其基本概念。
- 会分析网络支付系统构成及流程。
- 能区别各种类型的网络运营模式及盈利模式的特点。
- 能熟练使用支付宝、银联在线、微信支付、快钱等支付工具。
- 能针对不同的支付场景选择不同的互联网支付工具。

案例导读

条码支付规范的市场影响

2017 年 12 月，央行发布了《中国人民银行关于印发<条码支付业务规范（试行）>的通知》（银发〔2017〕296 号），配套印发了《条码支付安全技术规范（试行）》和《条码支付受理终端技术规范（试行）》（银办发〔2017〕242 号发布），自 2018 年 4 月 1 日起实施。

条码支付主要针对的是线下消费支付，近两年发展得非常快，无论是大型商场、酒店，还是小型便利店、路边小摊，甚至是乞讨者都用起了二维码或条码支付方式。对于用户来说也非常方便，出门不用带钱也不用带钱包，一部手机就足够了。但是在条码支付异常火爆的同时，由于条码支付准入门槛太低，市场的无序竞争、机构的违规操作、不法分子的攻击诈骗等问题时有发生。因此，条码支付的相关规范发布，可谓是恰逢其时。

相关人士认为，该规范将对支付宝和微信带来重大影响。信用卡行业研究人士认为，央行的新规对用户无甚影响，但将约束第三方支付公司，而有利于银联扫码支付。目前的条码支付处于双寡头竞争格局，即支付宝和微信几乎垄断了市场，为了争抢用户、培养用户的消费习惯不惜下血本，大肆烧钱。而对于用户来说，今后线下支付将无法获取补贴，各种优惠活动没有了，但是用户的支付账户会更加安全。近年来，央行对第三方支付机构的监管加强，且增加了处罚频率和力度。据不完全统计，2017年以来，央行处罚了67家支付公司，包含支付宝和微信。与此同时，央行也收紧了支付牌照的发放。

思考：央行为什么要发布《条码支付业务规范（试行）》？对我们居民的日常支付将产生什么影响？

（资料来源：根据网络资料整理，新浪科技，2017年12月27日）

随着电子商务产业的快速发展，特别是网络购物的兴起，基于互联网的新兴网络支付和结算方式便应运而生。电子商务对网络支付工具的需求带动了网络支付的产生和发展，同时，网络支付的发展和创新也更加推动了电子商务产业的繁荣和升级。本章我们通过对网络支付相关概念的辨析，学习网络支付的类型、产生与发展、运营模式、盈利模式等内容，了解网络支付的风险与监管，掌握网络支付的主要应用场景。

第一节 网络支付概述

与网络支付相关的概念有很多，必须要先辨析清楚。本节我们通过梳理网络支付的各种类型来辨析相关概念，把握网络支付的产生与发展历程，了解网络支付系统的构成与流程。

一、网络支付相关概念辨析

（一）网络支付的类型及概念辨析

网络支付是以互联网等网络为支付渠道，通过第三方网络支付机构与商业银行间的支付接口，在商户、客户以及银行间完成支付服务的流程。按不同的分类标准，网络支付可以分为四大类。我们在分类的基础上，对不同类型的网络支付概念予以辨析，以加深理解。

1. 按支付手段分类

（1）传统支付　在互联网和电子商务还没有成熟之前，传统支付的方式主要包括三种形式：现金、票据（汇票、本票、支票）、银行卡（借记卡、贷记卡）。在传统支付方式下，支付运作速度和处理效率比较低，运作成本较高，会增加在途资金和企业运作资金规模，造成财政控制困难。随着互联网技术的普及应用，银行将线下的传统金融业务互联网化，逐步发展出了网络银行。

（2）电子支付　2005年10月，中国人民银行公布《电子支付指引（第一号）》，规定：“电子支付是指单位、个人直接或授权他人通过电子终端发出支付指令，实现货币支付与资金转移的行为。电子支付的类型按照电子支付指令发起方式分为网上支付、电话支付、移动支付、销售点终端交易、自动柜员机交易和其他电子支付。”简单来说，电子支付是指电子交易的当事人，包括消费者、厂商和金融机构，使用安全电子支付手段，通过网络进行的货币支付或资金流转。电子支付是电子商务系统的重要组成部分。

电子支付的发展经历了五个阶段：第一阶段是银行利用计算机处理银行之间的业务，办理结算；第二阶段是银行计算机与其他机构计算机之间资金的结算，如代发工资等业务；第三阶段是利用网络终端向客户提供各项银行服务，如自助银行；第四阶段是利用银行销售终端（POS 终端）向客户提供自动的扣款服务，是目前电子商务最重要的形式；第五阶段是最新阶段，也就是基于互联网的电子支付和结算，又称为网络支付或在线支付。随着移动技术的发展与智能手机的快速普及，移动支付已成为电子支付发展的新趋势。

2．按支付组织类型分类

（1）金融机构支付　金融机构支付的组织主要是指银行和银联，其代表支付工具是各银行的网银。

（2）非金融机构支付　非金融机构支付的组织是指众多的第三方支付公司，其代表支付工具有支付宝、财付通、银联在线等第三方支付工具。

网络支付按支付组织类型的分类如图 2-1 所示。

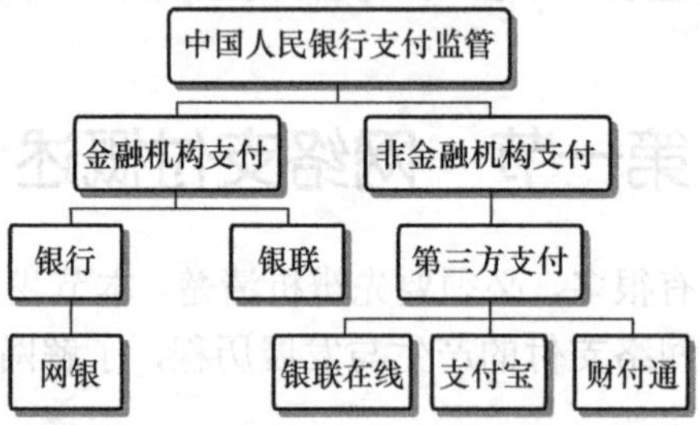

图 2-1　按支付组织分类的网络支付类型

3．按支付方分类㊀

（1）第一方支付　即货币支付，从最早出现货币的时候，我们就开始使用并且长时间依赖于这种支付方式。在现代社会，商务流通更加频繁，涉及金额巨大，货币支付已经基本退出了商业往来的舞台。然而，在日常生活或者在一些经济并不算特别发达的地方，货币支付仍然是最直接、最常用的一种支付方式。货币支付作为最古老的一种支付方式，并不会消失，但是在现实生活中的“存在感”会越来越弱，它会作为其他支付方式的辅助形式继续存在下去，并在某些场合独当完成支付的大任。

（2）第二方支付　即银行支付，解决了第一方支付的货币携带不方便而且风险较高的问题。第二方支付的支付原理，就是你自己通过银行去完成支付的过程，类似于银行汇票的一种支付方式。我们都知道最早使用的纸币是北宋的交子，而北宋时期，市场上流通的货币是真金白银和铜钱，我们其实就可以把这种纸币定义为北宋时期的汇票，也就相当于我们今天的银行卡。与现在的银行卡不同的是，交子的面值是固定的，购买力也是固定的，但是银行卡的限额却是取决于持卡人的个人能力。第二方支付是依托银行存在的，在我国，国有银行对国家的经济发展起着很大的作用，因此，第二方支付会逐渐从日常生活和小额市场的支付中淡化并退出，转而在一些巨额的交易和政策性的金融活动中继续存在。

（3）第三方支付　第三方支付是指一些和产品所在国家以及国外各大银行签约，并具备

㊀ 参考自：亿欧网．https://www.iyiou.com/p/25526．

一定实力和信誉保障的第三方独立机构提供的交易支持平台。在通过第三方支付平台的交易中，买方选购商品后，使用第三方平台提供的账户进行货款支付，由第三方通知卖家货款到达、进行发货；买方检验物品后，就可以通知付款给卖家，第三方再将款项转至卖家账户。在这个支付过程中，第三方支付平台最重要的是起到了在网上商家和银行之间建立起连接，实现第三方监管和技术保障的作用。第三方支付可以分为两种，一种是以支付宝、微信支付为例的第三方平台支付，另外一种是以 Apple Pay、华为 Pay 等为例的移动端支付。

（4）第四方支付　又称聚合支付或融合支付，第四方支付是相对第三方而言的，作为对第三方支付平台服务的拓展。第三方支付介于银行和商户之间，而第四方支付是介于第三方支付和商户之间，没有支付许可牌照的限制。第四方支付集成了各种第三方支付平台、合作银行、合作电信运营商、其他服务商接口，集合了各个第三方支付及多种支付渠道的优势，能够根据商户的需求进行个性化定制，形成支付通道资源互补优势，满足商户需求，提供适合商户的支付解决方案。总体来讲，第四方支付属于支付服务集成商，具有无可比拟的灵活性、便捷性和支付服务互补性。而且第四方支付更具中立性优势，可以调和主流支付机构恶意竞争的状况，保证支付行业健康发展。㊀

4．按第三方支付牌照分类

2010 年 6 月，中国人民银行出台《非金融机构支付服务管理办法》，对非金融机构从事网络支付、预付卡发行与受理、银行卡收单等支付服务的市场准入、行政许可、监督管理等做出明确规定。第三方支付公司实行准入许可制度，由中国人民银行负责颁发《支付业务许可证》牌照，发放的支付牌照有三种：网络支付、预付卡的发行与受理及银行卡收单。

（1）网络支付　根据中国人民银行《非金融机构支付服务管理办法》的定义，网络支付是指依托公共网络或专用网络在收付款人之间转移货币资金的行为，包括货币汇兑、互联网支付、移动电话支付、固定电话支付、数字电视支付等。

1）货币汇兑。这里指非金融机构的货币兑付，如我国的邮政部门，依托综合计算机网络和技术，实现国内、国际汇兑业务交易处理、检查、核销、资金清算、会计核算全过程的电子化、网络化。

2）互联网支付。互联网支付是指通过互联网线上支付渠道，从 PC 端完成的从用户到商户的在线货币支付、资金清算等行为，包括网银支付和第三方支付。互联网支付应始终坚持服务电子商务发展和为社会提供小额、快捷、便民小微支付服务的宗旨。银行业金融机构和第三方支付机构从事互联网支付，应遵守现行法律法规和监管规定。

3）移动电话支付。移动电话支付是指通过移动电话与金融系统相结合，将移动通信网络作为实现手机支付的工具和手段，为用户提供商品交易、缴费、银行账号管理等金融服务的业务。

4）固定电话支付。固定电话支付是指通过增加安全加密和刷卡功能，使普通电话机变成金融终端。用户只需要具备一部智能终端刷卡电话，这部电话与 POS 终端设备相结合，相当于一个安放在家中的终端 POS 机。通过“刷卡电话机+银联卡”，办理各种银行业务。

5）数字电视支付。数字电视支付是指数字电视支付系统将电视和银行支付业务有机地结合起来，用户可以通过“电视+遥控器”的方式进行银行卡支付，方便、快捷地完成缴

㊀ 参考自：https://baike.baidu.com/item/第四方支付/17578568?fr=aladdin.

费、查询欠费、订购节目包等业务。

（2）预付卡的发行与受理　预付卡是指发卡机构以特定载体和形式发行的，可在发卡机构之外购买商品或服务的预付价值。获得预付卡发行与受理牌照的企业可以从事预付卡的发行与受理。

（3）银行卡收单　银行卡收单是指收单机构与特约商户签订银行卡受理协议，在特约商户按约定受理银行卡并与持卡人达成交易后，为特约商户提供交易资金结算服务的行为。

5. 按支付流程分类

（1）支付网关。支付网关模式是指客户和商户都将支付指令传送到银行的支付网关，通过银行的后台服务器完成支付业务的模式。支付网关介于银行和互联网之间，集成不同银行的网银接口，为商户提供统一的支付接口和结算对账业务服务，对银行的专用网络起到保护和隔离的作用。

（2）信用中介型支付。信用中介型支付模式是指第三方支付机构在交易发生时，以自身商业信用担保交易完成，先替客户方保存货款，待客户确认收货后，再将托管的货款划拨给商户。支付宝就是此类模式。用户在天猫商城或者淘宝网购物后，先将货款支付到支付宝平台，等到用户确认收到货物后，再将货款划拨给商户。

（3）直付型支付。直付型支付模式的前提是用户必须在网络支付机构开通账户，并已经将银行账户和网络支付平台账户进行关联，在交易过程中，登录网络支付平台账户授权便可完成支付。这种支付模式最具代表性的网络在线支付平台是PayPal。

6. 按交易主体分类

（1）B2B支付。B2B支付是指第三方网络支付机构为企业与企业之间进行的资金转移活动提供支付服务。

（2）B2C支付。B2C支付是指第三方网络支付机构为企业与个人之间进行的资金转移活动提供支付服务，如支付宝为用户提供生活缴费功能。

（3）C2C支付。C2C支付是指第三方网络支付机构为个人与个人之间的资金转移活动提供服务，如微信红包、QQ红包等。

7. 按支付是否通过网络分类㊀

（1）在线支付　在线支付又称线上支付，一般是指支付信息仅需通过网络传递即可成功完成支付的一种支付形式。例如，银行卡的有卡支付往往是需要支付者抵达现场刷卡，支付信息传递途中有一段是不通过电子网络进行的，所以一般认为不属于在线支付，而是线下支付。而银行卡的互联网无卡支付则可以认为属于在线支付。在线支付是相对于线下支付而言的，如网上银行支付就是在线支付。在线支付是目前在互联网上从事电子商务的商户普遍采用的收款方式。消费者在互联网环境下选择商户的商品或服务，然后在线付款给商户。简单地说，无须亲自去现场的支付就是在线支付。按使用的终端不同，在线支付又可以分为计算机桌面在线支付和移动在线支付。

（2）线下支付　线下支付是指支付信息全部或部分不通过网络传递，如消费者必须亲自到购买现场进行支付操作的资金支付行为。其中，订单的产生可能通过互联网线上完成，

㊀ 郭福春，陶再平．互联网金融概论[M]．北京：中国金融出版社，2015（3）：35．

但支付动作一定是到达现场才完成的。线下支付的具体表现形式包括 POS 机刷卡支付、拉卡拉等自助终端支付、预付卡支付、手机近端支付以及网点支付等。

（二）网络支付的特点

与传统的支付方式（基于现金、支票、银行卡等）相比，网络支付拥有诸多的优势和特点：

（1）网络支付的运行是基于完全开放式的互联网，因此具有更好的开放性、便捷性和兼容性。

（2）网络支付突破了传统支付对于时间和空间的限制，具有便捷、高效和低成本的优势。使用网络支付时，用户只需要使用一台能连接到互联网的终端，例如个人计算机、平板电脑、手机等，便可以在任意时间、任意地点快速完成整个支付与结算的过程，且支付成本只有传统支付方式的十分之一，甚至百分之一。

（3）通过数字加密和认证技术，网络支付保证了良好的安全性和一致性，也保证了电子商务过程中资金流转移的安全可靠。

（三）网络支付体系及其产业链

1. 网络支付体系

在过去的实物支付时代，买卖双方必须同时把要交换的物品运输到同一地点，才能完成支付。一般等价物出现以后，使物流和资金流在空间上可以分离，但一般等价物的便携性和标准化程度低，且普及性不足。私有和国有的信用中介的出现解决了上述问题，纸币和票据使得支付可以脱离真正的实物，而由信用的方式所表达，支付逐渐变成了一种信息的表达。但由于信息不对称，买卖双方之间的时间、空间等不一致等原因，经常会导致交易不通畅，效率低下。电子支付的出现，使得支付方式的信息流动更为通畅，从而大大提高了支付的效率，使得货物流动和资金流动能同时运转起来。支付体系的历史沿革如图 2-2 所示。

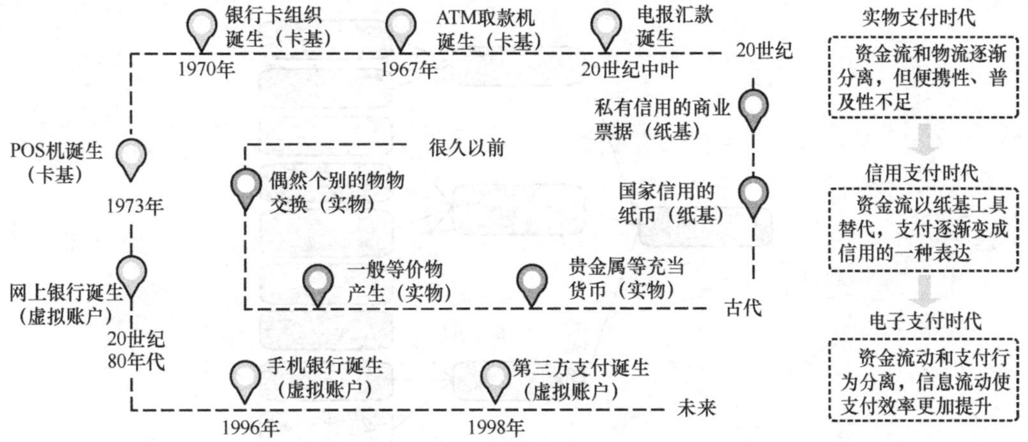

（资料来源：宜人智库，2017—2018 年中国支付行业研究报告）

图 2-2　支付体系的历史沿革

在中国电子支付产业核心参与方中（如图 2-3 所示），由银联和央行支付系统所组成的支付清算处于电子支付体系最核心的位置，其为整个产业的枢纽。商业银行、线上线下的第三方支付机构是中国支付产业的主要参与者和规模贡献者。收单代理商、支付软硬件提供商是电子支付产业中起到辅助作用的主体，整个体系由中国人民银行等监管方进行监督管理，为中国的用户和商户进行服务。

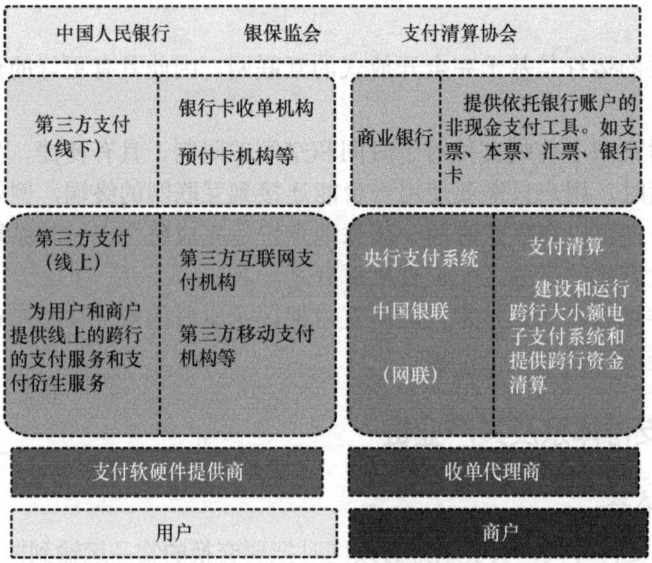

（资料来源：宜人智库）

图 2-3　中国电子支付产业核心参与方

2．网络支付行业产业链

网络支付行业产业链自上而下可以分为基础支付层、第三方支付服务层和应用层。其中第三方支付近年来发展蓬勃，具体可分为互联网支付、银行卡收单、预付卡的发行与受理和移动电话支付。支付行业产业链如图 2-4 所示。

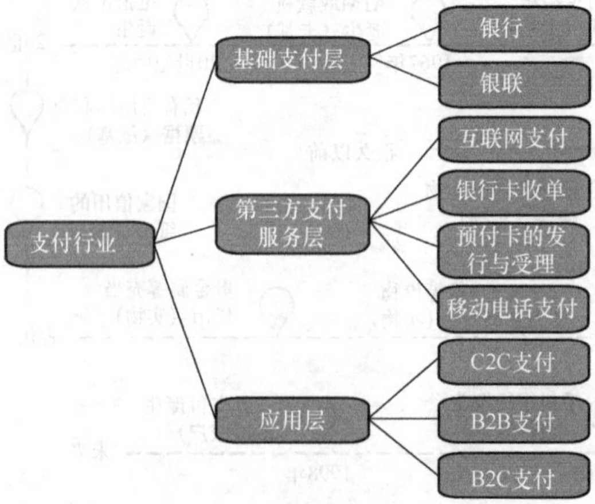

（资料来源：参照系，第三方支付行业研究报告，2017 年）

图 2-4　支付行业产业链

2017年8月4日，中国人民银行支付结算司向有关金融机构下发了《中国人民银行支付结算司关于将非银行支付机构网络支付业务由直连模式迁移至网联平台处理的通知》，网联成立并加入第三方支付行业，原先支付清算的"一对一"模式变成了"多对一"模式，所有的第三方支付机构和所有的银行都接入网联，手续费按照统一的标准执行。"网联"即非银行支付机构网络支付清算平台，对标银联在银行间跨行交易的作用。网联成立后对支付产业链的影响如图2-5所示。

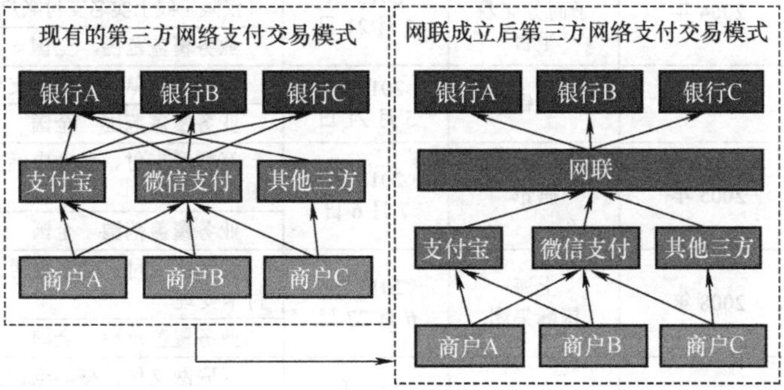

（资料来源：宜人智库）

图2-5 网联成立后对支付产业链的影响

二、网络支付的产生与发展历程

（一）网络支付的产生

在传统交易的方式中，买卖双方都是面对面的一手交钱一手交货，钱和物的互换几乎是同时进行，也是同步交换。但是随着网络购物的兴起，相距千里的人们也能进行买卖，此时买卖过程中钱和商品无法即时交换，称为异步交换（易），而网络购物就是一种非常典型的异步交易。在现实的有形市场，异步交换权且可以附加信用保障或法律支持来进行，而在虚拟的无形市场，交易双方互不认识，不知根底，故此，支付问题曾经成为电子商务发展的瓶颈之一，卖家不愿先发货，怕货发出后不能收回货款；买家不愿先支付，担心支付后拿不到商品或商品质量得不到保证。博弈的结果是双方都不愿意先冒险，网上购物无法进行。为迎合异步交换的市场需求，第三方支付应运而生。

第三方支付平台是买卖双方在缺乏信用保障或法律支持的情况下的资金支付的"中间平台"，买方将货款付给买卖双方之外的第三方，第三方提供安全交易服务，其运作实质是在收付款人之间设立中间过渡账户，使汇转款项实现可控性停顿，只有双方意见达成一致才能决定资金去向。第三方担当中介保管及监督的职能，并不承担什么风险，所以确切地说，这是一种支付托管行为，通过支付托管实现支付保证。因此，第三方支付平台较好地解决了网络交易中的信用问题，简单地破解了网络交易中的信任难题。随着该模式的逐渐清晰和被我国消费者广泛理解、接受和使用，中国的第三方支付市场也继网银支付之后，蓬勃发展起来。

另外，在实际操作过程中，这个第三方支付机构也可以是发行信用卡的银行系统本身。在网络支付时，信用卡卡号以及密码的披露只在持卡人和银行之间转移，降低了通过商家转移而导致的风险。在我国，银联作为所有发卡银行的代表，就具备了成为这样的第三方支付机构的能力，而实际上银联也是中国第三方支付市场的强有力的参与者。我国主要的第三方支付机构见表 2-1。

表 2-1　我国主要的第三方支付机构

名　　称	成立时间	平台背景	发牌时间	业务许可范围
支付宝（中国）网络技术有限公司（支付宝）	2004 年	阿里巴巴电子商务交易平台	2013 年 5 月 21 日	互联网支付、移动电话支付、预付卡发行与受理（仅限于线上实名支付账户充值）、银行卡收单 业务覆盖范围　全国
银联商务有限公司（银联商务）	2002 年	中国银联	2013 年 5 月 21 日	银行卡收单、互联网支付、预付卡受理 业务覆盖范围　全国
深圳市财付通科技有限公司（财付通）	2005 年	腾讯	2013 年 7 月 6 日	互联网支付、移动电话支付、固定电话支付、银行卡收单 业务覆盖范围　全国
通联支付网络服务股份有限公司	2008 年	上海国际集团	2012 年 6 月 27 日	互联网支付、固定电话支付、银行卡收单、预付卡受理 业务覆盖范围　全国
北京通融通信息技术有限公司（易宝支付）	2003 年	无	2012 年 7 月 20 日	互联网支付、移动电话支付、银行卡收单 业务覆盖范围　全国
快钱支付清算信息有限公司（快钱）	2005 年	万达集团	2012 年 7 月 20 日	互联网支付、移动电话支付、固定电话支付、银行卡收单、预付卡受理 业务覆盖范围　全国
上海汇付数据服务有限公司（汇付天下）	2006 年	无	2011 年 12 月 22 日	互联网支付、银行卡收单、移动电话支付、固定电话支付 业务覆盖范围　全国
上海盛付通电子商务有限公司	2008 年	盛大集团	2012 年 6 月 27 日	互联网支付、预付卡发行与受理（仅限于为本机构开立的个人网上实名支付账户充值使用）、移动电话支付、固定电话支付、银行卡收单 业务覆盖范围　全国
钱袋网（北京）信息技术有限公司（钱袋宝）	2008 年	无	2012 年 6 月 27 日	互联网支付（全国）、移动电话支付（全国）、银行卡收单（全国）
银盛支付服务股份有限公司	2009 年	无	2013 年 5 月 21 日	互联网支付、移动电话支付、固定电话支付、银行卡收单 业务覆盖范围　全国
迅付信息科技有限公司（讯付支付）	2008 年	无	2012 年 7 月 20 日	互联网支付、移动电话支付、固定电话支付、银行卡收单 业务覆盖范围　全国
网银在线（北京）科技有限公司	2003 年	京东集团	2013 年 5 月 21 日	互联网支付（全国）、移动电话支付（全国）、固定电话支付（全国）、银行卡收单（北京市）
上海捷银信息技术有限公司	2002 年	平安集团	2011 年 5 月 3 日	互联网支付、移动电话支付、银行卡收单、预付卡发行与受理（仅限于线上实名支付账户充值） 业务覆盖范围　全国
拉卡拉支付有限公司	2005 年	无	2013 年 5 月 21 日	银行卡收单、互联网支付、数字电视支付 业务覆盖范围　全国
上海付费通信息服务有限公司	2003 年	上海市政府	2013 年 5 月 21 日	互联网支付、移动电话支付、固定电话支付、银行卡收单 业务覆盖范围　全国
北京百付宝科技有限公司（百度钱包）	2008 年	百度	2013 年 7 月	互联网支付、移动电话支付

（续）

名 称	成立时间	平台背景	发牌时间	业务许可范围
天翼电子商务有限公司（翼支付）	2011 年	中国电信	2011 年 12 月 22 日	移动电话支付、固定电话支付、银行卡收单
				业务覆盖范围 全国
联通支付有限公司（沃支付）	2011 年	中国联通	2012 年 6 月 27 日	移动电话支付、固定电话支付、银行卡收单
				业务覆盖范围 全国
中移电子商务有限公司	2011 年	中国移动	2011 年 12 月 22 日	移动电话支付、银行卡收单
				业务覆盖范围 全国

（二）我国网络支付的发展历程

网上支付如今俨然已经成为消费者网上交易活动的首选支付方式。从 1999 年我国第一家第三方支付企业诞生至今，第三方支付已经走过了 18 年的发展历程。我国第三方支付平台的发展历程可以分为三个阶段。

第一阶段是早期或自由发展期（1999—2004 年）。我国第三方支付企业的出现并不晚于美国，但是没有抓住前期的发展机遇，因此滞后于美国。早在 1999 年成立的北京首信和上海环迅两个企业是中国最早的第三方支付企业，由于电子商务在中国发展缓慢，其影响力一直不大。直到 2004 年 12 月阿里巴巴公司推出支付宝，在淘宝购物平台的强大影响下，其业务取得了突飞猛进的发展，第三方支付的交易规模也呈飞速增长趋势，仅用 4 年时间便以超过 2 亿使用用户的绝对优势胜过美国的 PayPal，成为全球最大的第三方支付平台。此阶段由于第三方支付还处于早期发展阶段，其影响力和覆盖范围均有限，因此也没有相关政策措施出台。

第二阶段是强力发展期（2005—2013 年）。继阿里巴巴公司推出支付宝后，国内相继出现了一系列类似的支付平台，如安付通、买卖通、微信支付、e 拍通、网银在线等产品均以较高的收益回报率和服务便捷性被亿万用户使用；此外，以拉卡拉为代表的线下便民金融服务提供商的出现，以及银联电子支付推出的银联商务等多项金融服务的衍生，使得最近 10 余年中国的第三方支付平台呈现迅猛的发展态势，第三方支付企业进入了持续稳定的“黄金”增长期。

由于这一时期第三方支付企业集中发展且影响力逐渐增大，甚至对银行等实体金融造成了较大冲击，导致它们之间竞争相当激烈。因此，从 2005 年开始，国务院及相关部门陆续发布了一系列相关政策措施用于规范电子商务市场的发展和网上支付环境建设。这一时期政府对于第三方支付的态度是，积极鼓励、引导和规范第三方支付企业利用这一有利时机和环境不断拓展业务范围和大力发展多样性经营。

第三阶段是审慎发展期（2014 年至今）。“风险与利益并存”这一准则在市场中被反复检验和证实。由于国内的第三方支付发展迅速，存在片面发展和安全风险等隐患，因此从 2014 年开始，央行对第三方支付的态度开始发生微妙的转变。具体政策措施体现为：2014 年 3 月 13 日，中国人民银行支付结算司发布《中国人民银行结算司关于暂停支付宝公司线下条码（二维码）支付等业务意见的函》，紧急叫停了虚拟信用卡和二维码支付。同年 4 月 10 日，央行和原银监会联合发布《关于加强商业银行与第三方支付机构合作业务管理的通知》（银监发[2014]10 号）。尽管银监发[2014]10 号文件中的 20 条规定都是针对商业银行提出的，但事实上每一条都指向第三方支付机构。2015 年央行出台《网络支付业务管理办法》；2016 年 3 月央行颁布《完善银行卡刷卡手续费定价机制的通知》；2016 年 4 月央行出台《非银行支付机构分类评级管理办法》；2016 年 8 月央行相继出台《二维码支付业务规范（征求意见稿）》《银联卡受理终端业务准入规则》。

可见，第三方支付机构在移动支付体系中作为补充者的角色已被政府定位。同时，地方性区域性移动支付也和第三方支付机构一起充当补充者的角色。因此，第三方支付企业在未来的发展中也需看清形势，找准方向，抓住政策中的机遇，针对前期发展中出现的问题及时调整方向，亡羊补牢，要将眼光放长远，杜绝短利，未雨绸缪。

（三）我国网络支付市场现状

当 2011 年第三方支付牌照发放后，在政策鼓励下，第三方电子支付企业以创新思维快速抢占市场。央行公布数据显示，2016 年第三方支付机构累计发生网络支付业务 1 639 亿笔，移动支付交易规模达 58.8 万亿元，同比分别增长 99.5%和 87%。艾瑞咨询将其归因为以下三点：首先，移动设备的普及和移动互联网技术的提升为第三方移动支付提供了必要的发展环境；其次，现象级产品的出现使得移动支付用户数大幅提升；最后，移动支付对用户生活场景的覆盖度。2013—2020 年中国第三方支付综合支付交易规模如图 2-6 所示。

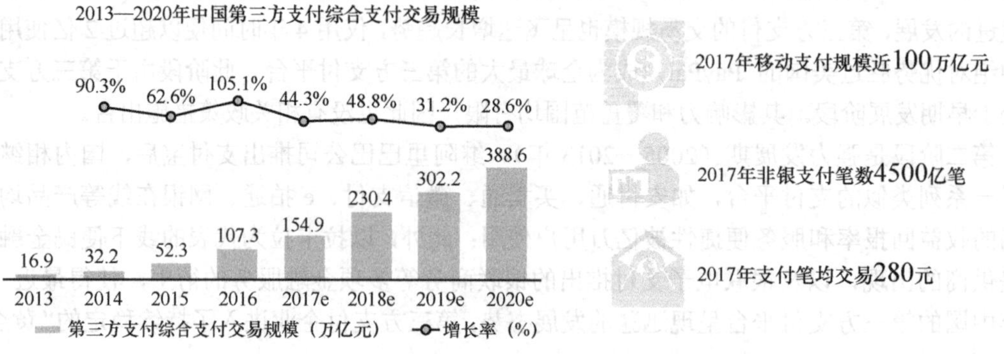

（资料来源：宜人智库、艾瑞咨询）

图 2-6　2013—2020 年中国第三方支付综合支付交易规模

2016 年数据显示，支付宝的市场份额达到了 55%，财付通市场份额约为 37%，其他众多支付企业的市场份额之和约为 8%，如图 2-7 所示。

支付企业	交易规模（亿元）
壹钱包	4 963.37
联动优势	1 694.03
连连支付	1 647.43
京东钱包	1 621.50
快钱	1 315.28
易宝支付	1 184.30
苏宁支付	710.60

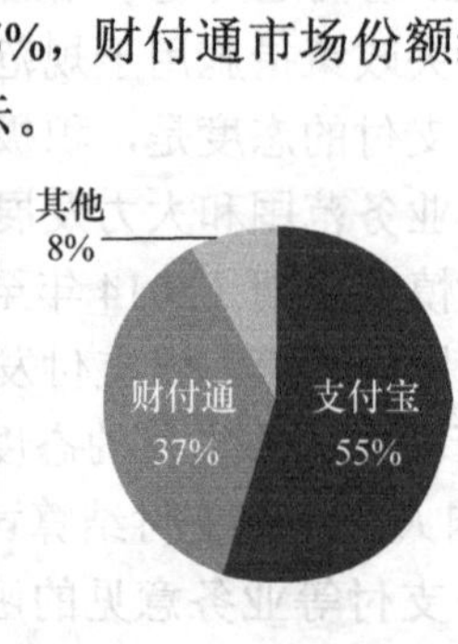

（资料来源：宜人智库、艾瑞咨询）

图 2-7　2016 年中国第三方移动支付交易规模市场份额

三、网络支付系统构成与流程

（一）网络支付系统构成

互联网支付的顺利进行不仅依赖于互联网，同时也离不开传统金融系统的支持，如图2-8所示。互联网支付系统的基本构成包括商户、客户、金融机构、第三方支付平台、互联网服务提供商等㊀。

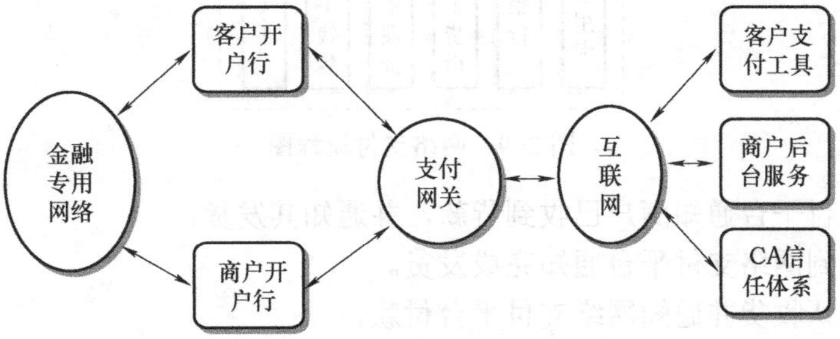

图2-8 互联网支付与结算

其中，“商户”与“客户”分别代表电子商务过程中的卖方与买方。客户用自己开户行发行的支付工具（包括电子货币、银行卡、电子现金、电子支票、电子钱包等）发起支付，这是整个支付系统运行的起点。而商户利用自己的后台服务器，处理客户发起的支付指令并向金融机构或者第三方请求货币给付；“支付网关”（Payment Gateway）是互联网公共平台与银行金融专用网络之间的安全接口。互联网支付的信息需要先通过支付网关，然后才会进入银行支付系统，进而完成支付的授权与执行，其存在关系着整个网络支付与结算过程的安全；“金融专用网络”是银行内部进行支付信息传递的网络，因其一般不对外开放，所以具有很高的可靠性与安全性。中国的金融专用网络包括中国国家现代化支付系统（CNAPS）、中国人民银行电子联行系统、商业银行电子汇兑系统等。CA（Certificate Authority）指的是认证机构，CA从运营、管理、规范、法律、人员等多个角度解决了网络信任问题，并形成CA信任体系。“CA”作为第三方信用机构，为互联网支付的各参与方发放数字证书，并在交易中对数字证书进行验证㊁，以确认各自身份，保证网上支付的安全。除此之外，网上支付系统还包括支付中使用的支付工具以及支付安全协议。

（二）网络支付流程

以网络购物为例，网络支付的流程可以分为七个步骤，如图2-9所示。

（1）客户通过PC或移动终端连接到互联网，并将资金存入网络支付平台账户中，或者得到银行对信用卡、网银、电子钱包等的使用授权。

（2）客户通过网络终端向商户下单，并将加密的订单信息和支付信息发送给商户。

（3）商户后台系统核对加密订单信息和支付信息，将其发送给支付网关，待银行专用

㊀ 本部分参考自：贲圣林，张瑞东，等．互联网金融理论与实务[M]．北京：清华大学出版社，2017：72-74.

㊁ 李蔚田．网络金融与电子支付[M]．北京：北京大学出版社，2015.

网络确认后，向客户发出支付授权，随后网络支付平台将客户应付商户的资金转移到平台账户中保管。

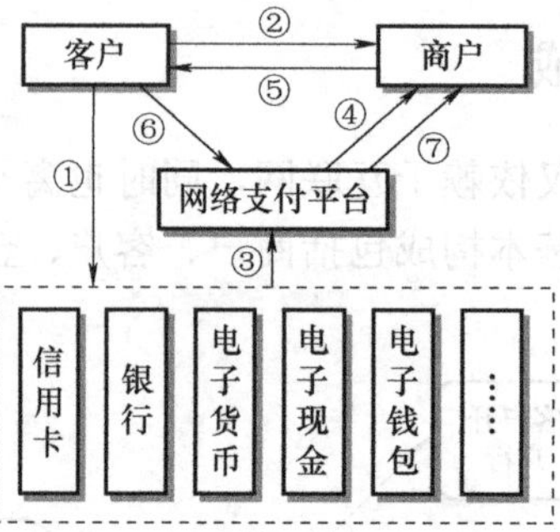

图 2-9　网络支付流程图

（4）网络支付平台通知商户已收到货款，并通知其发货。

（5）商户收到网络支付平台通知完成发货。

（6）客户确认收货并通知网络支付平台付款。

（7）网络支付平台将临时保管的货款划拨到商户账户，交易完成。

第二节　网络支付运营及盈利模式

网络支付行业在快速发展过程中，产生了许多运营模式和盈利模式，并且随着技术的进步，这些模式在不断进化和完善。本节对网络支付的运营模式及盈利模式予以梳理，供读者参考和了解㊀。

一、计算机支付的运营模式

（一）计算机在线支付模式

计算机在线支付即桌面在线支付，是最先兴起的互联网支付方式。从某种程度上来说，计算机在线支付的兴起推动了电子商务产业的发展。虽然近期随着移动支付的兴起，计算机在线支付的地位受到挑战，但在目前仍然占据着互联网支付中最多的份额。计算机在线支付之所以还能够保持主导地位，主要在于两个方面：一是安全性方面，计算机支付还是要强于移动支付。从信息通道层面，即便是通过 https 或者传统的 SSL 的通信方式，依旧无法有效保证移动支付信息不被篡改和伪造；从操作系统层面，移动手机的安卓操作系统本身是一个开放的开发环境，用户信息被窃取的事情也出现过很多次；从硬件管理层面，只要拿到手机，几乎可以毫无障碍地取走支付宝、网银内大笔的钱。二是实用性方面，计算机支付暂时还无法被移动支付所代替。移动端天然的屏幕窄小、电池待机时间和屏幕分辨率，决定了在很多场景下计算机端仍具备暂时的优势，短期内无法被取代。另外，在资

㊀ 本部分内容参考自：郭福春，陶再平．互联网金融概论[M]．北京：中国金融出版社，2015（3）：35-56.

源存储空间和通信网络带宽方面，移动端无法像传统计算机端一样有着庞大的储存量和高速的互联网宽带。

计算机可以通过浏览器访问各类电子商务网站、网络银行网站以及第三方支付平台网站。计算机的桌面浏览器就是进入在线支付界面的工具，是计算机在线支付的第一个步骤，同时对于在线支付安全也有着非常重要的意义，如用户名和密码都是要通过浏览器进行交互的。浏览器的种类非常多，所支持的网络标准也不尽相同。计算机在线支付方式在网络支付的每一种类型中都会有所体现，在联网的计算机上通过使用浏览器程序可以同时支持各种类型的网络支付，消费者可以根据自身的情况选择和搭配使用。

计算机在线支付模式主要有以下四种类型的应用：

1．网银支付

网上银行的用户只要有一台可以上网的计算机，就可以使用浏览器或专有客户端软件来使用银行提供的各种金融服务，如账户查询、转账、网上支付等。与传统渠道如柜台服务相比，网上银行最大的特点就是方便快捷、24 小时服务、不必排队。网上银行可以让银行省下不少布设网点的设施成本，也大大节省了人力成本。对商家来说，在自己的电子商务平台上提供网银支付通道也是非常方便快捷的一种收款方式。

但网银也有不足之处：首先，商家需要面对众多的银行，一家一家去谈判和签约加入其网银支付通道，非常烦琐；其次，由于消费者的浏览器不同，银行的网银在首次使用的时候往往会提示下载安装不同的安全控件，这让消费者感觉非常麻烦；最后，网银支付最大的安全隐患在于钓鱼网站，因为使用网银支付时需要跳转页面再进入银行特定页面，这是钓鱼网站的可乘之机，这对于用户会造成不安全的干扰和困惑，也影响到用户的体验。当然，银行也意识到网银的不足，对旗下网银服务不断进行升级改造。网银不仅能为客户提供最大的便捷，降低银行服务的成本，而且带来更为深刻的变化在于转变银行传统的营销方式和经营战略，使银行由经营金融产品的中介机构开始向提供信息和投资理财的服务性机构转换。

2．第三方支付

第三方支付服务给消费者带来了极大的便利，从第三方支付的消费结构上看，网络购物占据着最大的份额，其他的商业活动、公用事业缴费等也积极采用了方便快捷的网络支付形式，如航空购票、网络游戏、电信缴费等，交易规模不断增长。具体情况参见本章第一节，此处不再重述。

3．银联在线支付

银联在线支付是中国银联推出的线上支付平台，全面支持各类银联卡，涵盖银联卡支付等多种支付方式。无须开通网银。可为持卡人网购火车票、境内外网上购物、便民缴费、商旅预订等提供支付服务，涵盖了互联网手机支付、无卡支付（认证支付、快捷支付、小额支付）等多种支付方式。认证支付是指持卡人在银联支付页面上输入银行卡信息（卡号、密码、CVN2 等）和已在银行预留的手机号码，通过银行认证即可完成交易的支付方式。快捷支付是银联为持卡人提供的一种安全便捷的支付方式。注册成为银联在线支付用户并关联银行卡后，用户只需输入用户名、登录密码、短信验证码即可完成支付。小额支付是银联为持卡人提供的一种单笔不超过100元的便捷支付方式。在支付时无须短信验证，只要输入银行卡信息即可完成支付。

银联在线支付的特点：①它是一个银行卡网上交易转接清算平台，用户通过网络、手机方式订购商品和缴费，无须刷卡，只需提供卡号和相关认证信息就可完成支付。通过银联在线支付平台，用户无须开通网银即可支付。②通过“预授权担保”业务，货到付款时无须提前向第三方账户划款，交易资金在个人银行账户内冻结，由银行完成预授权担保，避免了用户利息损失和资金挪用风险。

中国银联下设有银联商务、银联国际、银联数据服务、银联电子支付、银行卡检测中心和中金金融认证中心等子公司或中心，还包括广州银联商务支付、上海银联电子支付等八家子公司。在支付领域，银联商务主要做银行卡收单和专业化服务，主要负责线下业务。在这里银联既是清算机构，又是支付机构，银联电子支付主要负责线上支付业务。银联国际主要负责运营银联国际业务，拓展银行卡境外受理网络。

4．支付宝支付

支付宝目前已成为全球最大的移动支付公司，其支付方式多种多样，用户使用非常普遍。支付宝支付方式主要包括以下三种：

（1）余额支付。当支付宝账户中有余额时，输入支付密码即可完成付款，如果没有余额则需要充值即可。

（2）快捷支付（含卡通）。在2010年年底之前，支付宝的资金渠道是网银，充值、消费、转账、还款都是通过网银完成的，这对电子商务的发展显然不利。后来，支付宝研发了快捷支付，打通了一条直连银行的专线，重点对接支付业务。

（3）网银支付。支付宝也支持网银支付，其网银支付分为网银储蓄卡支付和网银信用卡支付。网银信用卡支付即使用网银通道付款，如果交易产生退款，退款与快捷支付中的信用卡退款方式一致。

另外，支付宝平台上对提现和转账到卡有一定的区别：提现是把资金提取到和支付宝账户名字一致的银行卡中，转账到卡可以把资金提取转入他人的银行账户内。

（二）移动在线支付模式

根据2012年12月14日中国人民银行发布的《中国金融移动支付系列技术标准》中的术语定义，移动支付（Mobile Payment）是允许用户使用移动终端对所消费的商品或服务进行账务支付的一种服务方式，主要分为近场支付和远程支付两种。具体地说，移动支付就是以智能手机等移动通信设备作为用户账户和应用等数据的存储载体和处理工具，利用线下POS机、ATM机等受理终端或线上无线通信网络，实现不同账户之间的资金转移或支付行为。移动支付不等于移动电话支付，移动支付的概念更为丰富。以中国人民银行对网络支付的业务定义为参照，移动支付包括了网络支付中的“移动电话支付”和基于移动通信终端的“互联网支付”。

移动支付主要通过移动通信设备、利用无线通信技术来转移货币价值以清偿债权债务关系。近年来，我国移动支付发展迅速，移动支付的形式更加多样化，出现了短信支付、近场支付、语音支付、二维码扫描支付、手机银行支付、刷脸支付等移动支付方式。移动在线支付模式的应用主要有以下几种类型：

1．近场支付和远程支付

近场支付（Proximity Payment）是指移动终端通过实体受理终端在交易现场以联机或脱机方式完成交易处理的支付方式，或称为现场支付。用户在购买商品或服务时，即时通过移动通信终端向商家进行支付，支付的处理在现场进行。现场支付的接入手段主要使用POS机（或RFID），利用移动终端与POS机之间的射频信号完成信息交互。现场支付可使用的支付账户主要是电子钱包、非金融支付机构交易账户等。

远程支付（Remote Payment）是指移动终端通过无线通信网络接入，直接与后台服务器进行交互完成交易处理的支付方式。用户进行支付时，通过移动通信终端远程将支付指令经过通信网络传送到支付平台处理。远程支付接入方式包括WEB、WAP短信（SMS）、语音（IVR）、手机客户端。远程支付使用的支付账户可以是银行卡、非金融支付机构交易账户等。

2．APP手机银行

手机银行属于电子银行业务中的一种，主要表现形式有WAP手机银行和APP手机银行。以中国银行为例，其网上银行和手机银行都是中国银行向广大客户提供服务的渠道，只是一个通过互联网实现，一个通过手机WAP网实现。为保持客户体验的一致性，两者的功能设置、服务流程尽量保持统一，减少客户的适应过程，并且二者共享欢迎信息、常用收款人、关联账户和电子支付账户，使用统一的安全机制——“动态口令”，致力“一点接入，一致服务体验”的目标。再如，工商银行的手机银行，就明确地分为WAP手机银行和APP手机银行两种。手机APP的应用主要有以下三种类型。

（1）银联手机在线支付。银联手机在线支付主要提供网站形式、APP形式的移动在线支付，是APP手机银行的典型应用之一。只需通过手机浏览器访问http://mobile.unionpay.com/product/product_client/publicclient，即可迅速进行话费充值、信用卡还款等银联手机支付服务，目前来看其功能还比较单一。通过该网站可以下载APP形式的应用“银联随行”（定位于银联手机支付的大众版），提供银行卡账户管理、信息查询、金融自助、便民支付、远程购物等服务。客户端采用业界最高标准的安全保障机制，保证支付安全。银联手机在线支付具有同时支持多银行卡账户、无须开通网银即可支付、LBS折扣优惠、支持100多家银行支付消费等特点。“银联随行”的功能主要是便民服务，可以用银联在线账号登录。

APP形式的应用还有银联手机支付（定位于银联手机支付的专业版）及银联手机支付收银台。银联手机支付比“银联随行”的功能更加丰富，具有基础的金融服务（查余额、信用卡还款等），实用的便民服务（各种便民缴费、壹基金捐款等），快捷的休闲娱乐服务（提供格瓦拉电影票、永乐演出票，游戏直充，彩票，优惠券等），全面的商旅服务（预订机票、酒店、火车票、汽车票等），新潮的手机电子商城（鲜花、蛋糕、大闸蟹等）。如果手机上装有银联智能SD卡，还能支持超级转账功能，即付款账户支持带银联标识的所有借记卡，收款账户更是支持全国200多家银行的借记卡和信用卡，手续费在推广期还免费。银联手机支付收银台也称“全民付”收银台，是一款专为小微商户提供收款、提供便民缴费及其他特色增值服务的移动收款和支付产品，IOS、Android系统的手机和PAD都可下载使用。与“全民付”收银台客户端搭配使用的“易POS”终端，其大小与名片盒相似，自带密码键盘和显示屏，两者搭配使用能实现的最具特色功能就是移动收款，磁条卡与IC卡均能受理。

（2）支付宝。支付宝是国内领先的移动支付平台，属于手机APP应用，其功能非常丰富，应用首屏集中各类支付、资产以及生活服务相关的功能。支付类功能有付钱、付钱、信用卡还款等，资产类功能有股票行情、余额宝等，生活服务则有生活缴费、彩票、机票等。随着支付宝APP的多次改版更新，原来的“支付宝钱包”已经成为支付宝的一个功能组件，并且不再有“钱包”这个称呼，但其功能仍然存在。支付宝钱包的发展方向并不仅仅局限于支付，各类资产和服务类应用的集成，意在打造个用户移动端的通用入口，这也是与腾讯公司的微信客户端展开白热化竞争的一款移动应用。其中支付宝与余额宝的连通，即支付宝有“自动转入”余额宝功能，使得支付宝将不仅仅是支付工具，能理财赚钱成为支付宝区别于其他同类产品的最大特色。

（3）微信支付。微信支付是由腾讯公司知名移动社交通信软件微信及第三方支付平台财付通联合推出的移动支付创新产品，也属于手机APP应用。以微信APP为载体和入口，用户只需在微信中关联一张银行卡，并完成身份认证，即可将装有微信的智能手机变成一个全能钱包，之后即可购买合作商户的商品及服务，用户在支付时只需在自己的微信支付界面上输入密码，无须任何刷卡步骤即可完成支付，整个过程简便流畅。其特点是将支付工具与社交通信平台相结合，使支付动作不必切换应用，让支付也保持随时“在线”，方便随时使用。

3．第三方移动支付

第三方移动支付包括远程的互联网支付和短信支付等，还包含近端支付。经过多年快速发展，我国移动支付产业已经从线上渗透到线下，基本覆盖了人民群众的衣食住行。同时，移动支付开始向交通、医疗、教育与政务等垂直领域拓展，极大地推动了普惠金融与实体经济的发展。不仅如此，我国移动支付产业已取得全球领先地位，在国际上也产生了重要的影响㊀。我国第三方移动支付的发展趋势主要表现在以下几个方面㊁：

首先，第三方移动支付的线下支付场景非常丰富，第三方支付机构可以通过继续挖掘支付场景实行自身差异化发展。同时，为抢占市场优势，第三方支付机构与线下零售商户发展排他的合作关系的情况也将继续发展，线下场景第三方支付机构之间竞争激烈。

其次，随着中国消费者消费习惯的改变，第三方移动支付已经成为居民参与经济活动的基础入口与工具之一，得益于第三方移动支付便利性的特点，在整体上中国第三方移动支付的用户普及率将会持续上升。在市场格局方面，微信支付和支付宝的竞争将进一步加剧，但微信支付基于微信产生并发展，具有突出的社交优势，更加贴近用户生活，且用户使用微信支付无须单独打开多个APP。凭借自身社交优势和便利性，微信支付在未来市场份额和用户偏好竞争中将占得先机。

再次，中国银联联合各商业银行推出云闪付APP，试图打破中国第三方移动支付现有的市场格局。在央行对第三方移动支付的规范和监管中，银联具有最合规的身份。此外，相比起支付宝以及微信，银联连接的各商业银行拥有高净值用户、优质的金融数据。

㊀ 贺强．保持我国移动支付产业全球领先地位．http://cufepaper.cuepa.cn/show_more.php?doc_id=2389284．

㊁ 艾媒咨询．2017—2018中国第三方移动支付市场研究报告．http://www.iimedia.cn/61209.html．

最后，银联与苹果在2015年达成合作推出NFC近场支付应用Apple Pay，将实体银行卡转变成虚拟卡存放。随后银联与多个手机品牌如华为、小米、三星等均合作推出了适用于各手机品牌的NFC近场支付应用。然而，NFC支付在整个移动支付市场中份额较少，自推出以来热度降温，近年来发展势头缓慢。

（三）O2O支付模式

“O2O”通常指的是Online To Offline，是电子商务里的一种模式。但是O2O支付的含义则更广，既可以Online To Offline，也可以Offline To Online。无论孰先孰后，“O2O”支付方式都可以将线上支付与线下购物结合起来，用户既可以体验线上的便捷，又能看到线下的真实，集合网络与实体店购物的双重优点。从支付类型的角度来看，O2O支付可以是在线支付，然后到线下消费和体验服务。也可以是线下支付，即通过网络创建订单，然后在线下近场支付。所以在这个视角上，O2O支付属于跨界支付类型，它是隶属于O2O电子商务形式的支付模式的总称。不过，在实际应用中，O2O支付一般多倾向于指近场支付。

线上购物一般先付费。在线上购物的用户往往都会先付费到第三方支付机构，然后等待卖家发货。这样的付费方式和付费步骤的养成，与第三方支付机构的诚信、信用以及担保功能不无关系。网络消费者通过逐渐适应和长期培养固化逐步形成了这样的线上购物规则。线上支付之后，需要到线下消费时则需要提供支付凭证，这个凭证的形式可以是账号凭证、二维码凭证、短信凭证或者其他形式的存在。

生活服务消费一般后付费。对于B2C和O2O，它们的重要区别之一就是一个卖商品，一个卖服务，也可以说是卖体验。B2C更多是卖一个标准化的实体产品，对用户来说在哪里都是买同样一个产品，既然能在线上更便宜、更便捷地买到，就算预付费也就无所谓了，虽然有些产品也会涉及售后服务等，但这一般不是最主要的部分。而O2O所对应的生活服务往往是没有统一的服务标准的，用户几乎还没有预付费的习惯，因为对这样一个重在体验又非标准的服务，预付费意味着有不小的风险，所以对于服务性消费，用户更乐意后付费。

电子支付不仅代表交易的完成，更是实现O2O完整信息闭环的关键。O2O具有既可能线下支付，也不排除线上支付的跨界特点。实际上O2O支付可以认为覆盖了一部分线上的支付方式，同时也涵盖了一部分线下的支付手段。目前O2O已开发的支付模式多种多样，常见的应用包括：条码和二维码支付、手机在场支付、短信优惠券支付、声波支付、LBS支付、摇摇支付、盒子支付等电子支付形式，既有远程也有近场支付。

案例分析

盒子支付

盒子支付（IBOXPAY）是深圳盒子支付信息技术有限公司推出的移动支付解决方案和服务，它通过自主研发的硬件与手机应用软件，满足消费者随时随地的移动支付需求。其双向音频通信技术和音频安全信息的金融级加密技术为盒子支付所首创，这也正是它与Square（支付应用）最为不同之处。而与国内同类产品相比，它的优势则在于在硬件中增加了加密芯片，在数据输出硬件之前实现了硬件加密。

盒子支付分别有两款不同的产品：一款面向标准化程度很高的苹果产品，已经可以做成无源硬件，通过音频接口从手机取电；另一款则是针对千差万别的安卓系统手机，因其标准化程度较低，则仍需要内置电源。做移动支付硬件的技术门槛并不高，它只需要按照编码读取一串数字并把这串数字输出就可以了，现在国内已经有很多厂家可以做这种移动刷卡器的批量生产，真正的门槛在于与支付平台的对接，以及用户信任的累积过程。盒子支付并未获得央行发放的第三方支付牌照，而是作为中国银联的战略合作伙伴，接入其“全民付”的支付平台。在已经面市的移动刷卡器中，盒子支付的刷卡器是唯一一款印有银联标志的产品，这在新兴的移动支付领域帮助其赢得了更多消费者的信任。

思考：通过网络查阅O2O支付模式的各种应用类型，与盒子支付进行比较分析。

（资料来源：根据网络资料整理）

（四）聚合支付模式

聚合支付，也称为第四方支付[1]，是介于第三方支付和商户之间的通过聚合各种第三方支付平台，（包括银联体系第三方支付公司的刷卡和芯片卡方式、微信和支付宝的二维码支付方式以及其他类似的翼支付、百度钱包和京东钱包等支付方式），并通过统一的软硬件平台来承载的一种新型支付模式。聚合支付不进行资金清算，因此无须支付牌照，其只是完成支付环节的信息流转和商户操作的承载，其在集合包括银联、支付宝、微信等主流支付方式的基础上，帮助商户降低接入成本，提高运营效率，具有中立性、灵活性、便捷性等特点。当前正是移动支付行业的迅猛发展时期，第三方支付已经难以满足多种支付场景同时使用的需要，无法一一提供高效的精细化服务。此时，为商户提供聚合支付业务的公司应运而生，这是商户经营的迫切需求，也是技术创新驱动下时代发展的必然进程。

在市场需求的刺激和移动支付的助力下，聚合支付已成为当前的一大热门领域，支付机构和企业纷纷抢占先机，且规模已在支付市场占有一席之地。从服务对象看，聚合支付分为线上和线下两种，线上是聚合网络支付，主要为电商服务；线下是聚合支付收单，主要为实体店服务。从盈利模式看，主要为平台租用模式和流量分成模式。前者的特点是由专门厂商搭建平台，借助软件实现多种支付聚合，厂商根据软件使用的频率、用量向商户收取费用。后者被称为支付代理商模式，特点是通过为支付机构提供支付统一接口，根据商户交易流水进行支付手续费分成。从发展规模看，呈现较快增长态势，据统计，截至2016年年末，国内聚合支付企业已超30家，较2015年年末翻了4倍之多。由于其准入门槛较低，其中未获得支付牌照的聚合支付企业20余家，占70%左右，支付机构推出聚合支付业务的不足10家，但从交易数据看十分惊人，2016年移动支付金额突破157万亿元，其中通过聚合支付工具实现的交易额约占50%，甚至更多，发展态势十分强劲。[2]

聚合支付的发展和风险问题引起了监管机构的关注。2017年1月22日，中国人民银行发布《关于开展违规“聚合支付”服务清理整治工作的通知》（以下简称《通知》）；2017年2月20日，中国人民银行发布《关于持续提升收单服务水平规范和促进收单服务市场发

[1] 参考自：李少强．知乎．https://www.zhihu.com/question/40037020.

[2] 数科宝小精灵．知乎．https://www.zhihu.com/question/40037020/answer/267217701.

展的指导意见》。《通知》对聚合支付画了一条明确的红线，即四个“不得”：一是不得从事商户资质审核、受理协议签订、资金结算、收单业务交易处理、风险监测、受理终端（网络支付接口）主密钥生成和管理、差错和争议处理等核心业务；二是不得以任何形式经手特约商户结算资金，从事或变相从事特约商户资金结算；三是不得伪造、篡改或隐匿交易信息；四是不得采集、留存特约商户和消费者的敏感信息。

我们对整个支付行业产业链进行一个结构大梳理，如图 2-10 所示，以正确理解市场上涉及支付业务的这些公司，哪些在做资金清算、哪些需要支付牌照、哪些又涉嫌违规操作。

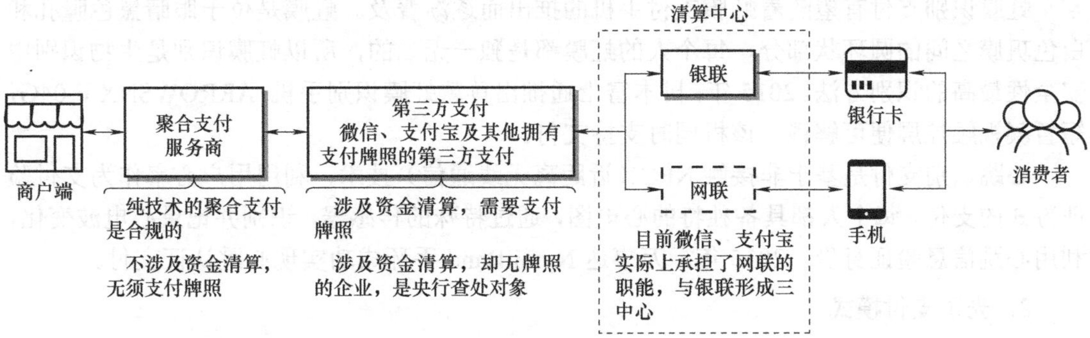

图 2-10　支付产业链结构（资料来源：知乎网）

从图 2-10 中我们可以看到，实际上支付产业链包括：商户、聚合支付服务商、第三方支付、清算中心（银联和未来的网联）、消费者五大环节。央行要查处整顿的，并不是市场上的聚合支付企业，而是在做聚合支付的同时，又插足支付清算，却不具备合法支付牌照的公司（即行业所说的“二清”企业）。从图 2-10 中我们也可以看出，目前主要是通过微信和支付宝连接手机端的消费者，因此原本属于第三方支付机构的微信和支付宝（财付通与支付宝均持有央行支付牌照）具备了银联的清算能力，而央行成立的网联（线上支付统一清算平台）统一规范化线上清算，将支付业务和清算业务分开。

（五）基于创新技术的网络支付运营模式

金融科技创新与支付的融合，丰富了支付产品及支付场景，提供了更加简便快捷的支付服务。随着移动支付的普及，支付安全认证技术也在同步发展，如生物验证识别技术、光子识别技术等，高科技识别技术不仅带来了全新消费体验，也有效地规避了被盗风险。网络支付机构利用大数据和云计算整体安全机制，实时监控支付终端交易是否异常，及时判断客户的支付行为是否存在风险，对客户进行全方位保护。基于创新技术的网络支付模式主要有：㊀

1. 生物识别支付模式

生物识别技术包括人脸识别、声纹识别、指纹识别、虹膜识别、心跳识别等技术。其广泛运用可以使得网络支付更加安全、便捷。

人脸识别支付是指在手机支付过程中用自拍人脸肖像的方式验证身份。在支付时，客户需要自拍且要做眨眼的动作，这样软件能够识别客户并非在用照片或者视频进行欺骗。

㊀ 本部分参考自：贲圣林，张瑞东，等. 互联网金融理论与实务[M]. 北京：清华大学出版社，2017：81-83.

中国自主研发的全球首台具有人脸识别功能的 ATM 机，取钱无须密码，刷一下脸就可以了，如果采集到的人脸图像与登记的图像不符，将无法取款。

声纹识别支付利用声波传输完成两个设备的近场识别。声波传输的信息在本地生成，不需要联网，所以声纹支付自助售货机被大规模使用在信号不好的地铁站。

指纹识别支付是指采用已成熟的指纹系统进行消费认证，即用户使用指纹注册，通过指纹识别即可完成消费支付。指纹识别支付是目前移动支付运用最为广泛的一种识别支付方式。支付宝、微信等已经使用指纹识别支付功能。

虹膜识别支付有望随着虹膜支付手机的推出而逐渐普及。虹膜是位于眼睛黑色瞳孔和白色巩膜之间的圆环状部分，每个人的虹膜都是独一无二的，所以虹膜识别是生物识别中安全性最高的识别方法。2015 年，日本富士通推出首款虹膜识别手机 ARROWSNX F-04G，短暂凝视触控屏便可解锁，该机同时支持支付。

心跳识别支付是基于非接触 NFC（近距离无线通信）技术，利用用户心率作为支付验证方式的支付。每个人都具备独特的心电图，通过特殊的传感器，识别并记录心电波变化，利用心跳信息验证身份。2015 年，万事达 Nymi Band 手环成功实现心跳认证支付。

2．光子支付模式

光子支付技术将所有银行卡的信息变成一束光，在 1～2 秒内就能实现无卡、无网络、无限额的安全支付。光子支付依托于智能光子技术，以光为支付介质，利用手机闪光灯，实现支付数据从手机到 POS 机的传输。平安银行在 2015 年 6 月正式推出光子支付，用户用手机通过专门的软件“口袋银行”APP，控制手机闪光灯以特定频率闪烁，传递支付者信息给 POS 机上的感光元件，POS 机根据频率解析支付者身份，并输入支付密码，就可以实现无预约、无短信、无网络、无卡取现。

3．银联非接触 IC 卡支付模式

银联非接触 IC 卡支付也称为银联非接触快速支付，分为联机交易和脱机交易。前者采用联机卡片认证，后者则采用脱机数据认证（简称 ODA），无须发卡行的授权，通过脱机数据判断金融 IC 卡的真伪，以保证交易的便捷与快速。对于持有银联“闪付”信用卡的用户，ODA 技术可以满足其“先坐车，后付款”的便捷支付体验。2016 年 12 月，广州地铁全线网开通金融 IC 卡过闸服务，运用到的便是联机 ODA 功能。

4．云支付模式——主机卡模拟（HCE）云端支付

HCE（Host-based Card Emulation）即基于主机的卡模拟技术，这种技术可以在配备 NFC 功能的手机上实现卡模拟并且接收和发送数据。云端支付是指将支付应用的交易凭证等关键信息存放在云端，客户需将交易凭证下载到手机客户端，才能利用 HCE 技术在非接触式 POS 设备上完成闪付交易。云端支付简化移动支付产业链，使得基于 NFC 技术的移动支付规模化发展成为可能。2013 年 10 月 31 日，Google Android4.4 操作系统已经运用该技术。

5．磁力安全传输——磁场支付模式

磁力安全传输（MST）技术通过磁信用卡机器支付，将手机靠近读卡器便可完成操作。MST 技术已经用于 LGG6 手机。三星收购美国移动支付技术公司 LoopPay，试图利用磁场支付技术，抢占移动支付市场。在印度，基于 NFC 的 POS 机普及率不高，磁场技术能兼容 POS 设备，即使没有 NFC 设备，也能完成支付。三星电子占据印度智能手机市场 1/4 的份额，结合磁场支付技术，将增加其在印度推广移动互联网服务的筹码。

6．区块链技术——跨境支付模式

区块链是一种分布式记账式系统，其具有高效、安全、透明、去中心化等特征，未来在支付系统中有广阔的运用前景。2016 年，西班牙桑坦德银行英国分行推出基于区块链技术的支付应用。同年，基于社交平台的 Circle 支付获得英国的电子货币（E-Money）执照，并通过巴克利银行的架构发布了其区块链支付平台。2017 年，俄罗斯金融创新协会（AFI）提交了关于将区块链技术用于国家支付系统的客户认证中的提案，更多关于区块链技术的内容可以参照本书第七章。

7．虚拟现实支付技术

支付宝 VR 支付使用虚拟现实（Virtual Reality）技术，利用计算机图形系统和辅助传感器，生成可交互的三维购物环境，客户下单后，VR 界面会弹出一个 3D 形态的支付宝收银台，客户通过凝视、点头、手势等控制方式登录支付宝账户，最终输入密码完成交易。支付宝 AR（Augmented Reality，增强现实）支付则基于“LBS+AR+红包”的方式，将 AR 植入 APP 中，客户在发红包和抢红包时，都需要满足地理位置和 AR 实景扫描两个条件。

二、网络支付的盈利模式

（一）我国支付产业参与方盈利模式

我国支付产业参与方主要包括银行卡组织、商业银行、第三方支付机构、第四方支付机构（聚合支付），其盈利模式和收益形式有各自的特点。

1．银行卡组织的盈利模式

银行卡组织的盈利来源包括：银行卡收单跨行交易手续费分润、ATM 机跨行取款收费、非金融机构支付清算、银行卡发行品牌服务（类似冠名）等。其收益形式包括：银行卡收单分润（1/10）、网络服务费、品牌服务费等。

2．商业银行的盈利模式

商业银行的盈利来源包括：银行卡交易发卡行手续费分润、银行卡交易收单行手续费分润、电子银行转账等手续费、快捷支付手续费分润等。其收益形式包括：发卡行（7/10）、收单行（2/10）分润等；转账等电子银行业务手续费。

3．第三方支付的盈利模式

第三方支付的盈利来源包括：电商平台支付解决方案、电商交易商户交易佣金、沉淀资金利息收入等。其收益形式包括：接入费、交易手续费、技术服务费、沉淀资金利息等。

4．第四方支付（聚合支付）的盈利模式

第四方支付（聚合支付）的盈利来源包括：支付流水返佣、推广服务费、咨询服务费等。其收益形式包括：按照交易流水向第三方等支付机构收取返佣；在商户接入时收取渠道认证费等。

（二）第三方支付主要盈利模式

1．银行卡收单的盈利模式

银行卡收单盈利来源于手续费分成。当持卡人通过 POS 机进行一笔交易，收单业务的参与方会收取一定的手续费，手续费由商家来支付。央行颁布的《特约商户手续费惯例表》中规定了手续费收取标准，收单手续费根据行业不同而变化，变化区间为 0.38%～1.25%。发卡行、收单机构和银联以 7:2:1 的比例参与分成。㊀

2．网络支付的盈利模式

网络支付包括互联网支付、移动支付、固定电话支付、数字电视支付。网络支付的盈利一部分来源于交易佣金和备付金的存款利息。通过在线支付，网络支付的服务商主要收取交易佣金，佣金率与收单业务相当。另一部分盈利源于备付金利息收入。第三方支付要在银行设立备付金账户，虚拟账户的资金在备付账户中统一处理。客户使用虚拟账户消费转账时，会在备付金账户中产生沉淀资金，这部分资金的利息收入归第三方支付机构所有。但第三方支付机构并不能够对备付金账户中的资金随意处置，只能存活期或最长一年的定期存款，因此这部分资金绝大部分只能获得活期利息收入。

3．预付卡发行和受理的盈利模式

预付卡的四大主要盈利来源包括：手续费收入，费率参考银行卡收单手续费标准；商户返佣，发卡方可得返佣的 50%；沉淀资金利息，对一家运营平稳的预付卡公司而言，资金沉淀大概可以达到当年发卡金额的 70%～80%，沉淀资金产生的利息是预付卡公司收入的重要组成部分；过期卡资金，即过期预付卡里的剩余资金，也称为“死卡收入”，预付卡公司可通过收取非活跃账户管理费，使这部分剩余资金合法变成公司收入。

第三节　网络支付的风险与监管

网络支付作为一种基于互联网的新兴支付方式，虽然具有快捷、方便、低成本、安全等优点，但它也是一把双刃剑，其蕴含的多种风险与隐患也不容忽视。本节主要探讨网络支付的风险类型、监管政策和准入制度。

一、网络支付的风险

网络支付的风险主要表现在以下方面：

（一）法律风险

在电子商务活动中，第三方支付平台为买卖双方提供信用担保和支付中介服务，属于

㊀ 宜人智库．2017—2018 中国支付行业研究报告．http://bzb.toode.com/de tail-6436169.html．

商业银行的中间业务。互联网支付过程中涉及《中华人民共和国商业银行法》《中华人民共和国证券法》《中华人民共和国消费者权益保护法》和《中华人民共和国知识产权法》等。全球包括中国在内，对互联网支付的立法都相对滞后。针对互联网支付业务中出现的新问题，现行适用于传统金融的相关法律也是无能为力的。因此，在网络支付新业务兴起过程中，法律意识的欠缺将使得金融机构面临巨大的法律风险。比如：

（1）随着互联网金融的迅猛发展，平台战略在网络支付领域的深入应用，支付服务提供方不断拓展业务应用领域，部分产品或服务已涉足基金理财、保险理赔、供应链金融、P2P 网贷等传统金融行业或领域，呈现出跨行业、跨市场的特性。提供某些新型产品或服务的市场主体可能暂不具有或未被要求具备从事相关业务许可的资质，容易在经营过程中突破业务边界或监管红线。

（2）部分二清机构在收单机构和特约商户之间形成了资金和信息的阻断，能够随意控制、篡改或隐匿特约商户信息，使得交易信息的完整性、真实性和可追溯性无法得到保障，为信用卡套现、洗钱、盗刷等不法行为提供可乘之机。

（二）操作风险

巴塞尔银行监管委员会将操作风险定义为：由于不完善或有问题的内部操作过程、人员、系统或外部事件而导致的直接或间接损失的风险。并由此将风险分为七种表现形式：内部欺诈，外部欺诈，聘用员工做法和工作场所安全性，客户、产品及业务做法，实物资产损坏，业务中断和系统失灵，交割和流程管理。而对于互联网支付而言，常见的操作风险表现在：

（1）支付类病毒增长迅速，可以读取、截获手机上的短信验证码并通过网络进行转移，再结合用户的身份证、银行卡号等信息实现盗刷。

（2）不法分子网络犯罪技术不断升级、犯罪手段趋于隐蔽，增加了对木马病毒、钓鱼网站、伪基站等拦截、排查、预警的难度。

（3）部分创新业务在支付环节身份认证强度较弱，过度依赖短信息验证，且在部分操作环节中具有一次认证重复使用的特征，交易信息容易被拦截或篡改。

（4）条码、声纹、指纹等识别技术被尝试应用于网络支付（含移动支付），但尚无统一的技术标准、检测认证标准及业务规范，支付指令载体可能被嵌入木马、病毒等非法内容，导致在客户身份识别、访问控制、数据保密性、抗抵赖性等方面存在一定的安全隐患。

（三）信用风险

信用风险主要是指支付过程中因为其中一方无法履行债务而引发的风险。在互联网支付过程中，如果其中一方无法按照约定向债权方进行付款，则其他参与方可能会遭受损失。当付款方通过第三方支付平台进行实时全额支付时，收款方遭受的信用风险主要来自第三方支付平台是否能在买方确认收到商品的情况及时将款项打入其账户；当采用净额支付模式时，收款方所面临的信用风险就会高很多，因为净额支付一般都是在一个交易时段后统一进行结算，此时存在付款方透支账户而无法完成支付的风险；此外，当用户通过第三方支付平台绑定的信用卡进行透支时，银行则面临用户到期无法及时偿还的风险；类似的，当用户使用支付平台提供的短期信用贷款（如京东白条、蚂蚁花呗、微粒贷）进行支付时，支付平台也面临到期无法收到还款的风险。

（四）流动性风险

流动性风险是指企业由于流动性短缺所导致的风险，这种风险在过程中尤为突出。由于现金流错配、经营困难和财务状况恶化等原因，付款方在支付时会发生流动性不足的问题，导致无法按照合同约定及时向收款方付款，虽然其拥有足够的清偿能力，但此时会出现流动性风险。尽管流动性风险与信用风险都存在支付参与一方违约的情况，但是最大的区别在于流动性风险一般都是暂时的，只要给予足够的时间，付款方是有能力付款的。因此第三方支付平台的出现大幅降低了付款过程中发生的流动性风险。

案例分析

网络支付的几个典型案例㊀

为增强公众支付风险意识，有效防范电信网络欺诈，现代金融公司汇编了“网络支付十大安全案例分析”，供广大网友和用户参考。我们选取其中六个案例进行思考。

（1）提防虚假客服，切勿泄露动态码。某小姐在购物网站上买了一条裤子，几分钟后收到了一个自称“店家”的人打来的电话，告知因交易失败需要办理退款，并提供了一个“客服”QQ号码。某小姐加了QQ号与“客服”沟通，根据对方提供的“退款链接”进入一个网站，并按照“客服”提示输入了密码等信息，最后在收到动态码后未仔细校验便急忙填入。之后某小姐并未收到退款，而且QQ再也联系不上那个“客服”了。某小姐立即查询了银行卡余额，发现账户遭到了盗用。

（2）关注支付安全，慎设账户密码。某先生接到银行客服的交易核实电话，称其名下的卡片发生了多笔大额消费，而某先生并未操作这些交易，便立即报了案。警方根据交易资金流向的线索破案后发现，不法分子是通过黑客技术入侵了某网站，窃取了某先生在该网站的用户名和登录密码，随后不法分子尝试用于网络支付，由于某先生在支付网站也设置了相同的用户名和密码，因此被盗刷。

（3）网络社交陷阱多，身份验证防诈骗。某小姐碰到过一件比较蹊跷的事情，一个正在国外进修的闺蜜晚上用QQ联系某小姐，聊了些近况，提到国外信用卡的便利，就问某小姐用什么信用卡，并好奇地让某小姐发信用卡正反面的照片给她，要比较一下国内外信用卡的差别。某小姐有点犹豫，就拨通了闺蜜的电话，结果闺蜜说QQ被盗了。某小姐很庆幸自己没有上传照片，但觉得很奇怪，为什么不法分子要信用卡的正反面照片呢？

（4）慎扫二维码，降低盗用风险。某小姐经常网购。最近有一家网店承诺购物能返100元的红包。某小姐挑选了一件500元的毛衣，并询问卖家如何获得红包。卖家给某小姐发送了一个二维码并称只要扫描该二维码，就可以获得红包。某小姐扫描后发现，红包界面并未出现。怀疑自己遇到了骗子，于是急忙联系卖家，可卖家已下线。不久之

㊀ 摘自：http://www.mfhcd.com/index.php?c=article&id=350.

后，某小姐发现自己的银行卡被盗刷，并立即报了警。经警方调查，当时扫描的二维码中含有木马病毒，盗取了某小姐的银行卡信息。

（5）慎用公用 Wi-Fi，保护账户安全。某先生为了上网方便，在手机里设置了自动连接 Wi-Fi 的功能。某晚某先生在外吃饭，搜寻到一个不用输入密码直接登录的免费 Wi-Fi，某先生就登录了手机网银，并输入了自己的卡号和密码查询银行卡账户余额。次日凌晨时分，某先生被短信声吵醒了，通知他的银行卡被消费了 2 000 元；随后半小时内，又接连收到银行卡被转账或消费的信息。

（6）警惕低价陷阱，拒绝“钓鱼网站”。某先生收到一条促销短信，告知可低价购买热门手机，某先生按短信中的网址链接登录网站，选中心仪手机后，按提示输入了个人银行卡卡号、身份证号、姓名、手机号码等信息，之后又输入了动态码，网站显示交易成功。但之后，某先生一直没有收到购买的手机，报案后经警方调查，才得知是误入了“钓鱼网站”。

思考：请大家根据以上案例逐个进行解读和分析，说明在网络支付中要做好哪些风险防范措施？

二、网络支付的监管

网络支付是在一个开放的网络系统中进行的。起初谁都可以参与到这个系统中来，尤其是第三方支付机构的到来，使得网络支付市场增加了很多不稳定的因素，出现了非法套现、赌博、洗钱等黑色交易行为。近年来，针对网络支付行业中存在的种种问题与隐患，国家出台了一系列监管措施与法律法规来促进网络支付行业的规范与发展。

（一）监管法规

截至 2017 年 8 月，网络支付的相关监管法规见表 2-2。

表 2-2 互联网支付相关监管法规

发布时间	文件名称及文件号	具体内容
2005 年 1 月 8 日	《国务院办公厅关于加快发展中国电子商务市场的若干意见》（国办发[2005]2 号）	明确要高度重视网上支付活动
2005 年 10 月 26 日	《电子支付指引（第一号）》（中国人民银行公告[2005]第 23 号）	明确给予第三方支付活动中的银行和客户以指导性的要求和建议
2010 年 6 月 14 日	《非金融机构支付服务管理办法》（中国人民银行令[2010]第 2 号）	对非金融机构支付服务行为进行规范，明确网络支付、预付卡的发行与受理、信用卡收单需要持许可证经营
2010 年 12 月 1 日	《非金融机构支付服务管理办法实施细则》（中国人民银行令[2010]第 17 号）	对 2010 年 6 月出台的《非金融机构支付服务管理办法》进行详细解答，明确支付业务范围、企业股东、管理人员、组织架构、申请材料等内容
2011 年 5 月 23 日	《关于规范商业预付卡管理意见的通知》（国办发[2011]25 号）	对不记名卡和记名卡金额的限制、转账方式以及发票等方面做出规定
2012 年 1 月 5 日	《支付机构互联网支付业务管理办法（征求意见稿）》	对互联网支付账户和业务的管理、特约商户及风险的管理以及企业的监管及责任做出详细规定
2012 年 9 月 27 日	《支付机构预付卡业务管理办法》（中国人民银行公告第 12 号）	对预付卡的发行、受理、使用、充值和赎回及预付卡业务企业监督与管理做出详细规定

（续）

发布时间	文件名称及文件号	具体内容
2013年6月7日	《支付机构客户备付金存管办法》（中国人民银行公告[2013]第6号）	对预付卡业务备付金银行、备付金银行账户、客户备付金的使用、划转及对企业的监管及责任列出详细的规定
2015年7月18日	《关于促进互联网金融健康发展的指导意见》（银发[2015]221号）	提出了一系列鼓励创新、支持互联网金融稳步发展的政策措施，包括积极鼓励互联网金融平台、产品和服务创新，鼓励从业机构相互合作，拓宽从业机构融资渠道，坚持简政放权和落实、完善财税政策，推动信用基础设施建设和配套服务体系建设等
2015年12月28日	《非银行支付机构网络支付业务管理办法》（中国人民银行公告[2015]第43号）	对客户身份识别、支付账户管理、风险管理与客户权益维护、支付机构监督管理与法律责任做出详细的规定
2017年8月4日	《中国人民银行支付结算司关于将非银行支付机构网络支付业务由直连模式迁移至网联平台处理的通知》（中国人民银行支付结算司银支付[2017]209号）	要求自2018年6月30日起，支付机构受理的涉及银行账户的网络支付业务全部通过网联平台处理

（二）监管机构

根据《指导意见》规定，网络支付业务由中国人民银行负责监管。此外，2011年5月中国支付清算协会成立，凡经原中国银监会批准设立的、具有独立法人资格的银行业金融机构及财务公司，经中国人民银行等相关监管部门批准设立的支付清算机构，取得中国人民银行颁发的《支付业务许可证》的非金融机构以及符合协会要求的其他法人机构，均可申请加入中国支付清算协会成为会员单位。这是第三方互联网支付的行业自律组织。至此，我国第三方互联网支付初步形成了政府监管、行业自律和内部控制的三位一体的监督管理体系。

三、网络支付的准入标准

针对网络支付行业中存在的种种问题与隐患，国家出台了一系列监管措施与法律法规来促进互联网支付行业的规范与发展，支付机构依法接受中国人民银行的监督管理。未经中国人民银行批准，任何非金融机构和个人不得从事或变相从事支付业务。中国人民银行负责《支付业务许可证》的颁发和管理。申请《支付业务许可证》的，需经所在地中国人民银行分支机构审查后，报中国人民银行批准。

（一）申请人的条件

《支付业务许可证》的申请人应当具备下列条件：①在中华人民共和国境内依法设立的有限责任公司或股份有限公司，且为非金融机构法人；②有符合《非金融机构支付服务管理办法》规定的注册资本最低限额；③有符合《非金融机构支付服务管理办法》规定的出资人；④有5名以上熟悉支付业务的高级管理人员；⑤有符合要求的反洗钱措施；⑥有符合要求的支付业务设施；⑦有健全的组织机构、内部控制制度和风险管理措施；⑧有符合要求的营业场所和安全保障措施；⑨申请人及其高级管理人员最近3年内未因利用支付业务实施违法犯罪活动或为违法犯罪活动办理支付业务等受过处罚。

申请人拟在全国范围内从事支付业务的，其注册资本最低限额为1亿元人民币；拟在省（自治区、直辖市）范围内从事支付业务的，其注册资本最低限额为 3 000 万元人民币。注册资本最低限额为实缴货币资本。

中国人民银行根据国家有关法律法规和政策规定，调整申请人的注册资本最低限额。

（二）申请人主要出资人的条件

申请人的主要出资人应当符合以下条件：①为依法设立的有限责任公司或股份有限公司；②截至申请日，连续为金融机构提供信息处理支持服务 2 年以上，或连续为电子商务活动提供信息处理支持服务 2 年以上；③截至申请日，连续盈利 2 年以上；④最近 3 年内未因利用支付业务实施违法犯罪活动或为违法犯罪活动办理支付业务等受过处罚。

主要出资人包括拥有申请人实际控制权的出资人和持有申请人 10%以上股权的出资人。

（三）第三方支付牌照

非金融机构支付服务是指非金融机构在收付款人之间作为中介机构提供下列部分或全部货币资金转移服务：网络支付、预付卡的发行与受理、银行卡收单和中国人民银行确定的其他支付服务。其中，网络支付是指依托公共网络或专用网络在收付款人之间转移货币资金的行为，包括货币汇兑、互联网支付、移动电话支付、固定电话支付、数字电视支付等。但获得业务许可证的企业可以从事的业务范围不尽相同。比如：银联商务被许可的支付业务范围是银行卡收单、互联网支付和预付卡受理；支付宝被许可的支付业务范围是互联网支付、移动电话支付、预付卡发行与受理（仅限于线上实名支付账户充值）和银行卡收单；财付通被许可的支付业务许可范围则是互联网支付、移动电话支付、固定电话支付和银行卡收单。第三方支付牌照的类型如图 2-11 所示。

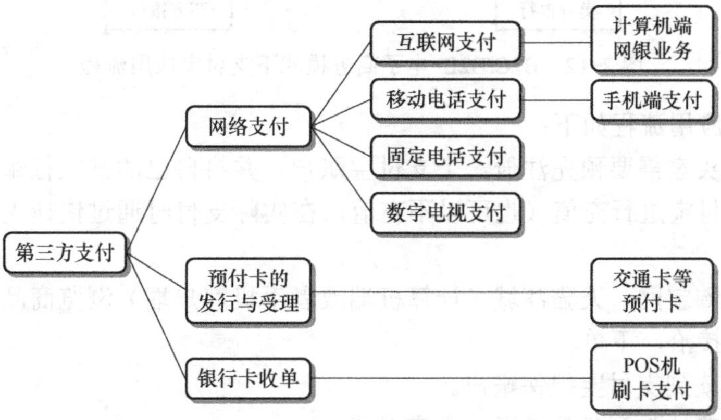

图 2-11　第三方支付牌照类型

截至 2018 年 1 月 18 日，经过 5 批非银行支付机构支付牌照续展后，央行总共已注销 28 张支付牌照，支付牌照剩余 243 张（家）。据零壹智库统计，243 家支付机构共拥有 535 张支付牌照（一种业务类型对应一张牌照）。其中“预付卡发行”150 张，“预付卡受理”155 张，两者的占比之和超过 50%；其次，“互联网支付”牌照共 110 张，占比 21%。㊀

㊀ 资料来源：http://www.xinhuanet.com/fortune/2018-02/02/c_1122356439.htm.

第四节　网络支付应用场景

网络支付在电子商务的交易过程中发挥了重要作用，如果电子商务离开了网络支付，那么就不能称其为真正的电子商务。本节列举几个典型案例说明网络支付在电子商务中的应用场景。

一、B2C、B2B 电子商务应用场景

支付宝是网络支付在 B2C、B2B 电子商务模式中的典型应用场景之一。支付宝成立于 2004 年，是我国最早建立的第三方支付机构之一，是伴随淘宝网的发展而成长起来的，因此具有先天的优势。无论是在第三方互联网支付还是第三方移动支付方面，支付宝都占据第三方支付市场的最大份额。支付宝也日益成为我国许多居民网购时首选的支付工具，以 B2C 、B2B 电子商务模式为例，其应用流程如图 2-12 所示。

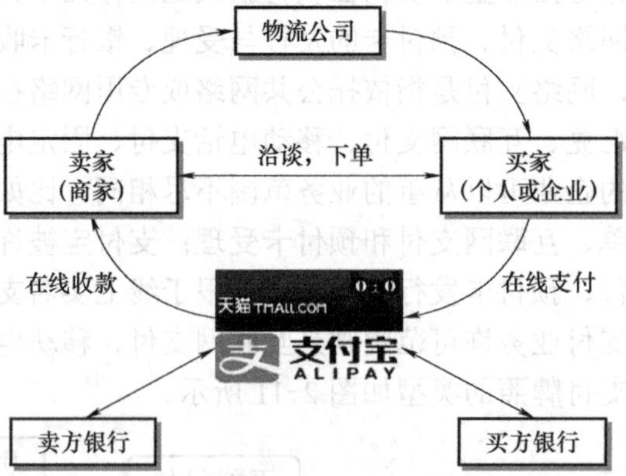

图 2-12　B2C/B2B 电子商务模式下支付宝应用流程

支付宝具体应用流程如下：

（1）卖家和买家需要预先注册一个支付宝账户，并将自己的某银行账户与支付宝账户进行绑定，对支付宝进行充值（也可以不充值，在实际支付时通过快捷支付等其他方式进行支付货款）。

（2）买家在淘宝网、天猫商城（计算机端或者手机客户端）浏览商品，选定后加入购物车，并与卖家接洽，下单。

（3）买家付款到支付宝担保账户。

（4）支付宝确认收到货款后通知卖家发货。

（5）卖家联系物流公司配送网购商品到买家。

（6）买家确认商品完好后签收并通知支付宝向卖家付款；如果商品有问题或者没有收到商品，买家可以联系卖家进行确认，或向支付宝投诉，申请退款。

（7）支付宝将货款从担保账户转移到卖家的支付宝账户上完成交易。

（8）卖家和买家均可以将支付宝账户上的资金进行提现转到绑定的银行卡上。

二、O2O 电子商务应用场景

海底捞微信支付是网络支付在 O2O 电子商务中的典型应用场景之一。海底捞从 2009 年起开始规划整体门店系统的平台。在这个过程里，2011 年前后上线了移动 APP 和官网订餐等功能，并且在当时就已经实现了线上产品和店内系统、CRM（客户关系管理）、社区等系统的打通。这为海底捞在近两年发力 O2O，打下了一个特别重要的基础。

要实现真正的 O2O，必须解决在线支付问题，让用户能够在线上完成点餐、支付等流程。2013 年 12 月 24 日，海底捞正式宣布与微信支付合作，近百家海底捞门店全部接入微信支付，同时微信支付也成为首家登陆海底捞的移动支付解决方案。比如，2015 年 1 月到 3 月，海底捞的微信订单为 31 491 单，占线上订单的 63%，而使用微信支付的有 3 446 单，占线上支付的 60%。截至 2016 年，微信公众号已经成为海底捞获取线上订单的主要来源，微信支付也成为海底捞重要的结算方式之一。通过线上产品和应用的布局，海底捞已经在线上线下相互打通的过程中，摸索出了一条自己的路径。

海底捞的微信支付具体流程如下：

（1）消费者在用完餐结账时，服务员会在点餐 PAD 或者收银台生成二维码。

（2）消费者用手机打开微信“扫一扫”功能，扫描二维码，然后输入微信支付密码，即可完成付款。同时，海底捞的收银系统会立即接受付款信息并显示付款成功。

三、供应链融资应用场景

快钱是网络支付在供应链融资业务模式中的典型应用场景之一。2009 年开始，快钱开始探索供应链融资，并于 2010 年 10 月推出快钱供应链融资平台。2011 年快钱正式将公司定位为“支付+金融”的业务扩展模式，全面推广供应链金融服务。目前支持 IT 分销、IT 制造、保险、服装、教育、商旅、商超零售、电子制造、机械制造等 10 多个行业的供应链融资业务。传统供应链融资中的单证和文件传递、支付、融资确认等环节是劳动密集型操作，费时费力，使得金融机构开展供应链融资的成本会很高。而快钱将供应链融资放在电子商务平台上来操作，结合快钱在第三方支付领域的优势，获得了较大成功。快钱供应链融资平台的业务流程如图 2-13 所示。

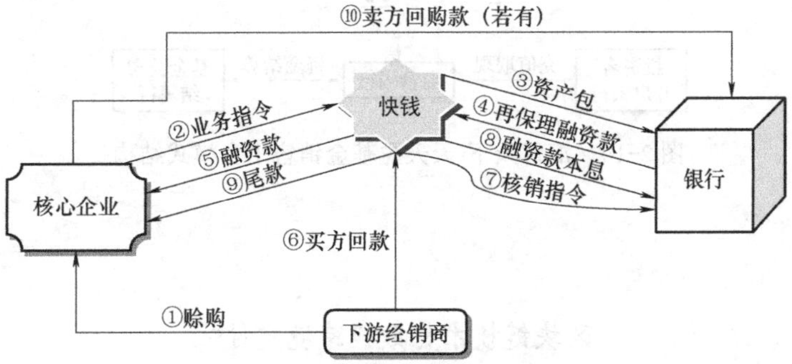

图 2-13　快钱供应链融资业务流程

快钱供应链融资平台的具体应用流程如下：

（1）下游经销商向核心企业赊购商品。

（2）核心企业向快钱供应链融资平台发出业务指令。

（3）快钱供应链融资平台将资产包发送给合作银行。

（4）银行将再保理融资款打给快钱供应链融资平台。

（5）快钱供应链融资平台将融资款打给核心企业。

（6）下游经销商将货款打给快钱供应链融资平台。

（7）快钱供应链融资平台向银行发出核销指令。

（8）快钱供应链融资平台向银行支付融资款本息。

（9）快钱供应链融资平台将尾款支付给核心企业。

（10）核心企业将卖方回购款支付给银行（若有）。

四、金融产品零售应用场景

汇付天下是网络支付在金融产品零售行业中的典型应用场景之一。汇付天下成立于 2006 年7月，专注于为中国小微企业、金融机构、行业客户和投资者提供金融支付、账户托管、投资理财等综合金融服务。它定位于金融级电子支付专家，与国内商业银行及国际银行卡组织均建立了合作关系，聚焦金融支付和产业链支付两大方向，核心竞争力是为行业客户快速准确定制支付解决方案。2011 年 5 月，汇付天下成为首批获得央行颁发的《支付业务许可证》的支付公司，2013 年 10 月成为首批获得国家外汇管理局跨境支付业务许可的支付公司等。

其中，在金融支付领域，汇付天下是首家获得中国证监会批准开展网上基金销售支付服务的支付公司，运用创新产品“天天盈”实现了“投资者持任意银行卡，随时随地购买任意基金公司的直销产品”的目标，并以便捷的方式进行支付，其模式结构如图 2-14 所示。投资者可以直接登录基金公司进行选购基金并进行支付，也可以登录天天盈平台，进行充值、申购、赎回、取现等操作。这既方便了投资者选购基金，也有利于基金公司销售基金产品，提高了基金零售交易的效率。

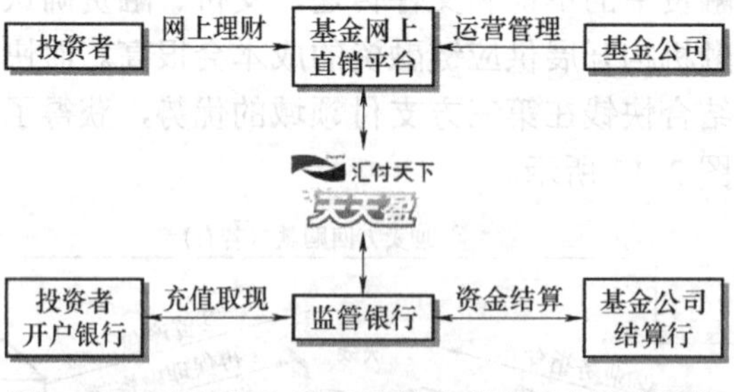

图 2-14　汇付天下-天天盈基金销售平台模式结构

案例分析

区块链技术将颠覆跨境支付[㊀]

目前，世界各国的中央银行和商业性金融机构都在探索基于区块链支付技术的支付

㊀ 摘自：http://www.sohu.com/a/224742291_100117963.

和结算业务。这方面的典型案例如下：

（1）招商银行首创区块链直联跨境支付技术。2017年3月，招商银行通过首创区块链直联跨境支付应用技术，为前海蛇口自贸区注册企业南海控股有限公司通过永隆银行向其在香港同名账户实现跨境支付，标志着国内首个区块链跨境领域项目在前海蛇口自贸区成功落地应用，在国内区块链金融应用领域具有里程碑意义。

（2）Oklink——基于区块链的跨境转账汇款网络。OKlink 聚焦为全球中小型金融参与者提供服务，致力通过区块链技术解决中小金融参与者跨境汇款手续费成本高、效率低、操作不方便等痛点问题。OKlink 跨境支付过程：①OKlink 开设信托账户后，汇款机构需要在 OKlink 的子账户中预先存入不低于1万美元才能获得相应的 OKD（OKD 和美元 1:1 挂钩），OKD（OK Dollar）是 OKlink 发行的数字货币，其发行基于美元并且币值和美元严格挂钩；②汇款人发出汇款指令；③汇款机构将汇款人所用的货币按照其与美元的实时汇率折算成 OKD；④收款机构收到 OKD 后按照美元与收款人所用的货币的实时汇率折算成后者后支付给收款人；⑤收款机构按需将信托账户中的 OKD 转换成美元。

（3）Ripple 跨境账本协议吸引全球17个国家的银行加入。Ripple 公司的主要业务是帮助银行让跨境支付更便捷，其核心产品是 Interledger Protocol 协议，本质上是一个实时结算系统和货币兑换与汇款网络，它基于一个分布式开源互联网协议、共识总账（Consensus Ledger）和原生的货币瑞波币（XRP）。2016年 Ripple 公司发布的去中心化总账技术调查报告指出：使用 Ripple 网络及本机加密代币 XRP 进行跨境支付的银行与使用当今的银行相比可节约多达42%的费用；使用 Ripple 网络但不使用 XRP 在进行国际支付时则可节省33%的费用；流动性成本减少65%，支付运营成本减少48%，并且巴塞尔协议Ⅲ（Basel Ⅲ）税务执行费用也会减少99%。

（4）Circle 推出 C2C 跨境支付平台已经在150多个国家开展了服务，年交易金额10亿美元。Circle International Financial 是一家开发比特币（Bitcoin）钱包的数字货币创业公司，致力通过比特币后台网络的区块链技术，使国家货币之间的资金转移更加简单和便宜。Circle 在跨境支付方面主要是在区块链技术支持下实现低成本兑换货币及跨国汇兑，目前支持美元、英镑和比特币的兑换；在社交支付方面主要是在手机 APP 中，用户通过向好友分享图片、表情、GIF 动图等信息即可完成支付，用户可以在无手续费的情况下，实现转账、收付款。目前，Circle 持有纽约州颁发的首张数字货币许可证（BitLicense）和英国金融市场行为监管局（FCA）颁发的电子货币许可证。

思考：讨论分析在区块链背景下网络支付和跨境支付的未来发展趋势。

本章小结

（1）网络支付是指依托公共网络或专用网络在收付款人之间转移货币资金的行为，包括货币汇兑、互联网支付、移动电话支付、固定电话支付、数字电视支付等。

（2）网络支付行业产业链自上而下可以分为基础支付层、第三方支付服务层和信用层。

（3）网络支付模式包括计算机在线支付模式、移动在线支付模式、O2O 在线支付模式、聚合支付模式和基于创新技术的网络支付运营模式等。

（4）我国支付产业参与方主要包括银行卡组织、商业银行、第三方支付、第四方支付

（聚合组织），其盈利模式和收益形式有各自的特点。

（5）网络支付的风险主要有法律风险、操作风险、信用风险、流动性风险。网络支付业务由中国人民银行负责监管。

知识自测

一、单选题

1. 以下不属于电子支付方式的是（　）

A. 网上支付　B. 电话支付　C. 移动支付　D. 银行卡支付

2. 微信支付属于（　）

A. 第一方支付　B. 第二方支付　C. 第三方支付　D. 第四方支付

3.（　）是指通过计算机、手机等设备，依托互联网发起支付指令、转移货币资金的服务。

A. 互联网支付　B. 移动支付　C. 网银支付　D. 第三方支付

4. 由用户向网上银行发出申请，将银行里的资金直接划到商家名下的账户，直接完成交易的支付方式是（　）。

A. 第三方辅助支付　B. 移动支付　C. 网银支付　D. 第三方支付

5. 从支付流程看，第三方支付采用的支付模式是（　）。

A. 信用中介型支付模式　B. 直付型支付模式

C. 支付网关模式　D. 其他模式

6. 以下机构中属于独立的第三方机构的是（　）

A. 支付宝　B. 财付通　C. 汇付天下　D. 盛付通

7. 网络支付风险中，"部分二清机构在收单机构和特约商户之间形成了资金和信息的阻断，能够随意控制、篡改或隐匿特约商户信息"属于（　）。

A. 信用风险　B. 法律风险　C. 流动性风险　D. 操作风险

8. 关于非金融机构提供支付服务，以下说法错误的是（　）

A. 未经中国人民银行批准，任何非金融机构和个人不得从事或变相从事支付业务

B. 应当根据《非金融机构支付服务管理办法》，取得《支付业务许可证》后开展支付服务

C. 支付服务包括网络支付、预付卡的发行与受理、银行卡收单和中国人民银行确定的其他支付服务

D. 网络支付行业的规范与发展支付机构依法接受中国银行保险业监督管理委员会的监督管理

9. 以支付宝为例，第三方支付流程为（　）

A. 买家选择商品→付款到支付宝→支付宝付款给卖家→交易完成

B. 买家选择商品→付款到银行→银行付款给支付宝→支付宝付款给卖家→交易完成

C. 买家选择商品→付款到银行→银行付款给卖家→交易完成

D. 买家选择商品→付款到支付宝→买家收货确认→支付宝付款给卖家→交易完成

10. 目前，在我国第三方支付机构中市场份额占比最大的是（ ）

A. 支付宝 B. 财付通 C. 银联在线 D. 汇付天下

二、多选题

1. 互联网支付包括（ ）。

A. 固定电话支付 B. 移动支付 C. 网银支付 D. 第三方支付

2. 以下属于第三方支付机构的是（ ）。

A. 银联在线 B. 支付宝 C. 财付通 D. 快钱

E. 汇付天下

3. 网络支付系统的基本构成包括（ ）。

A. 商户 B. 金融机构 C. 客户 D. 第三方支付平台

E. 互联网服务提供商

4. 非金融机构服务包括（ ）

A. 互联网支付 B. 预付卡的发行与受理

C. 移动电话支付 D. 银行卡收单

E. 固定电话支付

5. 以下属于互联网支付操作风险的有（ ）

A. 支付类病毒增长迅速，可以读取、截获手机上的短信验证码并通过网络进行转移，再结合用户的身份证、银行卡号等信息实现盗刷

B. 不法分子网络犯罪技术不断升级、犯罪手段趋于隐蔽，增加了对木马、病毒、钓鱼网站、伪基站等拦截、排查、预警的难度

C. 提供某些新型产品或服务的第三方支付机构未取得《支付业务许可证》

D. 部分创新业务在支付环节身份认证强度较弱，过度依赖短信息验证，且在部分操作环节中具有一次认证重复使用的特征，交易信息容易被拦截或篡改

E. 条码、声波、指纹等识别技术被尝试应用于网络支付（含移动支付），但尚无统一的技术标准、检测认证标准及业务规范，支付指令载体可能被嵌入木马、病毒等非法内容

三、判断题

1. 传统支付的方式主要包括现金、票据（汇票、本票、支票）、银行卡（借记卡、贷记卡）和电话支付等。（ ）

2. 互联网支付的主要类型包括网银支付、银联和其他第三方支付。（ ）

3. 银行支付属于第二方支付。（ ）

4. 三方支付机构在交易过程中产生的客户备付金统一交存至指定账户，由央行监管，支付机构不得挪用、占用客户备付金。（ ）

5.《支付业务许可证》的申请人应当有至少 3 名熟悉支付业务的高级管理人员。（ ）

6. “当用户使用支付平台提供的短期信用贷款（如京东白条、蚂蚁花呗、微粒贷）进行支付后，到期无法偿还贷款”属于流动性风险。（ ）

7. PayPal 属于直付型支付模式。（ ）

8. 数字电视支付属于互联网支付。 ( )

9. 移动支付中的银联快捷支付方式属于近场支付。 ( )

10. 电子支付的类型按照电子支付指令发起方式分为网上支付、电话支付、移动支付、销售点终端交易、自动柜员机交易和其他电子支付。 ( )

技能实训

1. 实训主题：分组在铁路客户服务中心购买火车票、在携程预订酒店或者旅游服务、线下消费等应用场景，采用网银、支付宝（或者微信支付）和银联云闪付进行支付。

2. 实训主题：选择一家国有银行网站并登录其网上银行，了解个人网银和企业网银的操作步骤，并写出网银支付流程。

3. 实训主题：通过网络查阅我国关于网络支付的最新监管政策，结合网络支付典型案例，分析讨论如何防范网络支付风险。

第三章 P2P 网络借贷实务

学习目标

知识目标

- 掌握 P2P 网络借贷的概念、发展历程、特点。
- 掌握国内 P2P 网络借贷平台模式中的基本概念。
- 了解 P2P 网络借贷的风险。
- 了解 P2P 投资的风险防范措施。
- 了解 P2P 融资的融后风险管理与催收处置方法。

能力目标

- 会区别 P2P 网络借贷平台中规范的运营模式和不规范的运营模式。
- 会分析 P2P 网络借贷投资的实务操作步骤。
- 会分析 P2P 网络借贷融资的实务操作步骤。

案例导读

网络借贷的产生与全球首家 P2P 平台

网络借贷业务由 2006 年“诺贝尔和平奖”得主穆罕默德·尤努斯教授（孟加拉国）首创。1976 年，在一次乡村调查中，穆罕默德·尤努斯教授把 27 美元借给了 42 位贫困的村民，以支付他们用以制作竹凳的微薄成本，免受高利贷的盘剥。由此开启他的小额贷款之路。1979 年，他在国有商业银行体系内部创立了格莱珉（意为“乡村”）分行，开始为贫困的孟加拉妇女提供小额贷款业务。尤努斯的贡献是做了穷人的银行，因为解决了穷人的借贷需求而获得诺贝尔奖的。

2005 年 3 月，英国人理查德·杜瓦、詹姆斯·亚历山大、萨拉·马休斯和戴维·尼克尔森四位年轻人创办的全球第一家 P2P 网贷平台 Zopa 在伦敦上线运营。英国的 Zopa 则完全是基于 21 世纪计算机网络技术的快速发展应运而生的新模式，网络的高效化使传统的借贷模式可以从运用网络做直销、企业网上申请贷款的两步走模式，直接跨越到个人对个人放款的模式，省去了中间银行，这也是 Zopa 所宣称的“摒弃银行，每个人都有更好的交易”的来源，P2P 网络借贷充分发展的结果是把银行从借贷业务链中挤出去。P2P 网络借贷可以兼顾银行和民间借贷的双重优势。如今 Zopa 的业务已扩至意大利、美国和日本，平均每天线上的投资额达200多万英镑。Zopa是“可达成协议的空间”（Zone of Possible Agreement）的缩写。在Zopa网站上，投资者可列出金额、利率和想要借出款项的时间，而借款者则根据用途、金额搜索适合的贷款产品，Zopa则向借贷双方收取一定的手续费，而非赚取利息。

另外一家P2P网络借贷平台Prosper成立于2006年，如今拥有超过98万会员，超过2亿美元的借贷发生额。P2P网络借贷平台在英美等发达国家发展已相对完善，这种新型的理财模式已逐渐被身处网络时代的大众所接受。一方面出借人实现了资产的收益增值，另一方面借款人则可以用这种方便快捷的方式满足自己的资金需求。

思考：网络借贷和P2P平台产生的推动因素及其重大意义。

（资料来源：根据网络资料整理）

网络借贷是互联网金融较早出现的业态之一，近年来在我国取得了快速发展。网络借贷因平台数量众多、受关注程度高等因素被称为互联网金融发展的“风向标”和“晴雨表”。本章对P2P网络借贷的基本概念、平台运营模式及风险进行了探讨，从实务操作的角度分析了P2P网络借贷投资和融资实务。

第一节　P2P网络借贷概述

网络借贷的基本概念有多种表述，本节我们将对其进行比较和分析，并了解国内网络借贷的发展历程、网络借贷的特点。

一、P2P网络借贷的概念

P2P网络借贷（Peer to Peer Lending），也称为网络借贷、P2P借贷、个体网络借贷等，是指个体和个体之间通过互联网平台实现的直接借贷。个体包含自然人、法人及其他组织。我国国内的网络借贷的概念有广义和狭义之分，网络借贷概念辨析见表3-1。

表3-1　国内网络借贷概念辨析

	广　义		狭　义
	个体网络贷款	网络小额贷款	网络借贷
概念	个体与个体之间通过互联网平台实现的直接借贷	互联网企业通过其控制的小额贷款公司利用互联网向客户提供的小额贷款	个体和个体之间通过互联网平台实现的直接借贷（本书采用该定义）
来源	《关于促进互联网金融健康发展的指导意见》（2015年7月18日发布）		《网络借贷信息中介机构业务活动管理暂行办法》（2016年8月24日发布）

网络借贷是个体之间以互联网平台为媒介进行的资金融通。网络借贷以小额为主，最早起源于金融危机时期的欧美，网络借贷对缓解短期资金需求、创业融资以及开辟个人投资渠道方面有一定效果。网络借贷的认证、记账、清算和交割等流程均通过网络完成，借贷双方足不出户即可实现借贷目的。网络借贷业务的工作原理如图3-1所示。

在网络借贷中，还有借款人、出借人和逾期的概念。借款人又称融资人，是指在互联网平台发布融资需求信息并从出借人处获得资金的个人、法人或其他组织。出借人又称投资人，是指经互联网平台提供的信息中介服务，出借资金给借款人的自然人、法人或其他组织。逾期是指借款人在借贷合同约定到期（含合同约定的宽限期或展期后到期）未足额归还本金或利息。

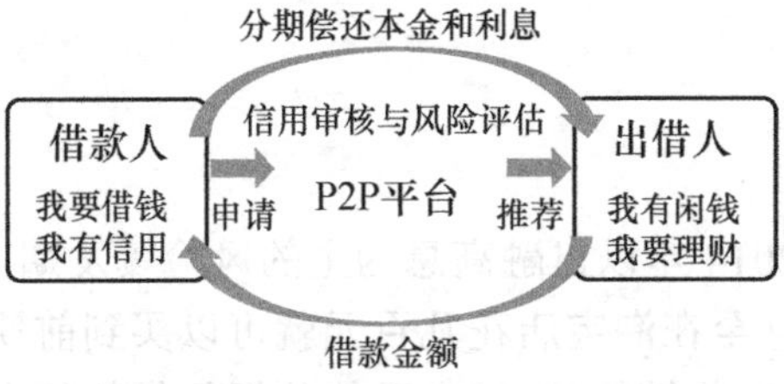

图 3-1　P2P 网络借贷业务的工作原理

二、国内网络借贷业务的发展历程

自 2007 年国外网络借贷平台模式引入中国以来，国内 P2P 网络借贷平台蓬勃发展、百花齐放，迅速形成了一定规模。综观其在中国的发展历程，2007—2017 年大致经历了四个阶段。

（一）第一阶段

第一阶段，即 2007—2012 年以信用借款为主的初始发展期。2007 年国内首家 P2P 网络借贷平台"拍拍贷"在上海成立，让很多敢于尝试互联网投资的投资者认识了 P2P 网络借贷模式。这一阶段，全国的网络借贷平台发展到 20 家左右，活跃的平台只有不到 10 家，截至 2011 年年底，月成交金额大约 5 亿元，有效投资人 1 万人左右。在网络借贷平台初始发展期，P2P 平台借鉴拍拍贷以信用借款为主的模式，只要借款人在平台上提供个人资料，平台进行审核后就给予一定授信额度，借款人基于授信额度在平台发布借款标。但由于我国的公民信用体系并不健全，平台与平台之间缺乏联系和沟通，随之出现了一名借款人在多家网络借款平台同时进行信用借贷的问题。基于以上问题的重复叠加出现，各个网络借贷平台于 2011 年年底开始收缩借款人授信额度，很多平台的借款人因此不能及时还款，造成了借款人集中违约。以信用借款为主的网络借贷平台于 2011 年 11 月至 2012 年 2 月遭遇了第一波违约风险，此时网络借贷平台最高逾期额达到 2 500 万元，诸多网络借贷平台逾期额超过 1 000 万元。

（二）第二阶段

第二阶段，即 2012—2013 年以地域借款为主的快速扩张期。在这一阶段，一些具有民间线下放贷经验同时又关注网络的创业者开始尝试开设 P2P 网络借贷平台。同时，一些软件开发公司开始开发相对成熟的网络平台模板，每套模板售价在 3 万～8 万元，弥补了这些具有民间线下放贷经验的创业者开办网络借贷平台技术上的欠缺。基于以上条件，此时开办一个平台成本大约为 20 万元，国内网络借贷平台从 20 家左右迅速增加到 240 家左右，截至 2012 年年底，月成交金额达到 30 亿元，有效投资人有 2.5 万～4 万人。由于这一阶段开办平台的创业者具备民间借贷经验，了解民间借贷风险，因此他们吸取了前期平台的教训，采取线上融资线下放贷的模式，以寻找本地借款人为主，对借款人实地进行有关资金用途、还款来源以及抵押物等方面的考察，有效降低了借款风险。这个阶段的 P2P 网络借贷平台业务基本真实。

（三）第三阶段

第三阶段，即 2013—2014 年以自融高息为主的风险爆发期。在这一阶段，网络借贷系统模板的开发更加成熟，甚至在淘宝店花几百元就可以买到前期的网络借贷平台模板。由于 2013 年国内各大银行开始收缩贷款，很多不能从银行贷款的企业或者在民间有高额高利贷借款的投机者从 P2P 网络借贷平台上看到了商机，他们花费 10 万元左右购买网络借贷系统模板，然后租一间办公室简单进行装修就开始上线圈钱。这个阶段国内网络借贷平台从 240 家左右猛增至 600 家左右，2013 年年底，月成交金额在 110 亿元左右，有效投资人有 9 万～13 万人。这阶段上线平台的共同特点是以月息 4%左右的高利吸引追求高息的投资人，这些平台通过网络融资偿还银行贷款、民间高利贷或者投资自营项目。由于自融高息加剧了平台本身的风险，2013 年 10 月份，这些网络借贷平台集中爆发了提现危机。2013 年 10 月至 2013 年年末，大约 75 家平台出现倒闭、跑路或者不能提现的情况，涉及总资金在 20 亿元左右。

（四）第四阶段

第四阶段，即 2014 年至今以规范监管为主的政策调整期。在这一阶段，国家表明了鼓励互联网金融创新的态度，并在政策上对 P2P 网络借贷平台给予了大力支持，使很多始终关注网络借贷平台而又害怕政策风险的企业家和金融巨头开始尝试进入互联网金融领域，组建自己的 P2P 网络借贷平台。据统计，截至 2017 年 12 月，全国 P2P 网络借贷平台月资金成交量已经达 2 337 亿元，平台数量达到 1 931 家，2017 年网络借贷行业投资人数与借款人数分别约为 1 713 万人和 2 243 万人。㊀

2017 年是网贷行业“合规规范年”，各类重磅监管文件密集出台。尤其是原银监会在 2016 年年底发布了《网络借贷信息中介机构备案登记管理指引》，在 2017 年 2 月和 8 月分别发布了《网络借贷资金存管业务指引》和《网络借贷信息中介机构业务活动信息披露指引》，标志着网贷行业银行存管、备案、信息披露三大主要合规政策悉数落地，并与 2016 年 8 月 24 日发布的《网络借贷信息中介机构业务活动管理暂行办法》共同组成网贷行业“1+3”（一个办法三个指引）制度体系。此外，2017 年 12 月 8 日出台的《关于做好 P2P 网络借贷风险专项整治整改验收工作的通知》要求各地应在 2018 年 4 月底前完成辖内主要 P2P 机构的备案登记工作、6 月底之前全部完成，明确了具体的整改和备案时间表。另外，这一年互联网金融专项整治仍在继续，备受争议的“校园贷”“现金贷”也迎来强监管。随着互联网金融专项整治的继续和各地备案工作的正式开展，合规和备案将仍是未来一段时间平台发展的主基调。

㊀ 互金传媒．2017 年中国网络借贷行业年报[EB/OL]．http://www.sohu.com/a/215409279_556957.

案例分析

中国互联网金融协会上线信息披露系统已对接 116 家平台数据

2017 年 6 月 5 日，中国互联网金融协会在天津正式上线了“互联网金融登记披露服务平台”，旨在为监管部门统一监测、社会公众统一查询平台信息披露提供入口。截至 2017 年 12 月底，已有 116 家平台对接了协会信息披露系统并披露了基本信息、运营信息，其中有 115 家平台披露了 2016 年的财报情况。网贷之家统计发现，在 115 家平台中，2016 年实现盈利的平台达到了 57 家，占比为 49.57%。2017 年成交量排名前 30 平台的运营数据见表 3-2。

表 3-2 2017 年网络借贷行业总成交量排名前 30 平台运营数据

序号	平台名	地区	2017年总成交量（亿元）	贷款余额（亿元）	综合收益率（%）	借款期限（月）
1	陆金服	上海	约1 344	1 602.16	7.48	25.14
2	红岭创投	广东	1 115.26	199.72	8.31	2.12
3	微贷网	浙江	871.39	177.06	7.79	3.29
4	爱钱进	北京	673.87	370.09	10.77	29.57
5	拍拍贷	上海	约650	约310	—	—
6	团贷网	广东	607.93	177.31	9.59	5.71
7	宜贷网	四川	527.3	69.51	10.85	6.68
8	洋钱罐	北京	494.59	22.24	14.32	4.56
9	有利网	北京	474.89	185.82	9.93	22.14
10	宜人贷	北京	386.03	515.82	11.54	30.59
11	小牛在线	广东	378.17	157.37	9.61	5.14
12	你我贷	上海	343.59	213.18	10.83	16.36
13	51人品	浙江	约336	约134	6.64	8.61
14	麻袋理财	上海	302.42	80.25	8.42	20.8
15	PPmoney	广东	268.9	83.09	9.35	5.98
16	小赢网金	广东	265.21	128.86	7.33	8.99
17	聚宝匯	北京	242.93	226.01	7.71	7.41
18	翼龙贷	北京	241.95	160.24	8.86	9.28
19	银谷在线	北京	225.66	126.61	12.68	26.51
20	金信网	北京	221.12	94.49	9.22	8.15
21	人人贷	北京	220.63	302.58	9.97	35.09
22	点融网	上海	220.54	165.56	10.31	16.18
23	投哪网	广东	213.64	94.76	8.97	9.33
24	向上金服	北京	209.26	43.54	10.04	4.83
25	积木盒子	北京	190.53	75.84	8.43	9.38
26	泰然金融	浙江	186.09	47.88	8.89	5.88
27	温商贷	新疆	160.52	66.64	10.54	4.45
28	爱投资	北京	160.13	132.67	11.31	13.01
29	轻易贷	河北	156.22	82.28	8.43	4.85
30	民贷天下	广东	147.41	29.15	7.3	8.51

思考：根据 2017 年网贷行业的情况，讨论并预测未来网络借贷行业的发展趋势。

（资料来源：网贷之家）

三、网络借贷的特点

网络借贷对于个人及中小企业借贷方具有门槛低、审批快、手续简单、额度高等优势。网贷形式和所谓的民间个体借贷在本质上是相同的，相比于传统的银行贷款模式，网络借贷有以下四个特点：

1．风险性和收益率双高

网贷平台的借款者普遍是不被传统金融机构所接纳的，其往往缺乏有效担保和抵押，对贷款产品的需求特征个性化。甚至可能是传统金融机构筛选后的“次级客户”，故愿意承受更高的利率获得贷款。

2．借贷双方的广泛性

网贷的借贷双方呈现的是散点网络状的多对多形式，且针对非特定主题，使其参与者极其分散和广泛。目前的借贷者主要是个体商和工薪阶层，短期周转需求占据很大部分。借贷者只要有良好的信用，即使缺乏担保抵押，也能获得贷款；投资者即使拥有的资金量较少，对期限有严格要求，同样能找到匹配的借款人。并且每一笔贷款可以有多个投资者；每个投资者可以投资多笔贷款。

3．交易方式的灵活性和高效性

其主要内容包括借贷金额、利息、期限、还款方式、担保抵押方式和业务发生效率。网贷业务往往淡化烦琐的层层审批模式。在信用合格的情况下，手续简单直接，高效率满足借款者的资金需求。

4．互联网金融技术的应用

在网贷中，其参与者极其广泛，借贷关系密集复杂。这种多对多的信息整合与审核，极大依赖于互联网金融技术。事实上，P2P 网贷形式的产生，也得益于信息技术尤其是信息整合技术和数据挖掘技术的发展。

第二节　P2P 网络借贷平台运营模式

国外的平台大多从网络上直接获取借款人和投资人信息，直接对借贷双方进行撮合，不承担过多的中间业务，模式比较简单。相对而言，国内的 P2P 行业则根据具体国情、地域特色和平台自身优势，对网络借贷的各个环节予以细化，形成了多种多样的 P2P 网络借贷模式。本节我们来分析国内几种主要的 P2P 网络借贷平台运营模式和网络借贷的风险㊀。

一、国内的 P2P 网络借贷平台运营模式

（一）P2P 信息中介模式

P2P 信息中介模式即 P2P 作为一个信息中介，提供信息平台帮助贷款人和借款人实现

㊀ 参考自：新世纪评级．P2P 网络借贷运营模式及其风险分析[EB/OL]．https://mp.weixin.qq.com/s/e43N08pXUi9e053n8-Baeg.

借贷。P2P 平台通过审查借款人的个人身份信息、基本财产情况、年龄、学历等基础情况，构建一些评估指标，如年龄、性别、婚姻状况、文化程度、工作年限、月收入情况、房产情况、购车情况、借贷历史情况等，给出借款人的信用评估结果或信用分。在审核通过后，借款人即可在平台上发布借款信息，包括借款的金额、期限、利率等。贷款人则通过浏览借款人的借款信息和信用评估结果来进行投资。一般来说，信用评级越高，借款人的借款成功率越高，借款成本越低。P2P 平台则从成交的借贷业务中收取手续费，类似信息介绍费，如图 3-2 所示。

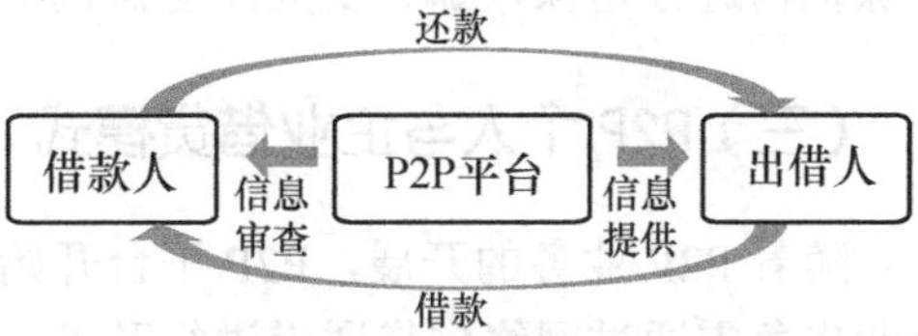

图 3-2　P2P 信息中介模式

在 P2P 信息中介模式下，风险主要来源于 P2P 平台对借款人信息审查、信用评估时的风险，主要包括三个方面：①借款人信息的真实准确性，P2P 平台在对借款人进行信用评估时，首先要保证借款人相关信息的真实准确，由于我国征信系统并不完善，且平台面对的借款人数量众多，在实际操作过程中，很难对借款人的所有信息进行审查，无法保证借款人信息的真实准确性。②借款人信息的完整性，P2P 平台通过一些评估指标来评估借款人的信用情况，但这些指标并不能完全客观地反映借款人的信用情况，而且有些借款人还不能提供关于评估指标的相关信息。③P2P 平台信用评估的合理性，对于借款人的信用评估需要一套合理的信用评估体系，要求评估标准合理、评估过程合规、评估结果合理，但很多 P2P 平台的信用评估体系只是评估指标的简单加总，合规合理稍显不足。

（二）P2P 信息信用中介模式

仅仅根据平台提供的借款人信息以及信用状况，贷款人无法准确判断借款人的信用资质，一旦借款人逾期甚至无法偿还贷款，贷款人也欠缺追讨的能力，将遭受很大损失。因此，P2P 网络借贷平台公司为了业务的发展，在担任信息中介角色的同时，也担负起信用中介的角色，为贷款人的投资进行担保（平台提取风险准备金提供担保或由关联第三方进行担保）。在这种模式下，除非平台出现问题倒闭，贷款人一般能获得刚性兑付承诺，如图 3-3 所示。

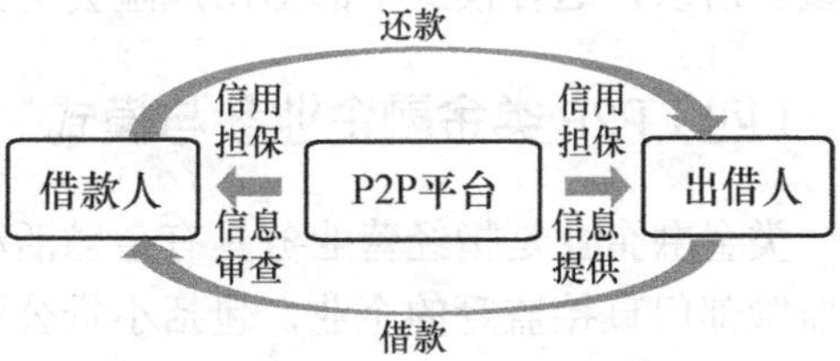

图 3-3　P2P 信息信用中介模式

在这种模式下，除了 P2P 平台担任信息中介带来的风险外，平台担任信用中介也会带来新的风险，主要体现在以下三个方面：

（1）P2P 平台担任信息中介带来的风险，是指信息中介模式下的信息中介风险。

（2）信用担保的评估。担保方的代偿能力直接影响债务人违约时的挽回，担保能力的评估结果对平台的声誉和资质具有重要影响。在未引入独立第三方评级机构对担保方的担保能力进行评估的情况下，信用担保的评估存在较高的道德风险，特别是平台自身或关联方提供担保的情况，因此，引入第三方评级机构对 P2P 平台、产品及相关交易方进行信用评估将显得尤为重要。

（3）信用担保下平台的信用状况及出现违约情况下的损失挽回。在信用担保下，投资者的损失能够挽回多少很重要，需要考虑信用担保的覆盖率以及其他一些因素。如果是平台提取风险准备金进行担保，那么要考虑风险准备金总额与业务规模的比率；如果是其他担保机构进行担保，那么要关注担保机构的担保能力能否与平台规模相匹配。

（三）P2P 个人与企业借贷模式

随着 P2P 业务的开展，P2P 平台开始开发一些更具实力的企业借款客户，而大量小微企业也急需通过网络借贷通道进行融资，P2P 开始变为“个人向企业贷款，企业向个人借款”的模式。P2C 模式，即需要融资的企业可向 P2P 平台提交融资申请，由平台进行信息资质审核，审核通过后的优质项目标的可在平台上向投资者（贷款人）进行信息公示；投资者则对平台提供的融资项目进行筛选、投资；P2P 平台在对借款企业进行信息收集调查工作，并根据调查结果对借款企业进行风险评估的同时，还需要为融资企业借款进行信用担保，保障投资者的投资安全。个人与企业借贷模式如图 3-4 所示。

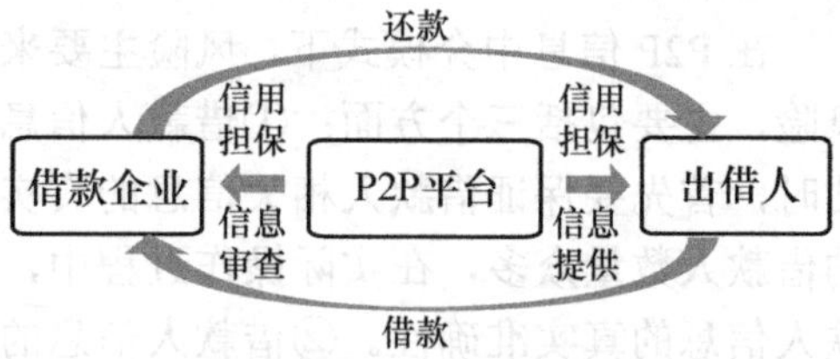

图 3-4　个人与企业借贷模式

该模式与上一模式的不同之处在于，借款方由单一借款人变成了借款企业。主要风险来源与上一模式几乎相同，但由于借款人借款规模的变化显现不同的特征。本模式与上一模式的区别在于，企业作为借款方，融资需求规模更大，远高于以消费贷款为主的单一借款人的融资规模，涉及的贷款人数量更多；与此同时，企业作为借款方，信用相关信息更为复杂，信用评估难度更大。因此，在这种模式下，对于 P2P 平台的信用评估能力、信用担保能力要求更高，一旦借款企业无法偿还贷款，受到损害的投资者更多，引发的后果更严重。所以，这种模式下的信用风险会更大。

（四）P2P 类金融企业参与模式

类金融企业是指经营业务具有金融活动属性，但是并未获得金融许可证，非由国家金融监管部门直接监管的企业，包括小贷公司、融资租赁公司、保理公司、典当公司、担保公司等。类金融企业是中小企业融资的重要来源，亦为金融机构资产配置提供了更多途径。随着 P2P 业务的快速发展，P2P 逐渐成为一个重要的融资渠道。急需资金的类金融企业开始加入 P2P 业务中来，从 P2P 平台得到融资，开展类金融业务。于是，各种形式的 P2P 模式迅速发展起来，如 P2C 模式（Personal to Company）、P2A（Personal to Asset）、P2B（Person to Business）、P2L（Person to Leasing）等。

在这种模式下，由类金融企业去开发投资项目，并且由类金融企业对投资项目进行信息收集、信用评价，P2P 平台只需要审查类金融企业提供的投资项目的信息，并提供给投资人。贷款人在 P2P 平台上进行投资，在某种程度上，更像是在购买类金融企业发行的理财产品。事实上，类金融企业转让其债权或资产收益权，签订债权转让或资产收益权转让合同，投资者则是以某个价格受让类金融企业的债权或资产收益权，如图 3-5 所示。

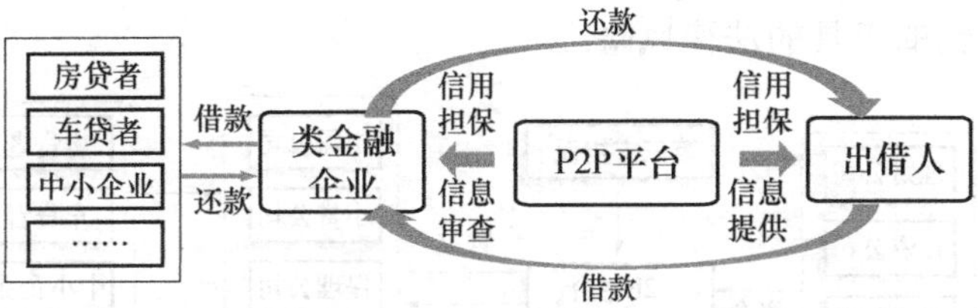

图 3-5 类金融企业参与模式

在类金融企业参与模式下，P2P 平台作为类金融企业的一个融资渠道，一般只需进行一定的信息审查，而不需要对投资标的进行风险评估。该项工作由类金融企业完成，相应地，风险分析的重点应放在类金融企业及相应项目上。风险点主要来自以下几个方面：①类金融企业提供的投资项目自身；②类金融企业内部风控对投资项目风险评估能力；③还需要对类金融企业自身的信用风险进行评估；④P2P 平台的信息审查以及信用担保能力。因此，这种模式下存在的风险，除了 P2P 平台担任信息中介带来的风险和信用中介带来的风险之外，还有如下两个特别的风险：

（1）类金融企业的风险评估能力。该模式下，对于最终投资标的——投资项目的风险评估由 P2P 平台转交给了类金融企业。因此，投资者对投资项目的信用评价主要依靠类金融企业的风险评估结果。同样，类金融企业能否得到准确完整的投资项目的信息，能否客观合理地评估最终借款人的风险是这种模式下的主要风险。

（2）类金融企业与 P2P 平台之间的道德风险。类金融企业与 P2P 平台的关系值得关注，特别是已经出现过的类金融企业与 P2P 平台存在关联，甚至处于同一控制人的情况，此时，类金融企业的风险评估和 P2P 平台的信用审查及担保都存在一定的道德风险。

以融资租赁公司转让债权或资产收益权为例，来说明类金融企业加入后的运营模式。融资租赁公司出资为承租人向设备厂商购买设备，设备交付承租人后从承租人处获得设备租金，融资租赁公司以设备租金债权向 P2P 平台融资，P2P 平台投资人获得租金的债权收益权，如图 3-6 所示。

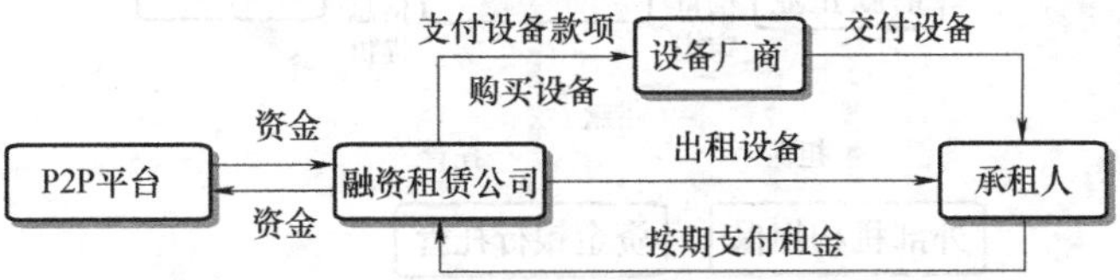

图 3-6 P2P 融资租赁公司模式

（五）P2P 混合模式

随着越来越多的类金融企业加入这个行业，业务类型越来越多，P2P 平台也引入越来越多的担保机构、线上线下销售机构、外部股权投资者、业务合作者，一般 P2P 平台不仅仅限于一种模式，而是多种模式的混合，如图 3-7 所示。

前面几种模式中包含的风险在混合模式下都有可能出现，投资者面临的风险更大。此外，还会面临其他销售渠道带来的风险，主要包括：其他销售渠道由于信息不透明性引发的道德风险、操作风险；监管缺失，从业人员风险意识薄弱导致的操作风险；用来作为非法集资或者进行传销的工具的法律风险。

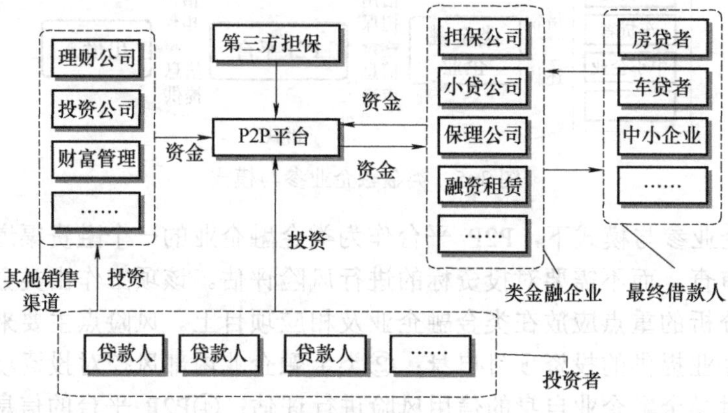

图 3-7 P2P 混合模式

（六）规范的 P2P 运营模式

《网络借贷信息中介机构业务活动管理暂行办法》中指出，P2P 网络借贷信息中介机构是指依法设立，专门从事网络借贷信息中介业务活动的金融信息服务中介公司，其本质是信息中介而非信用中介，因此其不得吸收公众存款、归集资金设立资金池，不得自身为出借人提供任何形式的担保等。因此，规范的 P2P 平台不能进行信用担保，发挥信用中介功能，此外，P2P 应当实行自身资金与出借人和借款人资金的隔离管理，选择符合条件的银行机构作为资金存管机构。规范的 P2P、P2C 模式和规范的 P2B、P2A 模式分别如图 3-8、图 3-9 所示。

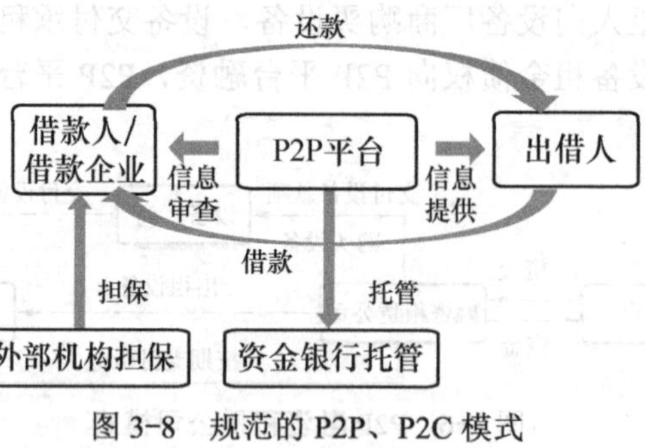

图 3-8 规范的 P2P、P2C 模式

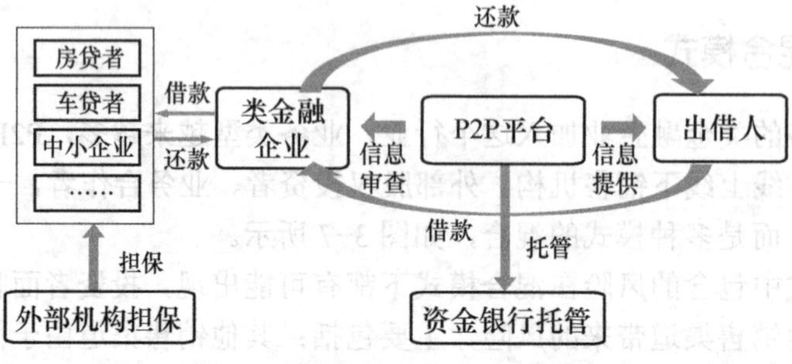

图 3-9 规范的 P2B、P2A 模式

在规范的 P2P、P2C 模式中，首先是避免了 P2P 平台的担保风险；其次，投资人的资金安全也得到了一定的保障，P2P 作为纯粹的信息中介平台，主要的风险来源就是平台的信用评估能力。同样，在规范的 P2B、P2A 模式中，风险主要来源于类金融企业的风险评估能力以及 P2P 平台的信息审查能力。在规范模式下主要存在以下几种风险：

（1）P2P 平台担任信息中介带来的风险，是指信息中介模式下的信息中介风险。

（2）外部机构担保带来的风险。根据规定，担保公司担保资产规模与公司注册资本规模之比不能超过 10。因此，随着 P2P 网络借贷的发展，P2P 的业务规模越来越大，外部担保机构担保能否覆盖 P2P 平台也需要审查评估。

（3）类金融企业参与的风险，是指类金融企业的风控能力和道德风险。

（4）资金银行托管的风险。由于银行只承担实名开户和履行合同约定及借贷交易指令表面一致性的形式审核责任，不承担融资项目及借贷交易信息真实性的实质审核责任，也就是说，银行资金存管的主要职责仅仅是按照投资人（出借人）或借款人的申请或指令，在平台的信息指示下，办理充值、转账、提现等资金划转业务，并不负责审核平台所提供借款人和借款项目的真实性和合法性，也不对借款项目是否存在违约风险负责。因此，平台虚构交易信息等不法行为仍然会造成托管资金不安全，存在托管风险。

案例分析

解读《网络借贷信息中介机构业务活动管理暂行办法》

2016 年 8 月 24 日，原银监会、工信部、公安部和国家互联网信息办公室正式发布《网络借贷信息中介机构业务活动管理暂行办法》，以促进网络借贷行业健康发展，不仅是我国新金融监管的里程碑，也是金融监管理念的里程碑。这个办法具体有以下几方面的新规：

（1）强调网贷平台的信息中介定位。网络借贷信息中介机构按照依法、诚信、自愿、公平的原则为借款人和出借人提供信息服务，维护出借人与借款人合法权益，不得提供增信服务，不得直接或间接归集资金，不得非法集资，不得损害国家利益和社会公共利益。

（2）要求融资标的真实有效，信息披露全面。网络借贷信息中介机构应当对出借人与借款人的资格条件，信息的真实性，融资项目的真实性、合法性进行必要审核，同时在其官方网站上向出借人充分披露借款人基本信息、融资项目基本信息、风险评估及可能产生的风险结果、已撮合未到期融资项目资金运用情况等有关信息。

（3）明确银行存管的行业标配。网络借贷信息中介机构应当实行自身资金与出借人和借款人资金的隔离管理，并选择符合条件的银行业金融机构作为出借人与借款人的资金存管机构。

（4）严禁触及 13 条红线。网络借贷信息中介机构不得为自身或变相为自身融资；不得直接或间接接受、归集出借人的资金；不得直接或变相向出借人提供担保或者承诺保本保息；不得将融资项目的期限进行拆分；不得向借款用途为投资股票、场外配资、期货合约、结构化产品及其他衍生品等高风险的融资提供信息中介服务；不得从事股权众筹等业务等。

（5）要求平台保证用户信息安全。网络借贷信息中介机构应当按照国家网络安全相关规定和国家信息安全等级保护制度的要求，开展信息系统定级备案和等级测试，同时还应妥善保管出借人与借款人的资料和交易信息，不得删除、篡改，不得非法买卖、泄露出借人与借款人的基本信息和交易信息。

（6）确定平台需备案准入。网络借贷信息中介机构应当向工商登记注册地地方金融监管部门备案登记。此外，还应当按照通信主管部门的相关规定申请相应的电信业务经营许可。

（7）投资标的小额分散。网络借贷金额应当以小额为主。网络借贷信息中介机构应当根据本机构风险管理能力，控制同一借款人在同一网络借贷信息中介机构平台及不同网络借贷信息中介机构平台的借款余额上限，防范信贷集中风险。

思考：认真阅读《网络借贷信息中介机构业务活动管理暂行办法》，分析和掌握具体业务规则。网贷行业的“一办法三指引”是指哪些文件？请通过网络进行查阅了解。

（资料来源：根据网络资料整理，http://finance.huanqiu.com/roll/2016-08/9383542.html）

（七）不规范的P2P运营模式

2013年以来，互联网金融行业急速发展，P2P平台迅速蔓延开来。P2P行业基本处于“野蛮生长”状态，硬件门槛低，加之市场需求旺盛，监管滞后，很多P2P平台的运营模式都非常不规范。这种不规范主要体现在以下几个方面：

（1）同一控制人模式。P2P平台、类金融企业、担保人、最终的借款人存在关联，甚至都处于同一实际控制人的控制下。在这种情况下，P2P平台变成实际控制人的一个融资工具，并且投资人无法获得P2P平台、借款人等的真实信息。

（2）资金池借新还旧模式。P2P平台借款人数量众多，信用质量参差不齐，借款逾期与坏账等情况不可避免。而在我国，在P2P未倒闭之前，会给予投资者刚性兑付，刚性兑付的资金则来源于后进入的平台投资人。在监管存在缺失，P2P平台吸收投资者资金设立“资金池”的情况下，P2P平台可以借新还旧，即用新融进的资金对早期投资者进行兑付，维持平台运营。最后，在发生大额坏账，借新还旧无法维持时，P2P平台运营方甚至会卷款潜逃。更为恶劣的情况是，P2P平台成为一些人进行庞氏骗局的工具，通过P2P平台虚构借款人，直接将投资者的资金纳为己用。

案例分析

e租宝的运营模式

e租宝即为P2P非规范运营的一个典型案例，其运营模式蕴含了所有风险。e租宝的运营模式为：平台通过购买企业信息或注册空壳公司的方式虚构融资项目骗取投资者资金，并采用借新还旧的方式保持运营。e租宝全称为金易融（北京）网络科技有限公司，是安徽钰诚控股集团股份有限公司（下称钰诚集团）全资子公司；为e租宝提供融资租赁项目包装的公司安徽钰诚融资租赁有限公司（类金融企业）是钰诚集团下属公司；为融资项目提供担保的三家公司亦与钰诚集团有着千丝万缕的联系，同一控制人下的类金融公司为P2P平台虚构项目，套取资金，提供了极大便利。除了线上销售渠道外，钰诚集团还在全国各省开设了很多公司进行线下销售，对e租宝进行宣传推广，以维持借新还旧的运营模式，然而，当面临集中兑付期时，资金链则面临断裂危机，庞氏骗局必然被拆穿。

思考：e租宝运营模式为什么是不规范的？风险点在哪里？

（资料来源：根据网络资料整理）

二、P2P网络借贷的风险

1. 法律风险

网络借贷活动禁止一切违法犯罪行为，若用于出借的资金非来源合法的自有资金，或出现交易异常、大额可疑交易等行为，或利用网络借贷平台从事洗钱等违法犯罪活动的，平台将立即终止已发生或正在发生的所有交易，将投资者的违法行为依据相关法律规定报送监管机构，并将投资者的违法信息及证据移交司法机关处理。投资者应当自行承担因此造成的资金损失及相应法律后果，造成网络借贷平台或第三人损失的，还应承担完全的赔偿责任。

2. 政策风险

政策风险是指因国家宏观政策、财政政策、货币政策、监管导向、行业政策、地区发展政策等因素引起的风险。目前，虽然宏观层面出台了网贷机构监管的“一办法三指引”，但各地方金融监管机构尚没有出台实施细则，网络借贷业务的合法性、合规性在实践中存在许多各方认识不统一的地方，监管政策风险始终存在。

3. 信用风险

当借款人短期或者长期丧失还款能力，包括但不限于财产状况发生变化、出现人身意外、患病、死亡等，或借款人的还款意愿发生变化时，出借人出借的资金可能无法按时回收。网贷机构作为信息中介平台，不承诺本息保障。

4. 市场风险

市场风险是指因市场资金面紧张或利率波动、行业不景气、企业效益下滑等因素引起的借款者不能按期还款或不能足额支付借款成本的风险。

5. 技术风险

由于无法控制和不可预测的系统故障、设备故障、通信故障、电力故障、网络故障、黑客或计算机病毒攻击以及其他因素导致网贷平台出现非正常运行，可能导致投资者无法及时进行查询、出借、提现等操作。

6. 操作风险

如果投资者缺乏必要的互联网经验，可能出现因操作不当导致资金交易失败或失误。如果用户未能谨慎保管自己的账号和密码，或者设置的密码简单导致密码被破解，以及投资者在进行资金交易时未能确保所使用的操作终端、网络以及周围环境的安全，导致账号和密码泄露或被他人盗取、使用的，可能导致出现违反投资者本人意愿的资金交易以及资金损失。网贷平台以账号和密码进行身份识别，一切以投资者认证方式进行的操作均被视为投资者本人行为，用户将对此发生的一切后果自行承担全部责任。

7. 流标风险

当投资者在平台进行投资、债权转让时，平台不能确保每个出借人资金出借成功或在规定期限内成功转让债权，出借人的资金出借失败。

8. 不可抗力风险

不可抗力风险是指由于战争、动乱、自然灾害等不可抗力因素的出现而可能导致出借资金损失的风险。

识别风险是防范风险的前提，正因为网络借贷既具有一般民间借贷的风险，又具有其特有的风险，因此防范网贷风险是投资网贷的必修课。

第三节　P2P 网络借贷投资实务

在了解 P2P 网络借贷的概念和运营模式之后，本节我们从实务操作的角度分析选平台、选产品和选标的等步骤，以详细了解 P2P 网络投资的方法。

一、选择网贷平台

（一）选择合规的网贷平台

根据《网络借贷信息中介机构业务活动管理暂行办法》有关规定，一个合规的网贷平台应该具备以下证明文件：

（1）营业执照、税务登记证和组织机构代码证。

（2）备案登记证明文件。该证明文件由地方金融监管部门自行设计、印制，其中应当包括网络借贷信息中介机构的基本信息、地方金融监管部门公章等要素。

（3）增值电信业务经营许可证明文件。网络信贷信息中介机构在完成备案登记后，应当根据《网络借贷信息中介机构业务活动管理暂行办法》有关规定，持地方金融监管部门出具的备案登记证明，按照主管部门的相关规定申请增值电信业务经营许可。

（4）与银行业金融机构签订的资金存管协议。网络借贷信息中介机构在完成备案登记后，应当持地方金融监管部门出具的备案登记证明，与银行业金融机构签订资金存管协议。

（5）国家信息安全等级保护认证证明文件。

（二）根据网贷机构的股东性质选择安全系数高的网贷平台

从股东性质看，当前我国网贷主流平台已经形成了五大派系，了解这些平台的优劣势，有助于选出安全系数高的网贷平台。

（1）银行系网贷平台。银行系网贷平台的优势是资金雄厚、流动性充足，项目质地优良，风控能力强；劣势在于收益率偏低。

（2）国资系网贷平台。国资系网贷平台的优势体现在拥有国有背景股东的隐性背书，兑付有保障；劣势是缺乏互联网基因，平台运营效率不高。

（3）上市公司系网贷平台。该类平台的优势体现在能通过上市公司这一金字招牌，为平台提供增信，广告效应明显。劣势在于平台易受上市公司大股东控制，资金易被挪用。

（4）风投系网贷平台。该类平台往往收益率较高，风投一定程度上也能为平台增信。但风投引入易导致平台急于扩大规模而放松风险控制。

（5）民营系网贷平台。该类平台的优势在于具有普惠金融的特点，门槛低，收益率较高；但是风险偏高是其劣势。

二、选择投资标的

（一）熟悉网贷投资专有名词

（1）标的。指借款用户发布的包含其借款相关说明信息的借款申请。一个合格的标的内至少包含标题、描述、借款用途、借款总额、还款方式、年预期利率、借款期限、招标期限等基本信息。

（2）发标。指借款人发布借款标信息。

（3）投标。指出借人对借款人所发布的借款信息进行判断，将资金出借给发标人。

（4）满标。指借款标的借款金额全部被投满。

（5）撤标。指借款人取消借款。

（6）流标。指借款标的投标期已过，但未满标。

（7）秒标。又称秒还标，标显示标记“秒”，若借款者发布秒标，则秒标预期利息及管理费将被冻结，待投标满后，系统自动审核通过，发标人瞬间送出预期利息和管理费，出借人收回本金和预期利息。秒标是一种用于娱乐庆祝和感恩回馈而直接送现金的标。

（8）担保标。标显示标记“担”，指用担保额度发布的借款标，即由担保人提供担保的借款标，逾期后由担保人垫付本息。

（9）信用标。标显示标记“信”，指用信用额度发布的借款标，信用标没有任何抵押。

（10）抵押标。标显示标记“押”，指借款人以一定的抵押物（房产或汽车）作为担保物而发布的借款标。抵押物经过专业评估并在相关部门（房管局或车管所）办理抵押登记手续，逾期后出借人有权处理抵押物，用于偿还约定的借款本金、预期利息、罚息、违约金等费用。

（二）通过风控保障措施来选择安全的投资标的

一般借款标的的风控保障措施包括：

（1）抵押担保。借款人以所购自用住房作为贷款抵押物的，必须将抵押物价值全额用于贷款抵押；以房地产作抵押的，抵押人和抵押权人应当签订书面抵押合同；借款人对设定抵押的财产在抵押期内必须妥善保管，负责维修、保养、保证完好无损的责任，并随时接受贷款人的监督检查。对设定的抵押物，在抵押期届满之前，贷款人不得擅自处分；抵押期间，未经贷款人同意，抵押人不得将抵押物再次抵押或出租、转让、变卖、馈赠。

（2）质押担保。采取质押方式的，出质人和质权人必须签订书面质押合同，质押合同至借款人还清全部贷款本息时中止；对设定的质物，在质押期届满之前，贷款人不得擅自处分。质押期间，质物如有损害、遗失，贷款人应承担责任并负责赔偿。

（3）抵押加保证。贷款人在借款人办理抵押物抵押的基础上，还要求借款人提供具有代为清偿能力的第三方连带责任保证人作为贷款担保。

（4）保证担保。借款人不能足额提供抵押（质押）时，应有贷款人认可的第三方提供承担连带责任的保证。保证人是法人的，必须具有代为偿还全部贷款本息的能力，且在银行开立有存款账户。保证人为自然人的，本息有固定经济来源，具有足够代偿能力；保证人与债权人应当以书面形式订立保证合同。保证人发生变更的，必须按照规定办理变更担保手续，未经贷款人认可，原保证合同不得撤销。

（5）履约保证保险。履约保证保险或履约保证险（也称履约责任保险）是指保险公司向履约保证保险的受益人（即投资人）承诺，如果投保人（即债务人，这里专指借款人）不按照合同约定或法律的规定履行义务，则由该保险公司承担赔偿责任的一种保险形式。目前该险种应用范围已拓展至网贷行业，主要表现为：网贷平台为项目购买履约保险，经保险正式承保的项目，如借款人兑付逾期，保险公司将按照保单约定履行保险责任，投资人的利益将会得到充分保障。

（6）平台质量保障专用款项。根据出借人、借款人以及网贷平台（作为居间人）签订的《借款协议》中的约定，借款人按照经平台撮合借得资金的一定比例向平台交付款项并由平台代为保管，作为质保专款。质保专款对参与质保计划的借款所涉及的出借人进行质保赔付时以质保专款账户的资金总额为限。质保专款是借款人自愿选择、平台代收代付的费用。质保专款用于且仅能用于借款人逾期时对出借人的有限赔付及为出借人利益进行债权追索所发生的合理费用的支付。质保专款存放于商业银行存管账户中，与平台的自有资金保持独立，网贷平台无权将质保专款挪作己用，且质保专款不得用于平台营利的目的。

（三）通过借款的用途来分析标的的安全性

（1）现金贷。一种无场景依托、无指定用途、无客户群体限定、无抵押等小额贷款。这类贷款在满足部分群体正常消费信贷需求方面发挥了一定作用，但过度借贷、重复授信、不当催收、畸高利率、侵犯个人隐私等问题十分突出，存在着较大的金融风险和社会风险隐患。

（2）消费贷款。指专门用于消费者特定消费用途的贷款，目前网贷行业主要介入了电商分期消费和汽车金融。消费贷款的发展前景比较广阔，大额耐用消费品贷款、教育培训贷款、旅游消费贷款等都是网贷行业未来的开拓领域。

（3）供应链金融。平台根据真实贸易和信用水平为上下游企业提供融资支持。这类贷款存在产业链的集中风险，质押货物或企业资产的市场价格波动等风险。

（4）委托贷款。平台发布委托贷款标的，募集的资金委托业务银行向特定对象发放，银行监督使用并协助收回贷款。银行能起到一定的监督作用，但借款人的偿还能力才是最关键的。

（5）银行过桥。一种短期资金的融通，与长期资金相对接，期限以 6 个月为限。这类贷款的主要风险在于银行是否续贷。

（6）票据融资。借款人将银行承兑汇票质押给平台，平台发布借款标的。这类贷款有假票、背书错误、兑付违约等风险。

（7）融资租赁。平台与线下融资租赁公司合作，以拥有物权保障的业务发布借款标的。其风险在于承租人还款压力大、经营风险及设备折旧变现等。

（8）保理。企业将应收账款转让给保理公司，保理公司负责为企业融资，形成保理资产后收益权再通过 P2P 平台向投资者募集资金。这类贷款存在应收账款真实性、违约及重复抵押三大风险。

（四）通过标的的还本付息方式来分析标的的流动性

目前平台产品的还本付息方式主要有：按月付息到期还本、到期还本付息、等额本息还款。

（1）按月付息到期还本。指每个月支付预期利息，到约定的还款日期一次性还清本金。

每月预期利息=（贷款本金×年预期利率×预期投资期限÷360）÷还款月数

到最后一期时，须归还本金和最后一期的预期利息，如下列公式所示：

最后一期还本付息金额=本金+（贷款本金×年预期利率×预期投资期限÷360）÷还款月数

（2）到期还本付息。指在借款期限到达时，一次性向投资人归还本金并支付预期利息。

一次性还本付息公式为

最后一期本息=贷款本金+贷款本金×年预期利率×投资期限÷360

（3）等额本息还款。指在还款期内，定期（通常为每月）偿还同等数额的资金（包括本金和预期利息）。借款人每月还款额中的本金比重逐月递增、预期利息比重逐月递减，投资人每月收到的本金与预期利息之和不变。具体公式为

$$每期还款额=\frac{贷款本金\times年预期利率/12\times(1+年预期利率\div12)^{还款月数}}{(1+年预期利率\div12)^{还款月数}-1}$$

（五）综合评估投资标的的年化收益率

通过标的预期收益率、标的加息情况、平台赠送红包、平台返利情况，综合评估投资标的的年化收益率。

实际年化收益率=标的预期年化收益率+加息券标示的年化收益率

=标的预期年化收益率+使用红包折算的年化收益率

案例分析

计算年化收益率

例 1：标的预期年化收益率 8%，加息券标示年化收益率为 2%，则标的实际年化收益率=10%。

例 2：标的预期年化收益率 8%，平台红包 10 元（使用条件：满 1 000 元，借款期限大于 30 天使用）。

若投资者购买一个月标，则使用红包折算年化收益率=10/1 000×12=12%，实际年化收益率=20%；若投资者购买二个月标，则使用红包折算年化收益率=10/1 000×6=6%，实际年化收益率=14%；若投资者购买十二个月标，则使用红包折算年化收益率=10/1 000=1%，实际年化收益率=9%。

思考：如何准确计算标的的年化收益率？

三、P2P 投资操作流程

（一）投资网贷前期准备

（1）知晓投资人网贷投资的基本义务：

1）向网络借贷信息中介机构提供真实、准确、完整的身份等信息。

2）出借资金为来源合法的自有资金。

3）了解融资项目信贷风险，确认具有相应的风险认知和承受能力。

4）自行承担借贷产生的本息损失。

5）借贷合同及有关协议约定的其他义务。

参与网络借贷的出借人，应当具备投资风险意识、风险识别能力，拥有非保本类金融产品投资的经历并熟悉互联网。

（2）准备投资人的身份证，并将身份证的正反面用扫描仪扫描或数码相机拍照，存为图像文件，最好为 JPEG 格式，文件大小不要超过 512K，如果身份证照片太小，或像素大太或太小，那么在向网贷平台进行身份验证时，可能不会被通过。身份证数码照片要求为彩色照片，可以适当在身份证数码相片上打上一些水印，但如果水印太多就不能看清投资人姓名、家庭住址、身份证号、照片信息等，身份认证也可能不被通过。

（3）准备好投资人的手机，这非常简单，但非常重要。在网贷平台对投资人的手机号码进行认证后，如果投资人要对自己的提现银行账号等重要资料进行修改，须经网贷平台通过认证后的手机号码联系投资人后才能修改。在提现时，有些网贷平台也要通过认证手机输入验证码才能提现，所以最好是准备投资人实名办理的手机卡，不然，万一手机丢失了，不能补办手机卡，提现就麻烦了。

（4）准备一个和投资人同名的银行卡，并开通网上银行，用于网上向网贷平台转账充值。

（5）准备一个电子邮箱，在网贷平台注册时，需要激活电子邮箱，当忘记网贷平台的登录密码和支付密码时，可以通过电子邮箱来找回密码。有些电子邮箱可能不能正确接收网贷平台发来的验证邮件，一般用 QQ 邮箱就可以了。

（二）注册开户、开始网络借贷投资

假设我们是出借人，以在宜人贷网站注册开户为例，说明网络借贷投资操作流程。

1．注册

填写用户名、设置登录密码，如图 3-10 所示。

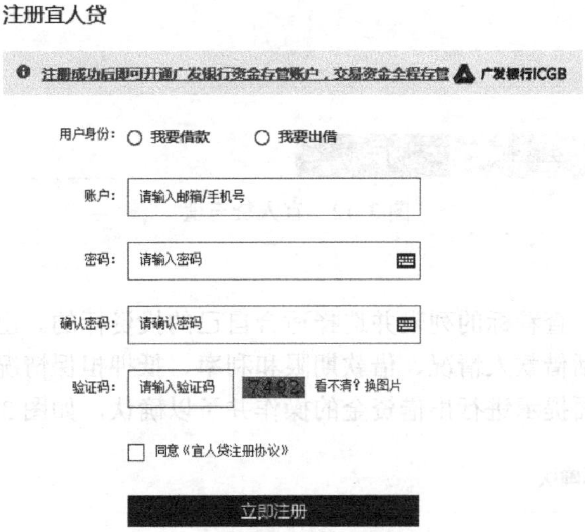

图 3-10　宜人贷注册

2．认证

填写真实姓名、身份证号码，绑定手机和邮箱，如图 3-11 所示。

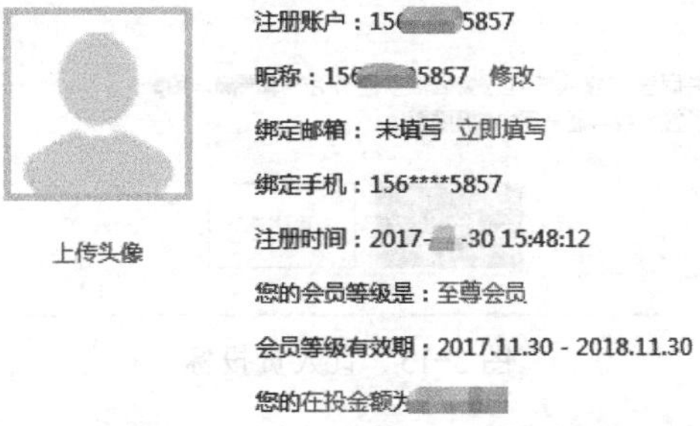

图 3-11　宜人贷认证

3．绑定银行卡

在平台上绑定投资人同名的银行卡。

4．充值

向注册的网贷账户内充值，充值一般有快捷充值和网银充值两种，一般 5 万元以下小额充值可以选择快捷充值，5 万元以上大额充值选择网银充值，如图 3-12 所示。

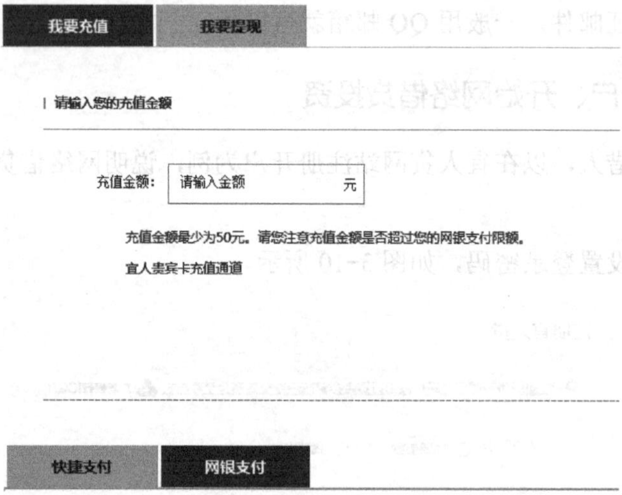

图 3-12　宜人贷充值

5．投标

进入投标页面后，查看标的列表并选择适合自己的投资标的。出借人可以查看每个投资标的具体信息，包括借款人情况、借款期限和利率、抵押担保情况等信息。出借人选中投资标的后，按照页面提示进行出借资金的操作并予以确认，如图 3-13 所示。

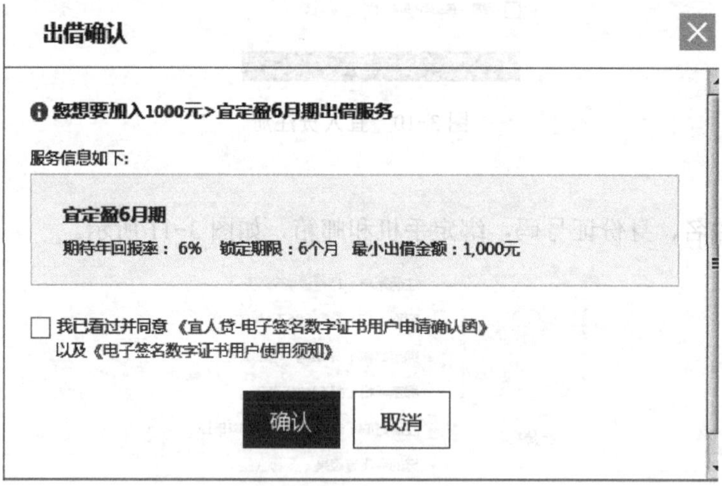

图 3-13　宜人贷投标

完成以上五个步骤后，网络借贷投资即告成功。标的到期时，网络贷款业务系统将自动还本付息，出借人可随时查询。

四、P2P 投资的风险及防范

(一) P2P 投资的主要风险

P2P 网贷是民间借贷的一种形式，具有民间借贷的一般风险因素，如会发生借款人财务恶化不能还贷等情况。由于 P2P 网贷具有网络操作性、跨地域性、平台经营风险以及监管制约等特性，P2P 网贷还存在更多更大的风险。投资者在进行 P2P 网络贷款投资时，主要风险表现为三大类 10 种风险，见表 3-3。

表 3-3　P2P 投资的主要风险及表现

风险种类	风险名称	风险表现
制度风险	法律风险	非法集资、设资金池、自融等
	监管风险	法规缺失、监管滞后等
网贷平台风险	信息安全风险	信息、隐私等资料泄露，非法买卖客户资料等
	道德风险	从业准入门槛低、挪用客户资金、发布虚假标的、洗钱等
	利率风险	市场利率波动、资产荒、融资方利润率下降等
	平台运营风险	实力不足、经营不善、盈利模式设计不合理等
	欺诈风险	圈钱跑路等
借款人风险	洗钱风险	难以掌握出借人的资金来源和借款人的资金使用情况
	信用风险	信用评价体系不健全、缺乏有效贷后管理等
	流动性风险	标的期限错配等

（二）风险防范措施

从监管层面，应完善关于 P2P 网络借贷的法律法规和监管细则，促进 P2P 行业健康发展。应提高 P2P 借贷行业的准入门槛，明确对平台的注册资金和人员的资格要求。要严厉打击 P2P 网络借贷平台犯罪，培育健康活跃的网络借贷市场，增加投资者的信心。

从行业管理层面，须加强行业信息共享，完善征信体系，大力培养高素质技术技能型的互联网金融 P2P 人才。

从 P2P 平台运营层面，P2P 平台要建立合适的风险控制体系，并完善相关的内控制度。P2P 平台应当能够实现运营风险的分散和有效控制，体现收益与成本平衡的原则，通过严谨的交易条款和交易流程防控风险。P2P 平台还应落实客户资金银行存管制度，选择符合条件的银行业金融机构作为资金存管机构对客户资金进行管理和监督，并强化各方风险防控协调。

从借款人和投资人层面，借款人要对自身负担能力及违约风险进行评估，确定合适的借款方式和额度。投资者需强化风险意识和自我权益保护。

第四节　P2P 网络借贷融资实务

上一节内容是从网络借贷的出借端角度分析网络投资行为，本节我们从借款端角度分析 P2P 融资业务，介绍 P2P 融资过程中材料准备、融资申请、信用审核、资金放款、融合管理和风险处置等步骤的实务操作，以全面掌握 P2P 融资业务。㊀

㊀ 本部分参考自：周雷．互联网金融理论与应用[M]．北京：人民邮电出版社，2016：90-117.

一、P2P 融资信息的申报步骤

P2P 融资就是借款人作为资金需求方，通过 P2P 平台与作为资金供给方的出借人对接，实现资金融通的过程。借款人可以在 P2P 平台上自行发布借款信息，包括金额、利息、还款方式和时间，实现自助式借款。出借人根据借款人发布的信息，自行决定借出金额，实现自助式借贷。P2P 平台作为中间方，对借款信息的真实性进行审核。

（一）P2P 融资产品的申报材料要求

借款人在融资前要提交相应的申请材料给 P2P 平台，P2P 平台根据借款人的需求设计出不同类型的融资产品，再发布到 P2P 平台供投资人选择。目前的 P2P 融资产品主要有三类，见表 3-4。

表 3-4　P2P 融资产品类型及其申报材料要求

产品类型	申报材料	具体要求
针对工薪簇的信用借款产品	身份认证材料	身份证、户口簿、住址证明、生活照等
	职业收入认证材料	工作证明、工资流水等
	信用报告认证材料	个人征信报告等
	手机认证材料	手机通话详单等
针对企业主的信用借款产品	身份证明材料	身份证、户口簿、结婚证、住址证明、生活照等
	公司证明材料	企业“四证”、办公地址证明、经营凭证、经营地照片等
	信用报告证明	个人信用报告、企业信用报告等
	收入证明材料	个人账户流水、公司账户流水等
	财力证明材料	房产证明、车产证明、金融资产证明等
抵押类借款产品	身份认证材料	身份证、住址证明等
	收入证明材料	工资证明、个人账户流水等
	抵押物证明材料	车辆登记证或行驶证、房产证或土地证等
	信用报告证明	个人征信报告等

（二）P2P 融资材料的准备

1. P2P 融资材料准备的原则

一般而言，借款人提供的资料越全面、证明材料越多，获得的可借款额度就越大，会降低成交服务费率，同时会获得更高的信用评分等级，更容易以较低的利率赢得投资者的投标。准备材料时，借款人应遵循以下原则：

（1）完整性原则。借款人应尽力将所需材料准备齐全，争取“全件”提出申请，即一次性把要求的资料全部提交上来。

（2）时效性原则。由于借款人信用状况可能随时间变化，借款人应尽可能准备与申请借款时间最近的材料，如最近 30 天内的个人征信报告、最近 3 个月的银行流水账单等。

（3）真实性原则。借款人准备的所有材料都应当确保真实、准确，不能因为其中某项材料较难取得就使用存在瑕疵的材料，因为这样很可能被一票否决。

（4）可核实原则，借款人提交的材料应便于信用审核人员核实，如在工作证明上写明单位人事部门的联系人及电话，快速核实有助于尽早获得借款。

在遵循以上原则的基础上，P2P 借款人应认真准备每一项申请材料，其中个人信用报告和银行流水账单这两项材料尤为关键。

2．获取个人信用报告

为了方便社会公众便捷地获取本人信用信息，进一步拓宽个人征信系统服务渠道，中国人民银行征信中心建设了基于互联网运行的个人信用信息服务平台（以下简称平台）。借款人可通过该平台自行查询并打印，以此作为申请P2P借款的重要材料。具体步骤如图3-14所示。

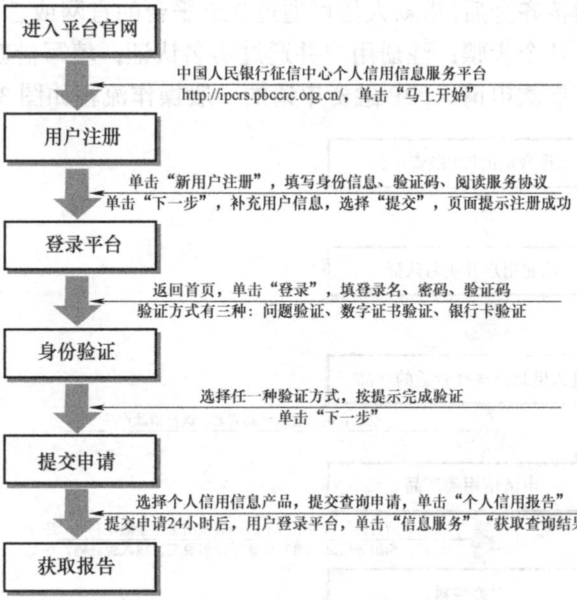

图 3-14　个人信用报告获取流程

（资料来源：根据中国人民银行征信中心个人信用信息服务平台官网归纳整理）

在线获取个人信用报告后，可以导出并以 PDF 格式保存文件，或者打印出来，作为P2P 融资申请的重要材料。

3．打印银行工资账户流水

在准备 P2P 融资申请材料时，除了需要工作和收入证明外，一般还需要提供至少最近3 个月的银行工资卡明细清单或最常用的银行账号的流水清单，以便与收入证明相互印证。

打印工资流水一般有两种方法：一是个人携带本人身份证、银行卡或者存折到所属营业网点柜面申请打印；二是携带银行卡或存折到营业网点自助查询机打印。

4．获取房屋产权调查报告

房屋抵押类借款一般还需要提供房屋产调，即产权调查报告。房屋所有权证上虽然有房屋的权利人、坐落地址、建筑面积等基本信息，但是却不包括该房屋是否存在抵押、查封等权利限制的情况。如果一套房屋存在查封无法交易的情况，光看房屋权利人的产权证原件是不能发现有问题的。

产调一般可以到当地的房地产交易中心获取，携带产权人身份证、房屋地址、查阅费即可办理。完整版的产调含 10 项查阅内容，分别为房屋、土地、异议、房地产抵押、预购房屋及抵押、建设工程抵押、房屋租赁、房地产权利限制、地役权、文件等登记信息。产调页会显示查阅到的登记信息系统中含有以上信息的某些项目，如果该房产无抵押查封等信息，一般产调只有房屋、土地信息 2 页；若有抵押情况，则产调包含房屋、土地、抵押信息 3 页。

（三）P2P 融资申请步骤

在所有申请材料准备齐全后，借款人便可通过 P2P 平台的官网或者 APP 进行借款申请。借款申请一般包含以下几个步骤：注册用户并通过实名认证；填写借款申请，选择借款金额、期限和利率，提交借款申请。P2P 融资申请的一般操作流程如图 3-15 所示。

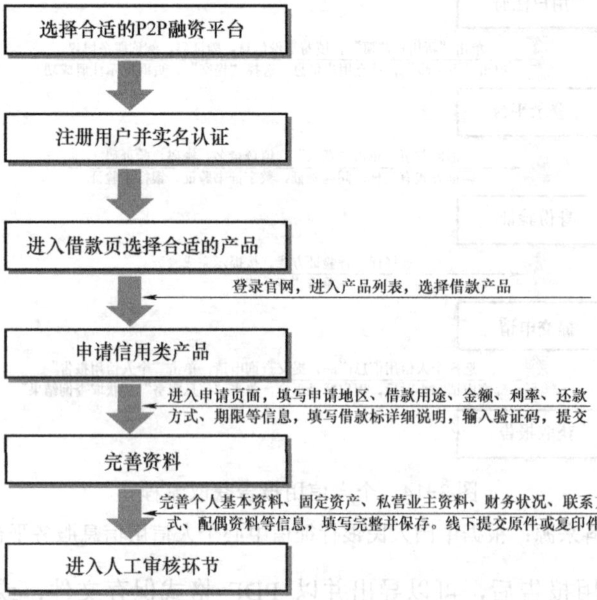

图 3-15　P2P 融资申请的一般流程

二、P2P 融资的信用审核与放款步骤

（一）P2P 融资信用审核的概念及要点

信用审核是指借款发放前放贷主体对申请人基本情况的调查，并对其是否符合借款条件和可发放的借款额度做出初步判断，重点考察融资方的还款能力与还款意愿。信用审核的概念与银行授信贷前调查的概念基本一致，但是 P2P 融资的信用审核有其自身的特点，P2P 平台所服务的大多数是小微企业，其信用审核周期短、流程简便、效率高，贷前调查更注意借款方还款意愿的评估。

还款能力和还款意愿是对借款人信用审核的两大要点。借款人的还款能力是一笔借款能按期偿还的客观因素。以企业主借款客户为例，借款人的还款能力在一定程度上就是企业的还款能力。企业还款能力分析是企业财务分析的重要组成部分，可以通过一些关键的财务指标表现出来，如流动比率、速动比率、营运资本、现金比例、资产负债率、利息保障倍数、销售增长率、总资产增长率、净利润增长率、现金流分析等，通过这些可以量化的指标，我们可以对借款企业的还款能力有一个准确的判断。

还款意愿是相对难以量化的评估指标。一般来说，决定还款意愿的因素主要有借款人人品、违约成本等。评估还款意愿应该注意挖掘借款人基本信息背后蕴藏的信息，包括：借款人的年龄，借款人的教育水平，其他人对借款人的评价，婚姻状况，借款人是否有不良嗜好、不良信用记录和犯罪记录，借款人是否为本地人等信息。

评估借款人的还款意愿，应当结合其还款能力来综合分析。借款人的违约是还款能力和还款意愿综合作用的结果，因此，需要对借款人的信息进行交叉检验和逻辑检验。

交叉检验是通过不同途径确认信息正确性的方法。P2P 融资信用审核交叉检验就是在借款调查前、调查中、调查报告制作和贷后检查管理过程中，通过不同信息来源途径、同一信息来源途径的钩稽关系，对借款人信息进行真实性、准确性、完整性确定的过程。其主要是针对与借款人的还款能力和还款意愿相关的信息和数据进行验证，包括财务信息和反映借款人个人基本特征及企业经营特征的“软信息”等方面的内容。

逻辑检验是针对 P2P 融资信用审核中借款人无正规可信的财务报表的情况下设计的验证工具。对于一个借款人来讲，其各项财务数据之间是相互关联而不是各自独立的。这种关联性就决定了特定数据之间应该有一定的比例关系。这种关联和比例关系就为我们提供了一个验证借款人财务信息是否可靠的非常有用的工具，我们称这种验证为“逻辑检验”。只有经过逻辑验证的财务信息，才能作为财务依据提供给 P2P 融资信用审核贷审会。由此可见，逻辑检验本身是属于交叉检验的一部分，主要侧重于对借款人公司财务状况的检验。

总之，借款人还款能力和还款意愿的评估不能依据单方面的信息，应当通过多种方式和渠道，结合多方面因素分析并通过交叉检验和逻辑检验的方式得出最终的评估结果。

（二）P2P 融资的信用审核步骤

在借款人提交了申请材料之后，P2P 平台的风控人员会进行一系列的信用审核，主要有以下四个步骤：

1. 初步信用审核

初步信用审核的过程首先是将借款人提交的资料进行分类整理，主要分为身份证明类文件、居住财力证明类文件、工作证明类文件、信用证明类文件和其他证明类文件五类。身份证明类文件主要包括借款人的身份证、户口簿等资料。居住财力证明类文件主要包括居住地房产证或租赁合同、居住地公共事业费账单等。工作证明类文件分为工薪族和企业主两大类。工薪族工作证明类文件主要包括劳动合同或公司盖章的工作证明、工资卡明细清单或最常用的银行账号的流水清单等；而企业主工作证明类文件主要包括企业证件、经营地房产证或租赁合同、经营地公共事业费账单、企业对公流水以及借款人个人对私流水、特殊行业许可证、企业信用报告等。信用证明类文件主要是指借款人的个人信用报告以及企业信用报告。其他证明类文件包括借款人个人照片、企业经营环境照片、借款人学历证明以及其他一切有助于审核的材料。

在初步信用审核实务中，P2P 平台信审人员通常会使用“初审工作底稿”记录工作过程和结果，并通过“留痕”的方式为下一步工作打下基础。企业借款人的初步信用审核步骤如图 3-16 所示。

图 3-16　企业借款人初步信用审核步骤

2．借款人网络信息查询与验证

随着互联网的发展，越来越多的信息可以通过相关公示平台进行交叉检验。主要的查询与验证信息分为以下几类：

（1）企业基本信息。企业基本信息的查询网站有国家企业信用信息公示系统（www.gsxt.gov.cn）、全国组织机构统一社会信用代码数据服务中心（www.cods.org.cn）等。

（2）企业税务信息。查询企业税务信息的网站主要是各省市区的国税和地税网站。

（3）法律纠纷信息。法律纠纷信息的查询网站主要有人民法院开庭查询、中国裁判文书网（www.wenshu.court.gov.cn）、全国法院被执行人信息查询系统（www.zhixing.court.gov.cn）、全国法院失信被执行人查询系统（www.shixin.court.gov.cn）等。

（4）第三方征信信息。该类信息的主要查询平台有“网贷之家”黑名单、启信宝、算话征信、同盾网、鹏元征信、宜信致诚征信等，其中大部分为收费性质的网站。此类网站主要是一家或多家互联网金融企业信息共享的平台，整合了企业基本信息、税务信息、法律纠纷信息、小贷申请与逾期信息中部分或全部内容，为借款人信用情况提供评价参考。

3．电话反欺诈核实

在初步信审和网查之后，我们对借款人的基本信息有了初步的了解，同时也发现了疑问点。接下来，通过拨打借款人及其提供的相关联系人的电话，对前期所获得的基本信息进行确认，对疑问点进行复核，即进入电话反欺诈核实程序。

反欺诈的目的主要有以下几点：①核实电话的真实性，方便融后管理。通常借款人在申请时需要提交亲属联系人、单位联系人、紧急联系人的电话，反欺诈首先要确保这些电话的真实性，确认联系人的有效性。②对前期获得的信息进行确认，核实借款人所提供数据的真假，包括资料的真假以及信息的真假。③对前期产生的疑问点进行复核，从借款人和其他联系人多方的回答中交叉检验。④通过各种对话技巧，在电话反欺诈过程中获取更加详细的信息，包括借款人公司的经营模式、运作情况、借款人本人的相关信息，挖掘新的风险点，为实地尽职调查做准备。如遇规避点，可直接结束审核过程。

（1）资料真假的核实。主要有电话真假的核实、租赁合同的核实、个人资产的核实等。对于电话真假的核实，主要采取核身的方法。例如，在给借款人配偶致电的过程中，先确认接听者姓名并简单地进行自我介绍，然后询问接听人与借款人的关系，接听人回答是配偶之后，可让接听人报出借款人的身份证号、年龄、属相、家庭地址、单位地址等相关信息进行身份核实。在身份核实确认后，可进行其他信息的询问。对于租赁合同的核实，主要通过跟借款人提供的多个其他联系人进行交叉检验核实，对于租赁合同中的地址、租金、支付方式、租期等信息进行抽查，同时，若合同中有出租人的电话，可以致电出租人进行核实。对于个人资产核实方面，如房产，可以对照房产证询问借款人房产的购买年份、面积、单价、在银行是否有按揭贷款信息等进行验证。

（2）信息真假的核实。主要有流水的确认、毛利润的确认、员工人数的确认、事业费账单是否异常等。在前期的初步信审中，我们已经获取了借款人的流水信息，在电话反欺诈过程中可以进行典型流水的抽查。同时，若前期获取的流水信息有明显的波动，可以在电话反欺诈的过程中询问借款人流水波动的原因，看其是否是淡旺季造成的。在毛利润确认的过程中，可以询问借款人商品的进货价和出货价分别是多少，对于生产型企业可以进一步询问原材料的价格、加工成本、成品价格等，估算毛利润信息。对于员工人数的确认，可以进一步询问员工岗位的分布、每一个岗位的人员构成，同时与单位联系人的回答做交叉检验。对于事业费账单，可以询问借款人每个月的电费、水费等费用，核实费用的真实性。

4. 实地尽职调查

在前期初步信审与电话反欺诈流程中，所有信息均是通过纸质材料或对话问答的方式呈现的，通过这些渠道获取的信息较为片面，主观性较强。为此，完整的信用审核需要实地尽职调查（简称尽调）环节，即风控人员亲自前往借款企业的经营地，通过与借款人等关联人的直接接触，现场观察企业经营状态，搜集各类经营材料，获取更加全面、真实的信息。实地尽调具有重要意义，通过它能够客观地观察到公司的经营状态，搜集到真实、全面的经营数据；可以搜集到更多非财务信息，如客户的诚信度、家庭责任感等。

在实地调查前，应根据已有的申贷资料及初步信审、电话反欺诈的报告，事先了解客户的经营状况、盈利能力以及主要经营风险，梳理实地调查过程中需要进一步调查和核实的关键信息并制作现场调查提纲。在实地调查前，应通过电话联系客户，确定现场调查的时间及所需调查的地点，同时提示客户还需要准备的材料、需要到场的当事人。

在实地调查的过程中，主要通过"望、闻、问、切"等方式，通过多种渠道获取有用的信息，客观评估借款人的资质，做到尽职调查。

（1）望：观察经营地环境、经营状态、员工工作状态、产品库存等可直接通过肉眼观察得到的信息。

（2）闻：搜集开票系统、购销合同、出入库单、财务报表等各类经营材料或数据，通过各种经营产生的蛛丝马迹分析借款人的经营状况。

（3）问：通过与借款人及其他第三方面对面的沟通，全面了解借款人及企业的各类信息，并通过察言观色、多方询问等手段判断数据的真伪和借款人的诚信度。

（4）切：将望、闻、问得到的信息相互印证、交叉检验，对矛盾点当面进行复核，不弄清事实不罢休。

实地尽调结束后，风控人员要对搜集到的数据进行汇总分析，筛选出真实有效的信息，分析客户的优势与劣势，撰写出完整的实地尽调报告，并给出合理的建议。在撰写实地调查报告的过程中，要秉承真实、全面、有理有据的原则。一份优秀的实地调查报告，应该能全面地反映出借款人及借款企业所有的重要信息，且保证所有的信息都是核实为真的有搜集到相关证明材料的，切忌主观、毫无依据地推测。

在实地尽职调查中，须注意以下事项：

（1）注意谈话技巧。调查一般采用谈话的方式进行，并尽量不要使用书面语，要采用通俗易懂的语言，拉近与被询问者的距离；必须事先将需要提问的问题记住，同时在访谈过程中做好记录，保证调查的全面性。

（2）保证客观性。在访谈过程中，应尽可能从各种经营记录和借款人所陈述的内容中获取信息，不要替借款人回答调查过程中所提的问题，更不能凭空猜测。

（3）注重观察。在调查过程中一定要注意观察细节，包括借款人如何处理业务经营中的一些细节问题，对待客户、雇员、供货商的态度，以及家庭责任感等。这些细节问题在很大程度上反映了一个借款人的经营能力和诚信度。

（4）注意材料的真实性。对于调查了解过程中借款人提供的有关买卖合同、进出货单等经营相关资料要尽可能地做到逐一核实。

（三）审批与放款操作

信用审核的最终环节就是审批与放款。额度的出具主要通过风险模型初判，终审复核。风险模型初判是指通过将前期审核过程中获取的真实有效的资料输入风险模型中，模型会出具一个跟借款人相匹配的额度；终审复核是指终审根据借款人资料，结合风险模型给出最终的审批结论。

审批结论包括：审批退回、审批拒绝和审批通过。对于材料不完整、调查不详细的应审批退回，并要求经办人员进行修改和补充；对不合规的，可否决借款申请，并将借款人申请资料由客户经理退还申请人并做好解释工作；对于符合借款要求的，应就授信额度、是否同意借款、借款金额、利率、信息咨询费、风险保证金、期限、还款方式及担保方式等内容签署明确审批意见，并对审批结果承担审批责任。P2P 审批结论中的信息咨询费是由于行业的独特性产生的特有收费，是由平台进行收取的，是平台的主要盈利渠道。

借款人融资申请审批通过后，通过网络签约，并提交相关银行卡。P2P 平台认证借款人的融资申请标的，将借款标的进行公开发布。投资人对相关标的进行投标，待标的满后，借款人使用相关银行卡进行提现操作，P2P 平台审核后给予放款。

案例分析

宜信宜人贷的“极速模式”

突破传统的个人信用借款流程，无须提交财产收入证明和信用报告，在手机客户端简单输入三项信息，即可 10 分钟快速反馈审核结果，当天放款，这就是宜信宜人贷的极速模式借款。该模式实现了在线秒批借款，可做到 1 分钟授信，10 分钟批贷，批贷额度最高可达 10 万元。“极速模式”的创新特点主要体现在三个方面：

（1）定位信用卡人群，将风险前置。信用卡人群已经通过银行多维度的审核，那么极速模式圈定这部分人群，已经是将风险进行前置。从获客源头上，就进行了优质资产的初步筛选。

（2）大数据风控创新，审核更快更精准。宜信宜人贷极速模式，突破了传统的信用审核流程，创新地通过互联网数据调取和分析，简化了申请流程，提升了审核的效率和精准度。用户通过宜信宜人贷借款 APP 的极速模式申请借款，仅需授权信用卡账单接收邮箱、电商网站、手机运营商三项数据，即可在 10 分钟内快速获知审核结果，真正实现了借款申请电子化、智能化和移动化。

（3）无缝对接 PC 端，实现全流程体验。宜信宜人贷借款 APP 是国内首款能够实现从提交借款申请到放款、还款全流程操作的 P2P 手机客户端，并且能够做到用户信息与 PC 端无缝对接。宜人贷借款 APP 在细节上进行了非常多的优化，在操作流程上甚至比 PC 端更加便捷。例如，需要用户手动输入的信息更少，直接选择的操作更多；此外，用户可以通过 APP 还款，无须开通网银，可以随时随地还款。

思考：基于大数据的 P2P 融资“极速模式”具有哪些特点？

（资料来源：根据网络资料整理）

三、融后风险管理与催收处置

P2P 平台在完成放款后，应结合自身风险管理模式，做好对借款人的融后风险管控。一旦发现逾期等风险隐患，应选择适当的催收方式，及时进行风险处置，尽可能降低风险损失。

（一）融后风险管理

融后风险管理要突出重要风险点，加强融后持续监测。真实、准确、完整的信息，是正确决策的基本依据。P2P 平台放款后，应通过现场和非现场检查的方式对所有可能影响还款的因素进行持续监测，及时发现借款人的潜在风险并发出风险预警。每个借款人所处的行业环境、发展阶段等情况不同，企业自身的经营状况、管理能力等情况也相异，所以 P2P 平台面临的风险种类繁多，需要关注的风险点及应当采取的风险防范措施也各有特色。但是，借款人作为经济主体必然具有一些共性特征。

从借款安全的角度来看，融后应重点监测以下内容：

（1）客户是否按约定用途使用授信，是否诚实、全面履行合同。

（2）授信项目是否正常进行。

（3）客户的法律地位是否发生变化。

（4）客户的财务状况是否发生变化。

（5）授信的偿还情况等。

另外，P2P 融资的关联交易风险也不容忽视，P2P 平台不仅要监控借款人的经营状况、财务状况，而且要关注关联方的情况，一旦借款人因违约被列入“黑名单”，其主要关联方，特别是配偶、直系亲属的借款也应严格控制，以防冒名借款或者资金被挪用。

（二）催收处置

对出现风险的借款，应循序渐进，分类施策，采取适当的催收处置方法化解风险。在对借款人持续监测的过程中如发现客户可能或已经违约，P2P 平台应及时制止并采取补救措施。这些措施可以分为三个不同的层次。第一个层次是督促借款人及时纠正违约行为或者可能影响借款安全的行为。例如，如果企业在一定时期内应收账款非正常性增加，应要求借款人分析原因并加大应收账款的回收力度。第二个层次是调整客户授信。P2P 平台应该与借款人在借款合同中约定一些基本条款，设定借款人企业资产负债率、流动比率等主要财务指标的限值，一旦达到限值标准，平台公司就应采取相应的风险规避措施，如冻结未使用的信用额度、提前收回借款等。第三个层次是对已逾期但还没有完全形成损失的借款采取法律诉讼等保全措施。

具体来看，P2P 平台使用的催收处置方法主要包括以下几种：

（1）电话催收。电话催收是指负责融后管理业务的催收人员利用电话与借款人进行沟通，并结合计算机系统、周边辅助工具与借款人进行协议，以达成债权回收目标的催收方式。电话催收具有以下特点：沟通隐秘，避免人情压力与尴尬；间接接触，保障催收人员的安全；文明沟通，减少指责与抵抗；计算机系统的辅助，方便案情的追踪；周边辅助工具的支持，让催收人员无后顾之忧。

（2）外访催收。外访催收是小额信贷问题贷款管理运作中的外访程序，其原始目的是弥补电话催收作业时无法直接接触债务人的不足。在电话催收未果的案件中，需以合情合法的现场外访加以辅助，以提高电话催收的强度，形成一种立体上的压迫感。外访催收是一种非常直接有效的催收方式，很多 P2P 平台融后管理都会用到，基本上外访的模式都是先由电催人员前期进行电话催收和铺垫，在发现重大风险（如欺诈、死亡、被捕）或客户屡次违反承诺后，会要求外访给予催收协助。

（3）委外催收。委外催收是指将问题案件委托给有相应资质的外包催收公司进行催收。其优势在于能够节省 P2P 平台的人力物力，能够利用外包催收公司的专业性更好地回收欠款；劣势在于委外催收的成本较高。

（4）诉讼催收处置。诉讼催收处置是指通过向法院提起诉讼的方式进行催收处置。诉讼的类型包括民事诉讼和刑事诉讼两种，P2P 风险处置中的诉讼主要是指民事诉讼，只有少数涉嫌诈骗的欠款人，可以通过刑事程序来处理。诉讼催收所针对的欠款人群体主要是有还款能力，但通过常规手段无法让其还款的欠款人。它的特点在于能够利用国家的威严及强制力对欠款人进行威慑和制裁，对于抵押借款还可以强制执行处置借款人的抵押物，从而实现欠款的成功回收。但诉讼处置一般周期较长、成本较高。

P2P 平台在实际融后管理中需要根据风险的具体情况，选择适当的催收方法，以及时化解或处置风险。

P2P 平台自身的操作风险，也可能影响融后管理效果。在实际工作中，很多借款不能及时、完整地收回，其原因并不完全在于借款人一方，还在于平台公司对借款流程及自身的行为缺乏有效的管理和控制，如没有设计人性化的客户还款提醒，没有采取及时、适当的催收方式，与银行存管系统对接的工作人员操作不当等，因此，平台公司应加强对员工的操作风险管控，不断提高融后管理工作的效果与效率。

案例分析

自律公约规范互联网金融催债

2018 年 3 月 28 日，中国互联网金融协会推出《互联网金融逾期债务催收自律公约（试行）》（以下简称《公约》），通过行业自律方式规范互联网金融从业机构催债行为。《公约》对互联网金融从业机构催债行为进行自律约束，对催收不当行为划定底线。《公约》在从业机构内控方面做出了不少要求，包括从业机构应建立催收业务系统，催收记录相关数据要保存 5 年以上，应指定一名高管负责管理催收，还要在官网上披露催收方式等。在约束催收行为方面，《公约》要求只有联系不上债务人时，才可以和事先约定的联系人联系；不得恐吓、威胁、辱骂债务人等；不得频繁给债务人和相关人打电话；现场催收人员不得殴打、伤害债务人及其他人员，不得非法限制债务人及其他人员人身自由，不得非法侵入他人住宅或非法搜查他人身体；现场催收要全程录音录像等。对于市场关注的催收外包较多、缺乏流程管理等问题，《公约》要求从业机构要持续关注催收外包机构的财务状况、业务流程、人员管理等，如果外包机构损害了相关当事人的合法权益，从业机构也要担责。

树立正确风控意识，规范债务催收，是我国互联网金融行业发展的迫切需要。中国互联网金融协会相关负责人表示，“一些机构游走于法律灰色地带，采用围堵、纠缠、欺诈、威胁、恐吓、曝光债务人隐私信息等软暴力，甚至直接用暴力手段进行催收，对行业发展及社会秩序造成了恶劣影响。”“当下一些互联网金融从业机构风控措施不足，甚至可能有故意让债务人产生逾期以收取高额手续费之嫌。”一名业内人士表示，催债自律公约的发布可以督促从业机构增强风险意识，规范不正当债务催收行为，防止人工催收的情绪化问题。

思考：查阅《互联网金融逾期债务催收自律公约（试行）》，分析讨论自律公约实施的重要意义。

本章小结

（1）网络借贷是指个体和个体之间通过互联网平台实现的直接借贷，具有风险性和收益性双高、借贷双方的广泛性、交易方式的灵活性和高效性、广泛运用互联网金融技术几大特点。

（2）网贷行业的“一办法三指引”（《网络借贷信息中介机构业务活动管理暂行办法》《网络借贷信息中介机构备案登记管理指引》《网络借贷资金存管业务指引》《网络借贷信息中介机构业务活动信息披露指引》）出台，标志着我国网络借贷行业开始进入全面规范化发展的阶段。

（3）国内的 P2P 网络借贷平台运营模式主要有：P2P 信息中介模式、P2P 信息信用中介模式、P2P 个人与企业借贷模式、P2P 类金融企业参与模式、P2P 混合模式。P2P 网络借贷信息中介机构是指依法设立，专门从事网络借贷信息中介业务活动的金融信息服务中介公司，其本质是信息中介而非信用中介，因此其不得吸收公众存款、归集资金设立资金池、不得自身为出借人提供任何形式的担保等。

（4）P2P 融资就是借款人作为资金需求方，通过 P2P 平台与作为资金供给方的出借人对接，实现资金融通的过程。借款人可以在 P2P 平台上自行发布借款信息，包括金额、利息、还款方式和时间，实现自助式借款。出借人根据借款人发布的信息，自行决定借出金额，实现自助式借贷。P2P 平台作为中间方，对借款信息的真实性进行审核。

知识自测

一、单选题

1. 网络借贷是个体之间通过互联网平台进行的（　　）。
   A. 直接投资　　B. 直接借贷
   C. 间接投资　　D. 间接借贷
2. 全球第一家 P2P 网贷平台是（　　）。
   A. Zopa　　B. Prosper　　C. Yirendai　　D. Ppdai
3. 有关网络借贷收益和风险描述正确的是（　　）。
   A. 收益高、风险低　　B. 收益和风险双低
   C. 收益低、风险高　　D. 收益和风险双高
4. 网贷机构的本质属性是（　　）。
   A. 信息中介机构　　B. 商业银行
   C. 保险公司　　D. 信托机构
5. （　　）是指出借人对借款人所发布的借款信息进行判断，将资金出借给发标人。
   A. 发标　　B. 投标　　C. 满标　　D. 秒标
6. P2P 网络借贷信息中介机构的本质是（　　）。
   A. 信用中介　　B. 担保机构
   C. 信息中介　　D. 融资机构
7. 网络借贷信息中介机构应当向工商登记注册地的（　　）备案登记。
   A. 证券监督管理部门　　B. 地方金融监管部门
   C. 银行监督管理部门　　D. 工商监督管理部门
8. 借款人准备的所有材料都应当确保真实、准确，不能因为其中某项材料较难取得就使用存在瑕疵的材料，这是 P2P 融资材料准备的（　　）。
   A. 完整性原则　　B. 时效性原则
   C. 可核实原则　　D. 真实性原则
9. 从合规性考虑，选择网贷投资平台时，应选择（　　）。
   A. 银行资金存管　　B. 第三方支付机构资金存管
   C. 银行与第三方支付机构联合存管　　D. 无客户资金存管
10. 网络借贷支持的主要对象是（　　）。
   A. 国有企业　　B. 金融机构
   C. 上市公司　　D. 小微企业和自然人

二、多选题

1. 网贷机构业务开展必须遵循的“三指引”是指（　　）。
   A.《网络借贷信息中介机构备案登记管理指引》
   B.《网络借贷资金存管业务指引》
   C.《网络借贷信息中介机构业务活动信息披露指引》
   D.《网络借贷信息中介机构业务管理指引》
2. 借款标的一般风控措施包括（　　）。
   A. 抵押　　B. 质押
   C. 保证　　D. 履约保证保险
3. 目前一般网贷平台产品还本付息方式有（　　）。
   A. 按月付息到期还本　　B. 到期还本付息
   C. 等额本息还款　　D. 预付利息
4. 对借款人信用审核的两大要点是（　　）
   A. 交叉检验　　B. 还款能力
   C. 逻辑检验　　D. 还款意愿
5. 组成网贷行业“1+3”监管制度体系的文件是指（　　）。
   A.《网络借贷信息中介机构备案登记管理指引》
   B.《网络借贷资金存管业务指引》
   C.《网络借贷信息中介机构业务活动信息披露指引》
   D.《网络借贷信息中介机构业务活动管理暂行办法》

三、判断题

1. 网贷平台本质上是借贷双方的信息中介机构。（　　）
2. 网络借贷是一种间接金融的业务模式。（　　）
3. 网络借贷是指自然人与自然人之间的直接借贷。（　　）
4. 根据合规要求，网贷机构必须到地方金融监管部门取得备案登记后才可以开展业务。（　　）
5. 网贷机构对于投资客户的出借资金必须实行银行存管，对于融资客户的融入资金则没有银行存管的要求。（　　）
6. 履约保证保险或履约保证险（也称履约责任保险）是指保险公司向履约保证保险的受益人（即投资人）承诺，如果投保人（即债务人，这里专指借款人）不按照合同约定或法律的规定履行义务，则由该保险公司承担赔偿责任的一种保险形式。（　　）
7. 网贷机构必须妥善保管出借人与借款人的资料和交易信息，不得删除、篡改，不得非法买卖、泄露出借人与借款人的基本信息和交易信息。（　　）
8. 网贷机构为了业务发展需要，可以为平台融资客户提供担保。（　　）
9. 网络借贷信息中介机构应当根据本机构风险管理能力，控制同一借款人在同一网络借贷信息中介机构平台及不同网络借贷信息中介机构平台的借款余额上限，防范信贷集中风险。（　　）
10. 网络借贷信息中介机构可以向借款用途为投资股票、场外配资、期货合约、结构

化产品及其他衍生品等高风险的融资提供信息中介服务。（ ）

技能实训

1. 实训主题：计算年化收益率。

某平台“双十一”开展促销活动，对理财端客户发放红包100元。红包使用条件是满10000元可以使用，标的期限大于1个月可用。该平台一月标预期年化收益率为5%，三月标的预期年化收益率为6%，请测算投资者使用红包购买一月标和三月标的实际年化收益率。

2. 实训主题：P2P投资模拟操作。

选择一个在网贷之家排名前10位的网贷平台，从开户注册开始，按照P2P投资流程，完成一笔平台新手标的投资。

3. 实训主题：P2P融资模拟操作。

选择网贷平台，按照P2P融资流程，模拟融资操作。

第四章　网络众筹实务

学习目标

知识目标

- 掌握网络众筹的概念及特点、模式类型。
- 掌握网络众筹的风险及监管规则。
- 掌握股权众筹平台的概念及监管要求。
- 熟悉股权众筹平台的运作模式和盈利模式。
- 掌握股权众筹融资的概念及特点。
- 掌握股权众筹投资的概念及特点。

能力目标

- 会辨析网络众筹的不同模式。
- 会分析股权众筹融资的实务操作流程。
- 会分析股权众筹投资的实务操作流程。
- 会分析股权众筹投资的风险防范措施。

案例导读

美微传媒股权众筹事件

2012 年 10 月 5 日，淘宝出现了一家名为“美微会员卡在线直营店”的店铺。该淘宝店的消费者可以在该店铺拍下相应金额的会员卡，但这并不是简简单单的会员卡，购买者不仅可以获得“订阅电子杂志”的权益，还能够拥有美微传媒的原始股份。购卡者手中持有的会员卡即是公司原始的股票。美微传媒希望通过这样的途径来募集基金，投资于即将开始的《EasyMBA》节目的前期制作与策划。

2012 年 10 月，美微传媒进行了一次为期 5 天的网络私募，成功筹资 40 万元。2013 年 1 月 9 日，美微传媒启动第二次网络私募，截至 2 月 5 日，在美微传媒进行的该次两轮募集中，一共有 1 191 名会员参与了认购，总数为 68 万股，总金额人民币 81.6 万元。至此，美微传媒两次一共募集资金约 121 万元。

美微传媒的众筹试水在网络上引起了巨大的争议，很多人认为有非法集资嫌疑，果然还未等交易全部完成，美微的淘宝店铺就于 2 月 5 日被淘宝官方关闭，阿里对外宣称淘宝平台不准许公开募股。证监会约谈了美微传媒负责人，最后宣布该融资行为不合规，但并没有对其进行严厉处罚，在要求其退还部分款项的同时，提出了三点要求，一是不准再这样做，二是保护好现有股东的权益，三是定期汇报经营状况。美微传媒不得不向所有购买凭证的投资者全额退款。时隔近4个月之后，余额宝横空出世，不到半年其规模突破千亿。

思考：网络众筹产生和发展的实践意义。

国务院印发的《"十三五"国家战略性新兴产业发展规划》中三处提到众筹：众筹成为中国制造向中国创造、中国速度向中国质量转变的重要促进模式；众筹成为国家经济转型过程中新经济、新生态的核心组成部分；众筹是"十三五"国家战略性新兴产业发展的重点任务。因此，众筹的地位已提升至国家战略重点的高度。本章分析了网络众筹的基本概念及模式类型、股权众筹平台的基本规则，并分别从融资者和投资者的视角探究股权众筹融资和股权众筹投资的实务操作流程。

第一节　网络众筹概述

网络众筹以其特有的融资快、范围广、门槛低等融资优势获得创业者的追捧，同时也存在较高的风险隐患。本节从网络众筹的概念及特点开始分析，对网络众筹的模式类型进行了详细的分类，对网络众筹的产生与发展历程、风险与监管等问题做了介绍，以帮助读者掌握我国网络众筹的基本情况。

一、网络众筹的概念及特点

（一）网络众筹的概念

众筹，翻译自国外 Crowdfunding 一词，即大众筹资或群众筹资（香港译作"群众集资"，台湾译作"群众募资"），是指用团购+预购的形式，向网友募集项目资金的模式。众筹利用互联网和 SNS 传播的特性，让小企业、艺术家或个人向公众展示他们的创意，争取大家的关注和支持，进而获得所需要的资金援助。

网络众筹是指通过互联网方式发布筹款项目并募集资金。相对于传统的融资方式，众筹更为开放，能否获得资金也不再以项目的商业价值作为唯一标准。只要是网友喜欢的项目，都可以通过众筹方式获得项目启动的第一笔资金，为更多小本经营或创作的人提供了无限的可能。

网络众筹的参与者一般包括：众筹平台、创业者和投资人。网络众筹参与者之间的关系如图 4-1 所示。众筹平台就是一个专业的大众集资网站，创业者将他的想法和设计原型以视频、图片和文字的方式进行展示，假如投资人感觉这个想法很靠谱，就可以把钱投给创业者（交易方式类似淘宝）以换取相应的承诺，有可能是获得创业公司的股份，也有可能是优先获得一台最新生产的特色产品。这种商业模式下任何人都可以成为大众投资者，因为众筹平台的准入门槛很低。对于创业者来说往往最缺乏的就是资金，对于投资人来说好项目可遇而不可求，而众筹平台的出现缓解了双方的尴尬局面，创业者不再需要费尽心机地满世界找风投，设计一份产品介绍放到众筹平台上就是完美的解决方案，只要产品做得有价值，自然会有人来投资。而投资人只需像逛淘宝一样看看网页就能找到不错的投资项目。重要的是，通过众筹平台创业者不仅可以得到项目的启动资金，还可以在量产前测试他们的产品是不是真的被大众接受。即使没有获得投资也不见得是坏事，创业者至少不用再为一款不被认可的产品浪费更多的时间和金钱。

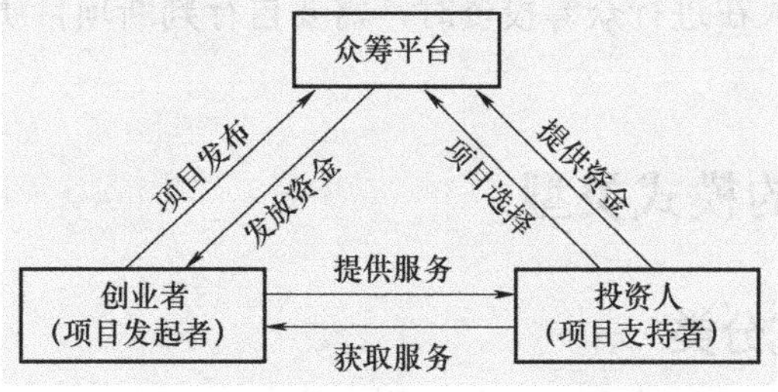

图 4-1　网络众筹参与者之间的关系

（资料来源：浙江大学互联网金融研究院）

（二）网络众筹的特点

与传统融资模式相比，网络众筹作为一种融资模式具有如下特点：

1. 直接性

众筹项目一般由筹资者通过众筹平台发布，投资者在众筹平台看到适合的项目后进行投资，因此，众筹平台通常只作为信息中介连接筹资者和投资者，起到撮合的作用。众筹平台本身并不吸收或发放资金，不向用户提供信用。通过众筹平台的中介作用，筹资者与投资者形成直接对应的关系。

2. 明确性

众筹项目在发布之时，所筹资金的用途已向投资者披露，因此具有目的明确的特征。除此之外，项目在发布时也有明确的筹资周期和筹资金额，若在预定的时间内无法筹得预期的金额，则项目宣告众筹失败，投资人的资金将被退回。

3. 便捷性

相比传统的筹资方式，众筹的大部分流程都在互联网上进行。众筹发起的流程和筹资过程也相对简捷，投资者进行投资的步骤简单、投资方便。

4. 灵活性

众筹项目在发布之时，筹资者除公开资金用途、筹资期限、筹资金额外，也会发布回报的方式与周期。投资者在进行投资时，即被视为同意筹资者提议的回报方式和回报周期。因此，众筹的投资与回报过程可依投融资双方的意愿进行约定，其回报形式、回报内容和回报周期灵活多变。

5. 低门槛

众筹项目的筹资人一般是小微企业、初创企业或个人，投资方一般是普通个人。它对投资双方的门槛要求相比传统融资方式要低。

6．风险性

众筹的灵活、便捷、低门槛这些特征使它具有独特的吸引力，但同时也决定了众筹项目具有较大的不确定性。项目可能因为无法筹措足够的资金而宣告众筹失败、项目搁浅。有些情况下，尽管筹措到足够的资金，项目得以启动，但最后却无法按照约定给予投资人回报。总而言之，投资人在进行众筹投资时，需要自行判断项目质量，也要对众筹项目的风险有正确的认识。

二、网络众筹的模式类型

（一）按回报方式分类

按回报方式分类，网络众筹的模式可以分为产品众筹、公益众筹、股权众筹、债权众筹、收益权众筹和物权众筹。㊀

1．产品众筹

产品众筹是指以产品或服务作为筹资标的并获得回报的一种众筹融资模式。在通常情况下，它由项目发起人将尚处研发过程中的产品或服务的创意发布在众筹平台上，在大众投资者的支持下，完成创意商品化的过程。融资人将还处于研发阶段的项目以及相关服务进行众筹融资，让投资者对该产品进行投资，以获得该产品或服务。产品众筹是一种以实物为回报的众筹模式，在该模式中，出资人扮演了投资者与消费者的双重角色，不仅参与投资并得到产品或服务作为回报，还可以对产品或服务的生产和实施出谋划策。从法律上来讲，筹资人与出资人之间形成的是预售买卖关系。产品众筹不仅能为资金较为缺乏的中小企业开发新产品筹集到资金，而且一些知名企业也可以采用产品众筹来获得资金和增加自身产品的曝光率。产品众筹一方面让消费资金前移，支持从产品研发到生产销售的全部环节，生产出原本可能无法实现的新产品；另一方面可以通过发布项目获得支持的多寡来试探市场反应，获得潜在消费者对于预期产品的市场反馈，从而有效规避商品盲目生产所带来的风险和资源浪费。典型平台代表有：Kickstarter、点名时间、淘梦网等。

2．公益众筹

公益众筹是指公益机构或个人通过互联网众筹平台发起的公益筹款项目，本质上是一种捐赠众筹，对支持人来说没有回报或只有精神性、象征性的回报。公益众筹具有网络捐赠的基本属性，但又并非一般的网络捐赠，其特殊表现如下：①公益众筹平台对发起人的资质通常没有硬性要求，可以是个人、慈善基金、企业等；②公益众筹较适合融资额 100 万元以下的小额筹资项目；③公益众筹涵盖的范围相对较窄，以疾病救助、社会救助和环境保护为主。国内公益众筹主要集中在疾病救助、社会救助和环境保护等方面，涉及疾病救助的众筹平台最多，由于事由紧急，通常会对项目设置固定的筹资期限。社会求助和环境保护类相对灵活，用户可随时对项目进行资金支持。典型平台代表有：

㊀ 参考自：贲圣林，张瑞东，等．互联网金融理论与实务[M]．北京：清华大学出版社，2017：53.

GiveForward、腾讯乐捐、微公益等。

3．股权众筹

股权众筹是指投资者通过出资入股公司，企业以股权为交换筹集资金。在股权众筹模式中，筹资人与投资人设立的商事主体如果是有限公司或股份有限公司，那么筹资人与投资人之间则形成股东与股东法律关系；如果成立的商事主体为合伙企业，筹资人与投资人之间则形成合伙人与合伙人法律关系。从国外的情况来看，2012 年美国发布了《工商初创企业推动法案》（又称 JOBS 法案、乔布斯法案），使得在产品众筹和公益众筹之后，股权众筹的合法化也成为现实。在互联网时代，这种基于互联网渠道而进行的股权众筹融资模式，主要是把融资企业放到众筹平台（网站）上，并按出资多少出让一定比例的股权，实现资金的融通。股权众筹在发挥融资功能的同时，也是“融智”的途径。投资人能够以资金投入为纽带，能为草根创业者进一步提供人脉、资源等社会资本，在创业企业的发展中建言献策，弥补草根创业者在管理经验等方面的不足。典型平台代表有：Crowdcube、Seedrs、天使汇、大家投等。

4．债权众筹

债权众筹是指投资者对项目或公司进行投资，获得其一定比例的债权，未来获取利息收益并收回本金。在国外，通过债权转让等资产证券化方式实现的网络借贷也称为债权众筹，并认为其也属于众筹的一种模式。由于在中国采用债权众筹模式的互联网金融机构主要是 P2P 网络借贷平台，这种业务模式的相关情况已在本书第三章进行了介绍，因此本章不再对这种模式进行单独分析。

5．收益权众筹

收益权众筹是指项目发起人将某一商品、服务，未来销售收益的一定比例作为回报的一种资金筹集方式。从投资角度来说，收益权众筹实际上就是通过投资某个众筹项目，获得该项目一定比例经营收益的一种投资行为。投资者不持有企业的股权，但是享有股份收益。由于不参与企业经营，而只收取投资收益，因此投资人可在项目结束时轻松退出。收益权众筹的投资回报可以有现金收益和现金+实物收益等多种形式。不像产品众筹仅收到实物回报，而收益权众筹回报更偏重于项目经营所产生的分红收益，但是分红+实物收益所得的综合收益，会比普通债权投资更理想。从收益权众筹本质上来说，它是发起人与投资者之间关于收益权让渡的一份契约。对发起人而言，不需稀释股份，因此规避了关于股权众筹的监管。同时，也不是借贷，因此也不需承担还本付息的责任，需要做的只是将一个自己认为有信心吸引市场关注的项目拿到台前，接受众多投资者的审视。对投资者而言，如果对某一项目前景看好，却不满足于传统的实物众筹平台提供的产品或服务作为回报，而是希望拿到实实在在的金钱回报，目前或许只有债权众筹、股权众筹可以考虑。但债权的回报不高，股权众筹即便放开监管，作为小额投资者也面临一系列的现实问题。典型平台代表有：Quirky、TubeStart、AppsFunder、京东众筹、淘宝众筹等。

6．物权众筹

物权众筹是从收益权众筹模式中分离出的新概念。物权众筹是指通过互联网等普惠方式，大众共同筹集资金用于购买实物物权或者物权份额，并通过该实物资产或者资产份额的升值、经营、变现等方法获取利润，具体回报方式包括经营分红、租金分红以及实物资产增值和变现收入等，是一种创新的筹资融物模式。目前，物权众筹平台上发布的产品均为非金融类产品，而是物体类产品。在中国，物权众筹模式的创新基础是《中华人民共和国物权法》等法律法规。物权众筹作为互联网众筹行业的新星，安全性、收益性稳定，流动性大。加上在互联网金融规范化发展的环境下，物权众筹以产权清晰、手续简单、项目资金灵活、资金用途明确等特点成为投资人追捧的对象。目前最火的物权类众筹有房地产众筹、汽车众筹等。典型平台代表有：一米好地、中 e 财富、维 C 理财等。

案例分析

公益众筹促进公益事业发展

据零壹数据统计，截至 2017 年年末国内垂直型公益众筹筹资规模保守估计在 80 亿元以上，2017 年约 30 亿元，2016 年和 2015 年分别约 18 亿元、7 亿元；综合型众筹平台已完成的公益项目历史累计融资规模约为 1 亿～2 亿元。

筹资金额最多的公益众筹平台是腾讯乐捐，据零壹数据统计，截至 2017 年年末，该平台累计完成 35 121 个项目的募集，共筹资 28.86 亿元，相应支持人次达到 2.77 亿；其中 2017 年募集结束的项目共计 16 554 个，相应筹资规模共 14.97 亿元，支持人次 1.31 亿。与腾讯乐捐模式和定位相似的是“蚂蚁金服公益平台”，据其官网数据，截至 2018 年 1 月 16 日，累计捐赠次数 3.85 万次，相应捐赠金额 10.70 亿元。

腾讯乐捐与蚂蚁金服公益平台的共同特点是与公募机构（如中国扶贫基金会、中华少年儿童慈善救助基金会等）进行合作，后者承担项目认证、善款管理等工作，这类公益众筹的优势在于项目可信度较高，但筹资过程相对烦琐，资金运转效率相对较低，与之相反的则是诸如轻松筹、水滴筹等“大病筹款”平台，项目审核流程简单，筹资效率较高。据轻松筹官网披露，截至 2018 年 1 月 16 日，轻松筹累计上线约 242 万个项目，累计支持次数达到 4.54 亿次。另据公开数据，截至 2017 年 11 月底，水滴筹成功为 8 万多名大病患者提供免费筹款服务，累计筹集善款 20 多亿元，单月筹款额超 4 亿元。目前，轻松筹、水滴公司均已赢得多轮注资，前者已融资至 B+轮，获投总额近 1.5 亿元；后者累计获得两轮融资，获投金额约 2.1 亿元；腾讯和 IDG 资本是两家“大病筹款”平台共同的投资机构。

思考：辨析不同类型的众筹模式。

（资料来源：根据网络资料整理）

（二）按面向领域分类

按面向领域分类，网络众筹模式可以分为综合型众筹和垂直型众筹。

1. 综合型众筹

综合型众筹平台是指支持多元化项目的筹资申请、涉及面广泛的网站。例如，Kickstarter 按项目内容可以分为艺术、漫画、工艺、舞蹈、设计、时尚、影视、食物、游戏、新闻、音乐、摄影、出版、科技和戏剧 15 个大类，是一家典型的综合类众筹网站。国内的众筹网、点名时间也是支持各类项目的综合类众筹网站。

2．垂直型众筹

垂直型众筹平台是指支持某一特定领域的项目筹资申请、比较专一、富有行业特色的专业网站。垂直型众筹平台具有专一性的特点，使得平台能够规模化、低成本地细分众筹领域，满足个性化需求并形成独具特色的社区文化和基因，从而让投融资关系更加融洽。垂直型众筹平台可以无限大地体现平台的专业性、权威性，并能定位精准地吸引到特定投资人群反复投资，增加黏性。随着众筹的不断发展，将会有越来越多的垂直型众筹平台出现。例如：Artistshare、Sellaband 主要面向音乐领域；LAOZAO 主要面向时尚设计领域，网站的目标客户是时尚爱好者；Venture Heath、Medsatrt 等专门面向医疗领域；国内的淘梦网主要面向微电影领域。以上这些都是典型的垂直型众筹平台。

（三）按细分领域分类

按细分领域分类，网络众筹模式可以分为科技类众筹、地产众筹、影视众筹、汽车众筹和农业众筹。㊀

1．科技类众筹

科技类众筹是指众筹对象为与科技相关的产品、公司、项目的众筹融资方式，其众筹对象则主要是消费级科技产品，典型的包括 3C/数码类产品、家用电器、智能设备等，本书所指"科技类众筹"是指针对消费级科技领域的互联网众筹。科技类众筹通常表现为产品众筹和股权众筹，前者用于宣传推广、促进销售，通常选择客户流量较大的电商型众筹平台募资；后者主要表现为初创公司融资或是成熟型公司的老股转让，鉴于科技类公司创业成本较大且股权众筹融得资金有限，老股转让方式更加常见。目前，科技类众筹主要表现为产品众筹，京东众筹、淘宝众筹、小米众筹和苏宁众筹是发布此类项目最多的平台。

2．地产众筹

地产众筹是指通过"众筹"方式募集资金，并按合同规定将资金投入生产型地产消费用途，为生产、经营提供活动空间或场地并最终获得经营利润的众筹方式；按照众筹过程中签订合同的不同，投资人可以获得股权、收益权或消费权益等。从表现形式看，地产众筹通常投向酒店、民宿、公寓、联合办公等领域。由于 2016—2017 年相关监管部门禁止了以炒房为目的的地产众筹，地产众筹所募集的资金不再投入房地产投资市场，投资人的利润分配来源于具体项目的经营所得。视回报类型不同，地产众筹可以分为收益权地产众筹、股权回报型地产众筹以及消费型地产众筹，其中筹资金额最大的为收益权地产众筹。目前专注于地产众筹的垂直型平台仅两家，分别是一米好地和多彩投，两家平台均成立于 2014 年 10 月，在资金投向上，一米好地投资人购买的是租赁收益权，多彩投则有消费类、收益权以及股权类项目，产品更加多样。

3．影视众筹

影视众筹是指投资人通过互联网为影视制作全过程募集所需要的资金、人才、剧本、设备等，以达到资助影视项目顺利完成的目的。相关项目主要包括院线电影、台播电视剧、新媒体电影、网络剧等，众筹一般发生在这些影视作品正式放映之前，项目筹备、摄制、后期制作、宣传发行的各个环节都可以发起。典型平台代表有：蓝筹网、原始会、影大人、优酷众筹等。

㊀ 参考自：零壹智库．零壹财经．2017 年中国互联网众筹行业报告．

4．汽车众筹

汽车众筹是指以汽车作为投资标的，通过互联网众筹平台向大众募集资金，用以收购汽车，将其出售或租赁给用户（个人、下级车商、汽车使用公司等）以获取买卖差价或租赁收入，并按约定的方式向投资者和服务方（一般为车商和平台）分配收益的收益权众筹（个别情况下，投资人直接购买汽车自己使用）。汽车众筹是筹资规模最大的细分众筹业态，也是较具争议性的一种业务模式。汽车众筹为投资人创造了较高的投资收益，但相应地，借款人融资成本亦相对较高。汽车众筹当前的主要问题有四个：①投资风险高，严重影响资金来源；②借款人主要集中在中小型二手车商，融资风险难以把控；③二手车电商以及新车租赁的快速发展可能影响众筹车辆的二次销售；④这类定位不明的融资平台如何适应互联网金融监管。典型平台代表有：维C理财、融车网、中e财富等。

5．农业众筹

农业众筹是指通过互联网众筹平台为农业筹集生产、加工、销售等资料的活动；本文中的农业为广义上的概念，包括种植业、林业、畜牧业、渔业、副业等产业形式。点筹网作为唯一的垂直型农业类众筹平台，截至2017年年末，仅点筹网一家垂直型众筹平台仍在正常运营。除点筹网之外，农业众筹筹资额主要集中在淘宝众筹、苏宁众筹和开始吧等综合型众筹平台。随着“互联网+三农”理念的不断推进，农业众筹的发展前景向好。虽然农业众筹需求旺盛且需求特点各式各样，但当前的供给端远远不能与之匹配，尤其是众筹这种发展远未成熟的业务形态。我国农业众筹从2014年发展至今，主要表现为三种模式：收益权型（回报为土地使用权、农企股权、收益权等）、农产品众筹以及捐赠型农业众筹，目前国内市场中常见的仍是农产品众筹。

三、众筹的产生与发展历程

（一）众筹的产生

“众筹”这一概念随着互联网的发展而出现在大众眼中，并随即掀起一股互联网投资风潮，然而追溯历史，这一方式其实古已有之。早在18世纪，一种被称作“订购”（Subscription）的支持文艺作品创作的方式可谓是众筹的雏形了。当时的许多艺术家如莫扎特、贝多芬等都曾用这种方式筹集资金维持艺术创作。他们得到来自订购者们的资金用以维持生活、创作作品。当作品完成后，订购者可以获得艺术家亲笔签名的书、画作或者乐谱，抑或可以成为画作的首批欣赏者、音乐会的首批听众。历史上最早、最具影响力的众筹项目是1885年的自由女神像安置众筹项目。

最初的众筹形式主要是热心人士和粉丝们表达他们的支持之心的一种方式，主要目的并不是获得财务回报。而众筹成为一种商业模式，并在全球范围内开始兴起，则是21世纪的事了。2009年，Kickstarter在美国成立，这也是现今最典型的众筹网站。截至2018年3月，Kickstarter已成功为超过14万个众筹项目筹得资金，筹资总额达到35.65亿美元。随后，伴随着股权式众筹、借贷式众筹的相关法律法规在很多国家和地区陆续出台，众筹在海外呈现爆发式的发展局面。2012年，美国公布的《JOBS法案》中允许企业通过众筹的方式来募集资本，使企业和创业团体能够更自由地传递融资需求，以应对后金融危机时代脆弱的经济复苏形式、企业融资难和资本短缺的困境。由于众筹允许任何人为商业创新、生意机会或公益事业提供资金，它有效地将更广泛的人群囊括到创业、创新中来，为社会发展注入活力。同时，它为企业筹措资金提供了一个崭新的方式和渠道。

（二）我国网络众筹的发展历程

1. 我国网络众筹的发展

2011 年，我国首家众筹平台“点名时间”的成立被认为是众筹行业在中国发展的开端。在这一平台上，包括《十万个冷笑话》《大鱼海棠》等本土原创动漫的众筹项目先后顺利完成，引发了社会公众的广泛关注。随后，本土的众筹平台不断涌现。2011 年 9 月，专注于年轻人群体的“追梦网”在上海上线运营。2012 年 3 月，另一家专注于影视作品项目的众筹网站“淘梦网”顺利上线。2013 年 12 月，淘宝网旗下的众筹平台“淘星愿”正式成立（最终改名为“淘宝众筹”）。目前，除淘宝外，京东、苏宁等互联网电商巨头纷纷布局众筹行业。

我国众筹行业经过萌芽期（2011—2013 年）、崛起期（2014—2015 年）这两个阶段后，于 2016 年迎来行业前所未有的洗牌期。2016 年众筹平台数量达到了高峰，原因有二：①延续 2015 年高峰期巨头涌入的态势，互联网巨头跨界布局众筹业务成为标配；②汽车众筹的突然爆发，宛如打了一剂强心针。但随着行业洗牌加剧，部分平台转型或退场，2017 年众筹平台数量逐渐回落，我们称这个阶段市场处于规范期。

2. 我国网络众筹的现状

经对互联网等公开渠道的不完全统计信息整理，截至 2017 年 12 月底，全国众筹平台共有 280 家[㊀]，同比 2016 年全国众筹平台数量减少约 33%，基本与 2015 年持平，如图 4-2 所示。

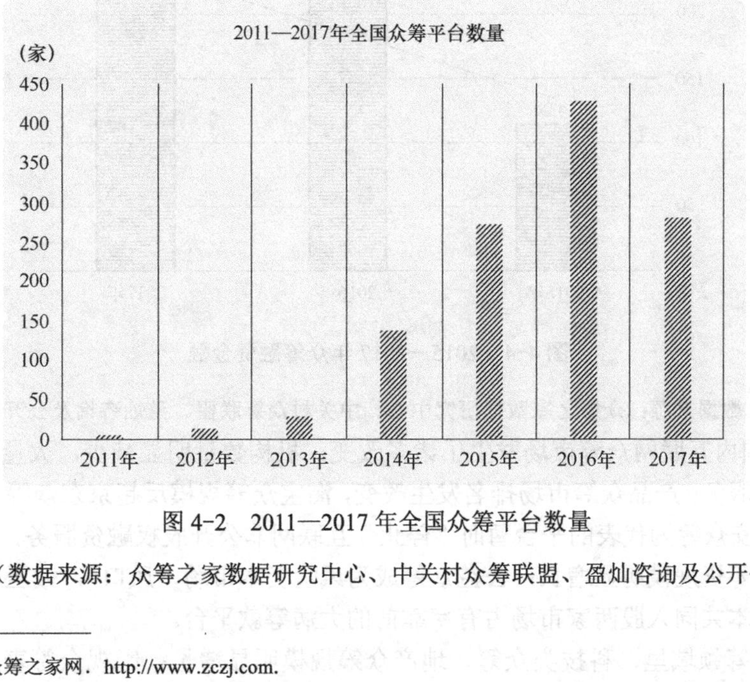

图 4-2　2011—2017 年全国众筹平台数量

（数据来源：众筹之家数据研究中心、中关村众筹联盟、盈灿咨询及公开信息整理）

㊀ 参考自：众筹之家网．http://www.zczj.com.

据不完全统计，2017年新增众筹平台25家，同比2016年下降约83%；倒闭平台180家，同比2016年下降约13%；转型或下架平台20家，同比2016年下降约78%，如图4-3所示。

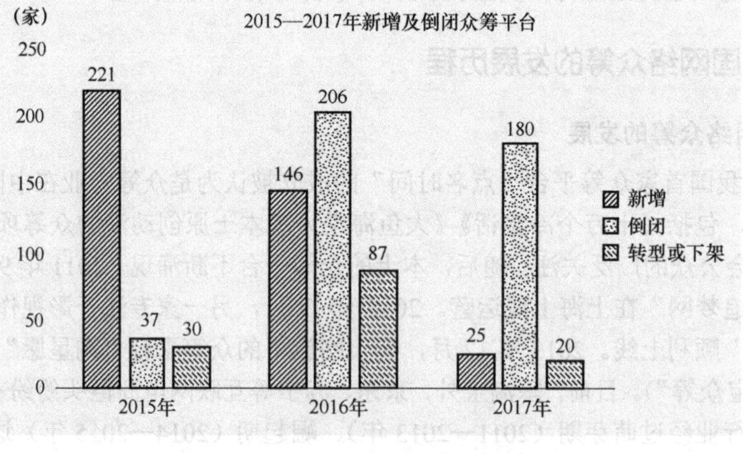

图4-3　2015—2017年新增及倒闭众筹平台

（数据来源：众筹之家数据研究中心、中关村众筹联盟、盈灿咨询及公开信息整理）

据不完全统计，2017年，全国众筹行业融资金额达到215.78亿元，同比2016年约下降5%，跌幅较小，如图4-4所示。

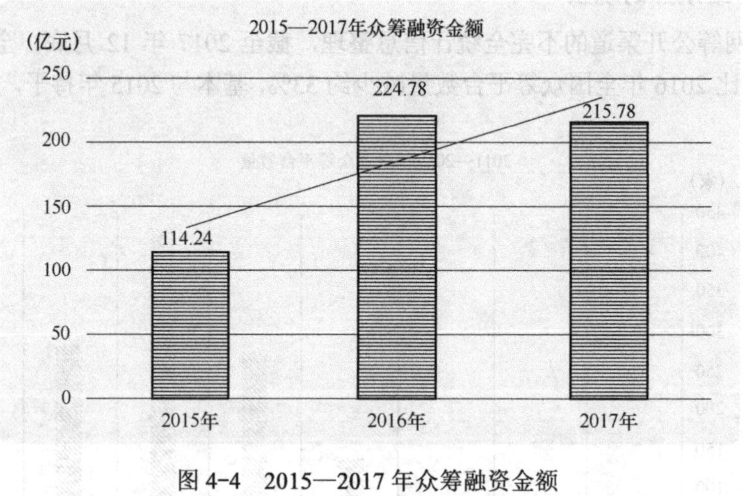

图4-4　2015—2017年众筹融资金额

（数据来源：众筹之家数据研究中心、中关村众筹联盟、盈灿咨询及公开信息整理）

2017年国内互联网众筹市场发生了诸多改变：机构数量明显减少，大量平台暂时或永久性关闭线上服务；产品众筹市场排名发生改变，淘宝众筹规模反超京东众筹；以京东东家、蚂蚁达客、平安众筹为代表的平台暂时“停止”互联网非公开股权融资服务，投资门槛较低的收益权众筹筹资规模明显增长；公益众筹成为风险资本市场“风口”，截至2017年年末，腾讯、IDG资本共同入股两家市场占有率靠前的大病筹款平台。

在细分众筹领域里，科技类众筹、地产众筹规模明显增长；影视众筹表现惨淡，大部分垂直型众筹平台已向影视宣发和线下投资转型；汽车众筹在喧嚣之后开始降温，筹资规模大幅下降，市场集中度提高；农业众筹规模小幅增长，市场格局没有明显改变。

3. 行业趋势展望㊀

市场变化一日千里，但众筹监管稍显迟缓。2017年相关部门并未针对互联网众筹发布具体监管文件；自2016年4月开始的全国性互联网金融风险专项整治虽然仍在持续，但股权众筹的整治进度要明显慢于P2P网贷、现金贷等领域，这跟众筹规模小、涉众性不广有较大关联。虽然国务院及各部委在多份文件中提出建立多层次资本市场并鼓励众筹融资，但还未有文件能够使众筹监管落地。

2018年众筹监管可能将明朗化。2018年6月，互联网金融风险专项整治迎来验收阶段；互联网非公开股权融资监管细则有望正式出台；证券化修订过程中可能将补充股权众筹相关条文等。监管环境的改变将直接影响市场主体的参与度，进而影响互联网非公开股权融资规模，京东东家、蚂蚁达客、平安众筹等平台是否能够重启股权众筹，要看监管政策是否落地。产品众筹市场大概率下将稳步增长；诸如收益权众筹、公益众筹的筹资规模仍将快速增长。

四、网络众筹的风险与监管

（一）网络众筹的风险

1. 法律风险

众筹平台的法律风险主要体现在外部的法律、法规发生变化或者由于平台未按照法律规定或合同约定行使权利、履行义务，而对平台造成的负面法律后果。众筹的法律风险主要集中在股权模式中。具体而言，众筹平台主要面临以下几条法律“红线”：

（1）非法吸收公众存款风险。非法吸收公众存款是指非法吸收公众存款或者变相吸收公众存款，扰乱金融秩序的行为。非法吸收公众存款有非法性、公开性、利诱性和社会性四个基本特征，即未经有关部门依法批准或者借用合法经营的形式吸收资金；通过媒体、推介会、传单、手机短信等途径向社会公开宣传；承诺在一定期限内以货币、实物、股权等方式还本付息或者给付回报向社会公众，即向社会不特定对象吸收资金。

（2）集资诈骗风险。集资诈骗是指以非法占有为目的，使用诈骗方法非法集资，数额较大的行为。集资诈骗罪定性的核心在于以非法占有为目的。

（3）擅自发行股票，公司、企业债券风险。擅自发行股票，公司、企业债券是指未经国家有关主管部门批准，擅自发行股票或者公司、企业债券的行为。根据《中华人民共和国公司法》（以下简称公司法）的规定，有限责任公司的股东不得超过50人，股份有限公司的股东不得超过200人，《证券法》亦有类似规定。但众筹模式的特性决定了一个项目可能会有数百甚至更多的投资人，极易突破股东人数的限制，同时这些投资人分布各地互不熟悉，极易被认定为“不特定的对象”。

㊀ 参考自：零壹智库．零壹财经．2017年中国互联网众筹行业报告．

国内一些众筹平台就因涉嫌踏入“雷池”引起了广泛争议。为规避政策风险，一些平台采取了以有限合伙公司形式入股项目的做法：最低跟投门槛为融资额度的2.5%，参与项目集资人数不超过40人；所设立公司采用有限合伙制，不采用协议代持；不做高额利润承诺；设立第三方资金托管账户，投资款项分期到位，不会产生资金沉淀。然而，许多法律界人士认为，这些做法钻了法律的空子，把投资者置身于巨大的风险当中，仍有“非法吸收公众存款”的嫌疑。

2．平台道德风险

众筹平台的道德风险主要体现在平台资金托管模式中。在实际操作中，项目参与者将资金拨付到众筹平台的账户中，再将资金打到成功募集的项目上，众筹平台实质上在其中担当了支付中介的角色。整个资金流转过程并没有资金托管部门，也未受到监管机构的监督。也就是说，众筹平台完全在靠着自己的信用经营着如此庞大的资金量。那么，一旦众筹平台出现跑路的情况，投资者的出资将难以追回。此外，从项目开始到结束的一段时间内，被托管的资金是会产生收益的，而资金在托管期间所产生的收益应该如何分配也尚无法律做出明确规定。诸多投资者因为以上问题对众筹平台持怀疑和观望态度。中国众筹行业还存在平台跑路和监管缺失等风险，平台质量也良莠不齐，存在严重的信息不透明现象。

3．众筹项目失败风险

很多众筹发起者不具备系统的财务知识，也没有专门的财务团队来管理众筹资金，当面临巨款，特别是夹杂着超额募集等非常规状况时，往往无法妥善处置，继而引发一系列连锁反应。美国德累斯顿玩偶乐队主唱阿曼达在2012年通过众筹平台从24 883名粉丝那里募集到210万美元。按照项目说明，这些钱将被用于新专辑和宣传画册的设计和制造，没想到却在随后招致舆论非议，并最终在美国音乐界引起了轩然大波。该事件迅速发酵，网上的指责和质疑此起彼伏。质疑主要聚焦于两个方面，一方面是其财务管理能力，另一方面则是他的个人品行。最后，阿曼达不得不在自己博客上发布声明，对资金用途、财务管理等方面做出进一步详细的说明，并向公众保证超募的部分将用于设立一只音乐基金，支持原创音乐发展。尽管如此，阿曼达的公众形象仍然遭受沉重打击。因此，众筹是一把双刃剑，在提供前所未有的融资便利的同时，也带来了令人始料未及的新麻烦，所以众筹发起者需要认真思考自己的定位，慎重行使自己的权利。

4．知识产权风险

项目发起者为了获得众筹资金，必须将融资项目和融资方案、融资计划书等融资信息放在众筹平台上。项目在众筹平台展出后，很容易被不法分子直接按照众筹项目方案进行模仿和实施。当众筹网站上展示的项目创意被他人剽窃时，项目发起者的项目创意和知识产权必然受到侵害，这也引发了对众筹知识产权保护方面的隐忧。2013年8月，一家公司在众筹网站上了发布了一款名为手机智能按键的众筹项目，并成功筹得足够资金。可是，还未等该产品正式发布，其竞争对手就抢先推出了高度相似的仿冒品，并迅速占领了市场。目前，《中华人民共和国著作权法》仅对商业策划书、产品设计图稿、技术改进方案、影视节目策划书等作品本身进行保护，而盗用上述作品后并付诸实施的行为却没有得到相关法律的约束。因此，遭遇类似的侵权行为还面临着维权难的问题。

5. 虚假宣传风险

由于项目支持者主要通过众筹宣传页面对项目进行了解，项目页面上的创业者特质信息、项目特征信息等是项目支持者投资决策的主要依据，主要包括创业者的教育背景、工作经历、发起项目经历和创业团队规划等。中国众筹行业还处在发展的初级阶段，对于项目的发布介绍还没有一个标准的审查机制，这造成了项目的宣传介绍中存在“弄虚作假”的空间。为争取更高的项目估值和更广泛的公众支持，一些项目发起人将项目宣传得看起来规模宏大、技术先进、理念超前、模式创新，但项目的实际运作却与宣传效果存在巨大差距。比如，京东众筹上的某无人机项目在宣传视频和图片中声称可以手机遥控、GPS 精确定位、跟拍、捕捉笑脸、超长续航、P2P 实时视频、红外感应器测量障碍等。这一项目在京东众筹和 Indiegogo 上均超额完成融资目标。但这款备受关注的无人机在发货之后却遭到众筹支持者一致指责，用户发现产品在很多细节上均涉及虚假宣传，功能大打折扣，同时也存在较为严重的质量问题。这也说明，众筹推广中存在着用虚假宣传对项目进行过度包装的情况。

（二）网络众筹的监管

自 2014 年年底首个专门针对股权众筹的文件发布至今，监管密集程度不断加深，众筹行业逐渐由积极鼓励转向合规与发展并重。在此过程中，股权众筹的定义得到厘清，确立了诸如“不得发布虚假标的”“不得自筹”“不得‘明股实债’或变相乱集资”等禁止事项。但截至 2017 年年末，监管部门尚未对股权众筹做出具体规范，股权众筹过程中关于众筹的地位、资金支付、操作规范等均未落实，在监管未落地的情况下，开展股权众筹仍然具有一定的政策风险。

近年来网络众筹主要监管文件见表 4-1。从近年来各部委、行业自律组织下发的意见或相关表态中可知，规范发展仍然是主旋律。

表 4-1 网络众筹主要相关监管文件

发文机构	发布时间	相关文件	涉及众筹的内容
中国证券业协会	2014 年 12 月	《私募股权众筹融资管理办法（试行）（征求意见稿）》	对股权众筹融资的性质，投资者、融资者、投资者保护，自律管理等内容进行了规定
央行等十部委	2015 年 7 月	《关于促进互联网金融健康发展的指导意见》	首次明确界定股权众筹融资主要是指通过互联网形式进行公开小额股权融资的活动，指出股权众筹融资必须通过股权众筹融资中介机构平台进行
证监会	2015 年 8 月	《关于对通过互联网开展股权融资活动的机构进行专项检查的通知》	认为股权众筹具有“公开、小额、大众”的特征，涉及社会公众利益和国家金融安全，必须依法监管。未经证监会批准，任何单位和个人不得开展股权众筹融资活动。同时，该通知还明确了一些机构开展的冠以“股权众筹”名义的活动，是通过互联网形式进行的非公开股权融资或私募股权投资基金募集行为，不属于股权众筹融资范围。上述业务需要在《公司法》《证券法》《证券投资基金法》《私募投资基金监督管理暂行办法》等现有法律框架下经营
中国证券业协会	2015 年 8 月	关于调整《场外证券市场业务备案管理办法》个别条款的通知	将“私募股权众筹”修改为“互联网非公开股权融资”。除了阿里巴巴、京东和平安取得股权众筹试点资质外，其他大部分的互联网股权融资平台的业务将被归属于“互联网非公开股权融资”的范畴

（续）

发文机构	发布时间	相关文件	涉及众筹的内容
证监会	2016年10月	《股权众筹风险专项整治工作实施方案》	确定股权众筹的整治重点和禁止事项 整治重点包括：互联网股权融资平台（以下简称平台）以“股权众筹”等名义从事股权融资业务、募集私募股权投资基金；融资者未经批准，擅自公开或者变相公开发行股票；平台通过虚构或夸大平台实力、融资项目信息和回报等方法，进行虚假宣传，误导投资者；平台上的融资者欺诈发行股票等金融产品；平台及其工作人员挪用或占用投资者资金；平台和房地产开发企业、房地产中介机构以“股权众筹”名义从事非法集资活动；证券公司、基金公司和期货公司等持牌金融机构与互联网企业合作，违法违规开展业务 禁止事项包括：擅自公开发行股票；变相公开发行股票；非法开展私募基金管理业务；非法经营证券业务；对金融产品和业务进行虚假违法广告宣传；挪用或占用投资者资金
工信部	2017年1月24日	《关于进一步推进中小企业信息化的指导意见》	要求探索如何利用互联网金融缓解中小企业融资难题，推动互联网金融应用，发挥网络借贷和股权众筹高效便捷、对象广泛的优势，满足小微企业小额、快速融资需求
国务院	2017年7月21日	《强化实施创新驱动发展战略进一步推进大众创业万众创新深入发展的意见》	支持互联网金融发展，引导和鼓励众筹融资平台规范发展，开展公开、小额股权众筹融资试点，加强风险控制和规范管理

（资料来源：零壹财经）

第二节　股权众筹融资实务

从上节内容可知，股权众筹行业正处于规范发展阶段。为拓展中小微企业直接融资渠道，促进创新创业和互联网金融健康发展，提升资本市场服务实体经济的能力，保护投资者合法权益，防范金融风险，2014 年 12 月，中国证券业协会起草发布了《私募股权众筹融资管理办法（试行）（征求意见稿）》（以下简称《管理办法》），对我国股权众筹行业做了研究和规范。本节依据《管理办法》及相关规定，来探讨股权众筹平台、股权众筹融资的实务内容，在第三节探讨股权众筹投资的实务内容。

一、股权众筹平台及其模式

（一）股权众筹平台概述

1. 股权众筹平台的概念

股权众筹平台（以下简称平台），即《管理办法》提出的股权众筹融资互联网平台的简称，后又修改称为“互联网股权融资平台”，是指通过互联网平台（互联网网站或其他类似的电子媒介）为股权众筹投资双方提供信息发布、需求对接、协助资金划转等相关服务的中介机构。在股权众筹平台的经营业务范围方面，为避免风险跨行业外溢，《管理办法》规定股权众筹平台不得兼营个人网络借贷（即 P2P 网络借贷）或网络小额贷款业务。

2015 年 8 月，中国证监会发布的《关于对通过互联网开展股权融资活动的机构进行专项检查的通知》中指出，未经国务院证券监督管理机构批准，任何单位和个人不得开展股权众筹融资活动。一些市场机构开展的冠以“股权众筹”名义的活动，是通过互联网形式进行的非公开股权融资或私募股权投资基金募集行为，不属于《指导意见》规定的股权众筹融资范围。

2. 平台的备案登记与准入制度

《管理办法》中规定，平台应当在证券业协会备案登记，并申请成为证券业协会会员。证券业协会为股权众筹平台办理备案登记不构成对股权众筹平台内控水平、持续合规情况的认可，不作为对客户资金安全的保证。

平台应当具备下列条件：①在中华人民共和国境内依法设立的公司或合伙企业；②净资产不低于500万元人民币；③有与开展私募股权众筹融资相适应的专业人员，具有3年以上金融或者信息技术行业从业经历的高级管理人员不少于2人；④有合法的互联网平台及其他技术设施；⑤有完善的业务管理制度；⑥证券业协会规定的其他条件。

平台应当履行下列职责：①勤勉尽责，督促投融资双方依法合规开展众筹融资活动、履行约定义务；②对投融资双方进行实名认证，对用户信息的真实性进行必要审核；③对融资项目的合法性进行必要审核；④采取措施防范欺诈行为，发现欺诈行为或其他损害投资者利益的情形，及时公告并终止相关众筹活动；⑤对募集期资金设立专户管理，证券业协会另有规定的，从其规定；⑥对投融资双方的信息、融资记录及投资者适当性管理等信息及其他相关资料进行妥善保管，保管期限不得少于10年；⑦持续开展众筹融资知识普及和风险教育活动，并与投资者签订投资风险揭示书，确保投资者充分知悉投资风险；⑧按照证券业协会的要求报送股权众筹融资业务信息；⑨保守商业秘密和客户隐私，非因法定原因不得泄露融资者和投资者相关信息；⑩配合相关部门开展反洗钱工作；⑪证券业协会规定的其他职责。

平台不得有下列行为：①通过本机构互联网平台为自身或关联方融资；②对众筹项目提供对外担保或进行股权代持；③提供股权或其他形式的有价证券的转让服务；④利用平台自身优势获取投资机会或误导投资者；⑤向非实名注册用户宣传或推介融资项目；⑥从事证券承销、投资顾问、资产管理等证券经营机构业务，具有相关业务资格的证券经营机构除外；⑦兼营个体网络借贷（即P2P网络借贷）或网络小额贷款业务；⑧采用恶意诋毁、贬损同行等不正当竞争手段；⑨法律法规和证券业协会规定禁止的其他行为。

3. 融资者与投资者的要求

《管理办法》规定，融资者和投资者应当为股权众筹平台核实的实名注册用户。融资者应当为中小微企业或其发起人，并履行下列职责：①向股权众筹平台提供真实、准确和完整的用户信息；②保证融资项目真实、合法；③发布真实、准确的融资信息；④按约定向投资者如实报告影响或可能影响投资者权益的重大信息；⑤证券业协会规定和融资协议约定的其他职责。

融资者不得公开或采用变相公开方式发行证券，不得向不特定对象发行证券。融资完成后，融资者或融资者发起设立的融资企业的股东人数累计不得超过200人。法律法规另有规定的，从其规定。

融资者不得有下列行为：①欺诈发行；②向投资者承诺投资本金不受损失或者承诺最低收益；③同一时间通过两个或两个以上的股权众筹平台就同一融资项目进行融资，在股权众筹平台以外的公开场所发布融资信息；④法律法规和证券业协会规定禁止的其他行为。

私募股权众筹融资的投资者是指符合下列条件之一的单位或个人：①《私募投资基金监督管理暂行办法》规定的合格投资者；②投资单个融资项目的最低金额不低于100万元人民币的单位或个人；③社会保障基金、企业年金等养老基金，慈善基金等社会公益基金，以及依法设立并在中国证券投资基金业协会备案的投资计划；④净资产不低于1 000万元的单位；⑤金融资产不低于300万元人民币或最近三年个人年均收入不低于50万元人民币的个人，上述个人除能提供相关财产、收入证明外，还应当能辨识、判断和承担相应投资风险；⑥证券业协会规定的其他投资者。

投资者应当履行下列职责：①向股权众筹平台提供真实、准确和完整的身份信息，财产、收入证明等信息；②保证投资资金来源合法；③主动了解众筹项目投资风险，并确认其具有相应的风险认知和承受能力；④自行承担可能产生的投资损失；⑤证券业协会规定和融资协议约定的其他职责。

（二）股权众筹平台的运作模式

针对不同的企业发展阶段、企业类型以及融资需求，股权众筹平台可分为三种运作模式：凭证式众筹、会籍式众筹、天使式众筹。下面我们将三种模式进行比较，见表4-2。

表4-2　三种股权众筹平台运作模式的比较表

对比项目	凭证式众筹	会籍式众筹	天使式众筹
典型案例	美微传媒	3W咖啡	耳目网
单次投资最低额度	120万元人民币	6万元人民币	项目融资额度2.5%，一般为2万～31万元人民币
单个项目投资人数量	较多，可超过1 000人	中等，200人左右	偏少，不超过40人
投资人身份门槛	没有限制	社交圈或相同的经历、教育背景等	领投人要求有投资经验和能力，跟投人年收入需在20万元人民币以上，审核严格
投资人投资动机	纯投资为主，小额，门槛较低，财务回报目的并不明确	投资人以股东身份进入行业圈子为主要目的，不单纯以财务回报等为目的	既有项目支持目的，也有获得财务回报的目的
投资人持股方式	协议代持	协议代持	投资人先成立有限合伙企业，再以有限合伙企业入股项目公司
投资人退出机制	公司溢价20%回购	目前尚未明确退出机制，未来可开放会籍买卖	上市、并购、出售老股、管理层回购等
适合的创业者背景	草根创业者	小圈子内的"领袖"	有一定感召力的普通创业者
投资人对投资款监管	投资款一次性到账，且无监管	投资款一次性到账，监管机制不完善	投资款分批到账、第三方银行监管
投前决策	项目资料简单，缺少尽职调查、估值议价等流程	项目资料简单，无尽职调查，更多看重创业者的个人魅力和社交圈子	领投人负责项目分析、尽职调查、估值议价；跟投人对照项目资料可约谈创业者
投后管理	投资者可参与股东大会行使完整股东权利	投资者可参与股东大会行使完整股东权利	领投人参与董事会行使权利、跟投人在有限合伙企业内行使合伙人权利，不参与该项目公司股东会与董事会工作
适合的项目行业及类型	新产品、创意产品、文化、传媒等领域	会所、餐饮、美容等高频消费的中高端服务场所	大众消费类和生活服务类微创企业

案例分析

天使式众筹——天使街的耳目网

作为一个专注于大众消费类和生活服务类微创企业的股权众筹平台，天使街投入运营伊始就受到社会各界的广泛关注，在该平台上发布的股权众筹项目也不断涌现，其中，耳目网是该平台上成功筹资的一个项目。耳目网定位于让残疾人可以工作的众包网站，解决残疾人就业问题、提高残疾人的收入和社会贡献度。耳目网的核心竞争力在于，围绕残疾人朋友异于常人的机能特点进行的服务产品开发，培养专业的人做专业的事。这是可持续的、可落地的商业行为，既解决了社会大众工作生活中的难题，也解决了残疾人朋友的就业问题，一举两得。如今耳目网的团队已经初具规模，获得在天使街平台上融到的百万元资金后，着重拓展市场。在2015年，耳目网每日新增残疾人朋友注册超过200人。

天使式众筹适合成长性较好的高科技创业者融资，投资人对项目模式要有一定的理解。对于创业者来讲，依旧需要靠自己的个人魅力进行项目的推荐并期望遇到一名专业的领投人。明星创业者，或者明星创业项目，不适合采用该模式，而应该选择和大的投资机构接洽。天使式众筹模式可以由在一个专业圈子有一定影响力的创业者，结合社交网络来进行募资，把信息传递给更多身边同样懂行的或者愿意信任他的有一定资本能力的投资者。

思考：如何运用众筹方式帮助成长性较好的高科技创业者进行融资？

（资料来源：根据网络资料整理）

（三）股权众筹平台的盈利模式

目前，股权众筹平台主要通过以下三种模式获利：

1．中介费佣金模式

这是现阶段最常用的收费模式。具体操作方式是：平台在项目融资成功之后，向融资者收取一定比例的成交中介费（或称为佣金、手续费等），通常是融资额的3%～5%，视各家平台实际情况而定，没有固定比例。人人投、众众投、众投天地等实体店股权众筹平台是这类模式最典型的代表。该模式的优势在于能够获得现金回报，收益明确。但由于现阶段众筹的项目数量和融资规模都十分有限，仅仅依靠收取佣金、中介费，平台的收益都很少。可以说，这种收费方式其实浪费了众筹的好模式。

2．股权回报模式

这种模式是指众筹平台获得在其平台上成功融资的项目的部分股权作为回报收益，实际上是股权投资行为。有的平台不仅收取融资顾问费，还要求获得融资项目的部分股权；也有的平台仅仅获取股权回报，而不收取其他中介费用。大部分服务于种子期、天使期的平台往往采取这种模式。该模式的优势在于，不仅能够在佣金之外增加回报收益，而且能够以此分析企业的预期，项目一旦成功做大，平台获利空间就比较大。但由于采用此模式的平台多是类似初创型的公司，退出股权获得收益往往无法短期内兑现，平台的现状还是难以改变。实际上，现在大多数平台的普遍做法是将佣金模式和股权回报模式结合起来，收取佣金后将部分或者全部佣金作为资金投入项目之中，获取比例不等的股权，以此来增加收益。但实质上的大改观还是未能出现。

3．增值服务费模式

所谓增值服务费模式，其实是股权众筹平台为众筹融资方提供各项创业的增值服务并对这些服务收取费用，主要包括创业孵化、财务、法务等服务。该模式的优势在于，这部分交易匹配、撮合之外的增值服务，能够真正解决创业企业和项目的痛点。这种模式的收费可以算是未来股权众筹平台的主要收入来源和盈利点。该模式的劣势在于，创业孵化服务的成本较高，现阶段平台难以支持。目前，足以支撑此成本的只有资本雄厚的大平台。

二、股权众筹融资的概念及特点

（一）股权众筹融资的概念

股权众筹融资主要是指通过互联网形式进行公开小额股权融资的活动，具体而言，是指创新创业者或小微企业通过股权众筹融资中介机构互联网平台（互联网网站或其他类似的电子媒介）公开募集股本的活动。也就是说，融资者自己不能以股权众筹融资方式来募集资金，必须通过第三方服务机构即股权众筹融资中介机构平台进行。

私募股权众筹融资应当遵循诚实、守信、自愿、公平的原则，保护投资者合法权益，尊重融资者知识产权，不得损害国家利益和社会公共利益。中国证券业协会依照有关法律法规及《私募股权众筹融资管理办法（试行）》对股权众筹融资行业进行自律管理。证券业协会委托中证资本市场监测中心有限责任公司对股权众筹融资业务备案和后续监测进行日常管理。

股权众筹融资是我国多层次资本市场的有机组成部分。股权众筹融资作为一种创新型的融资工具，能够推动普惠金融的发展，扶持小微创新企业发展，解决初创企业融资难题，推动大众创业、万众创新。

（二）股权众筹融资的特点

股权众筹融资具有以下特点：

（1）股权融资。股权融资是相对于债权融资而言的，企业的融资途径包括债权融资和股权融资。股权众筹融资，本质上是股权融资，它不需要承担还本付息等债权融资的法定义务。

（2）小额。即通过股权众筹方式所融资的资金数量是小额的，一般解决初创期项目的资金问题，适用于创业企业和小微企业的融资。

（3）公开。股权众筹融资通过互联网形式公开向投资者进行展示并融资，不是私下向特定的投资者进行融资。这与通过互联网形式进行的非公开股权融资或私募股权投资基金募集行为不同。另外，公开性也表明股权众筹融资中投资者的广泛性，资金来源的宽泛性。

（4）快捷高效。股权众筹融资通过互联网众筹平台申请发布项目，与众多投资者直接沟通，设定的融资期限时间也较短，单份融资金额小，融资目标非常容易达成，融资效率高、速度快。

三、股权众筹融资操作实务

（一）股权众筹融资的三个阶段

从融资者的角度，股权众筹融资主要分为融前、融中和融后三个阶段。㊀

1．融前阶段

融前阶段，融资者首先要编制商业计划书，论证项目的可行性，确定融资需求。其次，融资者要根据项目类型、融资额，结合各股权众筹平台的项目偏好、融资额度、投资人数量、项目成功融资数等信息，选择适合自身项目融资的股权众筹平台，并在该平台上注册成为项目方会员。第三，融资者在选定的股权众筹平台上发起项目，将商业计划书的内容按照平台的要求填写在网站上，尽量上传一些项目的照片、视频，使得项目介绍更加形象、直观、友好，项目内容填好后即可提交，等待平台审核。第四，根据平台的运作机制，平台方将对项目进行多层次的审核，包括项目类别、融资额度、项目内容与形式、项目方资质等，此时融资者需要配合平台方面甚至投资者方面的审查、尽职调查、估值等，对不符合要求的项目内容进行修改与完善。如果该项目通过审核，则可进入项目预热和路演；如果项目不能通过审核，则项目无法在该平台上融资。第五，在项目预热阶段，融资者应通过各种渠道积极与投资者沟通，使投资者更加了解项目情况，进而确立预约认购意向，项目预热期结束后，平台对于预约认购意向高的项目安排下一步路演。最后，在路演前，融资者应做好路演准备，制作能突出项目优势的路演 PPT，做好路演宣传工作，邀请预约认购的投资者参加路演活动。在路演过程中，融资者应表现得自信又谦逊，内容阐述简单明了、重点突出，并注意与投资者互动，听取投资者的意见与反馈。路演结束后，仍需保持与投资者的沟通和联络，根据投资者反馈的内容适当对项目商业计划书做修改，将项目路演视频上传到平台网站上，让更多投资者了解项目，以便其做出合理的投资决策。

2．融中阶段

项目顺利进行路演后，按照约定的上线融资时间，便可以在众筹平台上融资。在此过程中，融资者应该及时关注融资进度，回答投资者提出的问题，并且积极与投资者进行沟通，推动融资目标顺利完成。

3．融后阶段

融资期限结束时，如果项目融资目标未达成，则根据大多数平台的规定，项目融资失败，将款项退回给投资者；如果项目融资目标达成，则融资者需要与投资者签署投资协议，按照协议的内容进一步完成公司注册、项目施工、经营管理等工作。在此过程中，融资者需要配合平台的监管要求，将日常运营流水数据、运营动态等情况及时在投资者信息沟通平台中进行披露。待到项目盈利后，融资方需要根据协议约定的收益分配机制给投资者分红。在经营过程中，如果投资者满足协议规定的条件需要退出公司，则项目融资方应予以配合办理股份转让或者股份回购等相关事宜。如果项目经营期满、解散或破产，项目融资方也需要做好相关清算工作，将剩余权益分配给投资者。

㊀ 周雷．互联网金融理论与应用[M]．北京：人民邮电出版社，2016：144-145.

（二）股权众筹融资的九个步骤

根据股权众筹融资的三个阶段，股权众筹融资可以细分为九个操作步骤[⊖]，如图 4-5 所示。下面我们将从融资者的角度，分析股权众筹融资实操步骤。

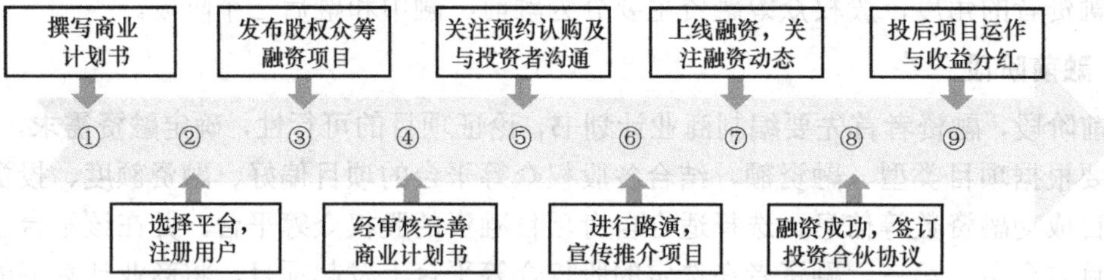

图 4-5　股权众筹融资操作流程

1．撰写商业计划书，明确融资需求和方案

创业者有了创业想法后，编写商业计划书可以帮助创业者理清思路，做好企业发展计划，预测资金的缺口，分析创业目标实现的可行性，提高创业的成功概率。此外，商业计划书的作用还在于帮助创业者向投资人展示能力素质及其创业项目，进而帮助创业者融得足够的资金以完成创业项目。因此，创业者在创业融资前，应认真做一份高质量的商业计划书。

传统的商业计划书应包括公司基本情况、公司管理层、产品或服务、行业及市场情况、营销策略、管理、融资方案、财务预测、风险分析与控制、项目实施进度等内容。因股权众筹融资具有公开、小额、大众等特点，且项目融资需借助股权众筹平台完成，因此股权众筹商业计划书与传统的风险投资商业计划书有一些差别。

撰写股权众筹商业计划书应注意的要点：

（1）应尽量浅显、易懂、美观、形象。目前，在股权众筹平台上的投资方一般以个人投资者为主，他们大都缺乏专业的投资知识，也不愿意看严肃专业的商业计划书，而是更乐于对自己感兴趣或者原本比较熟悉领域的项目进行投资尝试。毕竟众筹投资门槛低，一旦成功，会带来较高回报。因此，股权众筹商业计划书的结构要简单，具有去权威化的特点，最好将商业计划书的核心关注点和精髓抽取出来，做成可读性和视觉效果更好的材料，注重移动阅读和“美术”体验，增强投资者阅读的趣味性。

（2）具有招股说明书的性质。招股说明书是就融资或发行股票中的有关事项向公众做出披露，并向非特定投资人提出入股要约的邀请性文件。可以说，股权众筹的商业计划书，从某种意义上说就是一份招股说明书。传统意义上，商业计划书是向少数特定投资人进行融资或因其他目的而制作的文件，而招股说明书则是用于公开融资招募股东而制作的文件。股权众筹是不能避讳招股的属性的，招股说明书的结构、要点、披露范围等对股权众筹商业计划书来说，具有重要的参考价值。

（3）适合股权众筹特点的交易结构。在股权众筹商业计划书中要设计适当的交易结构，主要如下：

1）融资额及出让股权比例。股权众筹是面向大众的，因此项目方应合理确定融资额及

⊖ 周雷．互联网金融理论与应用[M]．北京：人民邮电出版社，2016：147-153.

拟出让的股权比例，并根据企业发展要求确定融资成功目标，一般多为达成目标融资资金的 80%；同时也应对融资的上限做出规定，超出部分不再接受，因为涉及股权稀释问题。

2）众筹时间。实践中，众筹期限一般为项目商业计划书正式对外公布后 2 个月内，如果提前完成融资目标则及时终止；如果时间到期而融资额未完成，是否支持延长众筹时间、延长多久最好都要有明确说明。

3）领投人和跟投人的要求。一般项目通过众筹融资，往往很少对领投人和跟投人提出要求，但考虑到项目所处阶段以及项目发起人众筹融资的综合想法，有时项目发起人也会对领投人的行业经验、相关职务、产业链关系等提出要求，另外，发起人还会根据实际情况对领投人和跟投人各自的认购范围做出专门约定。

4）投资人的特定权益。投资人投资股权众筹项目，往往也有志于成为前期种子客户或 VIP 会员客户，或者提供特别的资源对接与帮助，这是股权众筹除了“筹资”外的“筹智”与“筹资源”功能。因此，对于投资人的特定权益安排，也是众筹项目设计结构的一个关键部分，争取既能打动投资人，又能巧妙地利用不同投资人的资源。

（4）需要符合众筹平台的要求与规范。股权众筹可以充分利用众筹平台的标准化服务和广泛资源，但项目方必须遵从众筹平台对商业计划书的特定要求与规范。众筹项目是否能够融资成功一方面取决于项目本身，另一方面取决于平台的传播与背书属性。做股权众筹的商业计划书，不但要方便在线浏览，还要方便传播，而前提是要通过众筹平台的审核。

（5）融资过程中要不断进行内容更新。传统的商业计划书通过纸质或者文件来传递，只要发出来就已经过时，而企业一直在变化和成长中。发布在股权众筹平台的商业计划书，项目方可以随时更新、补充项目资料，保持重要事项的更新和同步。补充的信息可以是产品进展、团队变化、市场反馈，也可以是融资过程中其他投资人的反馈与评价、最新融资进度等。具有时效性的资料和及时的互动，往往是产生信任感、促进投资人做出投资决定的重要因素。

2．选择股权众筹平台，注册用户

项目发起人根据创业项目类型、融资金额，以及股权众筹平台的资质、影响力、投资项目类型偏好、风险控制、对创业者的支持等情况，选择在合适的股权众筹平台上进行融资。

3．发布股权众筹融资项目

创业者（项目方）单击平台网页上的“发布项目”栏，即可发布其众筹项目。发布信息首先填写项目基本信息，包括项目情况、企业概况等。然后进行公司认证，上传公司法定代表人身份证、个人信用报告、营业执照、税务登记证、组织机构代码证、公司照片、场地租赁合同、财务报表等文件，一方面作为风控审核使用，另一方面也可以增加投资人对项目的信任。前两步填写好之后，还需要增加融资计划、已有店铺运营情况、项目简介、项目详情和团队介绍，其中项目详情就是创业者的商业计划书。项目内容都填写完成后，单击“提交审核”，等待股权众筹平台审核。

4．等待审核，根据审核结果修改完善商业计划书

项目方发布项目后，等待平台审核结果。平台对项目的审核标准如下：

（1）项目信息完整。

（2）团队全职专注经营本项目。团队成员信息完整、明确，具体到时间节点、单位、职务、毕业学校、专业等，主要看求学背景和职业背景，有哪些具体的工作业绩等。

（3）商业模式或技术方案清晰，有市场可行性。把市场需求聚焦到一个点才有成功的可能性且项目的市场需求不能是伪需求，应是客观存在的、有商业价值的需求。

（4）融资额度合理。资金用途清晰明确，开支预算比较合理。如果项目通过平台的审核，则项目方与平台投资经理签订咨询服务协议，并根据平台的要求进一步修改完善商业计划书。如果项目未通过审核，则项目方将会收到平台客服代表告知的原因，项目方可以据此修改商业计划书并尝试重新提出融资申请或者终止在该平台融资。

5. 关注预约认购动态，与投资者积极沟通

项目方完善商业计划书后，平台方会根据内部评级将项目展示在平台上，进入项目预热阶段。在此阶段，项目在众筹平台上展示，投资人可以浏览项目，约谈或私信项目方，咨询关于众筹项目的具体情况，并且对感兴趣的项目进行预约认购。在这个过程中，项目方需要登录众筹平台，查看“我的消息—收件箱”，并及时回复投资者通过“约谈和私信”或者 QQ 群、微信群等提出的问题，与潜在投资者就项目情况进行深入的沟通与交流。此外，项目方还需要积极关注项目预约认购的情况。预约认购是按份数来认购的，体现的是投资者的投资意向，并非正式认购，但是可以反映项目是否受投资者喜爱和支持。项目方可结合投资者约谈的情况适当再对项目展示内容进行修改，使其更受投资者的欢迎，从而提高项目融资的成功率。

6. 进行路演，宣传推介项目

在项目预热过程中，股权众筹平台一般都会组织项目方进行路演，可以采用现场路演方式，也可以采用网上路演方式。通过路演可以更好地展示项目的亮点，也能够让融资方与投资人零距离接触，帮助投资人更好地了解项目。对于项目方来说，提前准备好项目路演 PPT 至关重要，PPT 要逻辑内容清晰，并且多用图表和数据表述，主要涵盖以下内容：

（1）公司名、标志和核心理念。

（2）公司愿景：给出能说明你的公司为何会存在的最有说服力的理由。

（3）解决的问题：你打算为用户解决什么问题，用户的痛点在哪里？

（4）用户：你的目标用户是谁，你怎样获得这些目标用户？

（5）解决方案：你提供了什么解决方案，为何现在是解决这个问题的最佳时机？

（6）目标市场：预测目标市场的规模并加以说明或者论证。

（7）市场形势和现状：此部分应包括竞争对手、宏观的趋势等。你是否拥有别人没有的洞察力？

（8）当前的亮点数据：列出关键统计数据、发展计划和未来用户获取计划。

（9）商业模式：你如何将用户转化为利润？列出目前的实际数据、计划和未来的希望。

（10）团队情况：介绍创始人和创始团队成员，说明每个人身上所具有的能保证成功的特质，详细介绍各个角色。

（11）总结：3～5 个关键点(市场规模、关键产品和亮点数据)。

（12）融资：此部分应包括之前已经完成的融资和此轮融资的目标，还可以包括财务预测或者加入产品路线图来说明投资的价值。

案例分析

8分钟路演获10万元创业众筹基金

河北一位大学生筹建了一个叫“甜心岛”的项目，并参加了由创筹网举办的“博雅创筹学堂模拟训练营”。这位学生仅仅通过 8 分钟的项目路演，就成功打动专家评委的芳心，顺利取得 10 万元创业基金，为自己的“甜心岛”项目助力添金。那么，在进行路演时，融资者应注意哪些事项呢？

（1）做项目展示时要尽可能简单明了、抓住核心，讲清楚核心团队、商业模式、技术门槛、市场渠道，不要过分地强调企业的技术与产品；以实际数据说话，真实地阐述企业的现状，包括产品和运营状况等，不要以成功学的角度去讲述；了解市场的具体细节，竞争对手是谁，以及他们的产品、经营模式等；在有限的时间内，采用通俗易懂的语言，让听众了解项目，不要运用一大堆专业术语。

（2）讲解过程中要与听众有所交流，认真聆听投资者给出的反馈。如果你能让投资者说的话比你说的话还要多，那么融资成功的可能性就会大大提高。

（3）有特色地介绍自己和讲述自己创业背后的故事是非常重要的。投资人都喜欢那些能力足够强的创业者，这些创业者通常有一个可行度比较高的梦想，并知道该如何一步一步将梦想变成现实。在和投资人谈话的过程中，要找到最适合自己的叙述和讲故事的风格，要尽可能完美地向投资人展示你的项目。

（4）在和投资人见面沟通的过程中，要尽可能地表现得既自信又谦逊，在两者间做到平衡。一定不要表现得太过傲慢自大，也不要让人感到你有很强的防御性；与此同时，也不要让人觉得你非常容易受人控制和缺乏气场。一场项目路演的参与者中，总有一些“吐槽”的投资人，不要为他们的评论而苦恼，太过于情绪化。对于明智的见解与质疑，要学会坦然接受。对于你自己坚信的东西，一定要坚决维护，并尽可能地去说服投资人接受你的观点。

（5）在路演即将结束时，对项目特点、优势等内容进行总结，并一定要表现出对达成融资的希望，争取投资人路演结束后继续关注、研究、投资自己的项目。

路演结束后，可将路演视频上传到众筹平台，让更多投资者了解路演现场情况，以及更加深入地了解众筹项目和项目方团队等情况。此外，项目方也可就投资者反馈的信息，进一步完善项目展示信息，从而使更多的投资者对项目感兴趣，并加以投资。

思考：在众筹项目路演时，如何制订路演方案？如何做好路演 PPT 和路演实战？

（资料来源：根据网络资料整理）

7．上线融资，及时关注融资动态

到了预先确定的融资时间，众筹平台上该项目的状态会变更为“融资中”。在项目融资过程中，项目方仍然需要关注项目页面，查看目前的融资进度，并保持信息沟通渠道通畅，积极与投资者进行沟通，宣传推广自己的项目，促使项目尽快达成融资目标。

8．融资成功，签订投资合伙协议

如果项目筹资期限结束前，项目达到预定的融资目标，则项目融资成功。平台会主持召开投资确认会议，成立投资人的有限合伙企业后，投资者的认购资金便可汇入项目方企业账户。接下来，平台主持签订投资协议。项目方在这个过程中，根据众筹平台的运作模式、具体要求，以及项目的商业计划书约定的条款，完成公司成立、协议的拟定和签订等事项。

科学的投后管理，可以有效地避免项目投后“失控”。融资者、投资者和股权众筹平台三方在签订协议前就要对投后管理事项高度重视，就公司治理、定期召开股东会议、定期向股东代表汇报公司运转情况、披露财务数据等核心事项做出约定，并且需要建立沟通机制，以保障股东们和公司之间的信息沟通是对等和畅通的。

9. 投后项目运作与收益分红

签订好投资协议后，项目方便可以按照商业计划书和项目投资协议约定的内容，负责项目的运营和管理，开始进行项目装修施工、人员招聘与培训、试运行、正式运营管理等事务。在经营过程中，项目方应该就项目进展、经营信息等情况在QQ群和平台披露，与投资者积极沟通交流，并针对投资者反馈的信息，及时改进项目的经营。

项目方必须接受融后管理服务协议中约定的第三方融后管理机构的监督管理。项目方的财务支出需遵照项目资金使用计划表，确保每项费用支出真实、合法、合理、有据可循，并且应及时向投资者和第三方监管机构汇报资金使用信息并妥善保管各种票据。项目方应将每个月的月度营业报表上传给第三方监管机构。项目产生净利润并提取企业发展基金后，按各投资人实际出资比例进行分红。每次分红后，将分红详情也上传给第三方监管机构，由第三方机构通过众筹平台向投资人展示。此外，还需注意项目方禁止的行为：①不得以项目名义对外贷款；②不得有将对项目的出资份额用于抵押、出质等行为；③应当诚实经营，不得有玩忽职守、怠于履行经营义务等行为；④在项目设立及经营过程中不得弄虚作假，不得有提供虚假经营数据，如采购物品价格虚高、故意隐瞒经营收入等虚假经营行为以及伪造账目、提供虚假的票据等行为。

第三节　股权众筹投资实务

在了解股权众筹平台的概念和模式后，本节我们分析股权众筹投资的概念和特点，并从投资者的视角探讨股权众筹投资实务操作的四个阶段九个步骤，及其风险防范措施。

一、股权众筹投资的概念及特点

（一）股权众筹投资的概念

股权众筹投资是指投资者采用股权众筹形式进行的投资，即投资者通过购买互联网股权众筹平台上的项目份额，获得一定的股权，以股东的身份获得投资回报。

（二）股权众筹投资的特点

股权众筹投资从投资者角度看，具有以下典型特点：

（1）本质属于股权投资。股权众筹投资本质上仍然属于股权投资，具有股权投资的性质，投资者因出资而享有财产权和经营管理权，不要求偿还本金，但要求较高的投资收益。

（2）基于互联网平台，在线操作，投资便利。该种投资方式与传统定向、线下股权投资有所区别，它是基于互联网众筹平台才能完成的投资，投资者必须在股权众筹平台上注册会员，才能投资。投资者进行项目浏览、与项目方进行沟通交流、预约、认购、支付、收到分红等都通过互联网进行在线操作，甚至不需要到当地企业进行多次实地考察，操作十分便利，交易成本低。

（3）投资门槛相对较低。传统股权投资金额大，大众投资者难以对企业进行投资，但是股权众筹投资因投资者数量多，降低了单人投资金额，且因互联网众筹平台的开放性，使得这些股权投资项目对大众投资者敞开。因而，大众投资者也可以进行小额的股权投资，从而对传统企业的股权投资成为可能，对于大众投资者来说也因此增加了一种投资渠道。

（4）投资风险相对可控。因为众多投资者共同投资股权众筹项目，投资额低，而且有较为专业的项目方进行项目经营管理，专业的领投人领投项目。众多对项目感兴趣的跟投人支持项目、为项目出谋划策，跟投人投资项目的风险比一般的股权投资风险小。

二、股权众筹投资操作实务

（一）股权众筹投资操作的四个阶段

目前，国内股权众筹平台的投资操作主要包括项目获取及筛选、项目推介及投资、项目投后管理及项目退出四个阶段。

（1）项目获取及筛选阶段。股权众筹平台需广泛搜集标的项目，并依次通过项目初选、约谈创业团队、尽职调查、估值议价以及投资框架商讨等步骤对标的项目进行系统性、科学性筛，选选出安全性高、投资回报稳定的优质项目。

（2）项目推介及投资阶段。从线上启动股权众筹，确定领投人和跟投人，协助项目完成融资并根据项目投资总人数成立一个或多个有限合伙企业，让有限合伙企业成为融资企业的股东。

（3）项目投后管理阶段。企业可引入内部或外部基金管理公司作为投资管理顾问进入上述有限合伙企业，并代表有限合伙企业对融资企业的日常经营情况的搜集汇编、财务规范管理、公司治理结构、未来战略规划、项目再融资等方面提供咨询服务。

（4）项目退出阶段。投资人可以通过股权转让、融资企业回购、被投企业 IPO 或被兼并收购等方式进行退出。

（二）股权众筹投资操作的九个步骤

股权投资属于高风险的投资领域，门槛较高。众筹模式的股权投资虽然给普通投资者降低了门槛，丰富了投资渠道，仍要重视风险问题。投资者在参与众筹前要做好调研分析工作，辨别风险点，谨慎决策。股权众筹投资的操作流程有九个步骤[㊀]，如图 4-6 所示。

㊀ 周雷．互联网金融理论与应用[M]．北京：人民邮电出版社，2016：135-141.

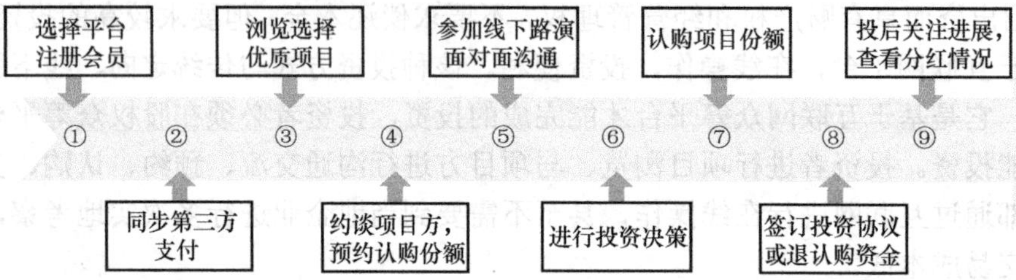

图 4-6　股权众筹投资操作流程

1．选择平台注册会员

第一步要选择好优秀的股权众筹平台，并登录注册成为会员。我们通过对股权众筹平台的调查和研究，发现多彩投是一家优秀的众筹平台，多彩投在 2017 年筹资规模达 24 亿元，其众筹模式主要为收益权和股权的结合，部分项目也提供少量消费权益的回报，在股权和收益权众筹模式中，位居榜首。因此，下面我们以多彩投为例，按股权众筹投资的步骤逐一操作以帮助读者更好地理解学习。

首先登录多彩投网站，用手机号码进行注册，填写手机号码和短信验证码，并设置好 6～20 个字符的密码，单击“注册”即可，如图 4-7 所示。投资人通过账号密码登录网站后，就可以看到多彩投的众筹项目概况。

图 4-7　多彩投网站注册界面

2．同步第三方支付

我们看中了“诗莉莉青梅学社”项目，单击“投资”，页面跳出一个二维码，提示“请扫描此二维码，在手机上继续认购操作”，我们可以看到该众筹平台由新浪支付提供第三方资金托管服务，如图 4-8 所示。此时，我们需在手机上操作，用手机微信扫描二位码后，进入手机版的多彩投网页，先下载安装多彩投 APP。然后在手机上登录多彩投 APP，单击“我的账户”，绑定手机号码、微信和邮箱。填写投资人真实姓名、身份证号码等信息，完成实名认证。完成与第三方互联网支付机构“新浪支付”的同步，此后在多彩投的资金收付均需通过第三方新浪支付完成，以确保资金安全和防控道德风险。

图 4-8　同步第三方支付的入口

3. 浏览选择优质项目

在平台上选择自己感兴趣或看好的众筹项目，只有正在筹资中或预约中的才可以投资，已完成的众筹项目不能投资。我们看中了“诗莉莉青梅学社”项目，接下来就需要对这个项目披露的信息进行查阅，包括项目介绍、团队介绍、项目方案、投资回报等内容。我们以“诗莉莉青梅学社”项目为例进行分析。

（1）项目基本情况。品牌“诗莉莉”，被誉为爱美梦工厂，是一个“深度情感化体验”的精品度假酒店品牌，始于“泛蜜月”定位，遴选绝美风景之地，在美的地方见证爱。自 2013 年成立至 2017 年，短短 4 年时间，诗莉莉的泛蜜月之火已遍布大理、阳朔、泸沽湖、香格里拉、徽州等地，共拥有 20 余家泛蜜月酒店，2018 年将有更多酒店陆续绽放。凭借年轻一代 80 后、90 后的热爱，“诗莉莉”以 85%以上的入住率以及平均 4.8 分的 OTA（在线旅行社）好评成为民宿领域的佼佼者。目前，诗莉莉已成功获取“中国巴菲特”李驰先生 PRE A 融资及知名投资机构经纬中国 A 轮融资，并被行业专业机构迈点网评为“最佳营销”及“最具价值”品牌，被“酒店奥斯卡”星光奖评为“最具发展潜力”新品牌，被环球旅游金奖评为“中国杰出酒店管理集团”，是行业排名榜迈点 MBI 中年度平均排名前 10 位的品牌。该项目情况如图 4-9 所示。

项目名称	诗莉莉青梅学社
项目地址	安徽省黄山市宏村景区入口处
项目周边	位于中国最美“画里乡村”—宏村，距离景区停车场5分钟路程，交通便利，可直达机场。
建筑状况	建筑面积：3 000m²，占地面积：8 000m² 空间规划：客房55间，配备园林和温泉 客房单价：800元/间夜 营业时间：预计2018年8月
项目特色	• 最美乡村最好地段——景区入口，必经之处；风景绝佳，可观湖可观山 • 坐拥景区停车场——集散地 • 配备园林、温泉——更好的度假方式 • 诗莉莉直营——品牌背书

图 4-9　项目基本情况

（2）项目方案：

项目筹资方案要素如下：

项目公司：黟县宏村镇上元林隐酒店管理有限公司

项目公司估值：2 500 万元

筹集规模：1 000 万元（可超募至 1 200 万元）

筹集模式：股权

起投金额：5 万元

每人限投：50 万元

投资期限：5 年/存续

提前退出窗口期：届满 3 年、4 年、5 年之日前的 30 天

退出时间：投资期限届满之日起 3 个工作日以内

该项目采用了增资扩股的方式出让 48%股权，筹资 1 000 万～1 200 万元，交易结构如图 4-10 所示。

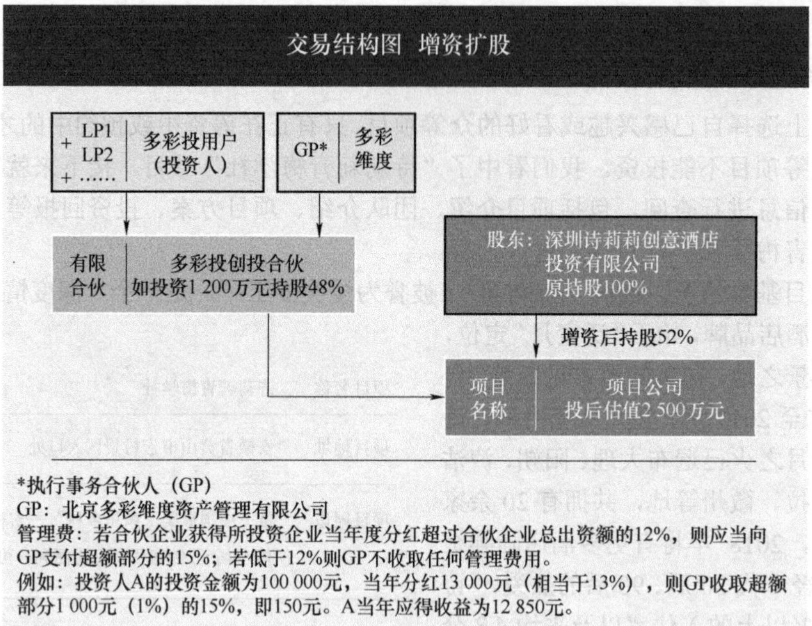

图 4-10 交易结构图

（3）投资回报。

1）收益分红。方案一：5 万元/份（每人限投 2 份），共 52 份。方案二：10 万元/份（每人限投 4 份），共 94 份。投资人每季度分红，预测年投资收益率为 15%。项目预计 2018 年 8 月 1 日开业，自融资成立之日起至开业之日止，新股东每年预期可分配利润为其对项目公司出资额的 8%。

2）消费权益。投资人每年可获得相当于投资金额的 5%作为消费金，投资期限内有效，可用于诗莉莉旗下所有门店（含直营店和加盟店），法定节假日前后一日、法定节假日内、调休日不可用，需提前 3 天预约；投资期届满 5 年后停止发放消费金。投资人

使用消费金消费时，可享受房费基于 OTA 当天的现付标准（担保）价格；投资人使用现金消费时，可享受房费基于诗莉莉会员体系相对应的优惠折扣。投资 5 万元享受金卡待遇（八八折）；投资 10 万元，享受铂金卡待遇（八五折）；投资 15 万元享受钻石卡待遇（八折）等。

（4）退出机制。自收益起始日，届满 3 年、4 年、5 年之日前的 30 天为申请回购窗口期；投资期限届满 3 年，新股东可选择回购的股权比例为其持有的不超过股权比例的 30%；投资期限届满 4 年，新股东可选择回购的股权比例为其持有的不超过股权比例的 30%；投资期限届满 5 年，新股东可选择回购的股权比例为其持有的剩余股权比例。新股东合伙人（投资人）可在上述回购窗口期按照回购比例申请回购其投资金额。如果在回购窗口期，新股东未向原股东提出回购股权的要求，则视为新股东将长期持有项目公司的股权，原股东没有收购义务。原股东对新股东转让的股权有优先购买权。

（5）风控措施。

1）财务监控。财务数据定期披露、财务报告查阅。

2）担保机制。大股东将其持有的项目公司股权质押给多彩维度作为履约还款保证，其中质押比例为投资金额对应项目公司股权的一倍以上；担保人承担连带责任保证。

3）资金托管。多彩投与国内领先的第三方支付平台新浪支付合作，筹集资金全程托管（项目分红将分配到用户在第三方支付平台新浪支付开设的个人账户）。

另外，平台上还有项目位置介绍、团队介绍、增资扩股协议、有限合伙协议、投资协议等资料可以查阅，投资者在做出投资决策之前必须要看清楚所有的材料，以防控风险，科学决策。

4．约谈项目方，预约认购份额

投资人在浏览项目内容时，如果想对项目有更多的了解，可以给项目发起人发送站内和站外信件，或按照项目发起人预留的联系方式与项目方进行联络。项目发起人接到信息以后会根据投资人的投资资质结合自身需求进行约谈。这种约谈有利于双方有更加深入的了解，降低了投资人的投资风险，也提高了项目方众筹融资成功的概率。

投资人可以通过众筹网站线上约谈，也可以在线下约谈项目方。投资人还可以与其他投资者沟通项目的具体情况，相互讨论。投资人如果对项目很感兴趣，并且经过综合分析和权衡以后，很想投资这个项目的话，就可以单击页面中的“预约”，选择预约认购的份数，提交自己的认购意向。需要注意，预约认购仅代表投资人的认购意向，并非正式认购。

5．参加线下路演面对面沟通

当项目预约结束后，项目发起方会组织线下项目路演，并根据项目方的需求邀请已提交认购意向的投资人参加线下路演。投资人通过参加线下路演可以对项目和融资者有更加深刻的了解和认知，可以现场解决对项目的疑问，以降低投资风险。

6．进行投资决策

网络股权众筹本质上属于金融投资活动，因此投资人做决策时，必须要考虑投资的回报和风险。投资人可以根据项目发起人在众筹网站上公开披露的信息，如项目方介绍、项目方案、投资回报、退出机制、投资协议书等，来计算和衡量自己的投资回报率，并进行比较。如果觉得该项目的投资回收期、投资回报率以及投资风险都可以接受，投资人便可以投资这个项目。反之，应该放弃对该项目的投资。

7. 认购项目份额

投资人可根据自己的资金情况，按照单份投资金额，确定投资份数和总投资额。投资人投资前需要先在自己的账户上进行充值，充值完成以后才能够进行认购。投资人选择认购的份数，进行支付，完成项目投资。

8. 签订投资协议或退认购资金

项目融资期结束以后，融资成功的项目，由股权众筹平台组织签订投资协议，办理好设立企业、增资或者股权转让等手续。如果筹资期满，众筹项目没有完成融资目标，造成融资失败，则股权众筹平台负责将投资人认购的款项退回至投资人账户。

9. 投后关注进展，查看分红情况

项目投资成功后，投资人可以通过股权众筹平台和股东交流群等渠道，继续关注项目进展情况，也可与筹资人进行沟通交流。项目盈利后，根据投资协议的利润分配条款投资人可以获取一定数额的分红，分红信息也可以在项目页面中查看。

在目前的环境下，股权众筹投资的法律保障体系仍不完善，相比其他投资有所不同。因此，在进行股权众筹投资时，投资者应学会保护自己的投资权益。除上述选择靠谱的平台、合适的项目外，还应考虑以下几个问题：

（1）投资交易结构安排得合法、合理。股权众筹项目投融资交易结构的安排十分关键，这涉及股权众筹参与人的利益。股权众筹一般参与者众多，为了提高匹配效率，项目发起人一般会设置一些特殊的交易架构，如设立有限合伙或持股平台公司，再以此作为投资载体。还有的干脆采用股权代持模式，安排代持人来代持参与人的股权。这些架构设计如果缺乏严谨的安排和规范的法律文件，将无法保障投资人的利益，一旦发生纠纷，投资人的权益很难得到保障。因此，参与人一定要了解投资结构的安排，并要求在投资结构安排中尽可能保障自己的权益。

（2）一定要签署好相关的法律文件。股权众筹涉及多个法律关系、多个合同，仅有口头或者项目发起说明是远远不够的，必须要签署一系列的法律文件。对于线上的股权众筹，需要签署好线上的法律文件，同时也要认真签署好线下的相关法律文件。同时，为了防止证据灭失（主要指在线签署的合同），一定要保全好证据（留好备份）。对于线下的股权众筹，也需要签署系列法律文件，认真阅读合同条款，做好签署并索要副本以供留存。

（3）注意众筹认购资金的监管问题。在参与众筹中，一般需要提前认购并交付资金。在此情况下，一定要注意了解资金账户的有关情况：自己如何保管？众筹成功后资金如何处理？众筹失败后资金如何处理？是否有第三方监管？是否存在挪用的可能？是否开具收据或凭证？如果缺乏资金的监管机制，则非常有可能出现资金被挪用的问题。在众筹失败后资金也可能无法得到及时退还。

案例分析

《西游记之大圣归来》众筹：780万元投资翻了近四倍

2015年暑假，上映15天的国产动画片《西游记之大圣归来》斩获了约6亿元人民币票房。除了“自来水现象”“次周票房不降反升”“众筹周边首日卖千万破纪录”等现象，这部电影背后的众筹模式也愈发获得业内关注。该片的出品人路伟透露，曾经参与《西游记之大圣归来》投资的89位众筹投资人，合计投入780万元，届时预计可以获得本息约3 000万元。在《西游记之大圣归来》片尾的“众筹出品人”部分，有一串长长的名单。名单中的人形形色色，有的是企业法人，有的是投资人，他们的投资金额少则一两万元，多则数十万元。在电影获得巨大成功后，这些投资人将获得投资额近四倍的回报。

思考：如何理解众筹投资项目的收益和风险？

（资料来源：根据网络资料整理）

三、股权众筹投资的风险防范

我们在第一节讨论了网络众筹的风险，在股权众筹投资的操作实务中也看到了可能发生的风险，如项目盈利能力风险、众筹资金监控风险、股东地位不平等风险和退出机制不畅风险等。如何保障投资人利益，既能促进股权众筹这个新型互联网金融模式的发展，又不影响金融秩序的稳定，是股权众筹模式需要解决的问题。平台和投资人都可以通过一定的措施来进行适当的风险控制。作为股权众筹项目的投资人，既要了解平台的风险控制措施，又要了解作为投资人本身可以采取怎样的风险控制手段来保障自己的投资安全。下述三种风险控制方法供投资人了解。

（一）投资人限制

投资人首先要对风险有一个正确的认识，高风险对应高回报。对于投资者来讲，选择合适的投资行业，要跟踪政策的走向，把握未来的趋势，投资才能规避系统性风险，获得良好的回报。围绕熟悉的领域做投资，并培养专业人才，积累专业经验，才会更好地理解行业，从中找到好的投资对象。

因此，风险控制的第一步是对于投资人的限制。投资人需要具备一定程度的风险承受能力。投资人可以通过接受风险能力测试来量化自己的风险承受水平，以合理地规划自己的投资额度和投资类型。投资者在注册众筹平台时，通常也会被要求进行风险承受测试。只有经过认证的投资人才可以参与平台上项目的融资，这也是众筹平台进行风险控制的手段。

投资人保护和适当性制度是众筹发展又一重要原则。同余额宝、P2P等不同，股权众筹属于数额较大的高风险投资，必须建立众筹投资人适当性制度，通过对投资人进行类别限制来保护投资人，并设定一段时期内的投资上限，避免缺乏技巧与经验的投资者遭受重大损失。例如：在美国，投资人的权利由净资产和利息收入决定；在意大利，任何投资人都可以参与投资，但是只能与专业投资人合作。

在我国，众筹平台对投资人有不同的分类。比如，天使汇主要聚集高级专业投资人，门槛相对较高，一般要求净资产 1 000 万元以上。而天使街则采用“领投+跟投”模式，将投资人划分为两类：对领投人同样设定 1 000 万元净资产或年收入 100 万元的高门槛；而对于普通跟投人的门槛限制较低，要求年收入在 20 万元以上；同时会限定投资人的投资比例，通常不能超过收入的 10%。

（二）“领投+跟投”模式

在传统的投资行业，如果关注各家公司宣布的融资新闻，就会发现每次参与投资的 VC（Venture Capital）基金都不止一家。虽然每轮融资都有多家 VC 参与，但各家出钱的数额并不是平均分配的，而是有一家承担大部分的投资额，其余的一家或多家再分摊剩余部分。投资多的 VC 被称为“领投”，其余被称为“跟投”。众筹也是一样，有相似的领投和跟投模式。

对于普通投资者而言，对项目的了解程度和相关行业的研究深度往往远不如在行业中已经从业多年的人员。在“领投+跟投”模式中，由有经验的投资人和投资机构来当领投人，由拥有资金、有投资需求，但是对某个行业没有深入了解的投资人作为跟投人。这样的机制能够有效地降低时间成本、提高效率，同时也大大降低了跟投人的投资风险。

（三）平台信息披露

信息不对称是投资风险的一大根源，对于创业者而言，创业初期融不到钱，无法拿到足够的钱度过初始最艰难的时期；而对于投资人而言，没有接触到潜在的伟大企业和优秀项目。这中间会产生明显的信息不对称。众筹平台应当进行系统、具体的信息披露，其强制披露义务主要包括两个方面：一是对投资者的风险告知义务；二是对交易行为本身的信息披露义务。

投资者在进行投资前应通过平台充分了解关于项目的各项信息，以及风险提示。若遇到信息披露不足的项目或平台，应当要求平台披露足够的信息，或者直接放弃投资。

本章小结

（1）众筹是指通过互联网平台发布筹款项目，向公众募集资金。与传统融资方式相比，网络众筹具有直接、明确、便捷、灵活、低门槛和风险的不确定性等特征。

（2）按回报方式分类，网络众筹可分为产品众筹、公益众筹、股权众筹、债券众筹、收益权众筹、物权众筹。按细分领域分类，可分为科技类众筹、地产众筹、影视众筹、汽车众筹、农业众筹等。据面向的领域分类，可分为支持多元化筹资项目的综合型众筹和专门针对某一特定领域的筹资项目的垂直型众筹。

（3）作为一种新兴的融资方式，尽管众筹具有低成本、高效率的优势，但其本身面临的风险也值得投资者和融资者注意。目前我国众筹行业面临的主要风险有：法律风险（包括非法吸收公众存款的风险、集资诈骗罪的风险、擅自发行股票和公司、企业债券的风险）、平台的道德风险、项目本身失败的风险、知识产权风险和虚假宣传的风险。

（4）股权众筹是指通过互联网形式进行公开小额股权融资的活动，具有小额、公开、快捷高效的特点。股权众筹不仅是中国互联网金融行业的重要组成部分，也逐渐成为中国多层次资本市场建设的重要内容。

（5）政府层面对于网络众筹市场的监管整治力度较 P2P 网贷等领域稍显迟缓，但市场总体正向合规与发展并重的趋势转换。未来针对互联网非公开股权融资的监管细则的出台，以及《证券法》关于股权众筹相关条文的修订，将促进网络众筹市场的健康、稳定发展。

知识自测

一、单选题

1. 为解决中小企业融资难，提高国家就业率，美国政府于 2012 年 4 月出台了（　　），开启了股权众筹的立法程序，后为世界各国所效仿。

A. 乔布斯法案　　B. 金融商品交易法

C. 萨班斯法案　　D. 蓝天法案

2. 筹资者能否通过众筹平台发起股权众筹项目，取决于（　　）。

A. 该项目能否通过审核

B. 该项目的融资规模是否达到监管机构规定的标准

C. 股权众筹的筹资者与投资者之间是否订立书面合同

D. 众筹平台是否向某些特定类型的客户提供相应的投资分析结论

3. 个人以捐款、慈善、赞助的形式为项目或企业提供财务资助，不求实质性财务回报，属于（　　）。

A. 债权众筹　　B. 回报众筹　　C. 捐赠众筹　　D. 股权众筹

4. “我给你钱，你给我产品或服务”，这属于（　　）模式。

A. 债权众筹　　B. 回报众筹　　C. 捐赠众筹　　D. 股权众筹

5. 众筹门户的网络平台和后台系统不完善导致的风险属于（　　）。

A. 法律风险　　B. 道德风险　　C. 经营风险　　D. 操作风险

6. 以下关于商业计划书的说法，不正确的一项是（　　）。

A. 在股权众筹的过程中，商业计划书可以被视为招股说明书

B. 商业计划书应介绍公司基本情况、公司管理层、产品或服务、行业及市场情况、营销策略、管理、融资方案、财务预测、风险分析与控制、项目实施进度等内容

C. 商业计划书的撰写有助于创业者自身理清思路，提高创业的成功概率

D. 通过网络平台进行股权众筹，商业计划书应当尽可能花哨、夸张，以吸引投资

者的注意力

7. 根据《关于促进互联网金融健康发展的指导意见》，网络股权众筹融资活动的主要监管机构是（ ）。

A. 中国人民银行　B. 公安部　C. 证监会　D. 财政部

8. 以下关于股权众筹融资者行为的说法中，正确的是（ ）。

A. 向投资者承诺投资本金不受损失或承诺最低收益

B. 为提高融资成功率，在同一时间通过多个平台就同一项目进行融资

C. 在发布股权众筹融资计划时，应完整地公布融资用途和融资计划，包括退出机制

D. 在股权众筹平台和其他公开场所同时发布融资信息

9. 以下哪一项不是股权众筹平台的主要运作模式（ ）。

A. 凭证式众筹　B. 风险式众筹　C. 会籍式众筹　D. 天使式众筹

10. 以下哪一项不是常见的投资人保护机制（ ）。

A. “领投+跟投”模式

B. 要求投资人进行风险偏好测试

C. 对合格投资人的年收入或资产状况设置一定的要求

D. 只有具有相关领域的学历或工作经验，才可以投资该领域的众筹项目

二、多选题

1. 股权众筹的项目审核包括（ ）两个层面的审核。

A. 证券监管机构的审核　B. 众筹门户的审核

C. 投资者的审核　D. 筹资者的审核

2. 以下关于股权众筹模式的法律特征说法正确的是（ ）。

A. 股权众筹是适用于初创企业的小额融资模式

B. 股权众筹通过互联网平台进行

C. 股权众筹的投资标的是股权或类似于股权的权益份额

D. 股权众筹的投资者是特定的公众

3. 目前，股权众筹平台盈利的方式主要有（ ）。

A. 中介费/佣金模式　B. 股权回报模式

C. 增值服务费模式　D. 股权众筹项目的投资收益

4. 股权众筹模式中存在的风险包括（ ）几方面。

A. 道德风险　B. 法律风险　C. 经营风险　D. 操作风险

5. 众筹融资的过程一般由（ ）共同协作得以完成。

A. 筹资者　B. 监管机构　C. 众筹平台　D. 投资者

6. 以下关于股权众筹融资的融后阶段，叙述正确的是（ ）。

A. 若项目融资目标达成，则融资者需要与投资者签署投资协议，按照协议的内容进一步完成公司注册、项目施工、经营管理等工作

B. 成功取得融资后，融资者需要配合平台的监管要求，将日常运营流水数据、运营动态等情况及时在投资者信息沟通平台中进行披露

C. 项目盈利后，融资方应根据协议约定的收益分配机制给投资者分红

D. 在经营过程中，如果投资者满足协议规定的条件需要退出公司，则项目融资方应予以配合办理股份转让或者股份回购等相关事宜

E. 如果项目经营期满、解散或破产，项目融资方需要做好相关清算工作，将剩余权益分配给投资者

7. 下列关于收益权众筹和股权众筹的说法，正确的是（　　）。

A. 收益权众筹与股权众筹最显著的差别在于前者不持有企业的股权

B. 收益权众筹与股权众筹的相同点是两者都享有企业的经营收益

C. 收益权众筹比股权众筹的退出更加容易

D. 收益权众筹比股权众筹的监管更加宽松

8. 关于非法吸收公众存款的特征，下列说法正确的是（　　）。

A. 具有非法性，即未经有关部门依法批准或者借用合法经营的形式吸收资金

B. 具有公开性，即通过媒体、推介会、传单、手机短信等途径向社会公开宣传

C. 具有利诱性，即承诺在一定期限内以货币、实物、股权等方式还本付息或者给付回报

D. 具有社会性，即面向社会，向不特定对象吸收资金

9. 股权众筹模式的过程一般包括（　　）。

A. 项目发起　　B. 项目审核　　C. 项目推荐　　D. 项目投资

E. 项目完成

10. 众筹的特点包括（　　）。

A. 门槛高　　B. 多样性　　C. 高效率　　D. 低成本

三、判断题

1. 根据是否有回报可将众筹融资模式分为奖励型众筹和投资型众筹两种类型。（　　）

2. 根据众筹融资的普遍规则，若融资数额未达到预定目标则视为失败，资金将返还投资者。（　　）

3. 只要众筹项目最终能筹资成功，平台就不需要担心集资诈骗罪的风险发生。（　　）

4. 股权众筹只适合从未进行过融资，或者只进行过少量对外融资的企业。（　　）

5. 作为互联网金融的一种业态，网络众筹可以从头至尾都只需在互联网上进行，是一种方便快捷的投融资方式。（　　）

6. 对于初创企业和小微企业而言，资金是急需解决的问题，所以在进行股权众筹融资时，可以多出让股权来换得尽可能多的资金。（　　）

7. 众筹活动的单笔投资金额通常较小，而网络平台宣传的受众广泛，因此股权众筹的投资人基本可以是任何人。（　　）

8. 网络众筹为初创企业、小微企业提供了一种创新的融资方式，在一定程度上有效解决了投融资双方匹配的难题，是我国多层次资本市场发展的重要组成部分。（　　）

9. 非法吸收公众存款是指非法吸收公众存款或者变相吸收公众存款，扰乱金融秩序的行为。（　　）

10. 为提高众筹的成功率，平台应当极尽所能，在需要的时候，可以以投资者身份参与众筹，帮助项目筹资完成。（　　）

技能实训

1. 实训主题：了解我国主要众筹平台网站的基本情况、运作流程和安全保障措施。

通过众筹信息门户网站（众筹之家、爱众筹等），整理和收集 5～6 家我国主要的众筹网络平台，分别浏览这些平台的网站，并根据表 4-3 整理网站信息。

表 4-3　我国主要众筹网络平台信息表

平台名称	成立时间	所在地	主要投资方向	成功融资项目数	成功融资项目金额	投资人数量	著名/典型成功案例	平台的安全保障措施

2. 实训主题：股权众筹投资的实际操作。

选取一家自己感兴趣的众筹平台，注册成为会员，完成实名认证。在平台上选取一个自己感兴趣的众筹项目，查看网站所公布的关于该项目的所有信息，然后对该项目做投资分析。用 SWOT 方法分析项目的商业情况，理清项目的融资需求与财务预测、收益分配机制和退出机制，然后得出自己的分析结果。

第五章　互联网金融新兴业态（一）

学习目标

知识目标

- 了解互联网银行的概念与发展现状。
- 了解互联网证券的概念与发展现状。
- 了解互联网保险的概念与发展现状。
- 了解互联网基金的概念与发展现状。

能力目标

- 会辨析互联网银行与传统银行的区别。
- 会进行互联网证券的开户等流程。
- 会分析互联网保险的典型案例。
- 会进行互联网基金的开户、交易等流程。

案例导读

传统银行携手金融科技企业打造“智能化”

在金融科技的冲击下，传统银行正努力地突破传统、拥抱创新，并放下“架子”与新型金融机构展开合作。2018 年 1 月，交通银行成为京东金融“京银计划”的首个合作伙伴。“京银计划”通过京东支付，将京东的零售优势资源向银行业合作伙伴开放，实现京东与银行的跨界互动和用户分享。而交通银行并不是特例，如今以国有商业银行为代表的传统银行，对于与蚂蚁金服、京东金融等金融科技类企业的合作持越来越开放的态度。

在 2017 年北京国际金融博览会暨北京国际金融投资理财博览会上，传统金融机构展示了最新的金融科技成果，包括“人脸识别”“智能客服”等金融科技服务和产品，成了银行巨头们争相展示的重点。比如，工商银行围绕融 e 购电商扶贫、地铁易通行 APP、二维码扫码支付等多项产品和业务设置了现场体验活动。农业银行、建设银行分别展出“刷脸取款”自助设备、建行机器人“小龙人”等金融科技产品，民生银行也在会上推出生物识别和大数据方面的新品。

相关专家表示，随着我国经济发展进入新阶段，以及经济互联网化的程度不断提高，银行与金融科技之间的关系将越来越紧密，跨界合作也会越来越深入。像“京银计划”的营销模式，将电商的消费场景、金融科技的能力与银行的支付产品深度结合，满足了消费升级新时代下的用户服务需求，强化了银行市场竞争力。

思考：金融科技的发展给传统金融业务带来了哪些改变？

（资料来源：根据网络资料整理）

在“互联网+”的趋势下，银行、证券、保险、基金等传统金融机构纷纷推出互联网金融服务，出现了互联网银行、互联网证券、互联网保险、互联网基金等新兴业态，一方面丰富了互联网金融模式，另一方面传统金融服务得以转型升级和普惠推广。本章将分别介绍互联网银行、互联网证券、互联网保险和互联网基金四种新兴业态的基本概念及相关情况。

第一节　互联网银行

互联网银行（Internet Bank or E-bank）是指借助现代数字通信、互联网、移动通信及物联网技术，通过云计算、大数据等方式在线实现为客户提供存款、贷款、支付、结算、汇转、电子票证、电子信用、账户管理、货币互换、P2P 金融、投资理财、金融信息等全方位无缝、快捷、安全和高效的互联网金融服务机构。本节主要分析互联网银行的概念、经营模式和几个典型案例。

一、互联网银行的概念

互联网银行的概念由互联行创始人林立人先生率先提出，并付诸实施。互联网银行是对传统银行颠覆性的变革，是未来金融格局的再造者，通俗来说，即把传统银行完全搬到互联网上，实现银行的所有业务操作。互联网银行有以下几个特点：

（1）互联网银行无须分行，服务全球，业务完全在网上开展，这是与传统银行之间最明显的区别。

（2）拥有一个非常强大安全的平台，保证所有操作在线完成，使客户足不出户，流程简单，服务方便、快捷、高效、可靠，真正的 7×24 小时服务，永不间断。

（3）通过互联网技术，取消物理网点和降低人力资源等成本，与传统银行相比，具有极强的竞争优势。

（4）以客户体验为中心，用互联网精神做金融服务，共享、透明、开放、全球互联，是未来银行的必然发展方向。

现列举网络银行四种典型的定义及辨析，见表 5-1。㊀

㊀ 贲圣林，张瑞东，等. 互联网金融理论与实务[M]. 北京：清华大学出版社，2017：97.

表 5-1 网络银行的典型定义及辨析

发布机构	定 义	辨 析
美国联邦储备局	网络银行是将互联网作为其产品、服务和信息的业务渠道，并向其客户提供个人或公司业务服务的银行	包含了网上银行和互联网银行两层概念
巴塞尔委员会	网络银行是指那些通过电子通道提供零售与小额产品和服务的银行。这些产品和服务包括存贷款、账户管理、金融顾问、电子账务支付以及其他一些诸如电子货币等电子支付的产品和服务	对网络银行最早的定义，包含了网上银行与互联网银行的概念。但是该定义不够简洁，且电子渠道含义太宽泛，不够精准
欧洲银行标准委员会	网络银行是指能够使个人或者相关企业使用电子计算机、机顶盒、无线网络电视及其数字设备登录互联网，获取银行相关金融产品和服务的银行	更偏向传统银行的互联网化，而非互联网银行
中国人民银行	网络银行是指银行通过互联网提供金融服务	更偏向传统银行的互联网化，而非互联网银行

二、互联网银行的经营模式

在纯互联网银行诞生前，传统银行互联网化已有一段时间的探索，目前已形成网上银行、电话银行、直销银行、互联网银行等几种经营模式。

（一）网上银行

网上银行又称电子银行，它是指银行利用网络技术，在线向客户提供查询、对账、转账（行内、跨行）、信贷、投资理财、信用卡等服务，使客户足不出户就能够安全、便捷地管理账户、办理金融业务。一般情况下，只有客户有了银行的账户以后，才能开通和使用网上银行。同时网上银行根据使用权限有大众版和专业版之分，如图 5-1 的招商银行网上银行主页所示，大众版可以进行查询、购买理财等；而专业版需要使用 usbkey 等密钥认证，可以进行转账、权限设置等所有操作。

图 5-1 招商银行网上银行主页

随着科技产品的普及和应用，商业银行还纷纷推出针对智能手机的手机银行、微信银行、Pad 银行等。但这些只是应用载体由计算机变成智能手机、iPad 而已，本质上还是对客户提供在线金融服务。

（二）电话银行

电话银行通过电话这种现代化的通信工具把用户与银行紧密相连，使用户不必去银行，无论何时何地，只要拨通电话银行的电话号码，就能够获得电话银行提供的服务。其实，在互联网没有普及的时候，电话银行已经诞生。1989 年，第一直营银行（First Direct）成为世界上第一家通过电话办理业务的银行，由原英国四大银行之一的米德兰银行发起创办。

目前电话银行的使用率远不及网上银行等形式，主要提供交易查询、信息查询、挂失业务以及人工服务等，特别多地应用于信用卡业务中。

（三）直销银行

直销银行是互联网时代应运而生的一种新型银行运作模式，是互联网金融科技环境下的一种新型金融产物。在这一经营模式下，银行没有营业网点，不发放实体银行卡，客户主要通过计算机、电子邮件、手机、电话等远程渠道获取银行产品和服务。

直销银行诞生于 20 世纪 90 年代末北美及欧洲等经济发达国家，因其业务拓展不以实体网点和物理柜台为基础，具有机构少、人员精、成本低等显著特点，因此能够为顾客提供比传统银行更便捷、优惠的金融服务。在近 20 年的发展过程中，直销银行经受起了互联网泡沫、金融危机的历练，已积累了成熟的商业模式，成为金融市场重要的组成部分。

面对国内互联网金融科技的飞速发展、客户消费习惯的转变以及银行利率市场化步伐的加快，2013 年 7 月，民生银行成立了直销银行部。2014 年 2 月 28 日，国内首家直销银行民生银行直销银行正式上线。2014 年 3 月，兴业银行推出直销银行，其特点在于用户可以持工商银行、建设银行、农业银行、招商银行、中信银行等多家银行卡，通过计算机、手机等移动设备直接在其上选购热销理财产品、基金以及定期存款、通知存款等，免掉了繁复的注册、登录、跨行资金划转步骤，一键购买，省时省力。中信银行与百度 2015 年 11 月 18 日举行战略合作发布会，宣布共同发起成立百信银行，首家独立法人模式的直销银行问世。

截至 2017 年 11 月份，我国直销银行数量已达 114 家㊀。其中，城商行是直销银行的主力军，目前共有 69 家城商行直销银行上线运营，农商行或农信社直销银行共有 30 家，全国性股份制银行直销银行合计 11 家，其他直销银行（包括国有商业银行、民营银行和外资银行等旗下直销银行）共 4 家。图 5-2 与图 5-3 为两家比较具有年轻气息的股份制银行直销银行的界面，分别是平安银行“橙子银行”与浙商银行“浙 +银行”。

结合直销银行的定位与经营方式，直销银行的目标客户群重点关注互联网客户，精准定位其“新潮、快节奏、追求精致生活”的特点，一般在直销银行上主推余额理财（宝类）产品、小额信贷产品、投资理财产品，以及提供操作便捷的网站、手机银行和微信银行等

㊀ 中国直销银行白皮书——直销银行发展解读以及趋势展望. http://www.sohu.com/a/219121489_499199.

多渠道互联网金融服务。

直销银行与网上银行最大的区别在于，直销银行客户无须事先拥有该行账户，也无须拥有实体银行卡，只需通过人脸识别等技术即可实现，甚至不用去一趟银行实体网点。

图 5-2　平安银行直销银行页面及主推业务

图 5-3　浙商银行直销银行页面及主推业务

（四）互联网银行

互联网银行就是前文定义的，完全同传统银行分离，不从属任何一个传统银行的、不存在实体网点的、只在互联网上运行的银行。

2014 年 3 月，国务院批准了首批 5 家民营银行试点名单，包括阿里巴巴旗下的浙江网商银行、腾讯旗下的前海微众银行、天津金城银行、温州民商银行和上海华瑞银行。2016 年银监会又正式批准筹建 6 家民营银行，分别是重庆富民银行、四川希望银行（2016 年更名为新网银行）、湖南三湘银行、安徽新安银行、福建华通银行、武汉众邦银行。其中已经开业的深圳前海微众银行是国内首家民营银行和互联网银行；浙江网商银行是一家没有线下网点的纯互联网银行，仅依靠大数据、云计算等创新技术来驱动业务运营。2017 年 11 月 18 日，中信银行和百度公司发起设立的百信银行在北京宣布正式开业。这是继腾讯微众银行、阿里浙江网商银行、小米新网银行之后，中国的第四家互联网银行。BAT（百度、阿里巴巴、腾讯三大互联网公司首字母的缩写）至此全部拥有了自己的民营银行。

三、互联网银行典型案例

（一）阿里浙江网商银行

浙江网商银行股份有限公司（以下简称网商银行）是中国首批试点的民营银行之一，于2015年5月27日经原中国银行业监督管理委员会浙江监管局批准设立，2015年5月28日在浙江省工商行政管理局完成注册登记，2015年6月25日正式开业。截至2017年年底的股东主要为：浙江蚂蚁小微金融服务集团股份有限公司、上海复星工业技术发展有限公司、万向三农集团有限公司、宁波市金润资产经营有限公司、杭州禾博士电子商务有限公司、金字食品有限公司。

1. 网商银行的发展战略

网商银行属于“阿里系”，将普惠金融作为自身的使命，希望利用互联网的技术、数据和渠道创新，来帮助解决小微企业融资难融资贵、农村金融服务匮乏等问题，促进实体经济发展。

阿里巴巴早年通过与建设银行浙江省分行等银行合作的形式，为其会员提供融资服务，合作的效果一般。2014年10月16日，起步于支付宝的蚂蚁金融服务集团（蚂蚁金服）正式宣告成立，而之前的3月，蚂蚁金服获得了民营银行牌照。

所以，从成立之初，网商银行就是一家立足科技、服务小微企业的银行，它是中国第一家将核心系统架构在金融云上的银行。基于金融云计算平台，网商银行拥有处理高并发金融交易、海量大数据和弹性扩容的能力，可以利用互联网和大数据的优势，给更多小微企业提供金融服务。㊀

2. 网商银行的重点业务领域

网商银行定位为网商首选的金融服务商、互联网银行的探索者和普惠金融的实践者，为小微企业、农村经营者与农户、中小金融机构提供服务。截至2017年12月末，网商银行累计向小微企业发放贷款4 468亿元，服务小微企业客户数571万户，户均贷款余额约为2.8万元。

（1）小微客户。网商银行利用阿里巴巴电商平台优势，即阿里巴巴B2B、淘宝、天猫等电子商务平台上客户积累的信用数据和行为数据，向这些通常无法在传统金融渠道获得贷款的小微客户发放“金额小、期限短”的纯信用小额贷款。

（2）农村经营者与农户。网商银行结合阿里巴巴集团“千县万村”计划，利用“村淘合伙人”模式，结合消费品下乡、农产品上行以及农村生态圈等信贷场景，推进农资农具购买以及农产品上行等特定金融服务。此外，充分发挥包括阿里巴巴村淘、天猫、中华保险等在内的生态合作伙伴的力量，为农业龙头企业的大型种养殖户提供了包括信贷、保险、支付在内的供应链金融综合服务。

（3）中小金融机构。网商银行依托自身的互联网风险识别能力、科技系统能力和数据分析能力，为各类中小金融机构提供风险管理能力和技术、信息系统、产品开发能力等综

㊀ 部分内容来源于网商银行官网．https://www.mybank.cn．

合服务，帮助他们更好地服务用户；并通过与中小金融机构的合作，进一步完善同业合作生态，促进银行平台化发展。

2016 年，网商银行围绕淘宝、天猫及阿里巴巴电商平台，向广大电商平台卖家推出了“网商贷”产品，满足电商平台卖家的融资需求；面向农户推出了“旺农贷”产品；结合电商平台用户需求，积极开发“淘客贷”、“阿里云贷款”、“大数贷”等新型数据化贷款产品，满足了更多场景客户需求；围绕 O2O 互联网生态，推出了“支付宝商户贷”、“口碑商户贷”等新产品，促进了多样化业务的发展；针对外部合作机构客户推出了流量贷等产品，对电商平台客户开展了基金代销等中间业务，满足客户多元化需求。网商银行官网上主推的产品如图 5-4 所示。

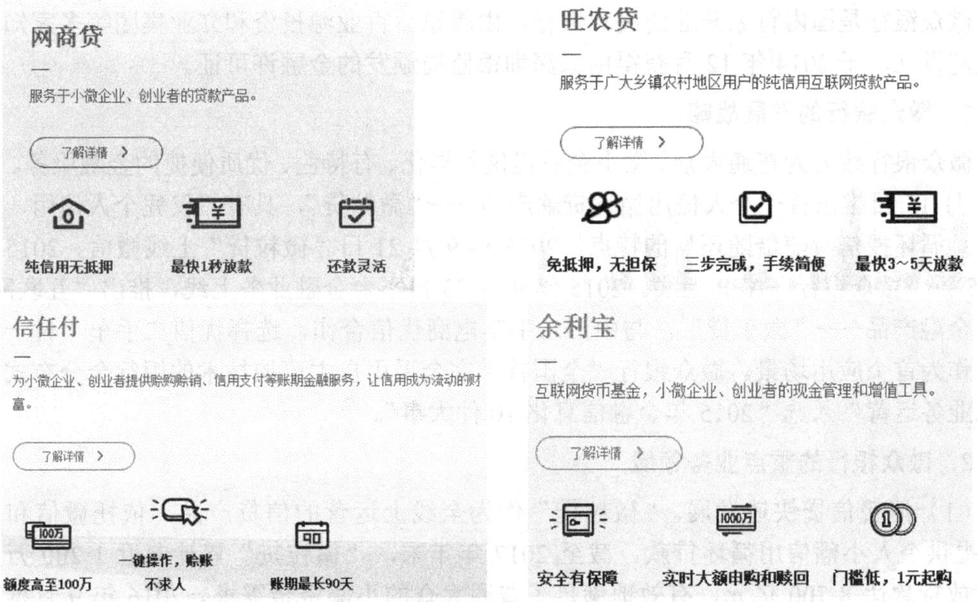

图 5-4 网商银行官网主推产品

3. 未来业务定位

（1）加快产品创新推出，坚持服务小微用户。上线跨行批量代发功能，主要针对物流、人力资源、航旅、运营商、网游等行业客户，主要应用包括贷款发放、工资发放等；上线企业网银 U 盾功能，可支持企业客户多操作员、批量转账和批量代发等功能；网商银行于 2016 年 3 月 16 日正式上线了移动客户端 APP，包含 Android 和 iOS 版本，标志着网商银行自有场景已经稳步走向成熟，APP 功能包括注册、开户、存款、转账、贷款、账单、货币基金的申购及赎回、安全设置、服务大厅等。

（2）加大科技建设投入，保障业务平稳发展。作为纯互联网银行，信息科技系统能力是网商银行的核心竞争力，从 2016 年开始，网商银行逐步加大科技建设投入，为业务的平稳发展提供了有力保障，包括：完成了超级网银的接入；启动了“异地多活”容灾体系升级项目的建设；针对五个重要信息系统进行等级保护申请，经过安全测评和网监部门审查，获得网监部门下发的相应系统《信息安全等级保护备案证明》，标志着网商银行信息安全体系建设上了一个新的台阶。

（3）细化管理措施，增强风险管理水平。从 2016 年开始，网商银行通过强化数据引入和内外部数据联动等手段，有效提升了数据化风险管理能力。全年在贷款规模快速增长的情况下，保证了较好的资产质量。通过持续监测不良贷款率、逾期率、拨备覆盖率等内部信用风险管理指标，对放贷资产进行综合分析，制定并实施适当的信用风险策略；盘点梳理政策使用中的模型，持续复盘风险建模样本，优化模型评分及建模方案，完善内部评级体系的建设；提高信用风险计量和管理技术，强化决策的科学性和风险防范意识。

（二）腾讯微众银行

微众银行是国内首家开业的民营银行，由腾讯、百业源投资和立业集团等多家知名企业发起设立，于 2014 年 12 月获得由原深圳银监局颁发的金融许可证。

1．微众银行的发展战略

微众银行致力为普通大众、微小企业提供差异化、有特色、优质便捷的金融服务。2015 年 5 月 15 日推出首个个人信用循环贷款产品——“微粒贷”，具有“仅凭个人信用、无须担保；循环授信、随借随还”的特点。2015 年 9 月 21 日“微粒贷”上线微信。2015 年 8 月 15 日“微众银行”APP 上线。2015 年 9 月 23 日平台金融业务上线，推出“互联网+”汽车金融产品——“微车贷”，与中国二手车电商优信合作，选择优信二手车“付一半”产品作为首个应用场景。微众银行“全国首个完全采用自主可控技术的银行全分布式架构投入业务运营”入选“2015 年金融信息化 10 件大事”。㊀

2．微众银行的重点业务领域

（1）消费信贷快速发展。“微粒贷”作为全线上运营的信贷产品，依托微信和手机 QQ 提供个人小额信用循环贷款。截至 2017 年年末，“微粒贷”累计向近 1 200 万人在线发放贷款达 8 700 亿元，有效地满足了普通大众的小额资金需求。2016 年 9 月推出了专为听障人士提供的“手语服务”，截至 2017 年年末，已累计为 4 000 多位特殊客户提供了服务。

（2）科技能力持续提升。实现了将人脸识别、声纹识别、机器人客服、大数据等应用于实际业务场景，构建了传统和新型数据相结合的风控模型及体系。㊁

（三）小米新网银行

四川新网银行是全国第三家、中西部首家基于互联网模式运行的民营银行，于 2016 年 12 月 28 日正式开业。新网银行注册资本 30 亿元，由新希望集团、小米、红旗连锁等股东发起设立。

1．新网银行的发展战略

新网银行坚持“移动互联、普惠补位”的差异化定位，以及“数字普惠、万能连接”

㊀ 部分内容来源于微众银行官网．http://www.webank.com.

㊁ 数据来源于微众银行 2016 年年度报告。

的特色化经营，致力成为一家数字科技普惠银行，依托领先的金融科技能力、稳健的大数据风控技术和高效的互联网开放平台运营模式，服务小微群体、支持实体经济、践行普惠金融。

2．新网银行的重点业务领域

新网银行秉持“用户导向、技术驱动”的理念，以及“单点突破、快速迭代”的打法，把金融科技和大数据风控视为自身的核心能力来建设和创新，运用云计算、大数据、人工智能等新一代互联网技术，为“二八定律”中那80%没有享受到完善金融服务的小微群体，提供更安全、更便捷和更高效的金融服务，用技术的力量做好普惠金融的补位者和探索者。同时，新网银行始终保持开放的姿态，向合作伙伴提供连接服务，让更大范围内的用户与需求、产品和服务进行连接并适配，做金融服务领域的“万能连接器”。

基于数据驱动、移动互联、云端授信、普存小贷，秉承统一的互联网开放思维社群化金融体系，新网银行为首家开展网贷资金存管业务的互联网银行。㊀

案例分析

银行成本支出连年攀升

根据艾瑞咨询发布的《2017年中国互联网金融行业发展报告》显示，因为时间的原因，银行线下网点的成本支出总规模始终比较固定，每年保持3%左右的增幅。这个数字未来的变化非常不固定，因为一方面线上金融产品的发迹，使得线下网点的作用有所降低；而另一方面线下网点的互联网改造又可能带来投入的提升。这两个互相冲突的元素作用力的大小取决于未来银行内部角力的结果，如果互联网部门说服领导，那么相应的投入就会更多。

2013—2020年中国银行业线下网点成本及线上信贷成本预计支出规模如图5-5所示。

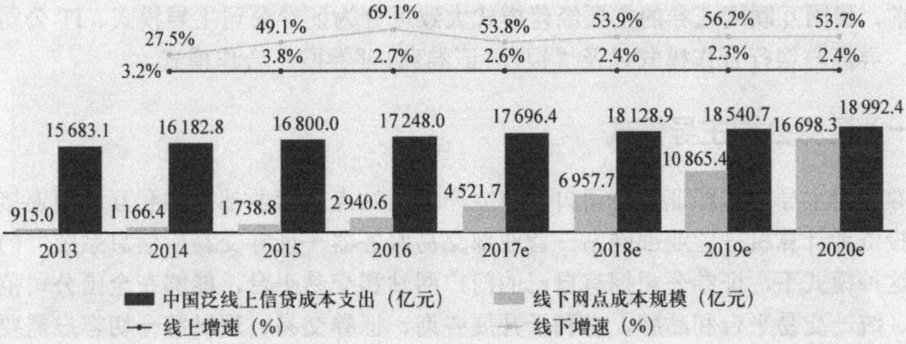

图5-5　2013—2020年中国银行业线下网点成本及线上信贷成本预计支出规模

思考：如何理解银行网点的高科技化对银行成本支出增加的双刃剑作用？

（资料来源：艾瑞咨询）

㊀ 部分内容来源于新网银行官网．https://xwbank.com．

第二节　互联网证券

传统的证券发展模式主要依赖证券经纪、自营、承销保荐等传统业务，尤其是依赖通道收取佣金的经纪业务，业务品种单一，盈利模式单一，同质化程度比较突出。证券行业拥抱互联网之后，快速打破了过去证券公司的渠道覆盖和区域劣势，带来了业务的快速增长。本节主要介绍互联网证券的概念、经营模式、发展现状及趋势。

一、互联网证券的概念

互联网证券是指把互联网的技术和思维有机地融入证券业务，为投资方和融资方同时提供以证券标的为主的金融服务。

目前，技术手段的运用是证券公司主要的互联模式，如标准化业务的线上转移、立足于大数据处理的客户分类、线上线下业务模式的联动优化等，应该说整体上还处于互联网证券的低级层次。

互联网证券的高级阶段应该包括思维方式转变带来的模式生态重构，即立足于互联网思维的金融生态圈的建设。比如，在证券公司的内部架构方面，如何打破固有的服务模式和服务关系以及如何实现员工之间、客户之间、员工和客户之间以证券业务为桥梁的移动联系，是建设金融生态圈首先要应对的问题。在高级阶段，要整合互联网生态的各类参与者，从而实现与公司员工、合作伙伴和客户共建互联网生态圈的目标。至此，证券公司的角色将发生深刻改变，成为一个市场各方参与证券业务生态平台的策划、安排和执行者。㊀

二、互联网证券的经营模式

目前，我国互联网证券的主要经营模式大致可分为证券公司主导模式、IT 公司参与发起模式、券商与银行合作模式以及“银行+证券商+证券网”合作模式。

（一）证券公司主导模式

证券公司主导模式即证券公司自己建立广域网站点，营业部直接和互联网连接起来，形成“投资者计算机—营业部网站—营业部交易服务器—证券交易所信息系统”的交易通道。在这种模式下，证券公司拥有自己的门户网站和交易平台，能够在全国公司范围内统筹规划、统一交易平台和品牌，有利于开展咨询、证券交易、理财等一切客户需要的信息服务，按照投资者的需求，提供有针对性、个性化的服务，而且可以直接在自己的网站上为客户提供各种特色服务，如股市模拟操作、市场分析讲解等。建立证券公司自己的网络交易平台，与券商实施营业部大集中的趋势是一致的，这种模式也比较符合国内券商的内部管理架构。

㊀ 贲圣林，张瑞东，等．互联网金融理论与实务[M]．北京：清华大学出版社，2017：102.

（二）IT公司参与发起模式

网上证券交易在国内开展，开始是由券商全权委托 IT 公司负责的，即 IT 公司（包括网上服务公司、资讯公司或软件系统开发商）负责开设网络站点，为客户提供投资资讯，而券商则以营业部为主在后台为客户提供网上证券交易的渠道。起初开展网上证券交易的券商基本采用了此种模式，但在《网上证券委托暂行管理办法》实施后，这类方式已经日益减少。目前，网上证券交易的技术系统解决方案也多由这些 IT 公司提出，比较典型的有中国证券网（http://www.cnstock.com）、证券之星（http://www.stockstar.com）等。始创于 1996 年的证券之星，2000 年通过了互联网企业 ISO9001 国际质量体系认证。2011 年起，证券之星通过和其他券商合作，根据投资者的使用场景，建立互联网证券的服务链，形成投资决策、投资交易和投资管理为一体的全产业链服务平台。

（三）券商与银行合作模式

这种模式使券商与银行之间建立专线，在银行设立转账服务器，可用于互联网证券交易资金查询，资金账户与储蓄账户合二为一，实现了银行账户与证券保证金之间的及时划转。采用这种方式，投资者只要持有关证件到银行就可办理开户手续，通过银行柜台、电话银行、网络银行等方式进行交易。

（四）“银行+证券商+证券网”合作模式

这种模式使投资者一次交易由三方合作完成：银行负责与资金相关的事务；证券商负责互联网证券委托交易、信息服务等与股票有关的事务；证券网负责信息传递和交易服务等事务。这种模式下形成了三个独立系统：资金在银行系统流动、股票在证券商那里流动、信息在证券网站上流动。

无论以哪一种模式开展互联网证券业务，以客户为中心，加强客户关系管理，满足客户不断变化的需求，使服务更加专业化，都应是其核心内容。㊀

三、互联网证券的发展现状及趋势

（一）互联网证券的发展现状

1．互联网证券业务机构

当 2014 年年初国金证券与腾讯合作推出“佣金宝”，打出万分之二的佣金费率时，证券市场一片哗然，券商经纪业务打响价格战。“互联网+证券”正在从试验步入量产阶段，截至 2017 年年末，中国证券业协会共发布 4 次公告，有 5 批共有 55 家证券公司获得互联网证券业务的试点资格，见表 5-2。

㊀ 周雷．互联网金融理论与应用[M]．北京：人民邮电出版社．2016：231-232.

表 5-2 互联网证券业务试点证券公司名单

批准批次	证券公司名单
第一批（6家）2014年4月4日	中信证券、国泰君安证券、长城证券、平安证券、华创证券、银河证券
第二批（8家）2014年9月19日	广发证券、海通证券、申银万国证券、中信建投证券、国信证券、兴业证券、华泰证券、万联证券
第三批（10家）2014年11月24日	财富证券、财通证券、德邦证券、东海证券、方正证券、国金证券、国元证券、长江证券、招商证券、浙商证券
第四批（11家）2014年12月26日	华宝证券、东方证券、南京证券、西南证券、中原证券、齐鲁证券、安信证券、华林证券、东兴证券、第一创业证券、太平洋证券
第五批（20家）2015年3月2日	财达证券、东莞证券、东吴证券、国海证券、国联证券、恒泰证券、华安证券、华龙证券、华融证券、民生证券、山西证券、世纪证券、天风证券、西藏同信证券、湘财证券、银泰证券、中国国际金融有限公司、中国中投证券、中山证券、中邮证券

（资料来源：中国证券业协会网站）

2．互联网证券业务的重点

（1）支付功能。现阶段互联网化重点在于支付功能的强弱，实务上主要有三种模式。一种是独立模式，借力央行支付牌照，形成集各类实体账户于一体的综合理财服务平台，提供一站式理财服务。截至2014年7月底，行业内仅国泰君安证券一家获准加入央行支付系统，其“君弘一户通”账户与银行账户同质，可同时提供金融理财与生活支付服务。二是“券商+支付机构”模式，券商凭借客户证券资金消费支付服务试点牌照，与支付机构合作，建立多功能账户，经营范围含金融产品和非金融消费商品，截至2014年7月底，共10家券商获得该牌照。三是“券商+电商”模式，借助电商平台建立网上金融产品超市，销售自家产品或代销银行理财产品、信托产品等，如“方正证券+天猫”“齐鲁证券+天猫”“长城证券+拍拍网”。

（2）在线开户。网上开户和手机开户等离柜服务也是现阶段券商互联网化的重要体现。一是证券公司通过技术外包，与软件公司联合开发网上开户系统和手机开户、交易终端，实现离柜式金融服务，如国金证券“佣金宝”、中山证券“惠率通”等新生产品，在提供便捷移动化服务的同时，亦引起券商零售业务的价格战，证券交易佣金率大幅降低，截至2014年7月底，最低达到万分之二点五。二是通过金融软件服务商入口导入流量，间接实现手机开户功能。腾讯企业QQ证券理财服务平台是典型案例，截至2014年7月底，其已与5家证券公司合作，QQ用户添加企业QQ号即可完成开户、交易，佣金率同样达到万分之二点五。㊀

（3）非现场开户的相关风险。中国证券登记结算有限公司（以下简称中登公司）于2013年3月25日发布了《证券账户非现场开户实施暂行办法》，规定投资者应当使用中登公司或其认可的机构颁发的数字证书作为网上开户的身份认证工具，并进一步规定了通过数字证书验证投资者身份的具体方式。中登公司规定，数字证书应当在确认市场参与者身份真实、意愿真实的基础上，采取临柜、见证以及其他其认可的方式发放，发放流程如图5-6所示。

㊀ 朱蕾，李明亮，周洪荣．金融互联网——打造证券服务新模式[J]．中国证券，2014(8)：2-8.

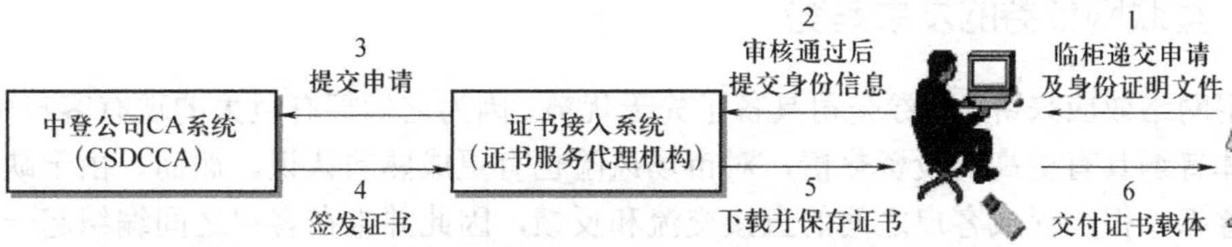

图 5-6　行业规划的证书发放流程

近年来，全国各大证券公司营业部开户基本以非现场形式为主，甚至个别营业部全部采用网络开户形式。而实际操作中，"网上开户"并没有正确使用数字证书作为验证投资者身份的工具。当下，业内流行一种"视频验证+在线签约"式"网上开户"，其缺少数字证书身份认证的技术保障。

在这种开户方式中，投资者首先通过证券公司网上开户系统上传个人身份证正反面照片；证券公司网上开户系统利用 OCR（光学字符识别）等技术采集照片图像信息，通过公民身份信息核查系统自动验证投资者姓名、身份证号码等信息的真实性，获取公安部门留存的公民证件照片；然后进入视频验证环节，即基于投资者上传的身份证照片、公安部门留存的公民证件照片，以及视频中的投资者影像（包括与投资者必要的视频交互），验证投资者身份的真实性。视频验证通过后，证券公司即为投资者向中登公司申请并在线发放数字证书（该数字证书属于软证书），发放流程如图 5-7 所示。

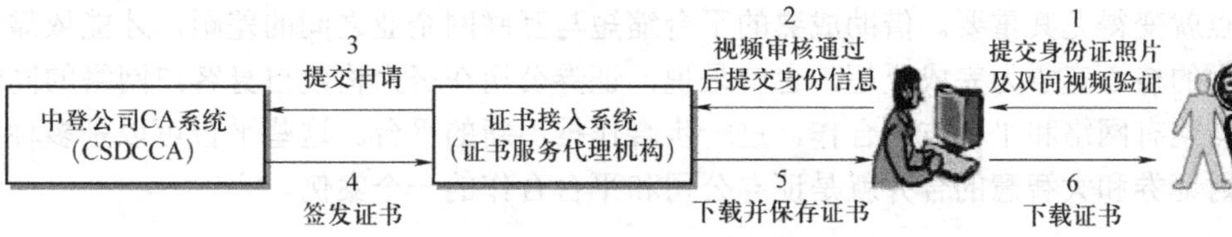

图 5-7　业内流行的证书发放流程

这种开户方式省去了临柜或见证办理数字证书环节，投资者直接访问证券公司网上开户系统开立账户，从表面看来，客户体验好、工作效率高；然而，在这种开户过程中，投资者身份验证是通过所谓"视频验证"实现的，数字证书的身份认证功能完全没有被使用，事实上在开户过程中只使用了数字证书的签名功能。

同时，这种开户方式不能充分落实《中华人民共和国证券法》《中华人民共和国反洗钱法》《中华人民共和国电子签名法》等相关条款中有关账户实名制的要求。

从 2015 年开始，央行推行客户账户分类管理，加大了对银行账户和第三方支付账户的管理力度，总体原则就是要进一步推动支付体系向更加便捷、安全的方向发展，进一步落实账户实名制要求，更好地保护金融消费者的合法权益。具体而言，在现有个人银行账户基础上增设两类功能依次递减的账户，以满足大家网上理财、日常小额支付的需要；在第三方支付账户方面，按照账户实名强度、支付限额等，分成功能逐次增强的三类。㊀账户分类管理的目的是适应消费者日益多元化、个性化的支付需求，在安全和便捷之间达成平衡。

㊀ 王恩潭，等．证券业"网上开户"存在的问题及其化解之道[J]．中国证券，2017（12）：70-76.

（二）互联网证券的发展趋势

从利用网络效应来讲，证券公司具备了先天优势，因为它们拥有巨大的现有客户资源，该客户群体普遍具有更高的投资热情，对市场风险也有更成熟的认识。然而，由于缺乏网络平台的意识，很少促成客户之间的直接交流和反馈，因此并未在客户之间编织起一个以自身为平台的网络。传统金融机构要以既有客户为基础，开发出能够激发网络效应的产品、服务或商业模式。

1. 建立以客户为导向的内部架构

在互联网证券金融市场中，证券公司应该围绕以下两个核心调整自身运营模式和组织架构，设立专门部门专职开发、维护客户网络，而各传统部门配合其工作。第一，全面构建客户网络，保障和客户之间的双向交流，刺激客户和客户之间的内部交流。第二，以客户需求为导向，为客户打造一站式金融超市式服务，使自身的资产管理、融资融券业务成功与客户资本投资、规避风险的需求对接。互联网企业发展的核心竞争力是自身的客户网络，应壮大自己的客户网络，主动以客户需求为导向设计自身产品和服务。

2. 证券公司外部合作布局

为了迎合互联网证券金融发展的要求，证券公司在构筑平台时应该积极与外部平台拥有者联合，不应闭门造车。由于互联网市场下体现出来的“赢者通吃”现象，抢先获得市场制高点就变得尤其重要。借助成熟的平台缩短与互联网企业之间的差距，才能依靠自身金融方面的核心竞争力完成反超。也就是说，证券公司在努力构建自身客户网络的同时，应加强与现有网络和平台方的合作，进一步合作推出新的平台。这些平台可以是多种多样的，湘财证券和大智慧的合并就是证券公司和平台合作的一个案例。㊀

案例分析

互联网证券月交易额逆袭

据新浪财经2018年1月13日转载《中国经营报》的新闻称，互联网证券公司富途证券月交易量已经超过700亿港币，近400万的用户使用着富途牛，该平台资产数和交易量每年都一直保持着500%的快速增长。

富途证券希望以互联网技术改善当时券商所提供的港美股证券交易服务，并开展了交易系统技术研究。2011年，港股交易系统研发成功，并一次性通过了香港交易所的认证。2012年，富途证券成立并获得相关证券经纪业务牌照。2012年10月29日，富途证券正式开业，初期客户正是来自公司在内地上市的互联网企业职员。因此，富途证券在设计之初，就结合了当时包括腾讯等一大批在中国香港、在美国上市的互联网企业所带来的持股员工交易需求，即普通投资者的交易需求。

2014年沪港通开始启动，习惯自己操作的大量内地散户开始接触港股。随着近年港美股市场热度持续升温，国内知名度较高的港美股券商均获得了较快发展。2016年，港

㊀ 湘财证券股份有限公司，上海财经大学．互联网金融及其对证券行业的影响[J]．中国证券，2014（11）：41-53．

股牛市也让普通投资者对港美股交易需求快速增长。富途证券当年获得了腾讯、经纬中国以及红杉资本的 1 000 万美元 A 轮融资。2017 年，富途证券获得新一轮融资。其中，腾讯第三次领投富途证券，C 轮完成募集 1.455 亿美元。

思考：互联网化对证券行业带来了哪些影响？

（资料来源：根据网络资料整理）

第三节　互联网保险

随着互联网技术的普及应用和我国居民保险意识的增强，互联网成为保险公司宣传和获客的重要手段，互联网保险在我国得到快速发展。本节主要介绍互联网保险的概念及类型、发展状况及趋势、监管情况等内容。

一、互联网保险的概念及类型

（一）互联网保险的概念

互联网保险是指实现保险信息咨询、保险计划书设计、投保、交费、核保、承保、保单信息查询、保全变更、续期交费、理赔和给付等保险全过程的网络化。2015 年 7 月，原中国保监会发布了《互联网保险业务监管暂行办法》，其对互联网保险给出的定义是："互联网保险业务是指保险机构依托互联网和移动通信等技术，通过自营网络平台、第三方网络平台等订立保险合同、提供保险服务的业务。"

互联网保险是一种新兴的以计算机互联网为媒介的保险营销模式，有别于传统的保险代理人营销模式。相比传统保险推销的方式，互联网保险具有以下优势：

互联网保险让客户能自主选择产品，客户可以在线比较多家保险公司的产品，保费透明，保障权益也清晰明了，这种方式可让传统保险销售的退保率大大降低；互联网保险的服务方面更便捷，网上在线产品咨询、电子保单发送到邮箱等都可以通过轻点鼠标来完成；互联网保险的理赔更轻松。互联网让投保更简单，信息流通更快，也让客户理赔不再像以前那样困难。

保险公司同样能从互联网保险中获益多多。通过网络可以推进传统保险业的加速发展，使险种的选择、保险计划的设计和销售等方面的费用减少，有利于提高保险公司的经营效益。

（二）互联网保险的类型

根据销售平台及客户来源的不同，互联网保险划分为以下四种类型，分别是传统保险公司的互联网化、专业细分的保险产品网上商城、网络购物平台上的保险专场和完全线上的互联网保险公司。

1. 传统保险公司的互联网化

传统保险公司的互联网化即保险公司网站，是互联网保险最为基础的模式，大部分保险公司都开设了官方网站以便客户查询相关信息。随着互联网保险重要性的日益凸显和信息技术的逐渐成熟，保险公司网站的功能已由最初的发布险种信息和宣传公司形象，转向功能的多元化，如建设专门的在线商城进行互联网直销以及产品报价、实时投保、网上支付、自助理赔、在线客服等功能。

2．专业细分的保险产品网上商城

专业细分的保险产品网上商城即第三方保险网站，是指保险公司以外的其他专门销售保险产品的网站。作为独立的第三方销售平台，这类保险网站集合了最新的保险资讯，并且同时提供多家保险公司的产品信息，以便客户对复杂的现存保险产品进行对比，选择合适自己的保险项目。目前，此类平台主要可分为两类：一类是以网易保险为代表的综合类平台，用户在线进行产品选择、保费测算、填写投保信息、支付保费，保险公司据此出具保单；另一类是以向日葵保险网为代表的保险咨询平台，这类平台提供的服务非常多元，包括产品查询、产品对比、保费测算、个性推荐、定制方案、保险问答和咨询代理人服务等，以此来满足每一个人的投保需求。

3．网络购物平台上的保险专场

网络购物平台上的保险专场即基于第三方电子商务平台的保险，开始是指独立于买卖双方，基于互联网为买卖双方提供服务的交易网站，近年来成为发展互联网保险的重要渠道，如淘宝、京东等。这类大型电商由于拥有大流量和大数据等优势，吸引了越来越多的保险公司进驻它们旗下销售保险产品。

当互联网技术通过场景将保险推送为所有行业的风险管理手段之后，保险产品的创新将是无穷的。电商平台依据自身平台上的消费者诉求，联合保险公司开发出适用于平台交易双方的保险项目。比如，蚂蚁金服推出的消费保险项目，最初仅限于退货运费险。之后，针对各个商品类目和交易环节开发出不同的创新保险产品，如衣服褪色险、鞋子脱胶险等。又如，华安保险借助互联网的力量，基于食品安全责任风险和从马路上将陌生的老人扶起来可能引发赔偿风险这样的场景，开发出了“吃货险”和“扶老人险”。

以上场景险可以分为两种，一种是自有场景，在机票、旅行业务基础上销售意外险、旅行险，如携程等，此种场景险具有支付闭环的特点，同时支持主营业务的发展，另一种是依托第三方场景，如大象保险、小雨伞等，通过向保险公司定制产品为特定场景提供保险解决方案。第三方场景处于高度分散的市场，垄断度不高，很容易被取代，而且要付出一定的返佣费用。

4．完全线上的互联网保险公司

完全线上的互联网保险公司即专业网络保险公司，是指完全通过互联网进行保险业务，为客户提供保险全过程的网络化服务公司。这类平台与传统保险公司最大的区别在于它完全不设立物理营业网点，完全通过互联网进行承保和理赔服务。

随着互联网保险行业的不断发展，成立了一批为保险行业提供服务的公司，大概可以分为技术服务和业务服务两种。业务服务主要包括销售、公估和理赔等服务，这类公司尚处于萌芽阶段。同时随着保险公司、保险中介互联网化进程加深，越来越需要大数据、人工智能技术，其中评驾科技是一家 UBI 数据服务商，提供驾驶行为数据分析服务，保险公司可以据此进行定价、降低赔付率。

综上所述，互联网保险的概念可以从广义和狭义两方面进行理解。狭义的互联网保险即保险电子商务，是指保险公司运用电子商务模式进行产品销售，在互联网平台上实现保险咨询、设计、投保、缴费、变更、理赔和支付的全过程网络化经济活动。广义的互联网保险则不仅包括了通过互联网进行的保险产品销售活动，还包括了保险公司通过互联网进行的内部经验管理活动，以及保险公司之间、保险公司与其他公司之间、保险公司与保险监管部门和税务部门的网络化信息交流活动。㊀

二、互联网保险的发展状况及趋势

（一）互联网保险公司的发展状况

1．经营互联网保险业务的公司数量不断增加

根据原保监会披露的数据统计，2012 我国只有 39 家保险机构经营互联网保险业务，到了 2015 年则超过了一百家，达到 110 家，而 2016 年只新增加了 7 家，2017 年上半年有 12 家保险中介机构获批开展经纪业务，如图 5-8 所示。总体来看，开展互联网保险业务的公司数量在不断增加，而且传统的保险公司大都通过自建网站或者与第三方平台合作等模式开展了互联网保险业务，保险公司基本已全部触网。

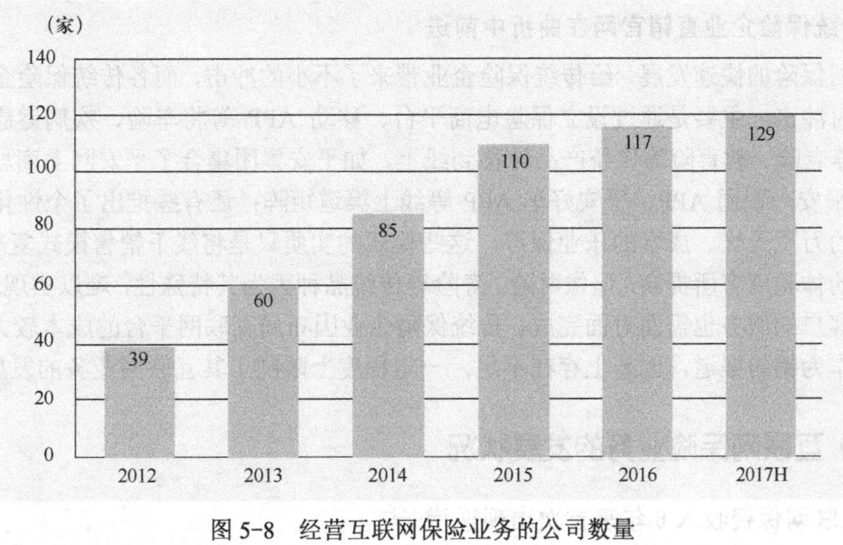

图 5-8　经营互联网保险业务的公司数量

2．互联网保险公司得到资本青睐

自 2013 年 11 月由阿里巴巴、腾讯和中国平安联手设立的第一家互联网保险公司——众安在线财产保险公司成立以来，陆续有泰康在线、易安保险和安心保险三家互联网保险公司开业，再加上百度合资组建互联网保险公司百安保险，京东设立京东互联网理财保险公司，互联网四大巨头 BATJ 悉数到齐。四大巨头从互联网场景切入，对接社交、购物、

㊀ 贲圣林，张瑞东，等．互联网金融理论与实务[M]．北京：清华大学出版社，2017：104-105.

美容、餐饮、娱乐、理财等领域并联动互联网电商、金融、社交公司以及消费者，实现从购买到理赔全环节线上完成，成为推动互联网保险市场发展的重要力量。随着 2017 年 6 月底众安在线开始冲击中国香港 IPO，8 月 19 日云峰基金联合蚂蚁金服、新浪和巨人投资等以 131 亿港元收购美国万通保险亚洲公司，腾讯联手中国台湾富邦金控 2017 年下半年在微信钱包开设保险入口等事件的催化，互联网保险市场资本狂欢才刚刚开始。互联网企业在保险行业的布局详见表 5-3。

表 5-3　互联网企业在保险行业的布局

公　司	保险行业布局	公　司	保险行业布局
阿里巴巴	众安在线、信美人寿、国泰财险	苏宁	苏宁保险销售、金诚保险
腾讯	众安在线、和泰人寿、香港英杰华、微民保险代理	网易	网易保险商城
百度	百安保险、互联网保险公司	携程	众安在线、携程保险代理
京东	京东互联网理财保险公司	途牛	途牛保险经纪
乐视	新沃财险、乐视（北京）保险经纪	同程	天地方圆（北京）保险代理
美团	重庆金诚互诺保险经纪	唯品会	国富人寿、广东品诺保险代理
小米	小米保险经纪	东方财富	上海东方财富保险代理
国美	国美保险经纪		

3．传统保险企业直销官网在曲折中前进

互联网保险的快速发展，给传统保险企业带来了不小的冲击，而各传统保险企业则纷纷触网以应对冲击，主要是通过设立保险电商平台、移动 APP 等将车险、疾病健康险、旅行意外险、养老险、教育险等传统产品转移到线上，如平安集团集合了平安网上商城、平安保险 APP、平安一账通 APP、平安好车 APP 等线上渠道矩阵；还有些推出了个性化的产品，如太平洋的万里无忧、康泰的乐业保等。这些模式的实质只是将线下销售模式复制到线上，虽然用户的体验度有所提高，但像财险、寿险等传统品种因为其特殊性，难以实现线上服务，同时对大客户的服务也需面对面完成。传统保险企业因布局互联网平台的成本较大，大多只是把线上作为销售渠道，创新上存在不足，一定程度上限制了其互联网业务的发展。

（二）互联网保险业务的发展状况

1．互联网保费收入 6 年来首次出现逆增长㊀

根据银保监会的数据显示，2017 年互联网保险签单件数为 124.91 亿件，增长 102.60%，其中退货运费险 68.19 亿件，增长 51.91%；保证保险 16.61 亿件，增长 107.45%；意外险 15.92 亿件，增长 539.26%；责任保险 10.32 亿件，增长 438.25%。

从保费的角度，2017 年互联网保险保费收入 1 835.29 亿元，同比下降 21.83%，自 2012 年以来首次出现逆增长。下降的原因有两个，一是投资型业务大幅收缩，二是车险商车改

㊀ 2017 年互联网保险数据．https://www.iyiou.com/p/68589.

革促使线上销售渠道进一步受到影响，也就是说，通过互联网渠道销售的车险和投资型业务出现较大幅度下降。2012—2016 年，我国互联网保费收入不断增长，从 106 亿元增长到 2 347 亿元，到 2017 年上半年也有 1 300 多亿元，其中 2014 年和 2015 年保费增长是最快的，分别达到 195%和 160%，而 2016 年增速大幅下降，如图 5-9 所示。

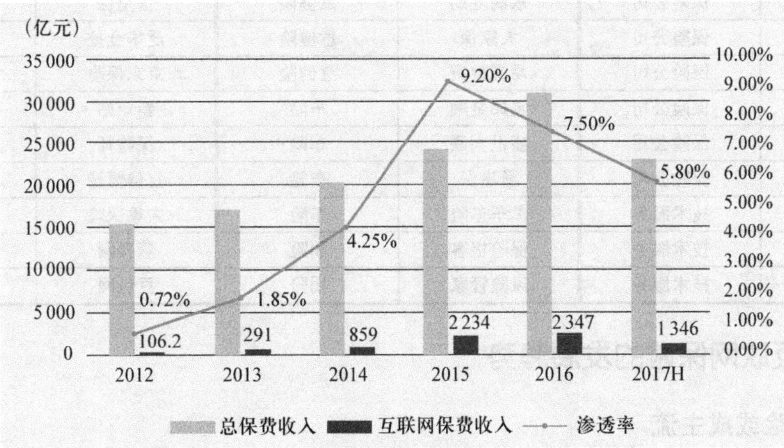

图 5-9　互联网保费收入和渗透率情况

2．互联网保险保费收入结构分析

根据中国保险行业协会公布的数据，2017 年，互联网财产险和互联网人身险分别实现保费收入 493.49 亿元和 1 383.2 亿元，在互联网保险保费总收入中占比分别为 26.29%和 73.71%。可以看出，互联网人身险保费依旧占据主导地位。在互联网保险业务中，2017 年互联网财产险保费收入占互联网保险整体保费收入的份额有所回升；与此相对应，互联网人身险保费收入占互联网保险整体保费收入的份额则从原来的 82.83%下降到了 73.71%。如图 5-10 所示。

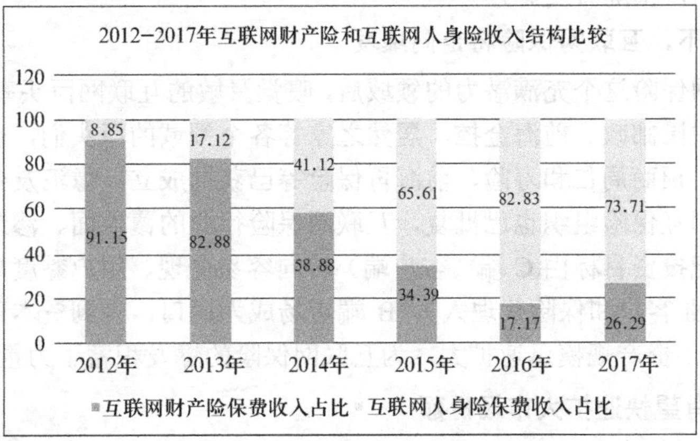

图 5-10　互联网保险网销收入情况

特别是 2017 年出现的“场景险”热潮，带动很多企业开始向“场景险”转型，不断涌现新的消费场景。根据对主营业务或渠道的分类，部分互联网保险企业的业务标签详见表 5-4。从互联网财险的保费收入结构来看，互联网车险的保费贡献最大；从互联网人身险的保费结构来看，寿险占据着主导地位。

表 5-4 部分互联网保险企业标签

公司名称	标签	公司名称	标签	公司名称	标签
众安保险	保险公司	开心保	意健险	携程保险	场景险
泰康在线	保险公司	小雨伞保险	意健险	海绵保	场景险
易安保险	保险公司	水滴互助	意健险	悟空保	渠道
安信保险	保险公司	大家保	意健险	泛华金控	渠道
国泰产险	保险公司	易雍健康	意健险	京东保险	渠道
和泰人寿	保险公司	灵犀金融	车险	新一站	渠道
安心保险	保险公司	盛世大联	车险	保险师	渠道
信美人寿	保险公司	最惠保	车险	宜信博诚	渠道
评驾科技	技术服务	车车车险	车险	大象保险	渠道
熊猫车险	技术服务	保险极客	团险	慧择网	渠道
壁虎车险	技术服务	风险管家	团险	豆包网	团险

（三）互联网保险的发展趋势

1．场景险或成主流

场景险是将功能明确的保险产品嵌入特定的互联网场景，满足特定场景下用户产生的风险管理需求，如嵌入在电商交易、支付账户、在线旅游等具体场景之中的保险，代表性的产品有退货运险、延误险、共享单车险等。场景险因结合了特定场景，使得客户接受度更高，且更加便捷、透明和低成本，随着互联网+的不断深入，大数据、区块链和人工智能等技术应用越来越广泛，社交、购物、美容、餐饮、娱乐、理财等领域将会提供越来越多的场景，从而不断催生出新的保险需求，互联网场景险的前景十分广阔。不过，由于其产品保费低、期限短，往往难以形成规模，且其模式依赖外部场景与流量，容易被复制，需要企业不断创新，增加客户黏性。

2．资本加持下，互联网保险将走向爆发

在发现互联网保险这个充满潜力的领域后，嗅觉灵敏的互联网巨头率先杀入，除 BATJ 外，中国移动、中国邮政、前海金控、居然之家等各个领域的巨头们，也纷纷开始涉足，招商局仁和财险、招商局仁和寿险、前海再保险等已获批成立，像汇友建工、众惠财产、信美人寿等首批相互保险组织也已批复，互联网保险行业的覆盖面、渗透度进一步扩大。随着互联网企业把投资目标由 C 端（客户端）转向容易变现、用户黏度高且不会轻易流失的 B 端（包括企业客户和保险代理人），B 端市场成为风口，受到资本青睐，相关企业不停地“跑马圈地”，资产规模迅速扩大，为互联网保险的爆发积蓄了力量。

3．UBI 车险有望快速扩大市场份额

互联网车险是互联网企业保费的一大来源，随着大数据、车联网等技术的进步，通过汽车 UBI 保险+OBD 车载智能安全硬件+互联网汽车安全服务的模式，将为用户提供更好的汽车安全和金融服务。同时，随着各路资本纷纷入局，区块链、大数据和人工智能技术的不断深入，互联网保险的渗透率将进一步提升，在不久的将来必会获得爆发式的增长。㊀

㊀ 希财新金融．《2017 年上半年互联网保险市场分析报告》．http://www.csai.cn/baoxian/1247123.html．

三、互联网保险的监管

随着互联网金融的不断渗透，互联网保险业取得了飞速发展，各大保险公司业绩空前繁荣，但由于监管不到位，保险市场乱象丛生，原保监会于2015年印发了《互联网保险业务监管暂行办法》，将第三方平台纳入监管体系，随着2016年险资举牌乱象的出现，原保监会连续出台了一系列措施，限制以万能险为主的短中期理财产品，强调“保险业姓保、保监会姓监”，保险要回归其保障本质，在政策的影响下互联网保险的万能险保费出现了大幅下降，而投连险、健康险等险种保费增长较快，未来互联网保险市场保障类产品将获得较快发展。

（一）《互联网保险业务监管暂行办法》解读

《互联网保险业务监管暂行办法》以鼓励创新、防范风险和保护消费者权益为基本思路，从经营条件、经营区域、信息披露、监督管理等方面明确了互联网保险业务的基本经营规则。同时明确了参与互联网保险业务的主体定位，规定互联网保险业务的销售、承保、理赔、退保、投诉处理及客户服务等保险经营行为，应由保险机构管理负责。第三方网络平台可以为互联网保险业务提供网络技术支持服务。

（1）适度放开了部分人身保险产品以及部分面向个人的财产保险产品等险种的经营区域限制。同时，该办法规定对不能保证异地经营售后理赔服务、导致出现较多投诉的保险机构，监管部门将及时采取监管措施，停止其相关险种的经营，保障互联网保险业务经营的稳定健康发展。

（2）强化了经营主体履行信息披露和告知义务的内容和方式，着力解决互联网自主交易中可能存在的信息不透明、信息不对称等问题，以最大限度保护消费者的知情权和选择权。

（3）坚持“放开前端、管住后端”的监管思路，通过明确列明禁止性行为，建立行业禁止合作清单等方式，强化了保险机构和第三方网络平台的市场退出管理，充分发挥优胜劣汰的市场调节机制，督促保险机构及相关第三方网络平台依法合规经营。

（4）要求保险公司加强互联网保险业务的客户服务管理，建立支持咨询、投保、退保、理赔、查询和投诉的在线服务体系，鼓励保险公司创新服务方式，确保客户服务高效便捷，切实保护消费者合法权益。

（二）互联网保险风险专项整治

2016年4月，原中国保监会联合14个部门印发了《互联网保险风险专项整治工作实施方案》。互联网保险领域的整治重点是互联网高现金价值业务、保险机构依托互联网跨界开展业务及非法经营互联网保险业务。防范和打击打着创新的旗号包装粉饰，欺骗投资者，或借用创新概念混淆视听、鱼目混珠、逃避监管，甚至以创新为掩护从事非法集资等非法金融活动的机构和行为；防范和打击采用不正当竞争手段，扰乱了正常经济金融秩序的机构和行为；防范和打击挪用或占用客户资金，甚至制造庞氏骗局，造成众多群众经济损失的机构和行为。在政策监管下，互联网保险将回归保险逻辑。

案例分析

关于防范互联网伪保险产品的风险提示

原中国保险监督管理委员会于2018年1月12日发布的《关于防范互联网伪保险产品的风险提示》显示，据媒体报道有互联网平台销售公众人物“恋爱险”，以在一定期限内公众人物是否保持恋爱关系为赔付条件。经核实，公众人物“恋爱险”并非保险产品，不符合《保险法》规定，也不是由保险机构开发和销售。消费者购买公众人物“恋爱险”，会面临缺乏法律保障的风险。为使广大保险消费者更好地维护自身合法权益，原中国保险监督管理委员会提示：保险消费者要提高警惕，谨防不法分子利用互联网平台发布的虚假保险产品、项目；购买保险时，认真核实是否由保险机构提供保险服务，仔细阅读保险合同、了解保险保障内容，注意识别真假保险，选择合法保险产品。如果遭遇以保险为名实施的赌博、诈骗，应尽快向公安机关报案，维护自身合法权益。

思考：互联网保险专项整治工作的背景和意义有哪些？

（资料来源：根据网络资料整理）

第四节 互联网基金

近年来，我国互联网产业发展迅猛，成为我国经济增长的重要动力之一。公募基金销售借助互联网技术的支持，扩大了金融服务的覆盖面和渗透率，快速汇聚数量庞大的微小客户资金，互联网基金销售渠道也逐渐成为传统基金销售渠道的重要补充。本节主要介绍互联网基金的概念、发展状况和创新趋势。

一、互联网基金的概念

可从两个不同的维度理解互联网基金的概念，一种是指新型的基金销售模式，相对于传统基金线下销售这种方式，互联网基金是指运用互联网平台进行投资基金的理财活动。互联网仅是销售渠道，而基金才是真正的产品。

另一种是指纯互联网基金，即以余额宝为例的宝类产品（本节讲的互联网基金特指宝类基金）。从根本上讲，宝类产品的本质是基金公司的货币基金产品，且在申购、赎回方面优化设置了“T+1”“T+0”等功能；2.0版本的宝类产品实现了支付消费、信用卡还款、取现等功能；3.0版本的宝类产品还实现了宝类和非货币基金等理财的转换功能，目前仍在不断完善用户体验，宝类产品基本运作结构如图5-11所示。

自2013年余额宝推出后，宝类产品得到了充足的发展。应该说宝类产品的推出，受益的是广大投资者。在享受如活期储蓄般便利的同时，获得了活期利率十几倍的收益；同时因为产品起步金额低至0.01元，可以说真正实现了平民理财。㊀

㊀ 傅凌燕. 银行宝类产品与商业银行盈利等指标的实证分析[J]. 时代金融，2018（1）：139-141.

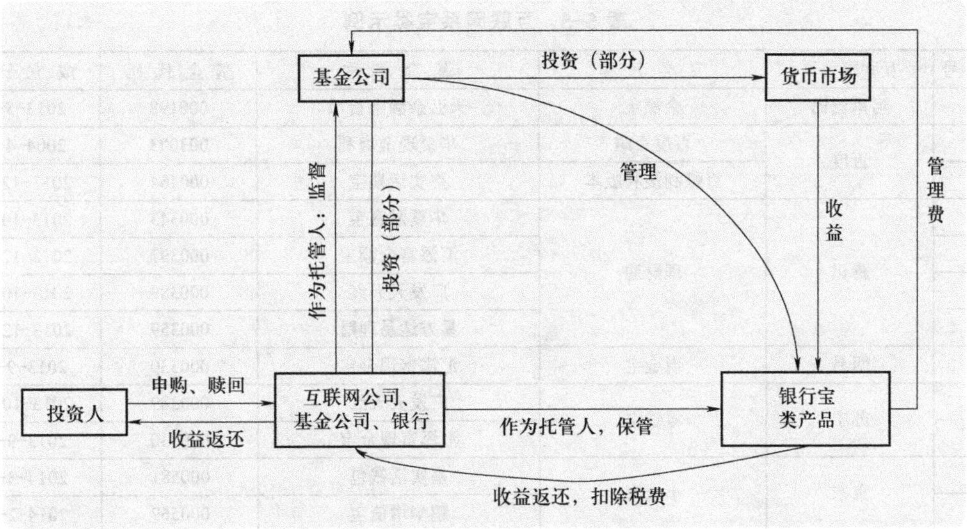

图 5-11　宝类产品基本运作结构

二、互联网基金的发展现状

（一）规模情况

互联网基金产品规模在 2013—2014 年经历了爆发式增长，目前发展平稳。以余额宝为例，2013 年 6 月 17 日上线后的一年间规模猛增，从 2013 年第 3 季度末的 556.53 亿元增加到 2014 年第 2 季度末的 5 741.6 亿元。之后增速逐渐放缓，直到 2017 年规模再度猛增，截至 2017 年年末，余额宝规模达到 15 798.32 亿元。如图 5-12 所示。

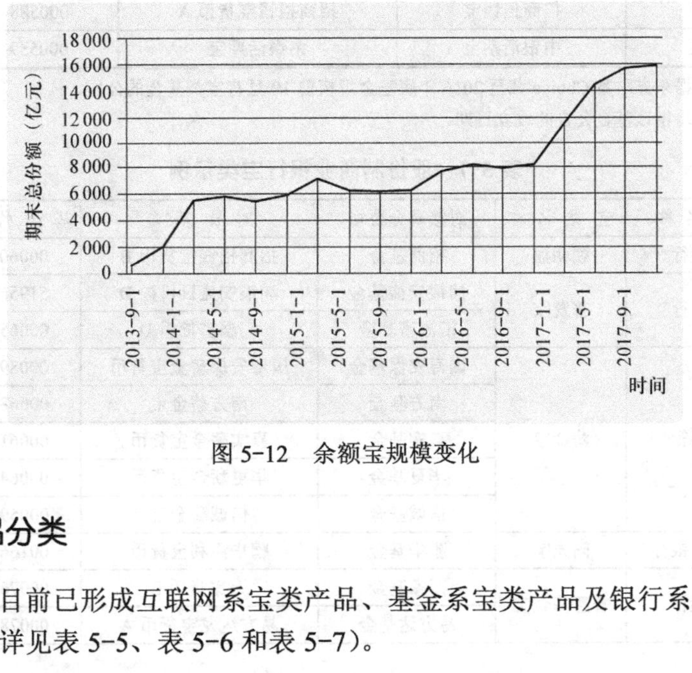

图 5-12　余额宝规模变化

（二）产品分类

互联网基金目前已形成互联网系宝类产品、基金系宝类产品及银行系宝类产品三大类（具体产品示例详见表 5-5、表 5-6 和表 5-7）。

表 5-5　互联网系宝类示例

序　号	互联网公司	宝类名称	基金名称	基金代码	成立日期
1	阿里巴巴	余额宝	天弘余额宝货币	000198	2013-5-29
2	百度	百度百赚	华夏现金增利	003003	2004-4-12
3		百赚利滚利版本	嘉实活期宝	000464	2013-12-18
4	腾讯	理财通	华夏财富宝	000343	2013-10-25
5			汇添富全额宝	000397	2013-12-13
6			广发天天红	000389	2013-10-22
7			易方达易理财	000359	2013-12-13
8	网易	现金宝	汇添富现金宝	000330	2013-9-12
9	苏宁	零钱宝	广发天天红	000389	2013-10-22
10			汇添富现金宝	000330	2013-9-12
11	京东	小金库	嘉实活钱包	000581	2014-3-17
12			鹏华增值宝	000569	2014-2-26
13	新浪	存钱罐	汇添富现金宝	000330	2013-9-12

注：成立日期均指该基金公告的成立日期。

表 5-6　基金系宝类示例

序　号	基金公司简称	宝类名称	基金名称	基金代码	成立日期
1	天弘	余额宝	天弘余额宝货币	000198	2013-5-29
2	工银瑞信	现金快线	工银货币	482002	2006-3-20
3	易方达	e 钱包	易方达天天理财货币 A	000009	2013-3-4
4	华夏	活期通	华夏现金增利货币 A/E	003003	2004-4-12
5	南方	超级现金宝	南方现金通 E	000719	2014-7-2
6	博时	现金宝（博时钱包）	博时现金宝货币 A	000730	2014-9-18
7	招商	招商招钱宝	招商招钱宝货币 A	000588	2014-3-25
8	中银	中银活期宝	中银活期宝	000539	2014-2-14

注：1．以上为根据东方财富 Choice 截至 2016 年底基金规模前 10 且有宝类基金的公司。

2．成立日期均指该基金公告的成立日期。

表 5-7　股份制商业银行宝类示例

序　号	银行名称	宝类名称	对接基金公司	对接基金	基金代码	成立时间
1	招商银行	朝朝盈	招商基金	招商招钱宝货币 B	000607	2014-3-25
2	浦发银行	普发宝	浦银安盛基金	浦银安盛日日盈 D	519568	2014-5-30
			汇添富基金	汇添富货币 D	000650	2014-6-5
3	中信银行	薪金宝	国寿安保基金	国寿安保薪金宝货币	000895	2014-11-20
			南方基金	南方薪金宝	000687	2014-6-23
			嘉实基金	嘉实薪金宝货币	000618	2014-4-29
			华夏基金	华夏薪金宝货币	000645	2014-5-26
			信诚基金	信诚薪金宝	000599	2014-5-14
4	中国光大银行	阳光宝	鹏华基金	鹏华添利宝货币	001666	2015-7-21
5	华夏银行	普惠基金宝	万家基金	万家货币 E	000764	2014-8-25
			易方达基金	易方达龙宝货币 A	000789	2014-9-12

（续）

序号	银行名称	宝类名称	对接基金公司	对接基金	基金代码	成立时间
6	中国民生银行	如意宝	民生加银基金	民生加银现金宝 A	000371	2013-10-18
			汇添富基金	汇添富现金宝货币	000330	2013-9-12
			嘉实基金	嘉实活钱包 E	002917	2016-6-30
			中欧基金	滚钱宝	001211	2015-6-12
			德邦基金	德邦如意货币	001401	2016-2-3
			中银瑞信基金	工银财富货币 A	000760	2015-6-19
			泰康资产基金	泰康薪意保货币 E	002546	2016-4-29
7	广发银行	慧存钱	国寿安保基金	国寿安保鑫钱包货币	001931	2015-10-21
			广发基金	广发天天红 A	000389	2013-10-22
8	兴业银行	兴业宝	兴全基金	兴全添利宝货币	000575	2014-2-27
		掌柜钱包	大成基金	大成现金增利货币 A	090022	2012-11-20
			兴业基金	兴业货币基金 A	000721	2014-8-6
			兴银基金	兴银货币 A	000741	2014-8-27
9	平安银行	平安盈	平安大华基金	平安大华日增利货币	000379	2013-12-3
			南方基金	南方现金增利 A	202301	2004-3-5
10	恒丰银行	恒享钱包	大成基金	大成恒丰宝货币 E	001699	2015-8-4
11	浙商银行	增金宝	易方达基金	易方达增金宝货币	001010	2015-1-20
			国寿安保基金	国寿安保增金宝货币	001826	2015-9-23
12	渤海银行	添金宝	诺安基金	诺安理财宝货币 B	000641	2014-5-12

注：1. 数据来源于各家基金公司官方网站公告的货币基金 2016 年年度报告。

2. 成立日期均指该基金公告的成立日期。

（三）收益情况

货币基金主要的投资方向为国债、票据、同业存单、政府企业债券等短期货币工具。因宝类产品实质为货币市场基金，故其一般收益率较稳定。但在流动性偏紧时，投资者会主动寻求避险且获得稳定收益的投资工具；此时金融机构愿意提高价格吸引资金，投资者也愿意选择货币基金作为配置途径，故若市场资金面偏紧时，宝类产品的收益会相应提高。

爆发于 2013 年 6 月份的“钱荒”风波一改前期的流动性宽松态势，货币市场资金利率持续上行，进而推动了以货币市场工具尤其是协议存款为主要投资标的的货币基金收益率的不断高企。这为宝类基金的推出提供了沃土，当时余额宝持续 6%以上的高额收益率引发了中小投资者的广泛关注，成功推动了其规模的暴涨。

同时因宝类产品的高流动性，故只有产品规模中的一部分可以投资收益较高的债券类产品，其中一部分必须以现金形式存放。而余额宝作为市场上规模最大的宝类产品，它的收益情况往往代表了宝类产品的整体走势，反映了资金市场价格的波动。市场上流传一句玩笑话：“看资金面紧张与否，高富帅看 Shibor（指上海银行间同业拆放利率），普通人看余额宝。”余额宝月均万份收益如图 5-13 所示。

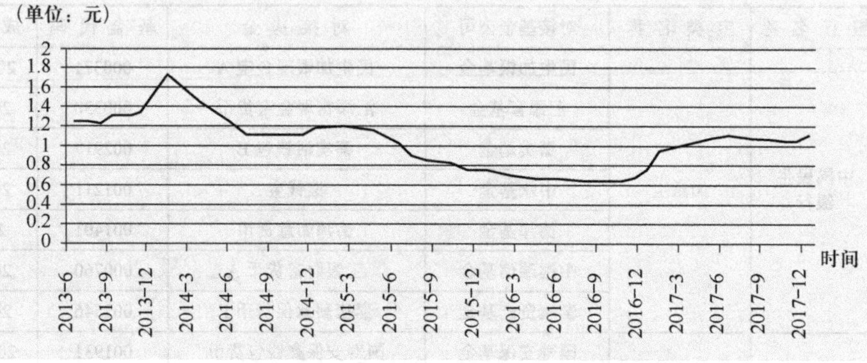

图 5-13　余额宝月均万份收益

衡量宝类产品或货币基金收益有两个指标，万份收益和七天年化收益率。万份收益是指基金公司每日公布的当日每万份基金单位实现的收益金额，即投资 1 万元当日获利的金额，一般宝类产品的万份收益在 0.5～1.8 元之间。七天年化收益率是货币基金最近 7 日的平均收益水平，通过一个较复杂的公式将万份收益代入后计算得出。因其转化成了百分符形式，可以方便地进行比较。目前一般宝类产品的七日年化收益率在 2%～4%之间。

三、互联网基金的创新趋势

互联网基金产品在货币基金产品基础上并未进行颠覆性的改造，最大的创新体现在基金销售模式上。首先，它显著提升了传统货币基金的客户体验，通过降低投资门槛、简化投资程序、收益每日可看、提供快速取现及增值服务等多种方式，在方便客户投资理财的同时，将余额理财的观念融入日常生活。其次，成功的市场营销活动进一步推动了互联网基金产品走进千家万户。比如，余额宝“菜包子变肉包子”的段子、微信理财通春节互送红包等出色营销活动。最后，金融抑制环境下的利率管制成为互联网基金产品持续迈进的难得机遇。它通过将普通投资者的小额分散资金集中起来，以大额资金的形式与银行进行议价，进而获取远超活期存款利率的收益水平的形式，而这正是此类业务能够大获成功的根本原因。

以余额宝为代表的互联网基金的推出，直接冲击了商业银行的业务。商业银行也主动推出如活期般便利，有理财般收益的宝类产品，可以说是银行主动学习、拥抱互联网金融的积极作为。如此直接带动了盈利水平的增加，存款也未必减少。

据《中国基金报》2018 年数据，天弘基金在排除货基规模后，2017 年年末规模滑落至第 48 位，余额宝在提升公司规模和知名度上功不可没。相比互联网宝类产品对接的各种在线应用场景，相比银行宝类产品有那么多存量客户，基金系宝类产品最大的优势在于：赎回资金到账比到银行卡更快；同时购买该基金公司的非货基产品时，可实现低手续费转换。

在科技金融时代，各家公司只有以客户为中心，打造明星产品，创新服务方式，完善用户体验，才能在高速发展的金融时代有立足之地。

案例分析

互联网基金信息披露

2014年的一篇《互联网基金销售中信息披露乱象及其监管》论文中写道：我国互联网基金销售中的信息披露乱象重重，对信息披露的三大基本原则（真实性、准确性与完整性）均提出了挑战。究其原因，是在网络层面信息披露的方式、主体以及对象发生了深刻的变化，在高度发达的网络信息时代，纸质的信息披露方式已经不适应时代的发展。我国现有关于基金信息披露的监管框架虽然对披露主体、披露内容、披露方式、禁止行为、违规惩罚等多方面进行了规定，但是其是在纸质披露时代建立起来的，难以适应网络时代对投资者保护的要求。对此，该文认为，应根据网络特殊性对基金信息披露制度进行重构，构建面向网络、基于网络的基金信息披露系统，实行“网络导向监管”。

思考：你在使用“余额宝”等宝类产品时，觉得还有哪些信息是需要披露的？

（资料来源：根据网络资料整理）

本章小结

（1）互联网银行借助现代信息技术，通过云计算、大数据等方式在线实现为客户提供存贷款、支付结算、汇转、电子信用、账户管理、P2P 金融、投资理财等服务。已成立的互联网银行以客户体验为中心，探索普惠金融方式，目前发展稳定。

（2）互联网证券是指把互联网的技术和思维有机地融入证券业务，为投资方和融资方同时提供以证券标的为主的金融服务。目前实现了证券开户、交易、支付的线上操作，未来将建立以客户为导向的内部架构，积极探索外部合作，创新开发产品、服务或商业模式。

（3）互联网保险是指保险机构依托互联网和移动通信等技术，通过自营网络平台、第三方网络平台等订立保险合同、提供保险服务的业务。互联网保险深受资本市场的欢迎，保费收入不断增长。最近以万能险、投连险和健康险为代表的人身险发展十分迅速，2017年出现了“场景险”热潮。互联网保险风险不容小觑。

（4）纯互联网基金，即以余额宝为代表的宝类产品。它具有起点金额低、资金实时申购赎回、收益稳定且较高等特点，满足了中小投资者的理财需求，成为普惠金融的一股力量。

知识自测

一、单选题

1. 以下业务不能在网络银行办理的是（　　）。

A. 申请贷款　　B. 购买理财产品

C. 提取现金　　D. 票据、债券、外汇等业务

2. 以下不属于网络银行优势的是（　　）。

A. 监管完善　　B. 节约交易成本

C. 能够提供 3A 服务　　D. 能够满足客户个性化需求

3. 2015年2月12日，华夏银行与深圳前海微众银行在北京签署战略合作协议。根据协议内容，两家银行将在资源共享、小微贷款、信用卡、理财、同业业务、生态圈业务等多个领域开展深入的合作。此次合作开启了现代商业银行与新兴网络银行合作的大幕。下列关于网络银行的说法，不准确的一项是（　　）。

A. 网络银行也是经原银监会批准设立的正规银行业金融机构

B. 网络银行可以降低银行的经营和服务成本，从而降低客户的交易价格

C. 网络银行面临更大的网络信息安全风险，但信用风险较低

D. 网络银行与传统银行的合作，不仅有利于网络银行业务的拓展和公信力的提高，也有利于传统银行转型升级

4. 某券商采用“投资者计算机—营业部网站—营业部交易服务器—证券交易所信息系统”的交易通道，则该券商的互联网证券经营模式为（　　）。

A. 证券公司主导模式　　B. IT公司参与发起模式

C. 券商与银行合作模　　D. 三方合作模式

5. 当前最主要的互联网证券业务是（　　）。

A. 互联网证券交易　　B. 在线投资顾问

C. 综合财富管理　　D. 在线证券信息服务

6. 互联网保险风险防范不包括（　　）。

A. 跨界开展非法业务

B. 挪用或占用客户资金

C. 创新推出场景险

D. 采用不正当竞争手段，扰乱正常经济金融秩序

7. 某互联网金融APP推出了免费的“失眠险”“雾霾险”等互联网保险新产品，主要目的是为了（　　）。

A. 跨界经营　　B. 社会效益

C. 基础引流　　D. 上层变现

8. 下列各项“宝类”互联网基金的对应关系，不正确的一项是（　　）。

A. 增金宝——浙商银行　　B. 余额宝——天弘基金

C. 薪金宝——中信银行　　D. 理财通——京东

9. 下列关于互联网基金的说法，不正确的一项是（　　）。

A. “宝类”互联网基金投资管理的核心是流动性管理

B. 互联网基金具有操作便捷、信息对称的特点

C. 互联网基金的发展会取代货币基金银行销售渠道

D. 通过支付宝平台，余额宝给客户提供了集现金管理、理财增值、购物消费、提现转账功能于一身的电子商务流动资金管理需求一揽子解决方案

10. 当前，余额宝成为互联网金融的热门产品，据了解，余额宝资金主要投向货币市场基金和银行的协定存款。从金融分类的角度，对余额宝分析不正确的一项是（　　）。

A. 按金融活动的方式划分，余额宝属于直接金融

B. 按金融活动的目的划分，余额宝属于商业性金融

C. 按金融活动的地理范围划分，余额宝属于国内金融
D. 按金融活动的性质划分，余额宝属于互联网金融

二、多选题

1. 互联网银行的特点包括（　　）。
A. 无需网点　　B. 7×24 时营业
C. 依赖互联网技术　　D. 以科技创新为中心

2. 信息安全风险是网络银行面临的主要风险之一，下列属于信息安全风险的是（　　）。
A. 黑客攻击　B. 网络诈骗　C. 操作不当　D. 硬件故障

3. 网络银行贷款的形式主要有（　　）。
A. 以网银用户为基础的网络贷款服务主要针对的是本行的业务人
B. 网络贷款专属平台、直接页面申请这两种业务形式较为近似，主要依托在线提交信息后，进入常规传统贷款流程。
C. 与第三方电子商务平台合作，则是借助电子商务平台的现有资源及诚信控制机制，为中小企业提供融资，如建行的“e 贷款”系列，与阿里巴巴等平台合作展开
D. 客户填写纸质申请单，银行信贷人员审核后发放贷款

4. 小明打算通过微众网络银行 APP 完成“远程开户”，需要具备的条件有（　　）。
A. 带自拍功能的智能手机　　B. 其他银行借记卡
C. 其他银行信用卡　　D. 安静的环境

5. 互联网证券的支付模式有（　　）。
A. 券商与银行合作模式　　B. 央行独立支付牌照模式
C. “券商+支付机构”模式　　D. “券商+电商”模式

6. 互联网保险根据销售平台及客户来源的不同，其类型可划分为（　　）。
A. 保险公司网站
B. 第三方保险网站
C. 基于第三方电子商务平台的保险
D. 专业网络保险公司

7. 以下关于互联网保险公司的对应关系，正确的有（　　）。
A. 泰康在线——泰康、阿里　　B. 众安保险——腾讯、中国平安
C. 百安保险——百度　　D. 京东互联网理财保险公司——京东

8. 下列选项中能经营互联网保险业务的是（　　）。
A. 保险公司　　B. 全国性保险专业中介机构
C. 第三方网络平台　　D. 保险资产管理公司

9. 互联网基金的特点包括（　　）。
A. 起点金额低至 0.01 元　　B. 收益是活期利率的十几倍
C. 由互联网公司推出　　D. 在申购、赎回方面优化设置了 T+0 功能

10. 互联网基金包括的种类有（ ）。

A. 基金系　B. 互联网系　C. 银行系　D. 保险系

三、判断题

1. 互联网银行以客户体验为中心。（ ）
2. 直销银行即网上银行的一种形式。（ ）
3. 网络银行的特色理财计划与传统银行相比，最突出的优势是灵活性好。（ ）
4. 网络银行与传统银行相比，突出的优势是能提供 3A 服务，3A 是指 Anywhere、Anytime、Anyone。（ ）
5. 2015 年 7 月保监会出台的《互联网保险业务监管暂行办法》重点规范了互联网保险场景创新业务。（ ）
6. 在线证券开户存在实名认证风险。（ ）
7. 目前互联网证券已经完成了立足于互联网思维的金融生态圈的建设。（ ）
8. 第三方网络平台，不可以为互联网保险业务提供网络技术支持服务。（ ）
9. 货币基金的七天年化收益利率由万份收益计算得出。（ ）
10. 赎回余额宝时资金直接转入绑定的银行卡上。（ ）

技能实训

1. 实训主题：以已经开业的网商银行、微众银行、新网银行为例，完成网络银行的远程开户、特色业务设置等业务操作，并将操作步骤截图到 Word 中。

2. 实训主题：找一家证券公司，完成在线证券开户、特色业务设置等业务操作，并将操作步骤截图到 Word 中。

3. 实训主题：找一款互联网场景险，通过上网查找相关资料，了解该款互联网保险应用的场景、针对的人群、产品特点、保费理赔情况，以及风险防范要点，并整理成 Word 或 PPT 的形式进行班级交流。

4. 实训主题：找一款互联网基金产品，完成在线开户、转账、申购、赎回、消费等交易，并将交易流程截图到 Word 中。

第六章　互联网金融新兴业态（二）

学习目标

知识目标

- 掌握互联网信托的概念和发展现状。
- 掌握互联网消费金融的概念和发展现状。
- 了解互联网金融信息门户的概念和分类。
- 掌握征信、互联网征信的概念及类型。

能力目标

- 会分析互联网信托发展的制约因素。
- 会比较互联网消费金融的典型模式。
- 会分析不同类金融信息平台的特点。
- 会分析互联网征信与传统征信的区别。

案例导读

华融信托首推互联网消费信托

2017年3月，华融国际信托有限责任公司顺应时势推出“融华精选”消费信托服务，目标是逐步涵盖手机家电、健康养生、旅游、贵金属、珠宝钻石等商品类以及互助慈善、家族信托等服务领域。其外在形式类似电商模式，但其实是一种基于互联网的事务管理信托。消费者登录华融信托公众号，注册登记，选择心仪产品下单即可。其交易背后是华融信托为每一位消费者都提供了一套独立的信托服务。消费信托对于消费者来说，还有一大吸引力，即信托公司通过合理运用资金等多种形式，让投资者在购买信托产品获得消费权益、达到保护消费者权益的同时，还可以实现消费权益增值的目的。对于消费信托账户余额部分，信托公司还可以受托进行低风险理财，让客户享受“消费+金融”的双重服务。

初期，华融信托选择的消费信托是在互联网渠道销售有机蔬菜、鸡蛋等生鲜产品，这是国内信托公司推出的首家互联网消费信托。

思考：互联网消费信托与传统信托有什么区别？

（资料来源：根据网络资料整理）

本章是第五章的延续，将继续介绍互联网信托、互联网消费金融、互联网金融信息门户和互联网征信四种互联网金融的新兴业态，对这些新业态的概念、类型等内容做一个基本介绍，使读者对互联网金融业态的体系有一个全面的了解。

第一节 互联网信托

互联网信托的产生对拓宽我国中小微企业的融资渠道以及降低融资成本，进而促进我国多层次资本市场和普惠金融的发展具有积极意义。[⊖]本节主要介绍互联网信托的概念及主体、模式及其发展状况。

一、互联网信托的概念及主体

（一）互联网信托的概念

互联网信托是一种创新的互联网金融服务模式，是P2B（Person to Business）金融行业投融资模式与O2O（Offline to Online）线下线上电子商务模式的结合，通过互联网实现个人和企业之间的投融资。通俗地说，互联网信托的理念为互联网金融的安全性增加了一道保障，基于专业金融服务公司的眼光和高于金融行业的自创标准风控体系，对借款企业进行线下的信息核实，资产的抵押和质押，信用评级等征信服务，确保出资人的资金安全。

（二）互联网信托的主体

互联网信托在运营中主要涉及五个直接主体，包括P2B网络借贷平台、个人投资者、融资企业、第三方支付平台和担保机构。

1．P2B网络借贷平台：审核与评估

P2B网络借贷平台作为联系借贷双方的中介平台，主要功能在于审核借款企业融资信息的真实性、抵（质）押物的有效性，评估借贷风险等。此外，P2B网络借贷平台通常会对平台用户做出保本保息承诺，一旦融资企业违约，平台将动用自有风险准备金或其他手段来保证投资者的本息安全。例如，P2B网络借贷平台与第三方担保机构的合作也为投资者的本息承诺树立了一道安全屏障。

2．个人投资者：选择恰当的标的

作为投资主体的个人投资者，要在平台上自行选择匹配自己投资需求的信托项目，选择完成后，个人投资者向平台合作的第三方资金托管账户（大多为第三方支付平台）充入相应资金以向选择的信托项目进行投标，如果收到了平台确认的电子合同，则表明投资成功，即中标。

3．融资企业：申请合适的标的

作为融资主体的融资企业，在相关信用信息平台审核后，向平台提出融资项目申请，同时提交相应的抵（质）押物的所有权证明，经平台再次审核后便可以在限定条件下在平台上发布融资项目信息，如果在融资期限内收到的投资总额达到融资项目的需求额，则表示融资成功。

⊖ 邱勋．“互联网信托”P2B网络借贷模式探析[J]．新金融，2014（3）：28-32.

此外，传统信托公司搭建的网上交易平台被称作互联网信托的另一种模式。从功能上看仅用于品牌形象宣传、信托产品介绍等简单营销服务，这与信托产品的高端私募定位和客户群体年龄结构偏大有关。在这种情况下，信托公司以现有业务和产品为基础来实现与互联网的融合也是一种非常积极的尝试。[㊀]

二、互联网信托的模式

互联网信托在网上运作信托业务，包括通过网络签订信托合同、查询信托信息、转让信托产品等。尽管互联网信托是 2015 年 10 部委印发的《指导意见》所认可的一种业态，但因为信托具有私募属性，与互联网的公开、涉众性存在着天然不匹配，所以与其他互联网金融业态相比，互联网信托的发展相对滞后，至今并未出现相对成熟的、大面积推开的业务模式，反而涌现了不少争议性问题。

目前，互联网信托有四种主要业务模式：互联网信托直销、互联网消费信托、基于互联网理财平台的信托受益权质押融资和信托拆分。从实际运行情况看，除了互联网信托直销外，其他三种模式在合法合规方面均存在一些争议性问题。对此，个人投资者需要对相关业务模式予以甄别，增强风险意识。

（一）互联网信托直销

互联网信托直销即信托公司通过互联网渠道（包括官网、iPad 客户端、手机 APP 和微信平台等）销售信托产品。互联网信托直销的兴起有很强的监管背景。2007 年，原银监会印发《信托公司集合资金信托计划管理办法》，禁止信托公司通过非金融机构进行产品推介。2014 年，原银监会印发《关于信托公司风险监管的指导意见》（即“99 号文”），重申禁止第三方理财机构直接或间接代理销售信托产品。此后，信托公司纷纷建立自己的直销平台。

在实际操作中，信托产品的销售一般要求投资者面签并提供身份证明。2015 年 12 月，中融信托开通了首个视频开户和视频面签系统，实现了真正的互联网直销。目前，包括中信信托在内的多家信托公司均能够提供网上视频签约。除了网上签约外，信托公司的直销平台还提供产品推介、账户管理等多层次服务。

不同于银行及证券公司等其他金融机构，信托公司缺少营业网点，销售能力受限，搭建自己的直销平台则开辟了新的销售渠道并减少了对第三方平台的依赖，合规争议也不大。因此，互联网信托直销有望成为互联网信托在近期的主流业务模式。

（二）互联网消费信托

消费信托连接投资者与产业端，既为投资者提供消费权益，也对投资者的预付款或保证金进行投资理财，从而实现消费权益增值。互联网消费信托是指借助互联网手段发售的消费信托。互联网消费信托的创新在 2014—2015 年较为活跃，2016 年之后随着监管趋严，热度下降。互联网消费信托主要有以下两种形式：

（1）信托公司与互联网平台合作推出互联网消费信托产品。2014 年 9 月，百度联合中

㊀ 贲圣林，张瑞东，等．互联网金融理论与实务[M]．北京：清华大学出版社，2017：117．

影股份和中信信托推出“百发有戏”，通过百度金融中心和百度理财 APP 进行发售。2016 年下半年，中信信托与蚂蚁金服合作推出消费信托产品“乐买宝”（目前已下架）。该产品当时在支付宝的界面中供消费者操作，依托网购平台与商家对接。

（2）信托公司打造消费信托产品，借助互联网手段进行发售。2014 年 12 月，中信信托推出的线上消费信托产品“中信宝”（目前已下线），曾在微信公众号“中信消费信托”上发售。2017 年 3 月，华融国际信托推出消费信托产品“融华精选”，通过其微信公众号发售。

这些消费信托产品与传统信托有较大差异（传统信托的私募特征明显，一般面向高净值客户，投资金额较大）。这些消费信托产品多未采用集合信托的结构，而是面向广大消费者，具有客户众多、小额分散等特点。这种产品结构可以回避《信托公司集合资金信托计划管理办法》关于 100 万元投资门槛、投资期限至少为一年，以及在宣传推介和发售等方面较为严格的限制规定；但由于目前尚未有针对消费信托的监管文件出台，这种在监管空白领域进行的业务创新，面临较高的合规风险。

这些消费信托产品基本都包括两种信托关系。一是消费权益信托，二是资金信托。消费者在购买消费信托产品后，享有标的商品或服务的消费权益，同时支付的款项作为保证金或预付款，由信托公司进行低风险的投资理财管理，获得的收益以现金或消费权益增益的方式回馈给消费者。然而，消费信托产品中的资金信托关系较易引起合规问题。一般认为，如果消费信托产品投资收益用于消费权益增益，则可将其归类为事务管理类的消费信托，法律关系相对简单。如果投资收益以现金形式回馈给消费者，则会形成资金信托关系，可能面临较为严格的集合信托监管。

总之，这些互联网消费信托产品由于市场接受度、合规性、业务逻辑和盈利能力等多方面的先天缺陷，多呈“昙花一现”的特征，尚未能形成持续、成熟的商业模式。

（三）基于互联网理财平台的信托受益权质押融资

在实际操作中，信托受益权质押融资多是通过互联网理财的形式进行，并在资金端实行小额化。但由于信托受益权质押融资在法律上仍属空白，在合规方面较为模糊，所以并没有大规模推开，其形式主要有以下两种：

（1）信托公司自建互联网理财平台，为本公司的存量信托投资客户提供信托受益权质押融资。截至 2017 年 5 月，有两家信托公司——中融信托（目前相关产品已下线）和平安信托推出了此项业务，并且都采用了“以信托受益权为增信手段的融资”这种提法。

（2）在 2014—2015 年的互联网金融热潮中，出现了多家从事信托受益权质押融资业务的 P2P 平台。在 2016 年互联网金融风险专项整治启动之后，开展该业务的 P2P 平台已经不多，目前主要的平台是深圳的第三方互联网理财“高搜易”。

信托受益权质押融资在法律法规方面面临较多争议。《中华人民共和国信托法》《中华人民共和国担保法》和《中华人民共和国物权法》等相关法律并没有将信托受益权作为质押物的具体规定。此外，也没有信托受益权质押登记的主管部门或办理机构。在这样的法律空白面前，一旦出现纠纷，信托受益权质押融资的参与者可能面临信托受益权质押无效等法律风险。在合规方面，信托公司主导的信托受益权质押融资平台需要注意资金端与资产端的匹配，避免触碰“资金池”红线；从事信托受益权质押融资业务的第三方理财平台，则需警惕“非法集资”这条红线。

（四）基于互联网理财平台的信托拆分

信托持有人或受益人享有信托受益权。尽管信托受益权和信托收益权在法律上并没有具体界定，但一般认为，信托受益权是包括了收益权等财产权利在内的综合权利。在2014—2015年的互联网金融热潮中，出现了多家涉足信托受益权拆分转让业务的第三方互联网理财平台，代表者是梧桐理财和信托100。但信托受益权或收益权拆分从推出以来，一直备受合规争议。2016年后随着监管趋严，这些平台在合规压力下纷纷转型。目前仍然存在以信托收益权拆分及转让为名开展业务的互联网理财平台，如上海的多盈理财。

互联网理财平台的信托受益权或收益权拆分最大的问题是很难符合《信托公司集合资金信托计划管理办法》的规定。根据《信托公司集合资金信托计划管理办法》，在信托计划存续期间，虽然受益人可以向合格投资者转让其持有的信托单位，但信托受益权进行拆分转让的，受让人不得为自然人，且机构所持有的信托受益权不得向自然人转让或拆分转让。另外，按照2016年互联网金融专项整治确立的穿透监管原则，该类业务涉嫌违反集合信托“投资于一个信托计划的最低金额不少于100万元人民币，单个信托计划的自然人人数不超过50人”的规定。此外，还存在不少有待讨论的合规问题。比如，多盈理财就通过媒体表示，其业务是合规的，因为法律并没有限制信托收益权拆分转让。但该业务在风险内涵上与信托受益权拆分转让并无区别，所以仍有待监管层给出明确的意见。

三、互联网信托的发展状况

由于信托的私募属性天然与互联网的开放性相悖，同时受制于现有监管体系，目前除了互联网直销，其他形式的互联网信托均表现为“点”状的创新，未能形成大面积推广的业务模式。出现这种情况主要有两个原因：①法律法规对实践中产生的一些问题没有给出明确意见，包括信托受益权能否作为质押物、信托收益权能否拆分转让等，从而使相关实践处于“灰色”地带。②传统信托具有鲜明的私募属性，监管层也相应引入了集合信托的合格投资者认定、禁止违规集资购买信托产品和禁止向自然人拆分转让信托受益权等规定。但这些与互联网的公开、涉众性很难兼容，从而构成了互联网信托发展必须克服的一个内在悖论。

此外，互联网信托发展又有其必要性，特别在服务信托受益权流转方面。截至2017年年末，我国信托业资产规模达到26.25万亿元。信托投资者投入资金大，产品结构复杂、期限长、流动性低，但投资者难免有不时之需，需要转让持有的信托受益权。尽管2013年证监会就发布了《证券公司资产证券化业务管理规定》，首次将信托受益权纳入了可证券化的基础资产范围，但资产证券化属于一项较为复杂的金融业务，从整个行业的角度看，通过资产证券化实现的信托受益权流转覆盖面和影响力较小。因此，有必要探索通过互联网手段来促进信托受益权的流转。

对于投资者来说，互联网信托质押融资以及拆分转让，因其在资产端对应了具有刚兑特征的信托产品，产品本身兑付的风险相对较小，但产品存在合规风险。如果监管明朗化，并将上述产品界定为“违规”，则产品有提前被清盘的风险。互联网消费信托目前可选择的产品较少，消费者能否通过这种模式获得更高“性价比”的产品或服务，仍有待观察。互联网信托产品在短期内应谨慎选择。未来，随着互联网信托监管政策和相关法律的进一步明确和完善，信托向“互联网+”方向的转型创新或将迎来健康的发展。㊀

第二节　互联网消费金融

2017 年，中国互联网消费金融放贷规模达到 4.4 万亿元，比 2016 年增长 904%。本节主要介绍互联网消费金融的概念、发展历程、现状及发展趋势，探讨几种典型的互联网消费金融模式。㊁

一、互联网消费金融概述

（一）互联网消费金融的概念

消费金融（或消费贷、消费信贷）是指以消费为目的的信用贷款，信贷期限在 1～12 个月，金额一般在 20 万元以下，通常不包括住房和汽车等消费贷款，专指日常消费如日耗品、衣服、房租、电子产品等小额信贷。根据消费金融业务是否依托于场景、放贷资金是否直接划入消费场景中，又可以将消费金融业务分为消费贷和现金贷。由于消费金融机构不能完全覆盖各类生活场景，因此直接给用户资金的现金贷成为有场景依托的消费贷的有力补充，大多数消费金融机构都同时具备这两种形式的消费金融产品。

互联网消费金融是指借助互联网进行线上申请、审核、放款及还款全流程的消费金融业务。广义的互联网消费金融包括传统消费金融的互联网化，狭义的互联网消费金融仅指互联网公司创办的消费金融平台。随着传统消费金融机构线上化的发展，本节以广义的互联网消费金融为研究对象。

（二）互联网消费金融的发展历程

互联网消费金融的发展经历了三个阶段，如图 6-1 所示。

（1）启动期：2013—2014 年。政策层面通过成立消费金融公司来鼓励发展消费金融业务，2009 年 7 月，原银监会发布《消费金融公司试点管理办法》，2015 年 6 月，国务院决定开放消费金融公司市场准入。2013 年 8 月，分期乐（乐信）成立；2014 年 2 月，京东白条上线；2014 年 3 月趣分期上线；2014 年 9 月，爱又米上线，行业进入启动期。启动期的相关政策以鼓励业务发展为主，截至 2015 年 6 月，有关部门共批准成立了 15 家持牌消费金融公司。

（2）增长期：2015—2017 年 10 月。2015 年以后，大量互联网消费金融机构、产品涌现，其中包括 2015 年 4 月上线的花呗。2015 年放贷规模超 800 亿元，全年分期乐放贷规模达 61 亿元。政策方面，中国人民银行、原银监会于 2016 年 3 月提出“加快推进消费信贷管理模式和产品创新”。在行业创新、政策鼓励的共同作用下，互联网消费金融进入快速增长期。但是，在快速增长的背后，出现了过度授信、暴力催收等不合规经营方式，2017 年

㊀ 姚崇慧．拆解“灰色”互联网信托[J]．中国外汇，2017（14）：64-66.

㊁ 本部分参考自：艾瑞咨询．2018 年中国互联网消费金融行业报告．

各项资质、业务监管政策出台，行业进入整顿期。

（3）整顿期：2017 年 11 月起。2017 年 6 月，有关部门下发了《关于进一步加强校园贷规范管理工作的通知》，要求暂停网贷机构开展在校大学生网贷业务；11 月下发了《关于立即暂停批设网络小额贷款公司的通知》，要求监管部门不得新批设网络（互联网）小额贷款公司；11 月下发了《关于规范整顿"现金贷"业务的通知》，对现金贷业务做了全面的规范。2017 年，中国互联网消费金融放贷规模 4.4 万亿元增长 904%。下半年政策频出，网络小贷资质暂停发放，存量资质的价值凸显，业务开展资质、开展方式受到政策规范，从短期来看将有碍于互联网消费金融放贷规模的增长，但从长期来看将整顿行业乱象、规范行业发展。

（资料来源：艾瑞咨询）

图 6-1　2012—2021 年互联网金融放贷规模及发展阶段

二、互联网消费金融的现状与发展趋势

（一）互联网消费金融的收入成本与业务能力

互联网消费金融业务成本包含固定成本与变动成本，固定成本具备规模效应。传统机构提供的消费金融业务，在风险定价环节需要投入较高的审核成本，且该成本为变动成本，互联网消费金融的典型变化是通过搭建风控系统模型，实现自动化风控。这一变化将变动成本变为固定成本，虽然前期需要较高的投入，但随着用户数量的增加，具备规模效应。互联网消费金融的收入成本构成如图 6-2 所示。

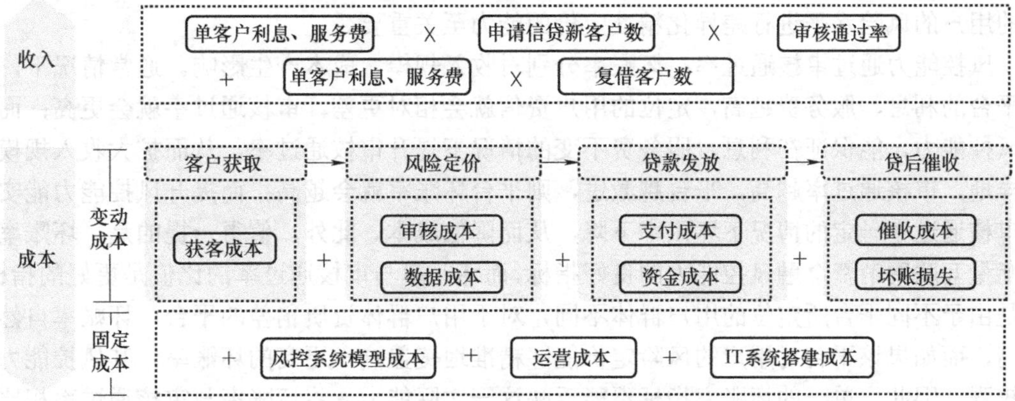

图 6-2　互联网消费金融的收入成本构成

在互联网消费金融业务的成本中，部分成本支出与交付效果的关联不具备强关联关系，不同公司在这些方面付出成本后产生的效果差异较大，而产生差异的原因便在于企业相应的能力。举例来说，消费金融机构付出获客成本，最理想的产出效果是获取特定的目标用户群体，但由于企业获客能力各异，从而成本付出后获取的收入规模各有差异。2016年，趣店、乐信的获客成本占消费金融收入的比例分别为26.0%、12.6%，二者获客成本差异较大，趣店凭借支付宝的导流实现低获客成本。成本与效果的关联关系决定了互联网消费金融三大关键能力，即获客能力、用户体验、风控能力。

1. 获客能力是互联网消费金融业务的三大关键能力之一

如何付出最少的成本获取最多的利息、服务费收入，是提升消费金融获客能力的目标。实现该目标有两种主要方式，第一种是有流量的企业搭建互联网消费金融业务，在不用额外付出流量成本的情况下开展消费金融业务，典型企业有二三四五、微博、搜狗、搜狐等。第二种是互联网消费金融机构通过场景布局、广告投放等方式获取客户，其中，场景凭借精准获客、针对性风控、监管利好等优势成为互联网消费金融业务必争之地。对于有场景的消费金融机构，其场景的市场容量、布局门槛等因素成为其获客能力衡量的关键因素。

2. 用户体验能力可以留住用户以降低获客成本

在获客成本日渐提升的情况下，提升用户体验的价值日益凸显。提升用户体验，挖掘用户在同一平台再次借贷的需求，能帮助互联网消费金融机构省去部分获客环节的成本。提升用户体验的方式包括申请便捷、使用便捷、人性化的督促还款方式以及良好的客服体验。衡量互联网消费金融机构的用户体验水平，用户复借率是个重要指标。根据公开资料，卡卡贷、爱财、趣店的复借率在70%以上，但由于各自统计、计算口径不同，无法进行横向比较。

3. 风控能力决定对用户进行差异化风险定价

风控能力是指互联网消费金融机构对用户进行差异化风险定价的能力。差异化定价之所以至关重要，原因在于用户群体的信用分布在一个区间，实行统一费率时，对于自身风险水平低于该费率对应风险的用户，如果存在其他更为精准的风险定价替代品，则该部分用户便会流失。长此以往，该平台的用户群体将会逐步缩窄，甚至市场萎缩。因此，对不同的用户的风险水平进行差异化精准定价的能力至关重要。

风控能力通过审核通过率、坏账率分别对收入规模、成本产生影响。通常情况下，一个平台的利息、服务费越高，定位的用户资信就会相对更差，审核通过率就会更高；而提升风控能力，能保证在利息、服务费不变的情况下提升审核通过率，从而扩大收入规模。同样地，审核通过率越高，平台越激进，则平台坏账率就会越高；而提升风控能力能实现在审核通过率一定的情况下坏账率下降，从而降低成本。此外，值得一提的是，坏账率并非衡量互联网消费金融风控能力的良好指标，而坏账率与审核通过率的比值是更好的指标。这是由于不同平台所定位的用户群体不同，对于用户群体资质稍差的平台，坏账率自然会更高，而如果该平台对用户的风险定价能够精准地覆盖这一更高的坏账率，其风控能力依旧较强。因此，单一的坏账率指标不能反映这一实际能力，将坏账率与审核通过率相比，其中审核通过率作为平台对于目标群体的控制指标，其衡量结果更能代表平台的风控能力。

（二）互联网消费金融的助贷模式

互联网消费金融机构的资金获取渠道有银行、小贷公司、P2P、ABS（资产支持证券）等。相对而言，银行的资金成本较低且规模较大，由此，由银行提供资金而消费金融平台提供获客和风控的助贷模式盛行。该模式具有两个典型特征：①用户只能感知到助贷机构的存在，因此在该模式中银行只能做资金方，而对银行未来从事消费金融业务没有帮助；②风控由消费金融机构完成，由于风控结果难以衡量且结果滞后，因此大多数平台会对其信贷资产进行增信、对结果承担兜底责任。此外，资金获取能力并非消费金融平台的关键能力，因为资金获取能力取决于平台的信贷资产质量，而信贷资产质量取决于上述获客能力、风控能力。优质资产并不缺乏资金。

（三）互联网消费金融的发展趋势

中国互联网消费金融市场的参与方包括电商、银行、P2P、持牌消费金融机构、消费分期平台、其他消费金融平台。其中电商平台是指从电商开始兴起消费金融业务的机构，包括阿里巴巴旗下蚂蚁金服、京东旗下京东支付以及唯品会。电商平台消费金融凭借高流量、电商场景获得早期快速发展的优势，而后通过支付打通各消费场景，加之风控能力的优势从而实现领先地位。银行凭借其资金成本优势在 2017 年快速发展。消费分期平台（包括趣店、乐信、爱财）起步较早，通过线下推广等方式实现早期市场教育和获客，这个阶段积累的用户成为它们长期发展的关键。

按照获客能力、客户体验、风控能力、资金成本来看待各互联网消费金融市场参与方的能力禀赋，互联网基因更重的电商、P2P、消费分期平台、其他各类消费金融平台在客户体验、风控能力上更优，但资金成本不如银行、持牌消费金融公司。此外，电商消费金融平台四个方面的能力最为齐备。

2017 年，互联网消费金融放贷规模前十机构的放贷量占总放贷规模的 67%，市场集中度下降。这是因为 2016 年、2017 年进入市场的机构较多，且创新性较强，包括打造各种场景类消费金融产品，推动市场整体增速的同时，也提高了长尾机构的市场占有率。艾瑞咨询认为，2018 年，在主流场景开发已基本完成的大背景下，随着市场增速放缓、监管政策趋严，市场集中度将会上升，市场将向有资质、优质的互联网消费金融机构集中。

未来，随着监管政策的逐步出台，互联网消费金融行业将迎来整改的时期，无资质的机构将难以开展互联网消费金融业务，不合规的开展方式将被剥离。中短期内，行业增速将受到影响，行业集中度将提升。在这一期间，业务的合规开展、风控模型改善、风控更加严格将是行业内机构的主攻方向。长期来看，平台的复借率将会逐步上升，不同平台将会拥有自身的长期用户，而这些用户特征将决定这些机构的特征。

三、互联网消费金融典型模式

（一）蚂蚁金服模式

2017 年花呗放贷规模超 9 000 亿元，借呗放贷规模超 5 000 亿元。花呗模式分为账单分期和交易分期，账单分期为虚拟信用卡模式。就三大能力而言，花呗从支付宝、淘宝获取用户，利用芝麻信用为用户提供额度、计算费率。使用场景多，是花呗在用户体验上的明显优势，借助支付宝打通的支付场景，花呗嵌入支付方式中，从而打通各类支付场景。

（二）爱财集团模式

爱财集团致力以金融科技拓展普惠金融的边界，为年轻人提供陪伴式场景金融服务。围绕年轻群体，爱财集团旗下涵盖年轻人消费金融服务平台爱又米、实践创业平台出未校园、互联网理财平台米庄理财、网络小贷平台爱盈普惠等，获取年轻客户群体的能力强。爱财集团旗下爱又米于 2014 年 9 月正式运营，截至 2017 年 9 月，爱财集团实现累计放款金额超过 120 亿元，且平台复购率超 70%，用户体验较好。爱又米是爱财集团旗下的年轻人消费金融服务平台，主打分期电商服务。分期电商从上游产品制造商处购进商品，将商品在电商平台售卖，用户购买时可以选择分期还款，由平台联合金融机构提供消费金融服务。从电商属性上看，对上游产品制造商的议价能力和获取下游客户的能力尤为重要；从消费金融属性上看，风控能力至关重要。爱又米对上游制造商有较强的议价能力，是苹果的最高等级经销商，同时下游客户有较好的复购率。风控能力强，以金融科技发现更多信用，和多家银行、持牌金融机构合作共赢。

（三）维信卡卡贷模式

“维信卡卡贷”于 2015 年 5 月上线，是维信金科集团旗下的移动互联网贷款服务平台，为银行持卡人提供信用卡余额代偿服务。截至 2017 年 11 月，维信卡卡贷实现 APP 下载量突破 2 000 万，实名注册用户 1 800 万，成为信用卡代偿场景消费金融机构中的佼佼者。就开展消费金融业务的三大能力而言，在获客能力方面，维信卡卡贷抓住了信用卡场景，成为其获客的重要来源；在用户体验方面，维信卡卡贷利用优质服务实现了清贷用户 75%的复借率；在风控能力方面，维信卡卡贷后台有 20 档定价，根据用户资质不同实现自动化风险差异化定价。对于有稳定收入、消费能力、信用卡账单分期需求的信用卡持卡人，可在维信卡卡贷 APP 或微信公众号在线完成授信审批，贷款直接汇入持卡人指定的信用卡中，完成信用卡还款，而后用户分期还款给维信卡卡贷。维信卡卡贷的资金来源于中小银行、消费金融公司和信托机构。在风控技术上，维信卡卡贷融入了人脸识别、可信时间戳等多项技术，通过智能决策系统实现全自动化审核和借贷。

（四）兴业消费金融模式

兴业消费金融起源于福建省泉州市。2013 年，泉州市作为唯一的地级市入选原银监会第二批消费金融公司试点城市名单。2014 年 12 月 22 日，兴业消费金融股份公司在泉州成立。2016 年 12 月 22 日，兴业消费金融成立两年，两年累计贷款发放超过 100 亿元，其中线上业务占比 15%以上，且这一比重呈现逐步上升趋势。兴业消费金融产品包含“家庭综合消费贷”“商户业主消费贷”和“网络贷”三大体系，截至 2017 年 9 月，三大体系累计发放贷款超过 200 亿元。兴业消费金融通过“空手到”系列产品开展互联网消费金融业务，空手到 APP 提供家庭综合消费贷和闪电贷两款产品。闪电贷采用邀请制，具备相应资质的用户通过手机线上申请，无须抵押担保，利用信用评估的方式授予用户额度、费率，通过评估后利用手机 APP 直接放款，最快一天放款。

（五）易宝支付模式

对于消费金融机构而言，场景越来越重要，而获取场景有两种方式，一种是直接切入消费，即对已有的消费场景进行布局、整合；另一种是通过切入支付从而实现接入各消费场景，即通过支付公司接入支付公司已布局的消费场景。易宝支付是后者的解决方案提供商。易宝支付于 2003 年 8 月在北京成立，2011 年 5 月获得央行首批颁发的《支付业务许可证》，2013 年 10 月获得国家外汇管理局批准的跨境支付业务许可证。成立 15 年来，易宝支付服务的商家超过 100 万，在航空旅游、游戏娱乐、行政教育等多个领域保持领先地位。针对消费金融平台，易宝支付提供涵盖支付、风控、资金、场景等多维度的解决方案。截至 2017 年 12 月，易宝支付已同超过 500 家消费金融平台达成合作，交易金额达到 2 000 亿元。易宝支付深耕支付领域多年，积累了较多消费场景，涵盖航旅、游戏、教育、保险、电商等多个细分领域。易宝支付可实现将消费金融机构同这些消费场景对接。对消费场景各机构而言，易宝支付提供了多种消费金融产品，帮助它们丰富支付方式、提升用户体验。对于各消费金融机构而言，易宝支付通过场景解决方案为其对接多种类型的消费场景，帮助它们获客、导流。

第三节　互联网金融信息门户

金融信息瞬息万变，随着互联网和信息技术的发展，众多传统金融机构和非金融机构开始通过搭建金融信息服务平台为广大客户提供综合、及时、多元化的信息和服务。本节主要介绍互联网金融信息门户的概念及分类，并分析几个典型的互联网金融信息门户。

一、互联网金融信息门户的概念

互联网金融信息门户也称互联网金融信息服务平台，是指通过互联网技术为客户提供证券、股票、基金、投资理财等金融相关信息的一种服务模式。

垂直化和细分化是互联网金融信息门户的基本发展方向。垂直化，即垂直于某一项服务或某一领域；细分化则是表示对服务或相关领域的进一步聚焦。互联网金融信息门户的主要模式是金融财经网站。广义的财经网站指所有提供网络金融咨询的平台，包括门户财经频道和垂直财经网站；狭义的财经网站仅指垂直并以金融咨询为主要服务内容、以广告为主要营业收入来源的网站。相对于各传统门户网站而言，垂直财经网站的内容更专业、更具深度，在实时更新的金融咨询和评论的基础上能够提供信息类产品交易等增值服务。

金融业作为一个服务型行业，其服务质量对金融业的发展有重要意义，互联网金融信息门户也不例外。随着我国互联网金融市场的进一步开放，客户会对信息服务质量提出更高的要求。[㊀]

㊀ 贲圣林，张瑞东，等. 互联网金融理论与实务[M]. 北京：清华大学出版社，2017：125.

二、互联网金融信息门户的分类

（一）根据服务内容及方式分类

根据提供的互联网金融服务的内容及方式的不同，互联网金融信息门户可以分为第三方资讯平台、金融垂直搜索平台和在线金融超市三大类，而这也是业界最主流的分类方法。

（1）第三方资讯平台。此类平台是为客户提供全面、权威的金融行业数据及行业资讯的门户网站。其典型的代表有网贷之家、和讯网、种财网和网贷天眼等。

（2）金融垂直搜索平台。此类平台聚焦于实现相关金融产品的垂直搜索和匹配比价功能，通过提供丰富的资金供需信息，满足双向自由选择的需求，从而有效地降低了互联网金融交易的搜索和匹配成本。简单来说，金融垂直搜索门户是指利用互联网进行金融产品的销售以及为金融产品的销售提供第三方服务的平台。它的核心是“搜索+比价”的模式，即通过采用金融产品垂直比价的方式，将各家金融机构的产品放在平台上，供用户对比以挑选合适的金融产品。其典型的代表有融 360、好贷网和大家保等。

（3）在线金融超市。在线金融超市包括传统金融机构互联网化开设的各类产品集成销售平台，如中国银行的“中银在线”、软交所科技金融服务平台等；还包括新兴的第三方机构汇聚其他机构的各类产品搭建的代理销售平台，如 91 金融超市、大童网等。在线金融超市往往汇聚了大量的金融产品，提供在线导购以及购买匹配，并在利用互联网进行金融产品销售的基础上，提供与之相关的第三方专业中介服务。

从产业链的角度分析，第三方资讯平台充当外围服务提供商的角色，提供行业资讯及相关数据。金融垂直搜索平台充当媒介角色，提供产品信息。两者均为产业链下游客户服务。而在线金融超市充当代理商角色，位于互联网金融产业链的中游。处于三类互联网金融信息门户上游的企业是金融机构。

（二）根据专注的细分领域分类

根据互联网金融信息门户专注的细分领域的角度不同，互联网金融信息门户又可以细分为 P2P 网贷类门户、信贷类门户、保险类门户、理财类门户和综合类门户五个子类。其中，前四类互联网金融信息门户主要聚焦于单一类别的金融产品及信息，而第五类互联网金融信息门户则致力金融产品、信息的多元化，汇聚不同种类的金融产品和服务信息。

目前发展较快的细分领域是理财类门户。伴随着金融市场化的进程，金融创新步伐加快，各类投资理财产品层出不穷，如各类信托产品、私募基金等。与此同时，这些投资理财产品的合约条款复杂，投资收益高低不一，加上投资者受专业知识和投资技术等限制，使其在面对大量多元化的投资理财产品时，往往很难做出明智的选择，形成最佳的投资组合，甚至有时会遭受损失。在这样的背景下，不同于银行、信托机构的第三方理财专业机构及其开展的第三方投资理财网上服务平台应运而生。这类金融门户网站作为独立的第三方理财机构，通过提供理财产品的投资顾问服务，满足了投资者的理财需求，未来将会进一步发展。

三、互联网金融信息门户典型案例

（一）第三方资讯平台

第三方资讯平台专注于互联网行业和金融产品的最新信息的供应与分析，同时也提供品种丰富的互联网金融投融资产品的具体信息。该类平台对互联网金融信息资源进行汇总、整理，并具备一定的风险屏蔽及预警功能，起到了对 P2P、众筹等平台投融资活动的监督作用。

目前，该类平台的盈利模式与传统资讯类网站的盈利模式相比并无太大差异，依然主要是通过广告联盟的方式来赚取利润。故该模式的核心在于流量，依靠网站的流量、访问量和点击率来吸引广告，从而获取利润。和讯网主页栏目示例如图 6-3 所示。

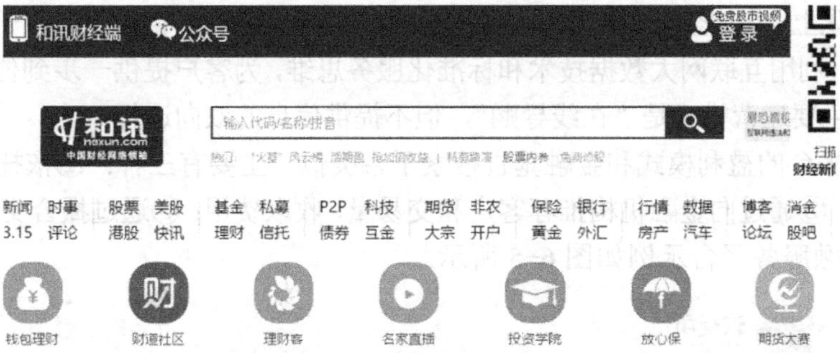

图 6-3 和讯网主页栏目示例

（二）金融垂直搜索平台

金融垂直搜索平台既不参与资金借贷双方的具体交易，也不做属于自己的信贷产品。其根据用户的金融需求和自身的实际情况，在数据库中找到可以满足客户需求的金融产品（目前主要覆盖贷款、信用卡、理财产品、P2P 等），并在搜索结果中予以显示。用户可以选择适合他们的产品并留下联系方式，客户经理将进一步与用户联系，以完成交易。

目前，该类平台的收入来源主要以推荐费和佣金为主，广告费、咨询费及培训费等收入相对占比较低。具体包括以下四种模式：①平台通过向金融机构推荐贷款客户，向各家机构收取相应的推荐费；②撮合交易收取佣金；③金融机构投放网站的广告费；④为传统金融机构提供客户信用评估的收费服务，或者是协助金融机构风险定价，对用户行为数据进行挖掘和分析，再将其出售给对口的金融机构。融 360 主页栏目示例如图 6-4 所示。

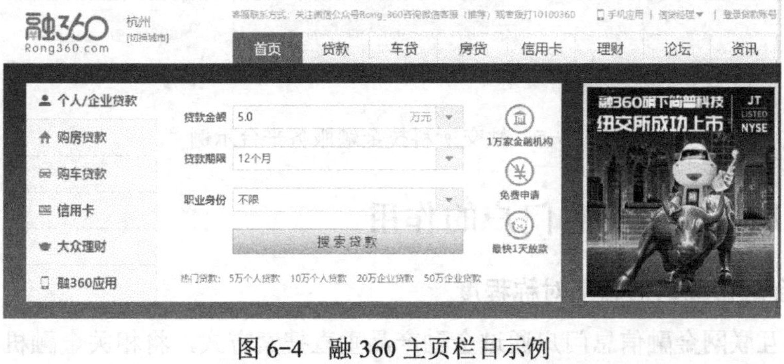

图 6-4 融 360 主页栏目示例

（三）在线金融超市

在线金融超市是在线金融产品导购和销售的平台，通过免费、定制化的顾问式服务，帮助客户以最快速度、最低成本获得最适合自己的各类金融产品。在线金融超市位于互联网金融产业链的中游，是上游众多金融机构的“代理销售商”，被喻为“金融百货公司”，体现了金融业的“无界经营”与混业发展趋势，满足了金融消费者的多样化需求。

与金融垂直搜索平台不同，在线金融超市是为客户和金融机构搭建的“一站式”在线导购平台，通过各种渠道（如 PC、移动 APP、电话等）为客户提供各类金融产品信息、比较购买推荐、消费决策依据以及直接购买等服务。同时，产品种类丰富，涵盖了投资理财、贷款、保险、车险、证券、基金等各类业务与模式。在线金融超市存在的价值主要体现在金融产品的多样化和差异化上。在线金融超市本质上是一种中介升级的思路，将线下类似于金融中介的服务搬到线上来，利用互联网大数据技术和标准化服务思维，为客户提供一步到位的金融产品服务方案，即其主要运营模式是“在线导购”，但不提供信息的双向选择。

目前，该平台的盈利模式和金融垂直搜索平台类似，主要有三种：①依托其流量价值，吸引在线广告；②通过向金融机构推荐客户和交易量，收取费用；③通过撮合交易，收取佣金。软交所科技金融服务平台示例如图 6-5 所示。

图 6-5　软交所科技金融服务平台示例

四、互联网金融信息门户的作用

1. 降低金融市场的信息不对称程度

一方面，互联网金融信息门户通过金融产品垂直搜索方式，将相关金融机构的各类产品放在网络平台上。客户通过对各类产品的价格、收益和特点等信息进行对比，自行挑选适合其自身需求的金融服务产品，从而减少了逆向选择的发生。另一方面，由于 P2P 网贷市场、保险市场存在管理滞后、发展模式粗犷等问题，互联网金融信息门户起到了一定的监督作用，即通过企业征信以及风险预警等方式对相关企业进行实时监督，减少了道德风险的发生。

2．改变用户习惯

在传统的搜索方式下，客户只能逐一浏览各家金融机构网站或光顾其线下网店来比较相关的金融产品，从搜索到购买花费的时间成本较高。而随着大数据及云计算等互联网金融核心技术的发展，互联网金融信息门户将金融产品从线下转移到线上，形成了“搜索+比价”的方式，让客户能快速且精准地搜索和比较相关的金融产品，使其足不出户就可以搜索到满足自身需求的金融产品。

3．形成对上游金融机构的反纵向控制

从长期来看，随着利率市场化水平的不断提升，资本市场的不断完善，国内金融市场将进入金融产品过剩的时代，金融领域的竞争格局也会从产品竞争逐步转向产业链竞争。届时，最稀缺的资源就是稳定的客户资源，当互联网金融信息门户积累了庞大的客户资源，拥有了强大的渠道优势后，势必会像零售商一样，通过反纵向控制推动互联网金融行业的发展。㊀

案例分析

苏宁金融上线国内首个金融行业区块链黑名单共享平台

2018 年 2 月 28 日，苏宁金融宣布上线区块链黑名单共享平台系统，采用超级账本 fabric 联盟链技术，将金融机构的黑名单数据加密存储在区块链上，金融机构可通过独立部署节点接入联盟链，开展区块链黑名单数据上传和查询等业务。据了解，这是目前国内金融行业首个基于区块链技术打造的黑名单共享平台。

该黑名单共享平台在 fabric 联盟链基础上实现了国密算法，主要包括添加、查询、删除黑名单及投诉四大功能。具体而言，金融机构将本机构产生的黑名单数据作为一个交易发布到区块链上，发布即可获得积分，用于查询其他机构发布的黑名单数据；设置投诉服务，当发现黑名单数据造假时，查询机构可在系统中追诉数据提供方。

所有上链数据中的身份证号码、姓名等客户隐私信息，一律经过脱敏处理后加密存储。与此同时，客户贷款金额、逾期天数等敏感信息，则都经过标签化处理后保存到区块链上。更重要的是，该平台创造性地采用了匿名发布查询机制，查询数据的机构和被查询机构均为匿名操作，充分保护了金融机构的商业机密。

未来，随着区块链技术的沉淀，苏宁金融打造的区块链黑名单共享平台，还将纳入灰名单、白名单、客户标签等各种金融信用数据，最终打造成跨行业的信用数据共享平台，形成丰富多元的链上客户画像，在充分保护客户隐私和金融机构商业秘密的基础上，全面助力提高金融行业反欺诈和风控水平，降低金融机构的经营风险和资金成本。㊁

思考：如何理解不同形式的金融信息平台在互联网金融发展中的作用？

㊀ 周雷．互联网金融理论与应用[M]．北京：人民邮电出版社，2016：193-205．

㊁ 节选自南方网．http://it.southcn.com/9/2018-03/01/content_180960922.htm．

第四节 互联网征信

受互联网浪潮的影响，传统征信行业开始摆脱原有的范畴逐渐向外延伸。本节我们将从信用和征信的概念内涵出发，结合互联网新时代下的特征对互联网征信做一个介绍。

一、信用与征信概念辨析

（一）信用的概念

现代经济是信用经济，纵观一切实际经济活动，都以信用为纽带。“信用”一词，源于拉丁文“Credo”，原意为信任、相信、声誉等；英语为“Credit”，也有“相信、信任”之意。两者都具有诚实守信、信守诺言的含义，注重“信”的本意。信用在经济学中则是信贷行为的总称，是以偿还和付息为条件的价值单方面的让渡或转移，注重的是“信”和“用”两者的有机结合，其本质为“债”。偿还性是信用的基本特征。信用是一种有条件的借贷行为，即以偿还本金和支付利息为先决条件。

信用作为一种借贷行为，通过一定的形式对经济活动产生影响。在复杂的经济活动中，由于借贷当事人不同，借贷的目的和用途不同，信用的具体形式也不相同。按照不同的划分标准，信用形式种类繁多，如以期限为标准，有长期信用和短期信用；以地域为标准，有国内信用和国际信用；以信用主体为标准，主要有商业信用、银行信用、国家信用、消费信用、民间信用等。

（二）征信的概念及类型

征信在中国是个古老的词汇，《左传》中就有“君子之言，信而有征”的说法，意思是说一个人说话是否算数，是可以得到验证的。在信用内涵不断丰富的背景下，对征信的研究也各有说法。相关学者认为，征信是指征信机构采集、整理和分析自然人、法人或其他组织的信用信息资料，并以此对外提供信用信息查询、调查、信用评估服务，以帮助客户判断和控制信用风险，进行信用管理的活动。2013 年 1 月，中国颁布的《征信业管理条例》对征信的定义是：“征信业务是指对企事业单位等机构与个人的信用信息给以收集、处理和加工，并向信息使用者提供的活动。”

从目前已有的征信定义来看，较全面的表述为：征信是指征信结构作为信用交易双方之外的独立第三方，收集、整理、保持、加工自然人、法人及其他组织的信用信息，对外提供信用信息查询、调查、信用评估等信用信息服务，以帮助信息使用者判断和控制信用风险，进行信用管理的活动。由此可见，征信由信用信息、信用评估和评估应用三方面内容组成，且主要体现的是信用的经济内涵。

根据不同的标准，征信主要有以下两种分类方式：

（1）根据主导权的不同，征信可分为市场化征信、公共征信和行业合作式征信。市场化征信又称市场主导型征信模式、私营征信模式，是指在征信环节以私有企业为征信主体，采用完全市场化运作的征信模式。在整个过程中，政府只负责制定相关的法律、法规和政策，进行必要、有限的监管，让私有征信主体自由竞争，优胜劣汰。美国、英国、加拿大均以此类征信模式为主。公共征信又称政府主导型征信模式或中央信贷登记征信模式，是指以政府建立的公共信用信息系统为主体的征信模式。它的具体做法主要是由政府（如各国中央银行或银行监管机构）出资设立非营利性的公共征信机构并建立公共信用信息系统，以法律或决议形式强制政府、银行、财务公司、保险公司在内的所有金融机构必须接入公共信用信息系统。同样，按照对等原则，所有信用数据只向金融机构提供而不向社会其他需求方提供，主要为金融监管部门的信用监管和执行货币政策服务。法国、德国、意大利和西班牙均以此类征信模式为主。行业合作式征信又称会员制征信模式，是指以行业协会为主建立信用信息中心，为协会会员提供个人和企业的信用信息互换平台，通过内部信用信息共享机制实现征集和使用信用信息目的的征信模式。日本和巴西均以此类征信模式为主。

（2）根据征信对象不同，征信可以分为个人征信和企业征信。个人征信主要是收集个人信用信息，生产个人信用产品的机构；企业征信主要是收集企业信用信息，生产企业信用产品的机构。

案例分析

征信小助手

征信最为重要的作用是防范在非即付经济交往中受到损失（我们也不排除征信用于其他目的，如用于雇佣目的等），也就是说，征信最重要的目的是落在经济层面上。那么，什么最能显示一个人按期履约的能力和意愿呢？显然，其以往在非即付经济交往中的履约历史记录最能反映。即使一个信息主体平时说话、做事不是很坦诚，但是其履约历史记录却一直非常好，那么，牟利的经济人、授信机构仍然会相信这个人在经济上是一个守约的人，仍然值得与其进行非即付经济交易。什么时候信息主体说话、做事不坦诚等非经济层面的信息会影响授信机构对其守约能力和意愿的判断呢？那就是当没有以往在非即付经济交往中的履约历史记录时，就只能依靠这类信息来判断了。

所以，我们在预测一个人在非即付并无抵押的经济活动中是否守约时，需要的信息是有层次、有重点的。首先是赊销、借贷等活动的历史记录信息，因为这在非即付并无抵押经济活动中金额通常最大，对交易双方的影响也就最大。如果受信方能够按时履约，那么可信度就非常高。至于像电费、通信费、水费等，即使有拖欠，也影响不大，因为影响这些费用的原因很多。当没有赊销、借贷等信息时，就不得不依靠电费、通信费、水费等信息来判断，这就是我们通常所讲的依靠非传统数据进行授信。

目前，全球一些大型的跨国征信机构在信息采集上越来越全面，原因在哪里呢？实际上，主要是为了相互印证，全方位、多角度、更准确地来判断信息主体的信用状况，如采集各类登记信息、行政处罚信息等，同时，也有利于促进信息主体在这些方面更加遵守承诺。征信还有一个重要的特点是尊重事实，让事实说话，即这条信息是可验证、有记录的。对于信息准确性不高的信息，坚决不能采集，因为异议处理将会使征信活动从经济层面看很不划算，并且会影响到征信的公信力。

思考：生活中哪些“细节”会影响你的征信记录？

（资料来源：根据网络资料整理）

征信体系是指由与征信活动有关的法律规章、组织机构、市场管理、文化建设、宣传教育等共同构成的一个体系，不仅包括征信工作本身，还涵盖与征信有关的所有体系建设。

征信体系的功能之一表现在两个层面：在微观层面上，征信体系的核心功能是对信息不对称的矫正，由此而实现相关市场主体行为的规范；在宏观层面上，征信体系的主要功能是服务监管，促进金融稳定。

二、互联网征信的概念及特征

（一）互联网征信的概念

2015 年年初，中国人民银行印发《关于做好个人征信业务准备工作的通知》，要求芝麻信用管理有限公司、腾讯征信有限公司等八家机构做好个人征信业务的准备工作，这些以大数据、云计算为支撑的互联网征信企业的加入，标志着个人征信市场逐步放开，促进了征信市场多元化、信用评级手段创新，对完善征信体系建设具有十分重要的推动作用。互联网征信是我国征信市场建设的新领域，有关互联网征信的定义，本书沿用浙江大学互联网金融研究院观点，认为互联网征信是指互联网征信机构作为信用交易双方之外的独立的第三方，收集、整理、保存、加工自然人。法人及其他组织在使用互联网各类服务时产生的信息，结合线下收集的信息对征信对象进行综合信用评定，在一定程度上评估信息主体的信用风险状况，并将信用评估结果应用于更广泛的金融与非金融场景的过程。[㊀]

（二）互联网征信的特征

中国互联网征信处于发展初期，其特征主要表现为以下四个方面：

（1）数据来源多样化。大数据时代的来临，互联网征信数据不再局限于银行征信数据。一方面，互联网企业的核心业务提供了丰富的互联网征信数据，如芝麻信用依托阿里电商交易数据和客户评价的信用数据，腾讯征信依托社交平台 QQ 用户和微信用户的社交网络数据。这些数据包括了社会、政治、商业、文化、健康等方面的信息，可以作为信用评估模型的弱变量，分析客户的本质行为并预测客户未来趋势。另一方面，P2P 企业自行建设征信数据库。随着 P2P 的发展，P2P 企业收集的征信数据也越来越多，如拍拍贷、人人贷、信而富等企业都建立了自己的征信体系。

（2）覆盖范围广泛化。目前，中国的征信系统覆盖了约 8 亿人，但其中有信用记录的仅占 37%左右，另外的 5 亿多人没有银行信贷记录，对金融部门来说，这 5 亿人是银行的潜在客户，是拓展业务的有利机会。如何了解这 5 亿人的信用情况却成为所有金融机构的挑战。然而，随着互联网的发展，越来越多的个人和企业在互联网上留下了许多信息，拓宽了征信数据范围和来源，大数据和云计算的应用方便了征信数据的采集。利用采集的数据对那些没有信用记录的人做出信用判断，能够满足金融机构对借款人还款意愿和还款能力的贷前审查需要。

（3）数据采集隐蔽化。与传统征信相比，大数据时代的互联网征信企业拥有自己的数

㊀ 贲圣林，张瑞东，等．互联网金融理论与实务[M]．北京：清华大学出版社，2017：185-186.

据采集、整理、加工、分析和使用规则。一是互联网企业对采集数据的处理通常采用云计算、后台加密技术等方式进行，信息主体由于技术原因和信息不对称，并不清楚自身网络信息的搜集范围。二是目前很多互联网企业在隐私政策中规定，有权将用户信息同其他遵守同等隐私政策的平台进行交换和合作，用户容易忽略此类信息。

（4）应用领域丰富化。一是征信数据内容更加全面。如芝麻信用从客户的信用历史、行为偏好、履约能力、身份特质和人脉关系五个维度采集信息，为金融机构评估贷款主体信用、决定是否发放信贷提供重要依据。二是信用评价结果运用更趋于生活化、日常化。除借贷以外，应用领域已经拓展到住宿和出行等更广泛的用途。三是为监管层决策提供有效依据。在掌握了这些大数据后，监管层可以及时了解经济主体信用变化的情况，更加灵敏地做出相应抉择，并通过监控资金流向，检查政策落实情况，实现调控政策的精准性。

三、互联网征信的模式

现阶段，互联网征信不仅是当前中国市场化征信的重要力量，也是对其央行传统征信体系的有效补充。根据互联网征信的不同业态体现或拥有的不同数据源类型，中国互联网征信可以分为第三方支付平台征信、电子商务平台征信、社交平台征信和网络借贷平台征信四种主要模式。㊀

（一）第三方支付平台征信

第三方支付作为互联网金融的主要业态之一，近年来在中国取得了快速的发展。第三方支付企业在提供支付服务的同时，还可通过其自有渠道获取来自POS机、网络支付接口等支付环节的海量数据（如现金流量数据等），使越来越多的第三方支付企业开始基于此优势涉足并发展征信业务。在央行批准进行个人征信业务准备工作的八家公司中，有四家与第三方支付密切相关，具体包括以支付宝为支付端的芝麻信用、以财付通为支付端的腾讯征信、以拉卡拉为支付端的考拉征信和以易宝支付为支付端的北京华道征信。

从产品和服务来看，目前中国第三方支付企业为外界提供的各类互联网征信产品及服务主要包括：以信用报告为主的基础信用评估服务，为信贷风险、反欺诈和账号管理制定参考方案的信用风险解决方案服务，以了解客户需求、生活习惯和行为方式为基础的营销信息服务，通过支付管理提供风险防控的外包业务等。

（二）电子商务平台征信

电子商务是以信息网络技术为手段，以商品交换为中心的商务活动，是传统商业活动各个环节的电子化、网络化和信息化。电子商务平台征信作为互联网征信的一种主要模式，将商户的支付、转账、结算等资金流信息和经营状况、商家登记、客户互动等运营信息相结合，对参与的商户进行信用评估并为其提供贷款资金。此外，电子商务平台将自身业务的营销与互联网征信相结合，开放免费的互联网征信产品，以实现电子商务平台业务的用户黏性和使用率，并提供定制化的征信产品和服务，如偿债能力预测、收入预测等风险评估。

㊀ 贲圣林，张瑞东，等．互联网金融理论与实务[M]．北京：清华大学出版社，2017：200-201．

阿里小贷由阿里巴巴和复星、万向、银泰等于 2010 年 6 月共同出资成立，是中国第一家服务于电子商务领域的小额贷款公司。阿里小贷的征信系统依托阿里巴巴庞大的数据支撑，在运行期间，全国约 4 200 万个小微企业中有超过 1/5 在阿里巴巴平台上进行过交易。通过对这些企业运行信息的挖掘，阿里小贷征信系统了解了企业的订单数量、销售情况、仓储周转、投诉情况等详细信息，为征信评估提供了更为全面的信息支撑。

（三）社交平台征信

社交平台征信的典型代表是依托腾讯社交软件发展的腾讯征信。作为中国最大的互联网企业之一，腾讯公司通过其 8 亿 QQ 账号和超过 5 亿的微信账号积累了海量的社交数据。腾讯征信业务服务的对象主要包括两部分：一是金融机构，通过提供互联网征信服务来帮助其降低风险；二是普通用户，用便捷的方式帮助其建立信用记录，这些信用记录能反过来帮助用户获得更多的金融服务。与现有的央行征信体系有别，腾讯征信主要利用其庞大的用户群体及领先的大数据技术，运用社交网络上的在线消费、社交圈、社交行为等信息为用户建立基于互联网信息的征信报告。当然，需要指出的是，腾讯征信虽在数据源上凭借特殊的社交数据使其得以成为互联网征信的代表模式之一，但是社交数据的弱相关性和极易触及的隐私权问题也使社交数据征信的作用被大大限制。截至目前，社交数据作为征信数据源的有效性仍是一个颇有争议的话题。

（四）网络借贷平台征信

在网络借贷平台征信模式中，最核心的是信贷数据的共享。下面将主要以上海资信网络金融征信系统为例做简单介绍。

网络金融征信系统（NFCS）是由中国人民银行征信中心控股的上海资信有限公司于 2013 年 7 月推出的全国首个基于互联网的专业化信息系统。该系统主要收集并整理 P2P 平台借贷两端客户的个人基本信息、贷款申请信息、贷款开立信息、贷款还款信息和特殊交易信息，通过信息共享，帮助 P2P 平台机构全面了解授信对象，防范借款人恶意欺诈、过度负债等信用风险。截至 2018 年 1 月 31 日，网络金融征信系统累计签约机构 1 122 家，共收录自然人 4 616 万人，其中有借贷记录的自然人 1 984 万人，累计借贷金额 6 715 亿元，累计成功入库记录数 13.8 亿条。

案例分析

互联网时代需要重新定义“征信”

2017 年 6 月 6 日，在中国越来越多的主题日中，又多了一个“信用主题”——芝麻信用日。这个由芝麻信用公司发起的主题日据说被年轻人热捧，除了此前一段时间，共享单车接入芝麻信用免押金博得了年轻人的普遍好感，该公司还针对年轻人推出了“压键盘”超长品牌广告，引发了广告圈争议。

芝麻信用日，之所以成为社会的关注热点，不在于一个企业的宣传行为，而是互联网信用时代的来临，让大多数人切身感受到信用的价值：据芝麻信用披露的数据，截至 2017 年 5 月，国内已经有 14 家共享单车接入芝麻信用，使用人数超过 2 000 万人，免押金总金额约 36 亿元。其中永安行使用超过 1 亿人次，违约用户数不足 50 例；而通过负面信息披露、合作伙伴联动等，芝麻信用已协助最高法联合惩戒“老赖”超过 120 万人，超过 5.4 万名“老赖”因此还清债务，其中 1.1 万名是长达两三年拒不履行判决的“老赖”；芝麻信用还配合国家发改委共同研制信用城市指数，已于 2016 年 11 月纳入“信用城市监测体系”，对全国 300 多个城市的信用状况进行监测和评价，促进地方政府政务精细化管理。

可以说，传统的“征信”概念，在当前“互联网+”风起云涌的时代，已经在概念外延、内涵和使用场景、应用规模等诸多方面产生巨大变化。互联网时代需要重新定义“征信”，需要面向未来，面向金融服务领域之外更广阔的领域去看待信用的价值和建设路径。

思考：怎么看待互联网时代的“信用”？

（资料来源：根据网络资料整理）

本章小结

（1）互联网信托是一种创新的互联网金融服务模式，是 P2B 金融行业投融资模式与 O2O 线下线上电子商务模式的结合，通过互联网实现个人和企业之间的投融资。因为信托具有私募属性，与互联网的公开、涉众性存在着天然不匹配，所以其发展相对滞后。

（2）互联网消费金融是指借助互联网进行线上申请、审核、放款及还款全流程的消费金融业务。广义的互联网消费金融包括传统消费金融的互联网化，狭义的互联网消费金融仅指互联网公司创办的消费金融平台。

（3）金融信息服务平台是指通过互联网技术为客户提供证券、股票、基金、投资理财等金融相关信息的一种服务模式。根据提供的互联网金融服务的内容及方式的不同，互联网金融信息门户可以分为第三方资讯平台、金融垂直搜索平台和在线金融超市三大类。

（4）互联网征信是指互联网征信机构作为信用交易双方之外的独立的第三方，收集、整理、保存、加工自然人、法人及其他组织在使用互联网各类服务时产生的信息，结合线下收集的信息对征信对象进行综合信用评定，在一定程度上评估信息主体的信用风险状况，并将信用评估结果应用于更广泛的金融与非金融场景的过程。

知识自测

一、单选题

1. 制约互联网信托创新发展的最重要因素是（　　）。
   A. 合格投资者标准　　　　B. 信息安全风险
   C. 基础资产收益率　　　　D. 客户服务体验
2. 互联网信托的四种业务模式中，目前没有合规风险的是（　　）。
   A. 互联网信托直销
   B. 互联网消费信托
   C. 基于互联网理财平台的信托受益权质押融资
   D. 信托拆分

3. 互联网金融信息门户最突出的功能定位是（　　）。

A. 提供金融中介服务　　B. 提供信息中介服务

C. 提供自有产品　　D. 提供资金中介服务

4. 经营模式的核心是“搜索+比价”的金融信息门户是（　　）。

A. 第三方资讯平台　　B. 金融垂直搜索平台

C. 在线金融超市　　D. P2P 行业门户

5. 下列关于第三方资讯平台的配对关系，正确的一项是（　　）。

A. P2P 行业门户网站：和讯网　　B. 众筹行业门户网站：种财网

C. 网络银行门户网站：网贷之家　　D. 信托产品门户网站：银率网

6. “财富云”是标准财富为了切入互联网金融领域推出的 O2O 互联网平台，为客户提供全方位的财富管理解决方案。财富云每月对 300 款产品进行初评后，精选 30 款产品进入复评，最后上架 3 款。所以很多公司以有产品上架到财富云平台来衡量公司的实力。这从根本上体现了互联网金融信息门户平台对（　　）的管理。

A. 交易流程　　B. 风险控制　　C. 产品准入　　D. 资金流

7. 下列各互联网金融门户中，不属于“第三方资讯平台”的是（　　）。

A. 种财网　　B. 网贷之家　　C. 和讯网　　D. 融 360

8. 下列哪种类型征信不是根据主导权来划分的（　　）。

A. 市场化征信　　B. 个人征信　　C. 公共征信　　D. 行业合作式征信

9. 以政府为征信主体的是（　　）。

A. 市场化征信　　B. 公共征信　　C. 行业合作征信　D. 企业征信

10. 以下哪个方面不属于征信主要内容组成（　　）。

A. 信用信息　　B. 信用评估　　C. 评估应用　　D. 信用技术

二、多选题

1. 互联网金融门户的盈利来源有（　　）。

A. 广告费　　B. 佣金　　C. 存贷差　　D. 推荐费

2. 互联网金融信息门户的作用包括（　　）。

A. 改变用户习惯　　B. 赚取利润

C. 降低信息不对称　　D. 形成对上游金融机构的反纵向控制

3. 根据细分领域的角度不同，互联网金融信息门户又可以细分为（　　）。

A. P2P 网贷类门户　B. 保险类门户　C. 理财类门户　D. 综合类门户

4. 互联网金融信息门户的主要分类包括（　　）。

A. 第三方资讯平台　　B. 垂直搜索模式

C. 在线金融超市　　D. 股权众筹平台

5. 下列关于各类互联网金融门户盈利模式的说法，准确的选项是（　　）。

A. 在线金融超市能否吸引足够的“上游”金融机构入驻和“下游”客户流量，决定了盈利水平

B. 为传统金融机构提供客户信用评估的收费服务，有望成为金融垂直搜索平台收入的重要来源

C. 互联网金融信息门户作为信息服务平台，应避免行业潜规则，防止出现类似“二手房网”上的恶性竞争、虚假信息等问题

D. 第三方资讯平台的盈利模式与传统资讯类网站差异较大，主要是通过广告联盟的方式来赚取利润

三、判断题

1. 传统信托的私募属性，与互联网的公开、涉众性形成悖论。（ ）

2. 互联网信托实现了 P2B 金融行业投融资模式与线下线上电子商务模式的结合。（ ）

3. 与金融垂直搜索平台不同，在线金融超市提供在线导购平台，并提供信息的双向选择。（ ）

4. 在线金融超市位于互联网金融产业链的下游。（ ）

5. 融 360、91 金融超市均为在线金融超市的代表。（ ）

6. 金融信息服务平台改变了用户习惯，使其足不出户就可以搜索到满足自身需求的金融产品，且没有任何风险。（ ）

7. 信用是一种有条件的借贷行为，即以偿还本金和支付利息为先决条件。（ ）

8. 市场化征信是指以政府建立的公共信用信息系统为主体的征信模式。（ ）

9. 以信用主体为标准，信用可以划分为商业信用、银行信用、国家信用和消费信用。（ ）

10. 根据《信托公司集合资金信托计划管理办法》，集合信托“投资于一个信托计划的最低金额不少于 50 万元人民币，单个信托计划的自然人人数不超过 100 人”。（ ）

技能实训

1. 实训主题：通过上网查找相关资料，了解我国现存的信托相关法律法规，并列表说明互联网信托与传统信托的联系和区别。

2. 实训主题：通过互联网金融信息门户，给自己挑选一款 P2P 产品、金融理财产品和保险产品，并说明选择的理由。请将过程用截图的形式保留到 Word 中。

3. 实训主题：进行个人征信查询。登录中国人民银行征信中心按提示操作获得个人征信报告。同时，进入支付宝，查看自己的芝麻信用分。

讨论分析生活中的哪些“行为”会影响个人的信用。

第七章　互联网金融的创新发展

学习目标

知识目标

- ☑ 掌握大数据的概念、特点和类型。
- ☑ 掌握大数据金融的概念、特征、应用和模式。
- ☑ 掌握云计算、云金融和云支付的概念。
- ☑ 掌握人工智能、智慧金融和智能投顾的概念。
- ☑ 掌握数字货币和区块链的定义。
- ☑ 了解区块链金融的概念及应用。

能力目标

- ☑ 能利用大数据技术分析新金融业态问题。
- ☑ 会分析云计算和云金融在互联网金融领域中的应用。
- ☑ 会分析人工智能在金融领域中的应用。
- ☑ 会分析智能投顾与传统投顾的区别，会应用智能投顾平台。
- ☑ 会分析区块链在现实生活尤其金融行业中的应用。

案例导读

互联网金融全球化发展㊀

在中国金融行业国际化程度不断提升的进程中，互联网金融巨头也加快了“走出去”的步伐。特别是在金融业积极借助“一带一路”倡议走出去的背景下，互联网金融行业利用先动优势，逐渐构建了一条网上“丝绸之路”，增强了互联网金融全球化的发展动力。目前，阿里、腾讯、百度等国内互联网巨头应势而动，在国外试水互联网金融业务，其中阿里巴巴集团及其下属的蚂蚁金服目前布局最广、开展最深入、模式最丰富。

在电商投资领域，阿里先后入股印尼电子商务平台 Lazada、印度电商平台 Flipkart 以及 Snapdeal，同时与泰国泰京银行签署合作协议，为泰国中小企业提供电子商务渠道。在网络支付领域，阿里对印度最大的移动支付平台 Paytm 进行了两轮股权收购，持有其 40%

㊀ 贲圣林，张瑞东，等．互联网金融理论与实务[M]．北京：清华大学出版社，2017：301．

的股份，获得印度央行发放的第一张支付银行牌照，成为我国互联网金融行业“走出去”的标志性事件；同时计划收购泰国 Ascend Money 20%股份，以期进入东南亚市场与俄罗斯大型商业银行 VTB 银行展开合作，让支付宝在俄罗斯落地生根；还与韩国电信等当地企业共同设立互联网银行 K-Bank，开始涉足韩国互联网金融市场；尤其是在 2017 年 1 月与全球知名汇款服务公司 Money Gram（速汇金）达成协议，将以约 8.8 亿美元对其进行并购，拟将战略触角延伸到了美国，但该项目未能获得美国外国投资委员会批准，并购失败。

在大数据金融领域，阿里云在迪拜和新加坡设立数据中心，致力为“一带一路”国家的企业提供优质的数据服务。

思考：什么技术能够支撑互联网金融的全球化发展？

传统金融借助于互联网技术提升交易可达性和获客能力，实现金融创新。互联网金融借助于大数据、人工智能、区块链等技术，形成电子支付、互联网消费金融、网络借贷、众筹等众多创新型商业模式，让更多的人得以享受金融服务，极大地减少了信息不对称和中间交易成本，不断拓展交易的可能性边界，为实现普惠金融提供了新渠道。㊀本章介绍大数据与大数据金融、云计算与云金融、人工智能与智慧金融、数字货币与区块链金融等基本概念，探讨互联网金融的前沿热点问题。

第一节 大数据与大数据金融

随着互联网信息技术的快速发展以及各种数据信息来源的不断涌现，数据量正以前所未有的速度增长，“大数据”一词得到学术界和业界的重视。数据除了作为必要的成分驱动业务外（如金融交易数据、电子商务交易数据），数据产品的开发（通过数据用途的扩展创造的价值，如精准网络广告等）更是为攫取数据财务提供了新的源泉。2015 年 8 月，国务院印发《促进大数据发展行动纲要》，首次明确提出建设数据强国。

一、大数据概述

（一）大数据的概念

大数据是一个宽泛的概念，其中“大”的概念已成为一致共识，但仅凭“数量庞大的数据集”还远远不足以清晰地描述大数据。大多数研究者最初都倾向从技术角度来看大数据，认为大数据是一种难以处理的大规模数据集。而我国的《促进大数据发展行动纲要》中明确指出，“大数据是以容量大、类型多、存取速度快、应用价值高为主要特征的数据集合，正快速发展为对海量巨大、来源分散、格式多样的数据进行采集、存储和关联分析，从中发现新知识、创造新价值、提升新能力的新一代信息技术和服务业态。”

㊀ 龚强．监管科技助力互联网金融创新发展[EB/OL]．清华管理评论，（2018-04-21）．

（二）大数据的特点

从上述定义来看，大数据的核心能力是发现规律和预测未来。同时，大数据具有 4V 特点，即价值高（Value）、体量大（Volume）、速度快（Velocity）、种类多（Variety）。

（1）价值高。大数据的终极意义就是其蕴含的价值。随着社会信息化程度的不断提高，数据存储量的不断增加，数据来源和数据类型的不断多样化，对于企业而言，大数据正成为企业的新型资产，是形成企业竞争力的重要基础，与曾经广为提倡的“品牌价值化”一样，“数据价值化”已经成为企业提高竞争力的下一个关键点。

（2）体量大。大数据首先是数据量大。全球的数据量正以惊人的速度增长，遍布世界各个角落的传感器、移动设备、在线交易和社交网络媒体都要生成上百万兆字节的数据。硬件技术的发展速度已经远远不及数据容量增长的速度，以至于引发了数据存储和处理的危机。

（3）速度快。速度快是指大数据处理速度要求快速。能够及时把握市场动态，迅速实时洞察市场、产业、经济、消费者需求等各方面情况，并能快速制定出合理准确的生产、运营、营销策略，将成为企业提高竞争力的关键。面对大数据的快速处理分析，将为企业深入洞察市场变化、迅速做出响应、把握市场先机提供决策支持。

（4）种类多。大数据的数据类型非常多。随着非结构化数据的比重越来越大，并且其中蕴藏着不可小觑的商业价值和社会经济价值，大数据对传统的数据分析处理算法和软件提出了严峻的挑战。

大数据技术的战略意义不在于掌握庞大的数据信息，而在于对这些含有意义的数据进行专业化处理。换言之，如果把大数据比作一种产业，那么这种产业实现盈利的关键，在于提高对数据的“加工能力”，通过“加工”实现数据的“增值”。故而，大数据技术具备走向众多企业的潜力，并已成为各行各业争相研究的焦点。

（三）大数据的类型

大数据是结构化数据（Structured Data）、半结构化数据（Semi-Structured Data）与非结构化数据（Unstructured Data）的总和，这三种数据类型的定义如下：

（1）结构化数据是指具有一定逻辑结构和物理结构的数据，一般存储在数据库里，可以用二维结构来表达，如每一个员工的名字和其工作年龄就是一个二维结构，每一个员工的年龄和工资也是二维结构。结构化数据一般通过关系型数据库或面向对象的数据库技术来管理。

（2）半结构化数据是介于完全结构化数据（如关系型数据库，面向对象数据库中的数据）和完全无结构的数据（如声音、图像文件等）之间的数据，XML、HTML 文档就属于半结构化数据。它一般是自描述的，数据的结构和内容混在一起，没有明显的区分。

（3）非结构化数据是指其字段长度可变，并且每个字段的记录又可以由可重复或不可重复的子字段构成的数据库，用它不仅可以处理结构化数据（如数字、符号等信息）而且更适合处理非结构化数据（全文文本、图像、声音、影视、超媒体等信息）。

互联网大数据中的典型代表包括：

（1）用户行为数据（精准广告投放、内容推荐、行为习惯和喜好分析、产品优化等）。

（2）用户消费数据（精准营销、信用记录分析、活动促销、理财等）。

(3) 用户地理位置数据 (O2O 推广、商家推荐、交友推荐)。

(4) 互联网金融数据 (P2P、小额贷款、支付、信用、供应链金融等)。

(5) 用户社交等 UGC 数据 (趋势分析、流行元素分析、受欢迎程度分析、舆论监控分析、社会问题分析等)。

二、大数据金融的概念和特征

(一) 大数据金融的概念

大数据金融是指依托于海量、非结构化的数据，通过互联网、云计算等信息化方式，对数据进行专业化的挖掘和分析，并与传统金融服务相结合，创新性地开展相关资金融通工作。广度上，大数据金融重塑了银行业、保险业、证券投资业等金融行业的核心领域。深度上，大数据金融不仅推动了金融实务的持续创新，更催生了金融模式的深刻变革。

(二) 大数据金融的特征

大数据金融具有网络化、信息对称性、高效率、服务边界扩大化和普惠金融等特点。

(1) 网络化。大量的金融产品和服务在大数据金融时代都是通过网络来展现的，其中移动网络正在成为大数据金融服务的一个主要途径。随着法律监管政策的不断完善，大数据技术的不断发展，支付结算、网络借贷、众筹融资、金融咨询等都在通过网络实现，金融实体店的功能在慢慢转型，数量也在减少。

(2) 信息对称性。每个人获取数据的能力不同，金融产品和服务在消费者和提供者之间的信息往往不对称，但在大数据时代这一缺陷得到了弥补，消费者可通过网络实时获知相关的信息。

(3) 高效率。在大数据的环境下，很多流程和动作是在线上发起线上完成，有些是自动实现。强大的数据分析能力，能够及时准确地在最合适的时间和地点将产品和服务提供给广大的消费者，金融业务效率飞速提高，交易成本也随之大幅降低。

(4) 服务边界扩大化。在大数据技术之下，金融从业人员个体服务对象会更多。换言之，单个金融企业从业人员会有减少的趋势，或至少其市场人员有减少的趋势。

(5) 普惠金融。普惠金融指的是能有效、全方位地为社会所有阶层和群体提供服务的金融体系。大数据金融的服务对象和范围扩展，金融服务随之更加接地气，俨然一种“飞入寻常百姓家”的趋势。得益于大数据金融，大多数的老百姓可以进行较小金额的理财服务，享受到存款服务、支付结算服务。

三、大数据金融的应用与模式

(一) 大数据金融的应用

1. 大数据金融在银行业中的应用

与其他行业相比，大数据对银行更具有潜在价值。麦肯锡的研究显示，金融业在大数据价值潜力指数中排名第一。这主要是因为：一方面，大数据决策模式对银行更具针对性。发展模式转型、金融创新和管理升级等都需要充分利用大数据技术、践行大数据思维。另一方面，银行具备实施大数据的基本条件：①数据众多。银行不仅拥有所有客户的账户和资金收付交易等结构化数据，还拥有客服音频、网点视频、网上银行记录、电子商城记录等非结构化数据。②拥有处理传统数据的经验。③较高的薪酬能够吸引到实施大数据的人才。④充分的预算可以利用多项大数据新技术。同时，随着大数据时代的到来，银行经营发生了深刻变化，其中最根本的变化就是银行功能正在从过去的资金中介逐步向信息中介转变，由过去单一的存贷汇服务向信息提供者、业务撮合者、财富管理者转变，从而导致依靠“鼠标+水泥”和存贷利差的传统银行经营模式消失，银行既可以融资也可以融智，传统银行业的基本功能将会被新的金融服务所替代。未来的银行必将是数据驱动型的银行。大数据应用将推动商业银行在经营理念、组织架构、业务流程、管理模式、IT 架构等领域的全面调整和深度整合。

2. 大数据金融在保险业中的应用

保险公司传统的客户服务主要以保单为核心，内容较少。大数据应用可以为保险企业的服务理念打开一个新的思路。在分析客户行为数据的基础上，可以提供综合理财服务、生活消费服务、社交服务等功能，构建保险客户圈，形成以保险带动综合金融的服务体系。平安保险已做出尝试，其发布的壹钱包，率先推出了集保险、理财、购物、支付、转账、社交、生活于一体的综合服务应用。

保险企业可以和拥有丰富数据资源的互联网企业以及其他企业形成合作关系，收集用户的电商平台购物行为、在线支付、浏览记录、乘坐的航班/火车记录、旅行信息、健康记录等尽可能多的数据，凭借大数据技术，对数据进行识别、分类、筛选、统计，再经过“可视化”处理，形成价值数据，作为提供差异化服务的基础。

大数据对保险公司的经营管理也同样具有突出意义。通过对业务流程数据的分析，可以找出其中的问题，并定位问题类型和原因，提出改进措施，从而有助于提高运营管理、销售管理的效率，提升管理水平和管理能力。比如，通过分析理赔作业数据，对理赔时长数据进行分类，找到超长赔付原因后，可以甄别、筛选，制定自动理赔规则，实现实时理赔。

3. 大数据金融在证券业中的应用

大数据金融在证券业中的应用可以体现在三个方面：①推动证券公司日常经营活动中的数据化运营，利用大数据提升证券公司各业务线以及中后台职能部门日常工作中各个环节的运营效率；②利用大数据技术推动证券公司业务的智能化应用，并从中挖掘新的业务形态与业务机会；③基于大数据及相关技术建立一套更加有效、科学的管控工具，保障证券公司各项业务经营风险可控，确保坚守合规底线。与此同时，智能投顾成为财富管理新蓝海，也是近年证券公司应用大数据技术匹配客户多样化需求的新尝试之一。该业务提供线上的投资顾问服务，能够基于客户的风险偏好、交易行为等个性化数据，采用量化模型，为客户提供低门槛、低费率的个性化财富管理方案。

4. 大数据金融在信托业中的应用

大数据在信托领域有着广泛的应用前景，它既是一种工具的创新，同时也是人类历史上认识世界的方法论的一次创新。信托在业务最核心的流程中引入了大数据的方法，对借款人的尽职调查采用了大数据，利用大数据技术发现了很多借款人在原来的尽职调查过程中发现不了的问题，取得了很好的效果。与此同时，信托公司转型的一个重要方向是资本市场，主要业务不仅包括股票、债券等金融产品投资，而且还包括定向增发、FOF㊀、MOM㊁等多个方向。在传统的金融产品投资方面，通过大数据手段，提高对金融市场走势的判断水平，有利于弥补多数信托公司在证券投资能力上的不足。在FOF、MOM等产品组合投资方面，也可以通过大数据分析，对不同的基金投资能力做出更为合理的判断。此外，在信托公司鼓励业务创新的趋势下，利用大数据的商业价值，可以进行多种新产品和新业务模式的尝试。例如，对于消费信托、小额贷款等“零售业务”，信托公司完全可以利用大数据思维，不仅可以针对其行为特征研发具体产品，而且有利于风险的分散与控制。另一个思路是与其他金融机构的合作与对接，如通过健康大数据，开发某种保险产品，并与信托进行对接。

（二）大数据金融的模式

目前，大数据服务平台的运营模式可分为两种：平台模式和供应链金融模式。

1．平台模式

采用平台模式的企业，其平台上聚集了大大小小众多商户，企业凭借互联网平台多年的交易数据积累，利用互联网技术，向企业或者个人提供金融服务。大数据金融的平台模式，是以阿里金融为代表的，阿里金融也称阿里小贷或阿里小额贷款。阿里小贷充分利用了淘宝、支付宝等电子商务平台上积累的客户数据信息，通过交叉检验加上第三方验证确认客户信息的真实性，进而向这些通常无法在传统金融渠道获得贷款的中小微企业发放金额较小、限期较短的小额贷款。蚂蚁金服旗下蚂蚁花呗的目标是利用大数据和互联网服务广大的消费者，基于大数据授信模式，依托电商平台积累的数据，提供即时申请、即时审批的服务，通过之后可直接用于线上线下购物。阿里需要依据大数据保持产品种类的丰富，吸引人气，增加阿里平台的价值，在短时间内发生海量、高频资金交易对于电商平台的支付技术、数据处理，甚至网络安全都带来极大的挑战，这都要依赖强大的数据库作支撑。这种平台模式的优势在于，它建立在庞大的数据流量系统的基础之上，对申请金融服务的企业或个人情况十分熟悉，相当于拥有一个详尽的征信系统数据库。企业以交易数据为基础对客户的资金状况进行分析，能够很大程度解决风险控制的问题，降低企业的坏账率。在依托企业的交易系统基础上，确保具有稳定、持续的客户源。

2．供应链金融模式

供应链金融模式是行业龙头企业依托自身的产业优势地位，通过对上下游企业现金流、进销存、合同订单等信息的掌控，依托自己资金平台或者合作金融机构对上下游企业提供金融服务的模式。供应链金融是供应链管理的参与者作为组织者，对供应链金融资源进行

㊀ FOF是指基金中的基金（Funds of Funds），是一种专门投资于其他证券投资基金的基金。

㊁ MOM是指多管理人基金（Multi-manager Fund），指基金经理不直接将基金资产投资于诸如股票、债券等证券产品，而是用来投资于其他基金或者直接将基金资产委托给其他基金经理来管理。

整合，为其他参与方的资金提供渠道的一种融资方式。对于大数据金融的供应链金融模式，京东金融、苏宁金融无疑是典型代表。它们是在海量的交易数据基础上，以信息提供方或担保方的方式和银行等机构合作，对产业链条中的上下游进行融资的模式。在此合作模式中，京东、苏宁等龙头企业以未来收益的现金流作担保，获得银行的授信，为供应商提供应收账款保理融资等贷款。它们起到的对信息进行确认审核、担保或提供信息的作用，并没有在实质上为用户提供资金的融通，这一职责仍旧由银行或别的资金供给方担任。

案例分析

大数据时代，兴业银行数据中心为什么这么牛㊀

2018年2月28日，兴业银行数据中心获得中国电子工业标准化技术协会信息技术服务分会颁发的国家标准《信息技术服务数据中心服务能力成熟度模型》（GB/T 33136—2016）优秀级认证证书，成为业内首家通过该标准优秀级认证的数据中心，标志着其运营服务能力得到国标认可，达到国内领先水准。

据悉，数据中心服务能力成熟度模型是我国首个对数据中心服务能力成熟度进行评价的国家标准，首创中国自主知识产权的能力框架、管理要求和评价方法，具体由战略发展、运营保障、组织治理3个能力域构成，包含11个能力子域和33个能力项，从数据中心相关方实现收益、控制风险和优化资源的基本诉求出发，涉及人员、过程、技术、资源、政策、领导、文化7个能力要素，历经现场评估、专家评审等环节，通过加权平均最终计算出数据中心服务能力成熟度，从低到高分别为初始级、发展级、稳健级、优秀级和卓越级，其中"优秀级"是国内各个数据中心当前取得的最高级认证。

截至2017年年末，兴业银行数据中心维护的信息系统共195套，操作系统共6 297套，并通过自动化的运维工具和脚本实现除核心业务系统外的所有信息系统的自动批处理作业，正常情况下无须人工介入，异常时则通过监控系统提示人工处理，极大减少了人力资源投入和操作风险，人均系统维护数量处于行业前列，服务质量保持较高水平，兴业银行核心系统2017年可用率达100%，重要信息系统年平均可用率99.998%，非重要信息系统年平均可用率99.984%。

思考：大数据时代，金融机构改革的着力点在哪？

第二节　云计算与云金融

随着信息技术的迅猛发展，信息科技比以往任何时候都更快地改变着金融行业的格局，更深刻地影响着金融行业的销售和服务，成为金融行业核心竞争力的重要组成部分。金融行业传统的集中式架构已无法适应移动互联时代大规模应用对扩展性的要求，分布式可提供弹性资源的云计算已成为解决这一问题的最佳路径。云计算提升了互联网金融企业的大数据分析能力和顾客需求及时响应能力，推动了金融业务的创新。本节主要介绍云计算的基本概念，并以云支付为例，介绍云金融的基本概念。

㊀ 资料来源：中国电子银行网．http://www.cebnet.com.cn/20180301/102469134.html.

一、云计算的概念

云计算是一种服务，由一个可配置的共享资源池组成，用户能够按需使用资源池中的网络、服务器、存储设备、应用和服务等资源，几乎不需花费任何精力去管理。㊀相比传统的自建或租用数据中心方式，云计算让用户能够像使用水、气、煤、电一样使用 IT 基础服务。

在云计算出现之前，传统的 IT 部署架构是“烟囱式”的，即“专机专用”系统。在这种部署架构下，一个应用系统部署在一个服务器上，再配套存储设备和网络连接。因此，如果用户希望建设一个属于自己的网站，需要先找 IT 服务商租用硬件设备，通过每年支付一笔昂贵的租金获得网站的计算、存储和网络资源，之后网站的建设、维护都要自己负责。应用系统较多、规模较大的企业，如互联网公司、银行等，往往会建立自己的数据中心，配置服务器、存储设备等硬件。在有新的应用系统要上线的时候，通过分析其资源需求，确定基础架构所需的计算、存储、网络等设备的规格和数量。在这种部署模式下，硬件的配置和应用系统需要的 IT 资源很难完全实时匹配。例如，在“双十一”时，淘宝、天猫等购物网站的业务量猛增，对 IT 资源的需求也相应增加，而在常规情况下，这些应用系统不需要这么多的 IT 资源，如果按照“双十一”当天的资源需求量来配置 IT 资源，则会造成整体 IT 资源的利用率非常低。

云计算利用虚拟化技术的云基础架构有效地解决了传统基础架构的问题。相比烟囱式的传统部署架构，云基础架构在原有的计算、存储、网络硬件层的基础上增加了虚拟化层和云层。通过将基础硬件设备虚拟化，屏蔽了硬件层自身的差异性和复杂度，形成统一资源池，并通过云层对资源进行统一调度，支持不同应用系统实时的动态调整资源需求，实现真正的资源按需配置，不仅提升了 IT 资源的利用效率，而且有效降低了应用系统对于硬件的依赖性，保障系统稳定。

二、云计算在互联网金融行业的应用

我国云计算发展经历了概念介绍到如今的技术、产业发展与落地应用起步阶段，目前云计算的应用正在各行业、各领域广泛展开，在互联网金融行业的主要应用有以下几个方面：㊁

（一）金融数据处理系统中的云应用

应用云计算构建云金融数据信息处理系统，可以帮助金融机构带来以下变革：

（1）降低金融机构运营成本。云概念最早的应用便是亚马逊（Amazon）于 2006 年推出的弹性云计算（Elastic Compute Cloud，ES2）服务。其核心便是分享系统内部的运算、数据资源，以达到使中小企业以更小的成本获得更加理想的数据分析、处理、储存的效果。而网络金融机构运营的核心之一，便是最大化地减少物理成本和费用，提高线上（虚拟化）的业务收入。云计算可以帮助金融机构构建“云金融信息处理系统”，减少金融机构在诸如

㊀ 美国国家标准与技术研究院（NIST）对云计算的定义。

㊁ 内容参考自：https://baike.baidu.com/item/云金融.

服务器等硬件设备上的资金投入，使效益最大化。

（2）使不同类型的金融机构分享金融全网信息。金融机构构建云化的金融信息共享、处理及分析系统，可以使其扩展、推广到多种金融服务领域。诸如证券、保险及信托公司均可以作为云金融信息处理系统的组成部分，在全金融系统内分享各自的信息资源。

（3）统一网络接口规则。目前国内金融机构的网络接口标准大相径庭。通过构建云金融信息处理系统，可以统一接口类型，最大化地简化诸如跨行业务办理等技术处理的难度，同时也可减少全行业硬件系统构建的重复投资。

（4）增加金融机构业务种类和收入来源。上述的信息共享和接口统一，均可以对资源的使用方收取相关的费用，使云金融信息处理系统成为一项针对金融系统同业企业的产品，为金融机构创造额外的经济收入来源。

（二）金融机构安全系统的云应用

基于云技术的网络安全系统也是云概念最早的应用领域之一。现如今，瑞星、卡巴斯基、江民、金山等网络及计算机安全软件全部推出了云安全解决方案。其中，占有率不断提升的360安全卫士，更是将免费的云安全服务作为一面旗帜，成为其产品竞争力的核心。所以说，将云概念引入金融网络安全系统的设计当中，借鉴云安全在网络、计算机安全领域成功应用的经验，构建“云金融安全系统”具有极高的可行性和应用价值。这在一定程度上能够进一步保障国内金融系统的信息安全。

（三）金融机构产品服务体系的云应用

通过云化的金融理念和金融机构的线上优势，可以构建全方位的客户产品服务体系。例如，地处A省的服务器、B市的风险控制中心、C市的客服中心等机构，共同组成了金融机构的产品服务体系，为不同地理位置的不同客户提供同样细致周到的产品体验。这就是“云金融服务”。事实上，基于云金融思想的产品服务模式已经在传统银行和其网上银行的服务中得到初步的应用。金融机构可通过对云概念更加深入的理解，提供更加云化的产品服务，提高自身的市场竞争力。

例如，虽然各家传统银行的网上银行都能针对客户提供诸如储蓄、支付、理财、保险等多种不同的金融服务，但作为客户，其同一种业务可能需要分别在多家不同的银行平台同时办理。当有相应的需求时，就需要分别登录不同的网上银行平台进行相关操作，极其烦琐。而云金融信息系统可以协同多家银行为客户提供云化的资产管理服务，包括查询多家银行账户的余额总额、同时使用多家银行的现金余额进行协同支付等，均可在金融机构单一的平台得以实现。如此一来，将会为客户提供前所未有的便利性和产品体验。

三、云金融和云支付

（一）云金融的概念

根据前文所述，云计算在金融行业的应用产生了“云金融”的概念。

云金融是指基于云计算商业模式应用的金融产品、信息、服务、用户、各类机构，以及金融云服务平台的总称，云平台有利于提高金融机构迅速发现并解决问题的能力，提升整体工作效率，改善流程，降低运营成本。从技术上讲，云金融就是利用云计算机系统模型，将金融机构的数据中心与客户端分散到云里，从而达到提高自身系统运算能力、数据处理能力，改善客户体验评价，降低运营成本的目的。

云金融应用的一项重要业务就是云支付，下面我们以云支付为例，探讨学习云支付的基本概念以及云金融如何改变传统的互联网金融模式。

（二）云支付的概念

云支付指的是基于云计算架构，依托互联网和移动互联网，以云支付终端为载体，为包括个人、家庭、商户、企业在内的客户提供以安全支付为基础的结算、金融业务、信息、电子商务、垂直行业应用、大数据等各种云服务的新一代支付模式。自银行卡诞生后，传统的现金支付逐渐被方便快捷的卡支付代替，卡支付发展到云支付阶段具体的发展过程可分为如下三个阶段：

（1）第一阶段：传统 POS 机形态单一，业务功能仅限于收单。本阶段支付产品主要是基于 NAC 通信技术的非自主 POS 工具，功能较为单一，采用点对点人工维护升级，应用场景多为商户/商场收单，代表性产品如银联商务收单 POS 机。

（2）第二阶段：传统 POS 机持续发展，电话 POS 机的诞生促进了银行收单客户群迅速扩大。该阶段电话 POS 机（即固网支付终端）诞生，它是一种针对批发市场中小商户的可以受理借记卡刷卡结算、转账付款、查询余额等业务的银行卡受理终端。它将非现金业务范围从单一的商户扩展到批发市场及个人用户、便利店及家庭，收单范围有了较大的横向扩充。在业务功能上，增加了自助类的金融支付服务，如信用卡还款、手机充值、水电煤缴费等，促进了银行在存款、理财及其他中间业务规模的提升。典型产品如交通银行家易通、邮储商易通等。

（3）第三阶段：支付云一管一端一体化架构形成，云支付商业模式潜力巨大。从市场终端方面看，其采纳云计算、移动互联网技术，基于 MTMS 系统实现升级，从而使用户可根据远程下载和远程信息需要对系统能力进行均衡，能够支持几乎所有“金融+商业”等非现金服务，在用户群体上实现了全民覆盖。

（三）云支付的特征

云支付具有以下四个方面的特征：

（1）云支付具有更好的可普及性。云平台能够通过浏览器或者应用软件直接访问，所以云支付对基础设施的要求更低，手机、平板电脑等都可以成为云支付的终端设备。

（2）云支付能够加快交易速度。强大的计算能力使每笔交易都能在云平台上实时得到处理。同时，支付请求的处理在云平台上完成，提高了交易的自动化程度，使交易更加迅速。

（3）云支付具有更高的安全性。在云支付过程中，支付者的相关数据储存在云端，交易请求也在云平台上处理，因此，支付信息不需要在机构之间传输。数据流动过程的简化有效降低了信息泄露的风险。同时，云端的安全防御体系比手机等终端设备和通信传输网络更加完备。

（4）云支付具有更强的可扩展性。云支付能够与其他应用相结合而形成电子支付生态系统，由于基础设施的限制，为了系统能够稳定运行，传统的电子支付系统功能比较单一，而利用云平台的接口，支付系统能够与其他应用相联系，云端的计算能力保证了系统的平稳运行。

案例分析

腾讯云支付

近年来，得益于丰富的场景、便捷的服务，移动支付用户总量和支付频度持续快速增加，移动支付已经成为人们的生活习惯。但是便捷之后也暗藏隐忧，调查报告显示（《2017年移动支付用户调研报告》），商户不支持和安全隐患成为移动支付用户最担心的问题，然后是付费失败等问题。腾讯云支付是借力 TEG（技术工程事业群）多年沉淀的技术能力，由腾讯云联合微信支付推出的移动收单 SaaS 服务，旨在为商户提供一个安全、稳定、高效、易用、低成本接入微信支付的解决方案，助力移动支付行业快速健康地发展。

腾讯云支付旨在提供端到端（从用户到微信支付以及其他第三方支付渠道）的安全、稳定、高效、易用、低成本的商业支付解决方案，完善从用户到支付渠道的最后一公里。对于微信支付，提高支付流程的安全性和稳定性，提升用户信心，减少用户投诉。对于服务商，提供一个安全、易用、低成本、功能丰富的商业支付解决方案，让服务商可以将精力集中到微信支付的推广。对于用户，提高用户体验，提高用户使用微信支付的意愿和信心。云支付在支付链路中的位置如图 7-1 所示。

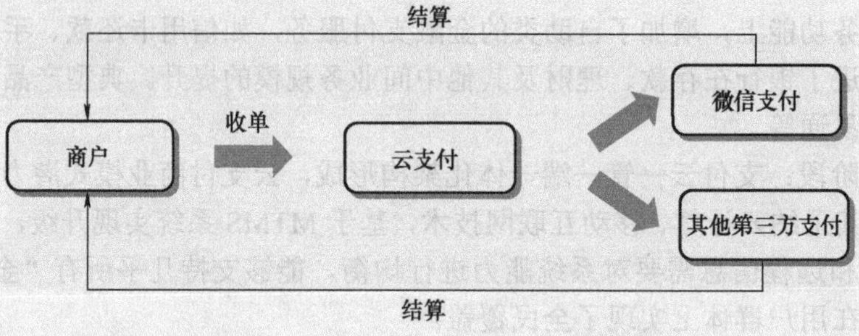

图 7-1　云支付在支付链路中的位置

（资料来源：根据网络资料整理）

思考：从监管政策和技术角度，讨论分析目前云支付推广应用所面临的困难和挑战。

第三节　人工智能与智慧金融

对于金融行业来说，对市场进行更大规模、更快速和更准确的分析始终是行业发展的目标，而人工智能技术由于具备强大的信息储存管理能力、精准迅捷的分析决断能力，能够很好地和金融业务相结合。人工智能通过模拟、延伸和扩展人类的智能，实现了对互联网金融行业中海量数据的高效处理，提升了行业决策效率水平。在这些前沿技术的支持下，互联网金融业务流程、产品模式和客户服务等方面将全面迈向智慧化、普惠化、科学化，最终进入“智慧金融”阶段。本节主要介绍人工智能、智慧金融的基本概念，以及人工智能在金融领域的应用。

一、人工智能概述

（一）人工智能的概念

人工智能（Artificial Intelligence）的英文缩写为AI。它是研究、开发用于模拟、延伸和扩展人的智能的理论、方法、技术及应用系统的一门新的技术科学。人工智能是计算机科学的一个分支，它企图了解智能的实质，并生产出一种新的能以与人类智能相似的方式做出反应的智能机器，该领域的研究包括机器人、语言识别、图像识别、自然语言处理和专家系统等。人工智能从诞生以来，理论和技术日益成熟，应用领域也不断扩大，可以设想，未来人工智能带来的科技产品，将会是人类智慧的“容器”。人工智能可以对人的意识、思维的信息过程进行模拟。人工智能不是人的智能，但能像人那样思考，也可能超过人的智能。

近年来，人工智能技术不断精进，逐渐从实验室走向生活领域，不断渗透到各行各业中去。目前来讲，最易受冲击、最容易切入的领域便是金融业，目前国外有不少金融机构都在尝试使用人工智能来代替传统的人工操作，助力其工作效率的提高以及成本的降低。

（二）人工智能的应用领域

人工智能技术也越来越多地被应用在金融交易中，主要被运用到以下九个领域：信用评估/直接贷款、助理/个人金融、量化和资产管理、保险、市场研究/情绪分析、贷款催收、企业财务和费用报告、通用/预测分析以及监管、合规和欺诈识别领域。[⊖]见表 7-1。

表 7-1 金融科技中的人工智能企业主要分布领域

分布领域	功　能	代表性企业
信用评估/直接贷款	使用人工智能技术进行信用评估和贷款	Affirm、ZestFinance
助理/个人金融	依靠人工智能聊天机器人和移动应用助手监控个人金融活动	Digit、Kasisto
量化和资产管理	使用人工智能算法、投资策略或工具，实现量化交易和资产管理	Sentient Technologis、Numeral Technology LLC.
保险	使用人工智能报价，提供保险服务	Lemonade、Cape Analytics
市场研究/情绪分析	使用人工智能提高研究效率，测量市场情绪	Dataminr、AIphasense
贷款催收	利用人工智能通过个性化以及自动化的沟通方式提高贷款催收效率	TrueAccord、CollectAI

⊖ 陈虹丽．人工智能渗透金融业，金融人将何去何从？[EB/OL]．https://www.qianzhan.com/analyst/detail/220/170828-f5f4ffc4.html.

（续）

分布领域	功　能	代表性企业
企业财务和费用报告	利用人工智能改善企业基础会计业务，包括费用报告	AppZen、Zeitgold
通用/预测分析	在通用语义分析和自然语言应用以及广泛应用型预测分析中利用人工智能技术	Opera、Kenshc
监管、合规和欺诈识别领域	利用人工智能技术识别欺诈行为以及异常金融交易，改善监管合规业务流程	Trifacta、Digital Reasoning

（资料来源：前瞻产业研究院整理）

二、智慧金融的概念和特点

（一）智慧金融的概念

智慧金融是指依托于互联网技术，运用大数据、人工智能、云计算等金融科技手段，使金融行业在业务流程、业务开拓和客户服务等方面得到全面的智慧提升，实现金融产品、风控、获客、服务的智慧化。金融主体之间的开放和合作，使得智慧金融表现出高效率、低风险的特点。

（二）智慧金融的特点

具体而言，智慧金融的特点有：透明性、即时性、便捷性、灵活性、高效性和安全性。

（1）透明性。智慧金融解决了传统金融的信息不对称问题。基于互联网的智慧金融体系，围绕公开透明的网络平台，共享信息流，许多以前封闭的信息，通过网络变得越来越透明化。

（2）即时性。智慧金融是传统金融在互联网时代服务演化的更高级阶段。在智慧金融体系下，用户应用金融服务更加便捷，用户也不会愿意再因为存钱、贷款，去银行网点排上几个小时的队。例如，美利金融自主搭建的大数据平台提供的计算能力，已经可以方便地处理几百万用户多达亿级的节点维度数据，3C 类分期贷款审批平均在 4 分钟左右就可以完成，而对比传统金融人工信贷审查的时间可能需要 10 个工作日（如信用卡审批）。未来即时性将成为衡量金融企业核心竞争力的重要指标，即时金融服务肯定会成为未来的发展趋势。

（3）便捷性、灵活性、高效性。在智慧金融体系下，用户应用金融服务更加便捷。金融机构获得充足的信息后，经过大数据引擎统计分析和决策，就能够即时做出反应，为用户提供有针对性的服务，满足用户的需求。另外，开放平台融合了各种金融机构和中介机构，能够为用户提供丰富多彩的金融服务。这些金融服务既是多样化的，又是个性化的；既是打包的一站式服务，也可以由用户根据需要进行个性化选择、组合。

（4）安全性。一方面，金融机构在为用户提供服务时，依托大数据征信弥补我国征信体系不完善的缺陷，在进行风控时数据维度更多，决策引擎判断更精准，反欺诈成效更好。另一方面，互联网技术对用户信息、资金安全保护更加完善。

智慧金融的实现是基于大规模的真实数据分析，因此智慧金融的决策更能贴近用户的需求。智慧金融代表未来金融业的发展方向，相较于传统金融，智慧金融效率更高，服务成本更低。

案例分析

人工智能渗透金融行业带来的职业影响

随着人工智能不断渗透金融行业，也使得金融行业就业岗位不断缩减。以国际领先的投资银行高盛集团为例，2000 年，高盛集团拥有现金股票交易柜台的交易员多达 600 名，那时候人力鼎盛，人来人往，好生气派。那时不曾有人会料想到，2017 年的交易员仅剩 2 名。从 600 多名到 2 名，现金股票交易柜台的交易员数量骤减，对比鲜明。这足以证明人工智能已真真切切地影响了金融人的就业，颠覆了传统金融行业的操作方式，有效节约了人力成本。

2000—2017 年高盛集团现金股票交易柜台交易员数量变化如图 7-2 所示。

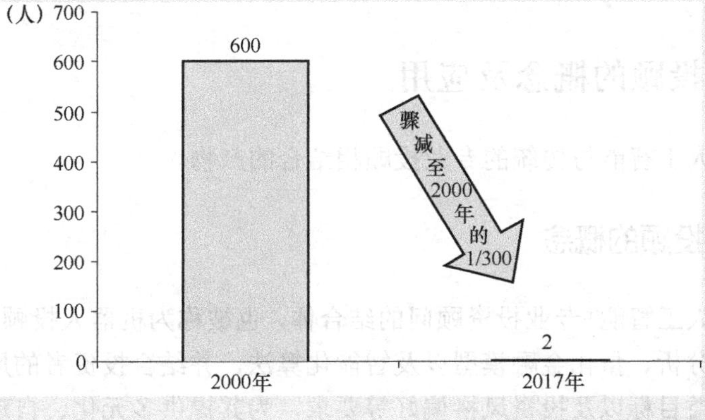

（资料来源：前瞻产业研究院整理）

图 7-2　2000—2017 年高盛集团现金股票交易柜台交易员数量变化

人工智能触手不断伸向金融业，从客服、风控到业务创新，不断颠覆金融业。2011 年以来，华尔街排名前 10 位的投行中超过 10 000 个前台职位被削减，其中仅外汇、固定收益和大宗商品（FICC）三个部门裁员人数就接近 8 000 人，到 2016 年，这些部门的总人数缩水了近 10%。人数逐渐减少的原因就是金融机构推动计算机程序交易的发展，导致人力需求下降。不少金融人看到这个数据就慌了，人工智能不断渗透金融业，相应岗位需求下降，就业形势加剧。另外，摩根大通利用人工智能开发了一款金融合同解析软件，测试发现律师和贷款人员原本需要 36 万小时才能完成的工作，这款软件只需几秒就能完成，错误率大大降低的同时，还节约了人力成本。

2011—2016 年华尔街排名前 10 位投行中前台职位数量占比如图 7-3 所示。

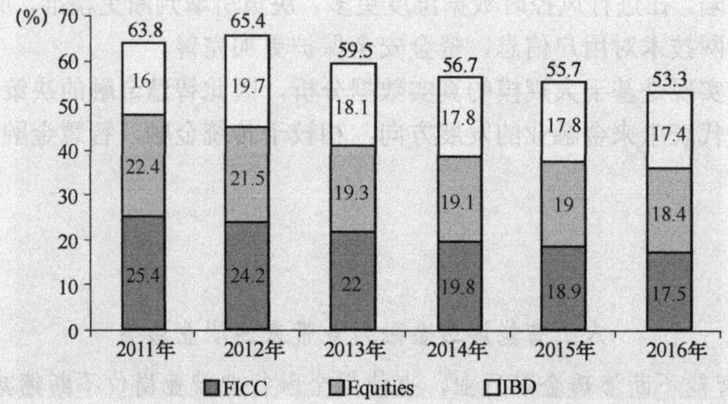

（资料来源：前瞻产业研究院整理）

图 7-3 2011—2016 年华尔街排名前 10 位投行中前台职位数量占比

注：图中的 FICC（Fixedincome、Currencies&Commodities）简称固定证券收益、货币及商品，这里指从事这项业务的部门；Equities 在这里是指从事股权、股票投资业务的部门；IBD（Investment Bankig Division）在这里是指从事兼并、杠杆融资和重组等投资银行业务的部门。

思考：在人工智能不断替代人力劳动的时代，作为金融职业人应该如何应对？

三、智能投顾的概念及应用

智能投顾是人工智能与传统的专业投顾相结合的产物。

（一）智能投顾的概念

智能投顾是人工智能+专业投资顾问的结合体，也被称为机器人投顾（Robo-Advisor），是指利用大数据分析、量化金融模型以及智能化算法，并结合投资者的风险承受水平、财务状况、预期收益目标以及投资风格偏好等要求，为其提供多元化、自动化、个性化的资产配置建议，并对组合实现跟踪和自动调整。

智能投顾的理论基础是马克维茨的投资理论。投资者的投资组合选择可以简化为两个因素，即投资组合的期望回报及其方差。以方差衡量风险，可通过分散化降低风险。给定投资者的风险偏好和相关资产的收益与方差，最优投资组合有唯一解。利用人工智能的计算能力，通过调查问卷等对投资者进行快速的财富画像，确定投资者的风险偏好等级，根据一定的算法为投资者自动实现最优资产配置。

传统投资顾问是以投资顾问的专业素养和从业经验为基础，结合投资者的资产状况、风险偏好、预期收益等，为投资者提供专业的投资建议。智能投顾将人工智能引入投资顾问领域，通过搭建的数据模型和后台算法，提供相关的理财建议。和传统投资顾问相比，智能投顾具有低费用、低门槛、易操作和高透明度等优势。㊀

㊀ 贲圣林，张瑞东，等．互联网金融理论与实务[M]．北京：清华大学出版社，2017：119．

（二）智能投顾服务流程及主要内容

根据美国金融业监管局（FINRA）2016 年 3 月提出的标准，智能投顾服务流程包括客户分析、大类资产配置、投资组合选择、交易执行、投资组合再选择、税收规划、投资组合分析，如图 7-4 所示。

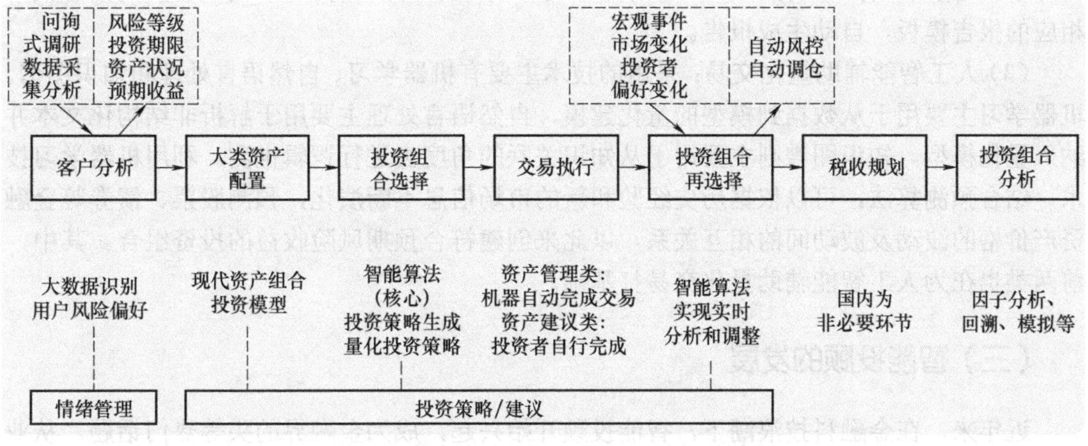

图 7-4　人工智能作用于智能投顾服务链的具体环节

智能投顾服务的主要内容包括客户情绪管理和给予投资策略或建议两个方面。人工智能通过作用于投顾服务链的客户分析、大类资产配置、投资组合选择环节和投资组合再选择环节，帮助投资顾问在各环节做好客户情绪管理和给予投资策略或建议。

1．情绪管理（客户分析）

通过大数据获得用户个性化的风险偏好及其变化规律，人工智能的算法可以帮助投资者更有效地评估他们的长期投资目标、真正的风险偏好，甚至在情绪受到影响时为他们做出更理性的判断并与他们进行沟通。相对于传统投顾的人为沟通环节，智能投顾一方面在一定程度上做到了降本增效，另一方面在于这种风险偏好可以实时进行动态数据采集和计算，减少一定的滞后性。

2．投资策略或建议

（1）大类资产配置：根据用户个性化的风险偏好，结合投资模型定制个性化的资产配置方案，同时利用互联网对用户个性化的资产配置方案进行实时跟踪调整。

（2）投资组合选择：投资组合选择是依据前两个步骤得出的进一步结论。客户分析是测量出好的风险偏好参数，大类资产配置是形成不同风险偏好的资产组合，投资组合选择是完成前两步的一一对应。在这个环节，智能算法辅助投资策略生成以及量化投资策略。

（3）投资组合再选择：投资组合再选择主要是指随着外界（宏观事件、市场、投资者偏好）的变化，智能算法会进行实时分析和调整。如果资产投资配置偏离目标资产配置过大，投资组合再选择可以实施动态资产配置向静态资产配置的重新调整（自动风控/

自动调仓）。

3．智能投顾的主要应用

（1）数据搜索引擎：过去复杂的查询和逻辑判断依赖人工完成，现在用知识图谱和机器学习作为人工的辅助。

（2）自动生成报告：分为结构化数据和生成叙述文章两大步骤，从技术出发可以看作自然语言理解和自然语言生成（+可视化），总体来说，即解析文本，提取出关键信息嵌入相应的报告模板，自动生成报告。

（3）人工智能辅助量化交易：采用的技术主要有机器学习、自然语言处理和知识图谱。机器学习主要用于从数据到模型的量化建模，自然语言处理主要用于解析非结构化文本并纳入量化模型，知识图谱则主要用于从知识关联的角度去进行逻辑推测。利用机器学习技术，结合预测算法，可以依据历史经验和新的市场信息不断演化，预测股票、债券等金融资产价格的波动及波动间的相互关系，以此来创建符合预期风险收益的投资组合。其中，前两类也在为人工智能辅助量化交易打基础。

（三）智能投顾的发展

近年来，在金融科技浪潮下，智能投顾开始兴起，成为金融界的头等热门话题。从业界发展趋势来看，初创公司多以技术为主导，依附传统金融机构做市场的拓展，传统金融机构也在试水智能投顾。据不完全统计，目前国内宣称具有“智能投顾”功能或者正在研发的理财平台已经超过 20 家，主要包括京东智投、聚爱财 PLUS、宜信投米 RA、钱景私人理财、蓝海财富、弥财、来钱、微量网、资配易、胜算在握等。

智能投顾在近年来的发展主要得益于大数据和计算力的提升，其优势在于降低了投资门槛，吸纳了更大规模的投资群体。智能投顾将人工智能和大数据等技术引入投资顾问领域，可以处理海量的信息，快速应对时势，故其具有门槛低、费用低、投资广、操作简单、透明度高和个性化定制六大优势，对中产及长尾客户进行全覆盖，实现全民理财，普惠金融。同时，得益于 Fintech2.0 的互联网、移动互联网应用的增多和数据的积累，利用大数据识别用户风险偏好可以做到千人千面，一方面相对传统理财顾问的面对面沟通方式，智能投顾在一定程度上可以做到降本增效；另一方面，在投资面前人非草木，恐惧和贪婪的情绪会随着市场的涨跌、收入水平等因素的变动而波动，大数据识别对风险偏好可以进行实时动态数据采集和计算，减少一定的滞后性。

智能投顾的局限在于，凡涉及认知层面的东西，人工智能多少有点措手不及。到目前为止，人工智能的优越性主要体现在计算力上，从感知、认知递进的层面来看，目前还停留在感知向着认知层面攀爬的过程，中间横着一个瓶颈期有待挑战；同样，在智能投顾领域，计算机还无法完全替代人类，在一些关键时刻还是需要依靠专业经验来做决策，比如识别风险偏好这个环节，其中的关键是客户有时候实际表达的与其真实风险偏好其实是有差异的，但凡涉及认知层面的东西，如果完全依赖计算机将会导致一些特殊风险的出现。从情绪管理功能看，在相当长的一段时间内，智能投顾会保持 AI+专业经验的状态。而从人工智能涉略的投资策略/建议环节来看，人工智能所能替代的只是初级的信息收集与处理等基础工作，运用大数据独立做投资决策更多是一个概念，成熟市场很少这样操作。在许多金融科技从业者看来，虽然重视人工智能，但远未到委以重任的地步。㊀

四、人工智能在金融领域的应用案例

人工智能不仅在国外风生水起，在国内的发展也是如鱼得水。随着相关政策的加速落地，我国人工智能产业已步入新的发展阶段，2014—2016 年的增速均在 37%以上，其发展增速喜人。当前人工智能行业基础条件已经具备，随着深度学习算法日趋成熟以及数据资源的加速增长，人工智能技术有望不断提升，机器视觉和自然语音处理等人工智能技术将迎来发展新机遇。据前瞻产业研究院预计，到 2022 年，我国人工智能产业规模将达到 680 亿元。

中国人工智能的快速发展，同样影响着中国金融业的发展。伴随着基于大数据的机器学习算法的发展以及语音识别、人脸识别、自然语言处理技术的日趋成熟，一些金融机构如银行也开始引入人工智能，2016 年我国银行业金融机构离柜交易金额超过 1 500 万亿元，平均离柜率达到 84.3%。下面我们来分析三个国内金融领域运用人工智能的案例。㊁

（一）蚂蚁金服金融智能平台

蚂蚁金服拥有人工智能技术应用的丰富场景和海量数据。支付、保险、财富、风控、微贷，这些由蚂蚁金服提供的金融服务背后蕴藏着深厚的人工智能技术实力。蚂蚁金服构建了一个金融智能平台，从底层的图像理解、语音识别能力，在此之上发展了自然语言处理（NLP）的能力，然后基于这些技术诉求进行机器学习、深度学习，分析时间序列，如预测余额宝的利率变化等。在最顶层，技术团队发展出推理和决策的能力，使其能够帮助用户和金融合作伙伴做出明智的决策。

蚂蚁金服金融智能平台里囊括了一系列的人工智能技术，包括强化学习、无监督学习、图推理、共享学习等。这些技术的选择始终需要满足金融领域的实时对抗性、大规模以及安全加密性。蚂蚁金服的定位为 Techfin，中文名为“金融科技”，“科技”是公司的核心。当下，人工智能技术是科技公司最核心的能力之一。蚂蚁金服 2017 年的两个关键词是“开放”和“人工智能”，即希望使用先进的人工智能技术驱动业务，同时蚂蚁金服作为科技公司，遵循“技术成熟一个，就开放一个”的原则，蚂蚁金服强大的技术能力将会开放赋能给合作伙伴及金融机构，让他们能在各自的专业领域进一步发挥所长。

蚂蚁金服“人工智能+金融”有着非常丰富的应用场景㊂，如图 7-5 所示。在财富领域，蚂蚁金服可以利用人工智能技术做理财产品的精准推荐、智能投资顾问；在芝麻信用板块，人工智能技术可以利用用户画像做精准评估。

㊀ 内容节选自：亿欧智库.《智能投顾的现实，重视 AI 但远未委以重任》，https://www.iyiou.com/intelligence/insight42031.

㊁ 漆远．金融智能在蚂蚁金服的发展与应用[EB/OL]．http://www.sohu.com/a/162168329_99940985．

㊂ CCAI 2017 专题论坛：拥抱智能金融新时代[EB/OL]．https://weibo.com/ttarticle/p.

图 7-5 蚂蚁金服的智能金融场景

1．使用机器学习技术建立安全风控系统

在安全风控场景中，会涉及用户、终端设备、商家等多个实体，他们之间通过资金流动形成互联。传统的风控技术依赖于建立好的诸多规则和模型。过去 10 年来，蚂蚁金服使用机器学习技术建立起了强大的风控系统，并希望能在此基础上进一步升级风控系统。

2．运用人机对话提高智能客服效果

智能助理和机器人是人工智能领域最热门的话题之一，其中“人机对话”是关键。如果你现在打开支付宝中的“智能客服”页面，你就可以与支付宝人工智能客服进行互动，感受人工智能客服的有问必答。此外，蚂蚁财富的社区机器人是蚂蚁金服智能对话机器人的又一案例，用户直接输入问题或者参与讨论，都可以得到她的回答，她甚至还提供舆情分析等强大功能。

3．采用强化学习技术提升花呗智能签约率

对于许多商家来说，如何发放优惠券、通过什么渠道发放、发给谁（事件+人群+渠道）能取得最大收益，这些都是非常有价值的商业问题。针对这些问题，蚂蚁金服采用了深度强化技术，整个框架设计上采用了流式强化学习框架，所以能够实现实时更新，整个算法能够在框架上迭代。此技术最终实现了推荐卡片点击率 171%的增长，最终签约率也实现了可喜的 149%的增长。

4．利用图像技术解决车辆定损效率

定损宝是一个利用图像技术的车辆定损产品。简单来说，当车主在行驶过程中不幸发生了一次小车祸，自己的爱车损伤后需要保险公司定损赔偿。他不再需要耗费精力走联系定损员等烦琐流程，而仅需要将车辆损伤部位拍张照片上传至定损宝，定损宝就可以根据图片对车辆损坏程度定损。这一技术极大地节约了车险公司高昂的定损员培训等其他人力的支出。从图像的噪声去除、类目识别，到目标检测、原因判断，再到程度判断（损坏程度）、目标跟踪，之后对目标进行分割、多图融合，最终生成决策并进行验证，整个链路都依托于深度学习技术。目前，全国每年车险案件达 4 500 万起，其中 60%都为纯外观损伤案件。定损宝能够将案件的平均处理成本降低至 150 元，同时可减少 50%的作业量，更可以解决偏远地区定损员人力不足的问题。

（二）平安科技人工智能实验室

2017 年 5 月 10 日，平安集团旗下平安科技人工智能实验室取得里程碑式的成果：根据国际权威人脸识别公开测试集 LFW（Labeled Faces in the Wild）公布的测试结果，平安科技人脸识别技术以 99.8%的识别精度和最低的波动幅度领先国内外众多知名公司，位居世界第一。该精度为 LFW 所公布的最佳成绩，也是平安科技在学术界取得的首项世界第一的纪录。平安集团人脸识别技术金融类应用场景包含信贷审批、信用卡批量比对、银行业务身份核实、互联网账户开户、账户登录、投保核保等。众多知名金融企业也采用平安科技人脸识别技术，包括但不限于深圳社保钱包、平安普惠、平安银行、平安信用卡、平安产险、平安养老险、平安证券、嘉兴银行等，累计稳定使用次数达到亿级别。㊀

现在的平安已成为金融行业科技实践的领跑者，深度学习团队用人工智能技术深植金融各个环节，源源不断地为平安输送着新鲜的“血液”，在智能定损、生物特征识别、智能机器人等方面成果显著。㊁

1. 智能定损

平安科技在 2017 年 9 月发布了基于智能定损技术的“智能闪赔”产品，200 层的多维度深度残差网络解析图片信息，每年五亿级车险图像识别，98%的准确率自主识别车辆受损部位及其损伤程度，所有这些使得车险定损速度急速提升 4 000 倍，取代原来烦琐的理赔环节，现在仅需环车拍摄并上传照片便可即刻获得理赔。平安产险在全国范围内上线使用该产品，这也是图片定损技术在业内第一次落地于场景并被使用。

2. 平安声纹

平安声纹是平安科技自主研发的生物特征识别引擎，建立亿级声纹库，识别率已达到 99%。平安声纹识别是利用双声道分离技术提取客户的有效语音，对语音特征进行比对后，通过声纹相似性来判断说话客户的身份。声纹技术支持远程识别，助力简化核身流程，有效拦截欺诈风险。声纹识别技术以“平安声纹登录”“平安声纹黑名单”“平安电话中心”的形式在平安集团内外 20 多个金融应用场景落地，并正准备为教育部门提供用声纹核身的方式防止替考、骗考现象。

3. 平安票证通

传统纸质票据处理、存档和电子化问题在金融保险公司亟待解决，平安科技首创应用 OCR 电子光学识别加众包的方式，使得 99.9%的智能电子存档成为现实。精准的票证图像角度矫正，专业票据文字与打印文字分离技术，尖端的票证自动模范分析和生成技术，以及创新的泛化模型，使得平安的 OCR 识别速度高达 0.3s/张，识别准确率超过 98%。与人工众包复检修正相结合，形成完整的电子化存档解决方案，多家专业公司已受惠于平安票证通的助力。

㊀ 夏恬. 平安科技人工智能实验室获 LFW 评测世界第一[EB/OL]. http://www.chinanews.com/business/2017/05-10/8220337.shtml.

㊁ 平安科技惊艳亮相 GTC，人工智能引领金融科技新时代[EB/OL]. http://www.donews.com/news/detail/4/2969199.html.

4. 平安智慧城市

全国各地，例如深圳市政府计划斥资数千亿元打造智慧型城市，而平安正利用自身几十年的技术积累帮助全国建设智慧城市。平安首创了“人工智能+保险”形式的智慧城市计划，让保险保障城市的安全成为一种新的商业模式。另外，依靠像素级语义分割、高精度目标监测与追踪的平安智慧监测系统已在智能机场中落地。为机场减少了90%的误报出镜率，节省了大量的人力与财力，更是保障了机场的全面安全。

5. 智能客服

基于金融领域业务场景的积累，平安利用深度人工智能技术已能解决特定场景下的复杂问题。深度学习团队的智能文字机器人结合物理机器人成为全渠道智能客服，95%的业务问答准确率，为平安集团减少了30%的人力成本，客户等待时间也大幅度减少53%，为企业节省了大量运营成本的同时，显著提升了客户的服务体验。

（三）银行网点的“场景革命”

科技的价值不在于它有多么先进，如果被束之高阁，便没有价值。产品的落地，实际上不只是产生价值，它更可以影响一个行业的发展，甚至可以改变大众的生活方式，这便是“场景革命”。人脸识别，作为人工智能中最先落地产业的技术之一，正在引领金融行业“场景革命”㊀，主要表现在以下几个方面：

1. 取款

目前，银行ATM机刷脸取款已经上线。刷脸取款依托人脸识别技术，客户在ATM终端设备上选择刷脸识别，系统将会对用户进行人脸识别检测，然后输入身份证号。识别通过后用户选择名下的银行卡进行交易取款，最终输入密码取现。无须携带银行卡，这种更便捷的取款方式，将在未来为客户摆脱各种卡的束缚，减轻钱包负荷。为了将便捷带给更多客户，发展普惠金融，刷脸取款将普及千家万户。

2. 远程开户

除企业集中办理员工工资卡，银行开户几乎全部需要本人到银行办理开户手续。银行网点压力大、人力成本高、用户体验度不佳。银行APP装载云从科技人脸识别系统，将降低银行网点办理远程开户的运营成本，让用户开户更便捷、更轻松。

3. 购物、支付

中国建设银行是国内首个应用刷脸支付技术的银行。“刷脸支付”通过刷脸小额支付，解决了学生群体中小额频繁交易各种不便利的痛点。学生们可以不携带任何财物，通过IBIS集成生物识别平台识别身体上的生物特征，就能进行小额支付，降低财物遗失被盗的风险，也使得在校园内的运动、出行更轻松。

4. 信用卡

中国交通银行太平洋信用卡中心通过集成人脸、指纹以及虹膜等多种生物识别技术的

㊀ 银行家杂志．掀金融“场景革命”，人工智能助银行网点智慧化[EB/OL]．http://www.sohu.com/a/155280197_467315.

IBIS 生物识别管理平台，在增加了信用卡安全性的同时，也提升了用户体验度。

5. 精准营销系统

人脸识别的精准营销系统可以在银行大堂中通过人脸识别系统识别重要客户，并调取 CRM 客户关系管理系统中的客户信息（如曾经购买理财产品的记录以及人脸图片、省份、城市、性别、年龄、银行卡等信息），将该信息反馈给客户经理。该系统识别方便快捷、用户行为偏好分析清晰，可以帮助银行客户经理快速锁定潜在客户。

6. 发放贷款

发放贷款是银行的主要收入来源之一。一般放贷都需要到银行办理相关手续，而人脸识别系统将跳过这一步骤，给贷款人更好的服务体验。

7. 营业网点/自助银行人员布控、排查

当系统检测到有异常人员出现，或有短时间频繁出现的人员（疑似踩点），该系统可以进行可疑人员排查并通知安保，增强案件防控能力。

8. 金库出入口管理

系统能够对出入库区人员人脸进行比对，若是非登记在册的库区的正常出入人员，就会发送报警信息到守库室值班员处，同时联动前端语音投放设备，进行音频警示。

9. 人脸识别考勤系统

人脸识别考勤系统通过前端人脸抓拍摄像机和人脸识别系统来实现银行人员考勤。该系统不但可以记录员工考勤信息，同时还可以根据员工的上下班类型，自动判断是否迟到、早退或旷工。

10. 出口人脸门禁系统

出口人脸门禁系统利用摄像头采集的人脸数据实现数字化管理。内部员工通过人脸道闸，校验正确后，方可放行。该系统有效地控制人员的出入，提高了重要区域的安全防范能力。

第四节 数字货币与区块链金融

货币发展至今，已经历了四个阶段：实物货币阶段，称量货币（如金、银、铜金属货币）阶段，纸币货币阶段以及电子货币（如银行卡、预付卡）阶段。目前我们正处于向第五阶段即数字货币阶段发展的过程。区块链的技术架构在网络上是公开的，可以作为任何数字货币的技术基础。区块链是比特币的底层应用，构建了一个去中心化的信任机制。过去，区块链主要应用在比特币上，目前，区块链已渐渐开始有了一些其他应用，特别是在金融领域。得益于其去中心化的特征，区块链可以通过智能资产和智能合约两种形式推进除了货币以外的其他数字资产的价值交易及转移的去中心化。

一、数字货币概述

数字货币简称为 DIGICCY，是英文“Digital Currency”（数字货币）的缩写，是电子货币形式的替代货币。数字金币和密码货币都属于数字货币（DIGICCY）。它不能完全等同于虚拟世界中的虚拟货币，因为它经常被用于真实的商品和服务交易，而不仅仅局限在网络游戏等虚拟空间中。目前，央行不承认也不发行数字货币，数字货币也不一定要有基准货币。2017 年 2 月，央行在发行数字货币方面取得了新进展。央行推动的基于区块链的数字票据交易平台已测试成功，由央行发行的法定数字货币已在该平台试运行，央行旗下的数字货币研究所也已正式挂牌。这意味着在全球范围内，中国人民银行将成为首个发行数字货币并开展真实应用的中央银行。

密码货币是指不依托任何实物，使用密码算法的数字货币，现指代英文 Cryptocurrency（意指比特币类数字货币，且包括比特币），是一种依靠密码技术和校验技术来创建、分发和维持的数字货币；密码货币的特点在其运用了点对点技术且每个人都有发行它。密码货币分为开放式采矿型密码数字货币（以比特币为代表）和发行式密码数字货币。

数字货币与虚拟货币是有区别的。数字货币（Digital Currency）分两类：非 Cryptocurrency 货币（即数字黄金货币，以及公司发行的货币，如 XRP）和 Cryptocurrency 货币（即比特币类货币）。虚拟货币本指非真实的货币，现特指网络虚拟经济中的货币。在虚拟与现实有连接的情况下，虚拟货币有其现实价值。知名的虚拟货币有百度公司的百度币，腾讯公司的 Q 币、Q 点，盛大公司的点卷，新浪推出的 U 币、米票（用于 iGame 游戏）等。

截止到 2018 年 3 月，部分国家或地区央行对待数字货币有不同的态度[⊖]，详见表 7-2。

表 7-2　部分国家或地区央行对待数字货币态度情况表

央　　行	法定数字货币态度	法定数字货币名称	比特币态度	其他非法定数字货币态度
国　　家				
中国	友好，正在试行	DCEP（Digtal Currency Electronic Payment）	禁止	监管
日本	友好，正在研究	J 币（JCoin）	友好	友好
美国	友好，考虑发行	美联储币（FedCoin）	监管	监管
韩国	友好，正在研究	S 币（SCoin）	监管	监管
俄罗斯	友好，即将发行	加密卢布（CryptoRuble）	禁止	监管
白俄罗斯	友好，暂未考虑发行	暂无	友好	友好
澳大利亚	友好，考虑发行	数字澳元	友好	友好
瑞典	友好，考虑发行	电子克朗（e-Krona）	监管	监管
乌拉圭	已发行	数字比索	监管	监管
委内瑞拉	友好，考虑发行	石油币（petro）	监管	监管
联　　盟				
欧盟	友好，考虑发行	欧元数字货币（ECB-Coin）	监管	监管
G7 央行	中立，暂未考虑发行	暂无	监管	监管

⊖ 金评媒．回首 2017 年数字货币在全球各地的处境[EB/OL]．http://www.jpm.cn/article-49254-1.html.

案例分析

比　特　币

比特币的概念最初由中本聪在2009年提出。比特币是一种P2P形式的数字货币。与大多数货币不同，比特币不依靠特定货币机构发行，它依据特定算法，通过大量的计算产生，比特币经济使用整个P2P网络中众多节点构成的分布式数据库来确认并记录所有的交易行为，并使用密码学的设计来确保货币流通各个环节的安全性。P2P的去中心化特性与算法本身可以确保无法通过大量制造比特币来人为操控币值。基于密码学的设计可以使比特币只能被真实的拥有者转移或支付。这同样确保了货币所有权与流通交易的匿名性。比特币与其他虚拟货币最大的不同，是其总数量非常有限，具有极强的稀缺性。该货币系统曾在4年内只有不超过1 050万个比特币，之后的总数量将被永久限制在2 100万个。

根据摩根士丹利分析师希娜·沙（Sheena Shah）在美国时间2018年3月19日发表的一篇关于数字货币市场近期熊市的研报，自 2009 年比特币创立以来，已经有四个大型熊市，价格下跌幅度从28%到92%不等，在2017年11月—2018年1月熊市阶段，比特币经历了三波大幅下行走势，每一波的跌幅在45%～50%之间。2000年后纳斯达克科技股泡沫破灭则经历了五波下行，每波平均跌幅也在44%左右，如图7-6所示。

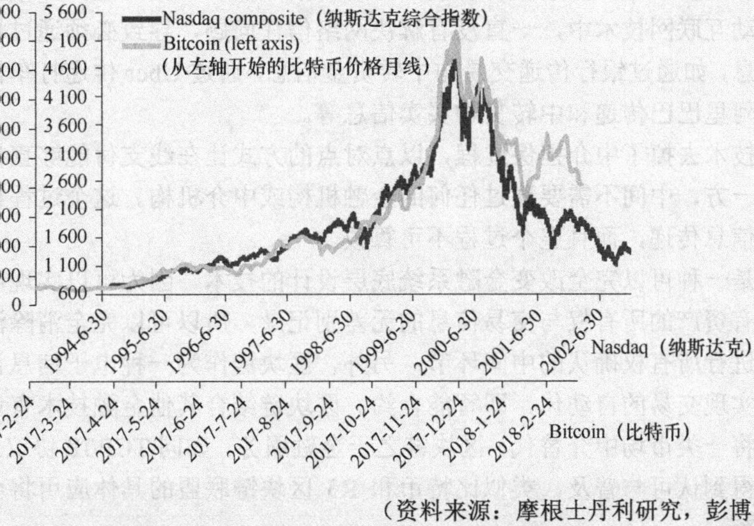

（资料来源：摩根士丹利研究，彭博资讯。）

图7-6　比特币价格走势与纳斯达克指数走势图

自比特币诞生以来，关于比特币价值的讨论就从未止息，基本上有三类观点，第一种是认为比特币是数字货币的先驱，也是受众最广（从市值上看）的数字货币，有极高的价值；第二种认为比特币本身还有一定的价值，但是由于技术上还是有一些缺陷（比如交易速度慢等），不能成为通用的货币，但是区块链技术本身还是有意义的，新的数字货币更有价值；第三种就是认为比特币毫无价值，纯粹是极客的游戏，而且已经被高度控盘，失去了去中心化的意义，没有使用的必要。

相较于投资者高涨的热情，各国政府对于比特币的态度是较为谨慎的。美国白宫在2017年12月1日首次对比特币表态，承认美国政府正在监控加密货币的情况。印度财政部长对媒体表示，印度不承认加密货币是法定货币。俄罗斯通信和大众传媒部长发表声明称莫斯科永远不会合法化比特币。中国内地2017年9月宣布取缔比特币交易平台，香港证监会也告诫投资者注意比特币交易风险。

思考：查阅相关资料，分析比特币的优缺点及存在的风险。

（资料来源：根据网络资料整理）

二、区块链的定义及应用场景

（一）区块链的定义

区块链（Blockchain）是指通过去中心化和去信任的方式集体维护一个可靠数据库的技术方案。该技术方案主要让参与系统的任意多个节点，通过使用密码学方法相关联产生数据块（block），每个数据块中包含了一定时间内的系统全部信息交流数据，并且生成数据指纹用于验证其信息的有效性和链接（chain）下一个数据库块。㊀

区块链的设计初衷是开发比特币等加密数字货币的基础技术，以便在未知网络中与未验证实体进行交易，进一步解决有价值信息的传播和去中心化问题。在截至目前的这一代互联网和移动互联网技术中，一直没有解决网络信任问题，导致必须通过机构传递和中转有价值的信息，如通过银行传递交易与中转资金信息，通过Uber传递打车需求和中转支付信息，通过阿里巴巴传递和中转货物买卖信息等。

区块链技术去掉了中介担保过程，以点对点的方式让在线支付能够直接由一方发起并支付给另外一方，中间不需要通过任何的金融机构或中介机构。这个过程也适用于其他任何有价值的信息传递，而且整个过程不可篡改。

区块链是一种可以完全改变金融系统底层设计的技术，因为可以实现所有市场参与人对市场中所有资产的所有权与交易信息的无差别记录，所以可以完全消除清算和托管等在交易前中后进行所有权确认的中间环节；另外，区块链作为一种电子信息记录，可以结合计算机算法实现交易的自动化，即智能合约。区块链结合其他金融技术有许多衍生应用，每种均可以将一类市场中介替代。区块链之于金融服务，如同TCP/IP协议之于互联网：一旦底层标准得到认可与普及，类似比特币和R3区块链联盟的具体应用将会出现在金融服务的每个角落。

区块链让互联网上完全陌生的两方，可以不用建立信任关系而直接点对点交换有价值的信息，而全网信任是由底层技术保证的。所谓区块，就是把比特信息加上时间戳组合在一起形成一个信息块，再把信息块互相链接起来形成一个链条，彼此互相验证。任何节点都可以随时加入或离开这个链条，整个链条每隔一段时间就更新一次，修改信息通过全网广播到所有节点，所有节点通过算法达成共识后认可并存储修改的内容到各自的数据库里，

㊀ 周卫民．区块链在金融中的应用探析[EB/OL]．http://www.yunzhan365.com/basic/16871329.html.

全链共享一个大的分布式数据库（即共享账本），每个节点的小数据库通过某种方式存储全部信息或部分信息，而这个数据库对链内成员是透明和实时可见的。

（二）区块链在金融行业中的应用场景

区块链对于金融行业和社会金融基础设施来说具有革命性的影响，尤其是社会金融体系的变革颠覆了现有的商业体系和商业模式。区块链具有超越金融服务、深刻影响整个数字世界并成为网络交易技术基础的巨大潜力。它还可能极大地改变多变的商业网络，从而大幅度降低成本和风险并创新业务模式，因此银行和风投一直热衷于对该领域进行投资。

从本质上说，必须有多方参与才能构成区块链，一家企业或一个人是无法形成区块链的。因此，区块链实际上就是产业链，这才是区块链的真正意义所在。把一个产业上下游的企业都纳入一个区块链中，再加入银行和金融机构，就能形成一个产业互联网，而且是基于一个全行业共享账本的产业互联网。基于区块链的产业互联网和产业生态圈，将彻底打破本产业内企业的边界，银行和其他金融机构也才能创造出真正创新的、有创造价值的金融产品。区块链技术在金融领域的潜在应用场景见表 7-3。

表 7-3　区块链技术在金融领域的潜在应用场景

业务领域	目前主要应用场景	未来主要的应用场景
信用卡和支付	国际支付 银行间结算 加密数字货币	银行间结算 跨币种交易 微支付 客户忠诚项目/礼品卡
资本市场	回购协议 智能债券 发行股票	智能债券 发行股票 OTC（场外交易市场）衍生品 股东投票
银行业务	汽车金融 抵押贷款 贸易金融	汽车金融 供应链融资 KYC（了解客户）处理
基础设施	文件管理 资产数字化 账单支付	资产数字化 账单支付 支付管理 合约管理

三、区块链金融及其应用

区块链金融是区块链技术在金融领域的应用。区块链是比特币的底层技术，本质其实就是一个去中心化的信任机制，通过在分布式节点共享来集体维护一个可持续生长的数据库，实现信息的安全性和准确性。区块链金融的应用主要体现在以下方面：

（一）数字货币：提高货币发行及使用的便利性

比特币的崛起颠覆了人类对货币的概念。比特币及其他数字货币的出现与扩展正在改变人类使用货币的方式。人类从使用实物交易，发展到使用物理货币及后来的信用货币，这都是随着人类的商业行为及社会发展而不断演进的。随着电子金融及电子商务的崛起，数字货币安全、便利、低交易成本的独特性，更适合基于网络的商业行为，将来有可能取代物理货币的流通。也正是比特币网络的崛起，让社会各界注意到其背后的分布式账本区块链技术，并逐渐在数字货币外的众多场景中获得开发和应用。

国家发行数字货币将成趋势。2015 年厄瓜多尔率先推出国家版数字货币，不但能减少发行成本及增强便利性，还能让无法拥有银行资源的偏远地区民众通过数字化平台，获得金融服务。突尼斯也根据区块链的技术发行国家版数字货币，除了让国民通过数字货币买卖商品，还能缴付水电费等，结合区块链分布式账本的概念，将交易记录记载于区块链中，方便管理。

同时，其他许多国家也在探讨发行数字货币的可行性。中国人民银行也在 2016 年 1 月召开数字货币研讨会，提出争取早日推出央行发行的数字货币。各国央行均认识到数字货币能够替代实物现金，降低传统纸币发行、流通的成本，提高支付结算的便利性；提高经济交易的透明度，减少洗钱、逃漏税等违法犯罪行为，提升央行对货币供给和流通的控制力；同时，将数字货币背后的区块链技术应用扩展到整个金融业及其他领域，能够确保资金和信息的安全，提升社会整体效能。

（二）跨境支付与结算：实现点到点交易，减少中间费用

当前的跨境支付结算时间长、费用高，又必须通过多重中间环节。拥有一个可信任的中介角色在现今的跨境交易中非常重要，当前跨境汇款与结算的方式日趋复杂，付款人与收款人之间所仰赖的第三方中介角色更显得极其重要。每一笔汇款所需的中间环节不仅费时，而且需要支付大量的手续费，其成本和效率成为跨境汇款的瓶颈所在。如每个国家的清算程序不同，可能导致一笔汇款需要 2～3 天才能到账，效率极低，在途资金占用量极大。区块链将可摒弃中转银行的角色，实现点到点快速且成本低廉的跨境支付。通过区块链的平台，不仅可以绕过中转银行，减少中转费用，而且区块链安全、透明、低风险的特性，提高了跨境汇款的安全性，以及加快结算与清算速度，大大提高了资金利用率。未来，银行与银行之间可以不再通过第三方，而是通过区块链技术打造点对点的支付方式。省去第三方金融机构的中间环节，不仅可以全天候支付、实时到账、提现简便及没有隐形成本，也有助于降低跨境电商资金风险及满足跨境电商对支付清算服务的及时性、便捷性需求。

案例分析

Ripple 的跨账本协议

Ripple 的跨账本协议（Inter Ledger Protocol）帮助银行间快速结算。成立于美国的 Ripple 是一家利用类区块链概念发展跨境结算的金融科技公司，它构建了一个没有中央节点的分布式支付网络，希望提供一个能取代 SWIFT（环球同业银行金融电讯协会）网络的跨境转账平台，打造全球统一网络金融传输协议。Ripple 的跨账本协议可以说是让参与协议的各方都能看到同样的一本账本，通过该公司的网络，银行客户可以实现实时的点对点跨国转账，不需中心组织管理，且支持各国货币。如果 Ripple 的跨账本协议成

为金融体系的标准协议，在网络中的各方都能任意转账，支付就会像收发电子邮件一样快捷、便宜，最重要的是没有所谓的跨行异地以及跨国支付费用。

思考：分析讨论跨账本协议的概念及其意义。

（资料来源：根据网络资料整理）

（三）票据与供应链金融业务：减少人为介入，降低成本及操作风险

票据及供应链金融业务因人为介入多，产生了许多违规事件及操作风险。2015年年中，国内开始爆发票据业务的信用风暴。票据业务在创造了大量流动性的同时，相关市场也滋生了大量违规操作或客户欺诈行为，陆续有多家商业银行的汇票业务事件集中爆发。国内现行的汇票业务仍有约70%为纸质交易，操作环节处处需要人工，并且因为涉及较多中介，存在管控漏洞，违规交易的风险提高。供应链金融也因为高度依赖人工，在业务处理中有大量的审阅、验证各种交易单据及纸质文件的环节，不仅花费大量的时间及人力，而且各个环节都有人工操作失误的可能。

实现票据价值传递的去中介化。长久以来，票据的交易一直存在一个第三方的角色来确保有价凭证的传递是安全可靠的。在纸质票据交易中，交易双方的信任建立在票据的真实性基础上；即使在现有的电子票据交易中，也需要通过央行 ECDS（电子商业汇票）系统的信息进行交互认证。但借助区块链的技术，可以直接实现点对点的价值传递，不需要特定的实物票据或是中心系统进行控制和验证；中介的角色将被消除，也可减少人为操作因素的介入。

供应链金融也能通过区块链减少人工成本、提高安全度及实现端到端的透明化。未来通过区块链，供应链金融业务将能大幅减少人工的介入，将目前通过纸质作业完成的程序数字化。所有参与方（包括供货商、进货商、银行）都能使用一个去中心化的账本分享文件并在预定的时间和达到预期结果时自动进行支付，将极大地提高效率及减少人工交易可能造成的失误。例如，区块链技术公司 Wave 已与巴克莱银行达成合作协议，将通过区块链技术推动贸易金融与供应链业务的数字化应用，将信用证与提货单及国际贸易流程的文件放到公链上，通过公链进行认证与不可篡改的验证。基于区块链的数字化解决方案能够完全取代现今的纸笔人工流程，实现端到端完全的透明化，提高处理的效率并减少风险。

案例分析

区块链在供应链金融中的应用

在供应链金融的发展中，区块链技术也将为供应链金融的国际化发展提供新的解决思路。以位于美国硅谷的 Skuchain 团队为例，他们把商品流和资金流结合在一起使它们同步，并且利用现代密码学技术以及现代数学方法进行整合，提升交易效率，降低交易成本。在未来，区块链以及其他前沿技术将在供应链金融方面发挥更大的推动作用。

美国区块链创业公司 Skuchain 主要是开发 B2B 和供应链融资区块链应用程序，Skuchain 的供应链区块链是怎样的，究竟能解决什么样的问题，未来供应链区块链将会有怎样的创新与革新，都等待揭晓答案。Skuchain 主要开发区块链供应链的解决方案，

以此来解决 18 万亿美元的全球贸易金融市场依旧依赖纸质文件的问题。全球贸易金融市场目前仍旧以信用证和保付代理为主导，所以大量的纸质文件问题，如产生丢失或遗失，都将是很棘手的问题。目前，区块链已经取消了对纸质文件的需求，并且提供了一种安全程度高、数字化的解决方案，使得交易时间加快，降低成本。据资料显示，Skuchain 正在与多家国际银行开发合作项目，并且得到了数字货币集团（DCG）、分布式资本（Fenbushi Capital）、丰元创投（Amino Capital）的投资支持。在 Skuchain 所打造的供应链"商务云"中，贸易伙伴可以无摩擦交互，能得到具有高度可见性的供应链。Skuchain 对其区块链产品的定位将改变贸易金融行业。

协同商务将是未来全球贸易发展的趋势，区块链技术结合供应链，将会更有效地帮助贸易伙伴更好地一起工作。万向集团旗下的分布式资本正是看到了供应链区块链的蓝海，从而投资了 Skuchain，截至目前，分布式资本已经参与投资了来自全球的 20 多家区块链公司。

思考：区块链技术在供应链金融中的应用前景。

（资料来源：根据网络资料整理）

（四）证券发行与交易：实现准确实时资产转移，加速交易清算速度

证券的发行与交易的流程手续繁杂且效率低下。一般公司的证券发行，必须先找到一家券商，公司与证券发行中介机构签订委托募集合同，完成烦琐的申请流程后，才能寻求投资者认购。以美国的交易模式为例，证券一旦上市后，交易极为低效，证券交易日和交割日之间存在 3 天的时间间隔。

区块链技术使得金融交易市场的参与者享用平等的数据来源，让交易流程更加公开、透明、有效率。通过共享的网络系统参与证券交易，原本高度依赖中介的传统交易模式变为分散的平面网络交易模式。这种革命性交易模式在西方金融市场的实践中已经显现出三大优势：①能大幅减少证券交易成本，区块链技术的应用可使证券交易的流程更简洁、透明、快速，减少对功能重复的 IT 系统的依赖，提高市场运转的效率。②区块链技术可准确实时地记录交易者的身份、交易量等关键信息，有利于证券发行者更快速和清晰地了解股权结构，提升商业决策效率；公开透明又可追踪的电子记录系统同时减少了暗箱操作、内幕交易的可能性，有利于证券发行者和监管部门维护市场。③区块链技术使得证券交易日和交割日时间间隔从 1～3 天缩短至 10 分钟，减少了交易的风险，提高了交易的效率和可控性。

从本质上看，现在交易的都是标准化的证券，但对于一些非标准化的证券来说，如有着复杂命名、复杂交割条件又必须通过律师或者其他交易所的介入才能完成交易的期权，就比较麻烦，可编程证券通过智能合约完全可以代替复杂的手续，可以自动地执行非常复杂的证券交割的命令。

同时，由于监管成本过高或监管不全面，金融机构不能及时发现道德风险，最终给投资者利益带来重大损失。互联网金融等新型金融模式也对传统金融体系产生一定的冲击，随着金融业务的不断开放，传统金融机构利润不断缩水，利率市场化再次加剧了金融竞争，各大金融机构纷纷开展互联网金融业务，而在利益驱使下，不排除一些金融机构有进行违

规操作的动机。区块链技术将交易透明化，所有接入的节点都能通过追溯交易历史核验金融机构运行是否合规，有利于简化业务流程，维护金融稳定及防范金融风险。

（五）客户征信与反欺诈：降低法律合规成本，防止金融犯罪

区块链具有去中心化、去信任、时间戳、非对称加密和智能合约等特征，在技术层面保证了可以在有效保护数据隐私的基础上实现有限度、可管控的信用数据共享和验证。针对目前我国传统征信行业的现状与痛点，区块链可以在征信数据共享交易领域着重发力，如面向相关各行各业的数据共享交易，构建基于区块链的一条联盟链，搭建征信数据共享交易平台，使参与交易方风险和成本最小化，加速信用数据的存储、转让和交易。

银行的客户征信及法律合规的成本不断增加。过去几年各国商业银行为了满足日趋严格的监管要求，不断投入资源加强信用审核及进行客户征信工作，以提升反欺诈、反洗钱能力，抵御复杂金融衍生品过度交易导致的系统性风险。2014 年，UBS（瑞士联合银行集团）为了应对新的监管要求，增加了约 10 亿美元的支出；而在 2013—2015 年，汇丰集团法律合规部门的员工人数从 2 000 多人增至 7 000 多人。为提高交易的安全性及符合法规要求，银行投入了相当多的金钱与人力，这已经成为极大的成本负担。

记载于区块链中的客户信息与交易记录有助于银行识别异常交易并有效防止欺诈。区块链的技术特性可以改变现有的征信体系，在银行进行“了解客户”（KYC）时，将有不良记录客户的数据储存在区块链中。客户信息及交易记录不仅可以随时更新，同时，在客户信息保护法规的框架下，如果能实现客户信息和交易记录的自动化加密关联共享，银行能省去许多 KYC 的重复工作。银行也可以通过分析和监测共享的分布式账本内客户交易行为的异常状态，及时发现并消除欺诈行为。

场景中区块链可以帮助多家征信机构实现数据在资源不泄露前提下的数据多源交叉验证与共享，信贷客户多头负债的问题可以得到根本的解决，数据交易成本、组织协作成本也将大大降低，而且有利于打破行业坚冰。不仅如此，场景中区块链基于数据确权，重构了现有的征信系统，将信用数据作为区块链中的数字资产，有效遏制数据共享交易中的造假问题，保障了信用数据的真实性。基于区块链的征信数据共享交易平台，解决了传统征信业的痛点，是征信业革命性的创新。

（六）国内资本市场：资产清晰可查，交易公开透明，交易结算实时、低风险

1. 国内资本市场区块链发展现状

国内区块链的应用探索还处于早期阶段，整体上落后于国外 1～2 年。目前，国内先后涌现了多家巨头公司布局区块链项目，阿里金融云也透露将提供基于区块链的云服务平台。虽然全球十大区块链投资机构中中国占了三席：国内 IDG 资本、万向区块链实验室和数贝投资，但是国内的区块链创业项目基本处于研究设想、小范围试验阶段，少有成形的商业模式。随着央行官网表态，称发行数字货币是其战略目标，相信未来国内的资本也将加速投入这一市场。从 2015 年开始，国内各地纷纷成立研究联盟，共同推动区块链技术的发展，并努力建立本土标准，如中国区块链应用研究中心、中国区块链研究联盟、深圳区块链研

究院。而国内区块链技术比较有名的两个实践项目是井通科技打造的电子资产互通平台和小蚁的基于区块链技术的资产数字化系统。在证券机构方面，上海证券交易所、大连商品交易所、中国证券登记结算公司都已有研究人员对比特币和区块链技术进行研究，而深圳证券交易所则进一步设立了区块链技术研究项目，评估区块链对证券市场的影响。中信证券、广发证券、平安证券、兴业证券、川财证券、嘉实基金、银华基金、汇添富基金等券商基金公司也对区块链进行了专题研究，并发表了多篇投研报告。

2. 国内资本市场区块链应用设想

（1）发展模式设想。根据不同的应用场景和发展阶段，国内资本市场可能采用的模式是：在初级阶段，机构内部采用私有链来改造和升级现有系统；技术成熟后，推广到行业应用，形成联盟链；而公有链由于效率低、监管难，难以被用于行业应用。三种链的共同点包括公开透明、不可篡改和可追溯等，但是去中心化程度不同，最大的区别在于共识机制和信任的建立。当然，区块链应用的演进方式可能会像其他新技术应用一样，走“农村包围城市”路线，先从周边辅助应用开始、小额低频交易应用逐步成熟，再渗透到金融核心应用、高频率大规模的交易应用。

（2）发展路径设想。

1）阶段一：内部私有链模式。在第一阶段，主要的金融机构探索使用区块链技术，从而升级、改造现有平台。通过类似区块链网络（私有区块链），公司内部机器充当分布式总账中的“节点和簿记员”，并随着时间的推移逐步进行修改，移除人工操作程序，改善现有业务，提高效率，降低成本和风险。Overstock 基于区块链发行证券，Nasdaq Private Market 基于区块链进行证券交易，澳大利亚交易所基于区块链探索证券清算系统，这些案例给国内证券交易或股权交易行业带来新的憧憬。区块链的运用、分布式记账方案将提高证券发行、交易记录保存的便捷性，提升交易、结算效率，降低第三方风险。

2）阶段二：行业联盟链模式。第一阶段之后，区块链应用将会由主要机构主导，逐步推广至证券行业应用，形成联盟链，交易所和登记结算机构为超级节点，负责协调和组织各个节点的运营。

在联盟链上，更容易进行控制权限的设定，系统具有更高的可扩展性。可以采用股份证明（PoS）和股份授权证明（DPoS）的共识机制，将行业协定的所有权作为决定记账权的因素。在这种机制下，区块链上的交易的确认很迅速，交易吞吐量也可以满足现有的证券交易规模。未来的模式是：由行业机构共同运行、维护区块链，交易所作为领导机构同时提供撮合业务，中国证券登记结算有限公司决定联盟链中的记账权分配，协同主要券商提供实时登记、结算业务。多个机构共同运行和检验，可以防止欺诈和人为操作。节点遇到故障或者遭到攻击的概率也非常小。由此，中国证券市场格局将完全改变，所有资产清晰、可查，同时，所有交易公开、透明，所有交易结算实时、低风险。

尽管区块链技术的应用前景光明，但是要出现工业级的区块链应用任重道远。目前金融机构的变革还有许多工作要做。一方面，在传统金融机构的理念中，安全、稳定重于泰山，变革金融系统伴随着巨大的风险。另一方面，当前频繁的金融创新和合规监管需要投入大量精力和预算，单个金融机构很难将资源投入新兴的技术。

本章小结

（1）大数据是以容量大、类型多、存取速度快、应用价值高为主要特征的数据集合，正快速发展为对海量巨大、来源分散、格式多样的数据进行采集、存储和关联分析，从中发现新知识、创造新价值、提升新能力的新一代信息技术和服务业态。大数据金融是指依托于海量、非结构化的数据，通过互联网、云计算等信息化方式，对数据进行专业化的挖掘和分析，并与传统金融服务相结合，创新性地开展相关资金融通工作。大数据金融具有网络化、信息对称性、高效率、服务边界扩大化和普惠金融等特点。

（2）云计算是一种服务，由一个可配置的共享资源池组成，用户能够按需使用资源池中的网络、服务器、存储设备、应用和服务等资源，几乎不需花费任何精力去管理。云金融是指基于云计算商业模式应用的金融产品、信息、服务、用户、各类机构，以及金融云服务平台的总称，云平台有利于提高金融机构迅速发现并解决问题的能力，提升整体工作效率，改善流程，降低运营成本。云支付指的是基于云计算架构，依托互联网和移动互联网，以云支付终端为载体，为包括个人、家庭、商户、企业在内的客户提供以安全支付为基础的结算、金融业务、信息、电子商务、垂直行业应用、大数据等各种云服务的新一代支付模式。

（3）人工智能是研究、开发用于模拟、延伸和扩展人的智能的理论、方法、技术及应用系统的一门新的技术科学。智慧金融是依托于互联网技术，运用大数据、人工智能、云计算等金融科技手段，使金融行业在业务流程、业务开拓和客户服务等方面得到全面的智慧提升，实现金融产品、风控、获客、服务的智慧化。它具有透明性、即时性、便捷性、灵活性、高效性和安全性等特点。智能投顾是一种新兴的在线财富管理服务，它根据个人投资者提供的风险承受水平、收益目标以及风格偏好等要求，运用一系列智能算法及投资组合优化等理论模型，为用户提供最终的投资参考，并根据市场的动态对资产配置再平衡提供建议。

（4）数字货币是电子货币形式的替代货币。区块链是指通过去中心化和去信任的方式集体维护一个可靠数据库的技术方案。该技术方案主要让参与系统的任意多个节点，通过使用密码学方法相关联产生数据块，每个数据块中包含了一定时间内的系统全部信息交流数据，并且生成数据指纹用于验证其信息的有效性和链接下一个数据库块。

知识自测

一、单选题

1. 以下哪项不属于大数据金融的特点（　　）。
   A. 网络化　　B. 普惠金融　　C. 高效率　　D. 简单化
2. 以下不属于智能投顾优点的是（　　）。
   A. 投资广　　B. 个性化定制
   C. 等同于人工认知　　D. 理性化
3. 智能投顾服务链中的客户分析不包括以下哪项内容（　　）。

A. 风险等级　B. 投资期限　C. 预期收益　D. 交易执行

4. 全球的数据量正以惊人的速度增长，遍布世界各个角落的传感器、移动设备、在线交易和社交网络媒体都要生成上百万兆字节的数据，体现了大数据的（　　）特点。

A. 价值高　B. 体量大　C. 速度快　D. 种类多

5. 网络物理属性、IP 地址，以及浏览器版本信息属于（　　）。

A. 结构化数据　B. 半结构化数据

C. 非结构化数据　D. 半非结构化数据

6. 上网浏览兴趣属于（　　）。

A. 结构化数据　B. 半结构化数据

C. 非结构化数据　D. 半非结构化数据

7. 为规范征信活动，保护当事人合法权益，引导、促进征信业健康发展，国务院在（　　）颁布了《征信业管理条例》。

A. 2013 年 1 月　B. 2013 年 11 月

C. 2016 年 5 月　D. 2018 年 1 月

8. 大多数的老百姓可以进行较小金额的理财服务，享受到存款服务、支付结算等金融服务体现了大数据金融（　　）特点。

A. 网络化　B. 信息对称性　C. 高效率　D. 普惠金融

9. 大数据金融是指依托于海量、（　　），通过互联网、云计算等信息化方式，对数据进行专业化的挖掘和分析，并与传统金融服务相结合，创新性地开展相关资金融通工作。

A. 结构化数据　B. 半结构化数据

C. 非结构化数据　D. 半非结构化数据

10. 手机、平板电脑等都可以成为云支付的终端设备，体现了云支付具有（　　）。

A. 更好的可普及性　B. 更快的交易速度

C. 更高的安全性　D. 更强的可扩展性

二、多选题

1. 大数据具有 4V 特点，包括（　　）。

A. 价值高　B. 体量大　C. 速度快　D. 种类多

2. 大数据类型包括（　　）的任意组合和互联互通，实现信息共享和业务融合。

A. 结构化数据　B. 半结构化数据

C. 非结构化数据　D. 半非结构化数据

3. 智能投顾的优势有（　　）。

A. 低门槛　B. 低费用　C. 操作简单　D. 透明度高

4. 智能投顾的三大主要应用是（　　）。

A. 数据搜索引擎　B. 自动生成报告

C. 资产配置　D. 人工智能辅助量化交易

5. 云支付具有的特征是（　　）。

A. 具有更好的可普及性　B. 能够加快交易速度

C. 具有更高的安全性　D. 具有更强的可扩展性

三、判断题

1. 数字货币就是虚拟货币。（　　）

2. 非结构化数据一般是自描述的，数据的结构和内容混在一起，没有明显的区分。（　　）

3. 金融云利用云计算的模型构成原理，将金融产品、信息、服务分散到庞大分支机构所构成的云网络当中，提高金融机构迅速发现并解决问题的能力，提升整体工作效率，改善流程，降低运营成本。（　　）

4. 目前，大数据服务平台的运营模式可分为两种：平台模式和供应链金融模式。（　　）

5. 智能投顾是指依据现代资产组合理论，结合个人投资者的风险偏好和理财目标，利用算法和友好的互联网界面，为客户提供财富管理和在线投资建议服务。（　　）

6. 在智能投顾服务链中，税收规划在国内也属于必要环节。（　　）

7. 半智能投顾模式中资产配置计划不是由机器人投顾给出。（　　）

8. 智能投顾的理论基础是马克维茨的投资理论。（　　）

9. 在云计算出现之前，传统的IT部署架构是“烟囱式”的，即“专机专用”系统。（　　）

10. 云支付的出现有效地解决了传统电子支付的各种弊端，带来了支付行业的创新。（　　）

技能实训

1. 实训主题：试比较分析国内外大数据金融的应用现状，思考我国发展大数据金融应当提高的地方，请以小组为单位制作PPT，汇报我国金融机构如何应用大数据技术革新业务。

2. 实训主题：通过上网查找相关资料，结合一家智能投顾公司的产品及服务流程，分析智能投顾与传统投顾的联系和区别，并分析两者优缺点，以PPT的形式进行班级交流。

第八章　互联网金融风险及监管

学习目标

知识目标

- 熟悉互联网金融风险的概念及特征。
- 掌握互联网金融风险分类。
- 熟悉互联网金融监管的概念及现状。

能力目标

- 会分析互联网金融风险管控三种措施。
- 会比较互联网金融各业态的分类监管。
- 会分析互联网金融监管的模式。

案例导读

我国“一委一行两会”金融监管的新架构

中国金融监管大致分为三个阶段：第一阶段为1992年之前，集中统一监管体制阶段；第二阶段为1992—2009年，分业监管体制形成；第三阶段为2009年至今，金融监管体制不断完善。

1984年，中国人民银行确认专门行使中央银行职责。1992年10月，国务院证券委员会和中国证监会成立。1998年6月，国务院证券委员会并入中国证监会。1998年11月，原中国保监会成立，负责对保险业的统一监管。2003年4月，原中国银监会正式组建，标志着我国“一行三会”分业监管、分工合作的金融监管体制正式确立。

2017年第五次全国金融工作会议在“一行三会”之上设立的国务院“金融稳定发展委员会”，是对原有金融监管协调机制的升级，强化中国人民银行宏观审慎管理和系统性风险防范职责。地方政府要在坚持金融管理主要是中央事权的前提下，按照中央统一规则，强化属地风险处置责任。中央要求各地金融监管部门（包括地方金融办、地方金融工作局等）加挂地方金融监督管理局牌子，监管职能将持续加强，与地方的“一行三局”形成错位监管和补充。

2018年3月，中共中央印发了《深化党和国家机构改革方案》。在金融监管体制改革领域，将原银监会、原保监会的职责整合，组建中国银行保险监督管理委员会，作为国务院直属事业单位。将原银监会和原保监会拟定银行业、保险业重要法律法规草案和审慎监管基本制度的职责划入中国人民银行。该改革方案提出，组建银行保险监督管理委员会是为了“深化金融监管体制改革，解决现行体制存在的监管职责不清晰、交叉监管和监管空白等问题”。至此，“一行三会”正式调整为“一行两会”，我国金融监管形成了“一委一行两会”+地方金融监管局的新格局。

思考：我国“一委一行两会”的金融监管架构对互联网金融行业的规范发展有何影响？

（资料来源：根据网络资料整理）

随着互联网金融的发展，各种业态的风险问题日益显现，对风险控制也提出了更大的挑战。本章对互联网金融风险的定义、产生原因及特征进行分析，对互联网金融风险的类型和管控措施进行梳理，并探讨我国互联网金融监管的现状及模式。

第一节　互联网金融风险概述

互联网金融各种业态的风险及其特征在前文中已经有所提及，本节再从总体的角度对互联网金融风险的定义、产生原因和特征进行解析。

一、互联网金融风险的定义

互联网金融具备互联网和金融双重属性，使它既存在传统金融风险，又存在互联网风险。互联网金融的核心是金融，互联网仅仅是手段和方法，互联网金融业将面临传统金融所面临的风险：道德风险、信用风险、市场风险、流动性风险、操作风险、技术风险等，由于使用了互联网技术，传统金融的风险没有消失，反而在这种互联网条件下，有新的风险产生，并且这两种风险不是简单的叠加，而是在某种程度上的融合，使其风险更加多元化和复杂化。基于此，我们将互联网金融风险定义为在互联网技术背景和新型金融运作方式下产生的不确定性以及引起损失的可能性与不可控性。

二、互联网金融风险的产生原因

互联网金融风险产生的原因主要包括以下几个方面：①互联网金融政策的模糊、法律的缺失、监管的滞后，容易引发法律风险、市场风险；②互联网虚拟环境下的信息不对称、交易不透明、身份不确定，容易引发道德风险；③互联网金融信息系统的可篡改性、易受攻击性，容易引发技术风险；④互联网金融与传统金融业务的交叉性、综合性、替代性，容易引发系统性风险。㊀

三、互联网金融风险的特征

互联网金融是传统金融与互联网技术的结合，因此互联网技术的特征很大程度上决定了互联网金融风险的特征。互联网金融风险的特征主要包括以下三个方面：㊁

㊀ 张娟，黄柏翔．互联网金融风险防范机制[J]．中国金融，2017，8（4）：93-94．

㊁ 贲圣林，张瑞东，等．互联网金融理论与实务[M]．北京：清华大学出版社，2017：255-269．

1．具有不同于传统金融风险的高隐蔽性

随着传统金融与互联网技术的高度融合，互联网金融的表现形式在不断丰富和演进之中，这使得互联网金融风险更加隐蔽。首先，互联网技术打破了传统金融的空间地域限制，带来了金融的虚拟化，使得互联网金融的交易都是基于“虚拟化”的数字信息。其次，这种虚拟化也使得交易对象、目的和过程更加不透明，在一定程度上增加了信息的不对称。此外，互联网金融交易所依赖的互联网信息系统的复杂性也使得交易背后的运行机制更加复杂和不透明。因此，在这些环境下运作的互联网金融交易所产生的风险具有不同于传统金融风险的高隐蔽性。

2．高隐蔽性导致突发性

互联网金融风险的隐蔽性导致其突发性的产生。网络借贷是互联网金融的主要业态之一，由风险引发的平台倒闭和跑路问题往往在发展的初期毫无迹象。其背后的原因就是经营者对于互联网金融风险的隐蔽性认识不清，导致了对于平台建立之初的风险防范措施缺失，为风险的突然爆发埋下了隐患。

3．风险的传导性更强、扩散传播速度更快

互联网金融风险的扩散性体现为在信息技术的高流动、无边界、跨时空等特性中风险的传导性更强、传播速度更快。在互联网金融中，传统金融的物理隔离有效性减弱，曾经的“防火墙”也更加脆弱。业务流程中被忽视的细微风险漏洞在互联网平台的传导作用下会迅速传播，并不断放大。高科技网络技术支撑下的大数据金融、众筹平台、网络借贷等具有快速远程处理功能，在提供便捷服务的同时也加速了支付、清算等过程中的风险传导与扩散。互联网金融平台是一个高传导、高关联的体系，PC端、手机移动端的交易多元化使得金融业务打破了地理和时间界限，金融企业与支付平台、银行等都有着密切联系，任何一个环节的风险都会迅速传染其他环节，因此管控成本较大。

案例分析

从e租宝事件看互联网金融风险

随着互联网对传统金融的不断渗透，金融风险的产生原因和发生形式也在不断变化，因此对风险控制提出了更大的挑战。其中，以第三方支付、网络借贷和众筹为代表的互联网金融业态的风险问题尤为突出。在互联网金融业态中，金融活动参与者道德风险、法律监管缺位带来的法规风险和互联网技术引发的技术风险是导致金融骗局频发的主要原因，其中以e租宝事件尤为典型。

以e租宝为例，e租宝全称为“金易融网络科技有限公司”，是安徽钰诚集团全资子公司，注册资本金1亿元。2014年2月25日，金易融网络科技有限公司注册成立；2014年7月21日，e租宝平台上线；平台主打A2P的模式，6款产品都是融资租赁债权转让，预期年化收益率在9.0%～14.2%之间，期限分为3个月、6个月和12个月，赎回方式分T+2和T+10两种。自2014年7月上线，e租宝交易规模快速挤入行业前列。根据零壹研究院数据中心统计，截至2015年11月底，e租宝累计成交数据为703亿元，排名行业第四。网贷之家的数据也显示，截至2015年12月8日，e租宝总成交量745.68亿元，总投资人数 90.95 万人，待收总额 703.97 亿元。2015 年 12 月 16 日，e 租宝涉嫌犯罪，被立案侦查。2016 年 1 月，警方公布 e 租宝非法集资 500 多亿元。2018 年 2 月 7 日，北京市第一中级人民法院已对被告单位及被告等 26 人犯集资诈骗罪、非法吸收公众存款罪、走私贵重金属罪、偷越国境罪、非法持有枪支罪一案立案执行。

在互联网金融行业中，不少互联网金融公司处在无门槛、无标准、无监管的“三无”真空环境中，以至于面临很大的互联网金融风险。由于互联网的技术特性，在加大了道德风险、信用风险等传统金融风险的同时，也出现了技术风险、操作风险和法规风险等互联网金融特性的风险，使得金融风险的方式更加多元化、复杂化。

思考：互联网金融风险与传统金融机构的风险有什么区别？

（资料来源：根据网络资料整理）

第二节　互联网金融风险类型及控制

根据浙江大学贲圣林等（2017）的研究成果，本节通过梳理互联网金融风险的类型，探讨其风险控制措施。

一、互联网金融风险类型

基于对已有研究和传统金融风险的分类，将互联网金融风险具体分为道德风险、信用风险、市场风险、流动性风险、操作风险、技术风险、法规风险及声誉风险八大风险。

1．道德风险

道德风险是指由于信息不对称，金融交易一方为了自身利益可能采取避重就轻、恶意欺诈等手段不履行约定契约中的义务而造成交易另一方的潜在或实际收益发生偏离的风险。互联网金融风险的隐蔽性成为道德风险的温床，在实践中由于信息甄别力差、征信体系不健全、信息失真、消费者教育不足等原因，使得道德风险成为多发风险。

2．信用风险

信用风险是金融市场最古老也是非常重要的一类风险。信用风险又称违约风险，是指借款人、证券发行人或交易对方因种种原因，不愿或无力履行合同条件而构成违约，致使银行、投资者或交易对方遭受损失的可能性。信用风险在互联网金融情景中表现得更为突出，其主要原因是网络在线交易的虚拟性以及交易双方获得信息的不对称，出于成本控制的考虑，对借款人的审核达不到银行风控标准，同时限于人员数量和专业水平的问题，更难进一步鉴别风险，并且，借款人多是银行惜贷的客户，本身就存在着较大的违约风险。比如，我国 P2P 行业翘楚——平安陆金所自爆平台年化坏账率在 5%～6%，更何况其他一些小平台。㊀交易关联方自身的信用缺失或信用不足和交易信息优势方的信息造假、提供资料的片面等行为都会使得这种信用风险得到加强。

㊀ 郭喜才．互联网金融风险及其监管研究[J]．江西社会科学，2015（7）：80-84．

3．市场风险

市场风险是指因市场价格包括利率、汇率、股票价格和商品价格等的不利变动而使企业发生损失的风险，具体可以分为利率风险、汇率风险、股票风险和商品价格风险等。与传统金融市场风险类似，由于互联网金融也需要在市场中进行交易，也不能离开其资产转换功能，资产转换过程中存在的资产与负债期限不匹配的可能性使得互联网金融产品处于利率、汇率变动的风险中。因此，互联网金融也会受到市场风险的影响。

此外，互联网金融资产相比传统金融更易受到汇率、利率等市场因素的影响。互联网金融市场交易多为在线交易，具有更高的虚拟性和网络技术依赖性，相比传统金融其更容易受到市场因素或者市场事件的影响。并且，汇率、利率等外部市场条件的变动在互联网的网络辐射、扩大效应下，会迅速传导并影响互联网金融的线上交易，从而增加互联网金融资产价值变动的不确定性。因此，相比传统金融，互联网金融的市场风险更加综合、复杂，在中国这样一个尚未成熟的市场环境中，市场风险更加突出。

4．流动性风险

流动性风险是指互联网金融机构在某个时点没有足够的资金量来满足客户提现需要的风险。互联网金融机构往往发挥着资金周转的作用，沉淀资金可能在第三方中介处滞留两天至数周不等，由于缺乏有效的担保和监管，容易造成资金挪用，如果缺乏流动性管理，一旦资金链断裂，将引发支付危机。比如，2013 年在银行间市场发生的钱荒事件，因为一家银行的支付违约而导致了一系列流动性风险的产生，隔夜拆借利率最高一度飙升至 30%。对于互联网金融而言，突发事件或者大规模赎回情况的发生极易引发平台的流动性风险。比如，第三方支付平台的货币基金极可能因为用户的大规模赎回，而使得平台流动性面临危机。

5．操作风险

在互联网金融中，操作风险是指由于互联网金融企业内控不足，在业务具体操作过程中由于有意或无意的人为操作失误，而造成损失的可能性。互联网金融情境下的操作风险具体来源于操作主体的操作失误和互联网金融的系统安全性。在互联网金融中，由于互联网技术与金融的关联更为紧密，金融从业人员在业务操作中不得不更频繁地应用互联网技术手段，但由于金融从业人员的互联网技术专业性不足，会在操作过程中引起不规范的行为，可能导致交易中断。另外，在互联网金融情景下，互联网金融的账户授权、风险管理系统和交易双方的信息交流都可能因为信息系统的设计缺陷而产生风险。

6．技术风险

技术风险是与互联网相生相伴的问题，一直困扰着互联网企业的发展。互联网在推动金融创新的同时，也带来了新的技术风险。无论是网上银行、手机银行，还是第三方支付、P2P 网贷、网络众筹等互联网金融平台，其首先必须面对的是自家网站的安全性问题，避免网站被黑客、木马、病毒等带来的威胁，确保客户信息和资金的安全。其次，对于一些新技术的推广，如手机支付、二维码支付等，如果缺乏全面的安全考虑和技术保护，很有可能成为不法分子欺诈、盗窃的新渠道。最后，由于互联网技术的复杂性和服务的广泛性，程序员或者工作人员等因为操作不当很有可能引发系统的安全隐患从而

导致公众的恐慌。㊀

7. 法规风险

法规风险一般是指因经营活动不符合法律规定或者外部法律事件导致风险损失的可能性。在互联网金融情境中，法规风险是指由于缺乏恰当的法律政策监管，互联网金融公司擅自突破业务范围违反法律、政策规定而引发的风险。比如，对于第三方支付的监管，目前由央行实行统一的牌照监管，但是对于第三方支付的一些创新，如金融产品的销售、二维码支付、虚拟信用卡等，并没有明确的法律进行监管，发生风险时很难得到法律的保护。许多平台为了吸引投资者，采用保本保息的担保策略，这违反了平台仅能作为信息中介的监管原则；对于网络众筹融资平台，也缺乏明确的法律监管和指引的条例。例如，众筹项目向公众融资一般都超过200人，这存在违反我国《证券法》关于非公开募集条款的事实，踩上了非法集资罪的监管红线。

8. 声誉风险

声誉风险一般来自操作上的违规、失误。当金融机构操作失误、违规经营导致损失或成为被告时，声誉就在无形中受到了伤害。在互联网金融情境中，声誉风险尤指互联网金融市场主体进行在线业务时，利益相关方对互联网金融企业的负面评价在新媒体传导作用下扩散而带来损失的风险。声誉风险来源多样，企业内部不正确的经营管理以及一些外部事件影响都可能引发声誉风险，如互联网金融企业违法操作与整改、管理者金融犯罪、服务质量低下而遭投诉等情况。此外，当虚假信息在自媒体瞬时性、广泛性的传播下，互联网金融企业的声誉风险将更大。互联网金融企业的操作失误、信息传导机制的不健全、触犯法规而引发的消费者的误解，会打击相关消费者的信心，并在网络媒体推动下快速扩散，从而引发声誉风险，因此，在互联网金融情境下的企业无时无刻不面临着声誉风险。

互联网银行、互联网基金、互联网保险、互联网证券等以传统金融业态为基础的互联网化业态，对于声誉风险尤为敏感。这些互联网金融的新型业态是鼓励金融创新下的产物，其自身声誉对相关互联网金融消费者的选择有重要影响。当进行在线业务时，由于平台特殊性与业务的高竞争性，利益相关方对互联网金融企业的负面评价将在网络媒体传导作用下迅速扩散，进而带来损失。

二、互联网金融风险控制措施

互联网金融风险控制是互联网金融的永恒主题，也是风险研究的最终价值所在。互联网金融作为新兴金融业态，若对风险缺乏管控，则可能由个别风险引发系统性金融风险，甚至引发金融危机。在互联网金融风险管控中，有以下应用比较广泛的管控措施：

（一）运用大数据风控应对信用风险

大数据风控是指通过大数据构建风控模型，从而对借款人进行风险控制和风险提示的风险管理办法。大数据风控以大数据为基础，凭借数据挖掘和神经网络等技术来消除互联

㊀ 郭喜才．互联网金融风险及其监管研究[J]．江西社会科学，2015（7）：80-84．

网金融交易双方的信息不对称，从而应对互联网金融业态频发的信用风险。

大数据风控的核心是数据，而数据的来源十分关键。大数据风控数据来源主要有以下四个方面：①用户申请时提交的各种数据信息，如年龄、性别、籍贯、收入状况等；②用户在使用过程中产生的行为数据，包括资料的更改、选填资料的顺序、申请中使用的设备等；③用户在平台上累积的交易数据；④第三方数据，包括来自政府、公用事业、银行等机构的数据，以及用户在电商、社交网络、网络新闻等互联网应用上留存的数据。大数据风控就是利用这些采集的数据，来寻找不同特征与违约率之间的相关性，并为不同的特征赋予权重，从而评估相关风险发生的可能性大小。

案例分析

微贷网的风控

大数据风控应用流程可以总结如下：

（1）贷前风控：包括数据采集与审核、客户精准调研和欺诈检测等环节。

（2）贷中风控：具体指对资金去向、客户资质情况进行信息评估，以判断资金是否按照规定用途使用以及客户情况是否有恶化，从而预估本利收回率，以便评估可能的短缺风险，做好应对措施。

（3）贷后风控：具体指贷后催收机制确保客户按期还款与现金流的正常运行。

微贷网于2011年7月8日上线运营，主要提供汽车抵押借贷服务。微贷网注重设立专门风控机构，就企业的信贷政策、客户评级等方面采取管控措施。其风控主要分为以下四个层面：①客户初审。通过对用户的信用记录、车辆违章信息、保险信息、法律上的不良记录等信息做一个初审，进行筛选。②线下审核。通过分公司的客服人员在发标阶段将虚假信息过滤，然后通过风险岗人员检查车的真假，防止套牌车、水车等现象的出现，并去车管所做抵押登记。③总部监督。微贷网总公司设置督导部，定期对分公司进行巡查，查看相应的车辆信息及车辆的行动轨迹。④外部监督。微贷网成立投资人监督委员会，投资人监督委员会由微贷网的投资人组成。委员会成员可以随时到任意一家微贷网正式开张营业的门店随机查询任意一个标的的所有资料。

思考：互联网金融企业如何应用大数据技术做好风险控制？

（资料来源：根据网络资料整理）

（二）运用针对性管控措施应对特殊风险

1. 技术风险的特定管控措施

（1）病毒防治。近年来，网络安全问题诸如僵尸网络、蠕虫、木马、高级可持续性威胁（APT）攻击泛滥，网络攻击向规模化、组织化发展，其中以计算机病毒尤为明显。根据《计算机病毒防治管理办法》，计算机病毒是指能自我复制的具有破坏计算机功能或毁坏、偷取数据等特殊目的的指令或代码。根据上述病毒防治管理办法，计算机病毒防治产品检测机构对提交的病毒样本及时进行分析、确认，并将确认结果上报公安部公共信息网络安全监察部门。互联网金融企业对广泛传播的计算机病毒风险进行内部管控。互联网金融企业通过建立计算机病毒防治管理制度、采用技术防治措施以及对本单位相关人员进行病毒防治教育培训的方式实现风险管控。定期检测、清除、审查可能存在的病毒，并构建技术风险预警机制，可有效防止风险发生。

（2）数据保护。互联网金融企业由于业务特殊性，技术风险潜在的威胁时刻存在，数据的完整性、安全性以及机密性时刻受到挑战，因而数据保护具有十分重要的意义。在风险高发的隐私保护领域，可以采用数据模糊化、数据安保措施等方法，在数据的源头做到去身份以及加密处理。面对云计算安全问题，则可以应用针对性技术，如虚拟化安全技术、数据安全技术、云资源访问控制等方法从源头处理风险。

（3）风险内控。互联网金融企业作为技术风险的源头单位，需要从企业本身出发，做好技术层面的风险自控。首先，在技术设计方面，在注重技术效用的同时注意风险防范，尽可能减少技术漏洞，并且要在完成初步技术设计后不断进行内测，进行风险试错，模拟黑客攻击等环节保障技术可靠性。其次，企业应建立全面的风控系统与专门的风控团队，对随时可能出现的技术风险进行检测、预警与修复。这就要求互联网金融企业要利用“云计算+大数据”等技术，建立有效的风险预警机制，防患于未然，将风险控制在源头，避免出现扩散。此外，运用先进的IT审计手段，进行风险项目审计，从而在企业层面构建“检测—预警—修复—审计”的全方位风控体系。

2．法规风险的特定管控措施

（1）完善互联网金融行业信息披露制度，使信息更具透明度。在互联网金融快速发展的今天，信息成为极具价值性的存在，而信息披露则在促进企业健康发展方面发挥着显著作用。对法规风险进行管控，需要做到构建有效信息披露机制，并进行相应的风险提示。互联网金融监管机构应构建互联网金融企业信息披露规定，通过制度规定的方式，为信息披露提供保障。同时，互联网金融平台应有专业信息披露网站，对互联网金融企业信息进行规范化公布。另外，互联网金融企业应该从自身发展考虑，主动进行信息披露，增加用户信心，从而推动互联网金融健康发展。在信息披露中应增加风险提示一项，告知客户可能存在的风险，减少信息不对称性。风险提示中要对可能存在的法律政策风险进行分析阐述，并披露风险应对措施，从而增强客户信心与黏性。

（2）建立层次分明的法律法规系统，使风险管理过程实现有法可依。首先，在现有法律法规基础上，建立健全相关规章和实施细则等内容，对现有法律进行补充，弥补现有监管对于互联网金融这一新金融模式的法律漏洞。其次，对互联网金融机构的相关情况进行规范，如经营资格、经营模式、防范风险等，法律法规要着重强调数据的保密、使用和开放等细则。再次，根据目前已有法律法规，进行时效性的修订，对一些相对陈旧和过时的法律法规及时进行调整。充分结合以上步骤，建立起全方位、多层次的互联网金融法律法规体系，促进行业健康持续发展。㊀

（3）普法教育。增加互联网金融平台普法宣传，对互联网金融企业根据业务特点进行针对性普法教育。例如，网络借贷应就非法集资相关法律案例进行深入学习，从而避免因游走于法律边缘而最终触犯法律底线。互联网金融监管单位应明示业务“雷区”，帮助不

㊀ 王占军．互联网金融及风险防范的国际借鉴[J]．金融博览，2013（9）：56-57．

同业态互联网金融企业合法“上岸”。

（三）运用综合管控措施应对各种风险

1. 构建风险监控、预警体系

互联网金融企业应将风控作为企业发展的关键环节，注重采用多方位风控方式，构建风险的整体监控体系。比如，对平台企业可能出现的风险采用实时监测系统以及外部风险识别防御系统，并适当采取风险源识别方法。风险源识别时可以采用定性与定量方法相结合。定性方法，如问卷调查法、讨论、专家咨询、情景分析法等；定量方法，如统计推论法、计算机模拟（如蒙特卡罗分析法）失效模型、影响分析法以及事件树分析法等。

在风险的监控基础上，构建风险预警机制，对可能出现的突发情况做好应急预案。同时明确事件责任人员，构建风险后果问责机制，以加强风控人员、责任人员的责任意识。另外，做好风险提示工作，对互联网金融企业内部人员、客户群体进行风险教育，告知可能出现的风险，并给出可能的应对方案。

2. 外部监管风控

（1）独立第三方检查。互联网金融管控部门应针对互联网金融企业风险特征设立专门的第三方检查督导机构并采取现场与非现场检查结合的方式，从外部加强相关企业的风控。

1）现场实地考察。针对不同互联网金融业态企业，派出专门人员亲赴机构现场开展物理场所的实地检查，以便了解企业内部运作情况并评估违规违法风险的发生可能性。这种外部监督压力有利于促进互联网金融企业加强风险管控，也是企业风险管理的有效途径。

2）第三方信息评估。互联网金融管控单位作为独立第三方，应结合非现场检查方式，通过公开信息搜集以及企业内部资料询问等方式评估互联网金融企业交易信息、数据资料等，并自我或者通过外聘第三方专业人士评估企业可能面临的法规风险。

（2）加强社会监督。互联网金融风险的管控不只是企业层面的责任，也不只是国家机关层面的责任，而是需要每一位公民的积极参与。

1）改革监督方式，依靠大众力量进行广泛、全面的监督。互联网金融的互联网属性，使人人参与成为可能，媒体、专业报告以及互联网、移动终端都成为大众监督的有效途径，要广泛利用这种无形的监督力量，形成全方位监督机制。

2）构建有效的意见反馈机制。大众参与监督的方式要求有高效的投诉和意见征集途径、渠道。这就要求监管部门设立专门的大众意见搜集与整理反馈部门，并设立配套的意见解决机制。在专门监管机构履行监督义务的同时增加公众监督、投诉途径，让万众监督成为可能。

第三节　互联网金融监管

2015 年是我国互联网金融监管元年，互联网金融在经历了“野蛮生长”后，已被纳入了金融监管体系。根据周雷（2016）的研究成果，本节分析互联网金融监管的概念、我国互联网金融监管的现状以及互联网金融的监管模式。

一、互联网金融监管的概念

金融监管分为狭义的金融监管和广义的金融监管，狭义的金融监管是指中央银行或其他金融监管机构根据国家的相关法律、法规对金融业进行监管管制的行为。广义的金融监管除包含了央行及其他金融当局的监管之外，还包括了金融机构的内部控制和稽核、同业自律性组织的监管、社会中介组织的监管等方面，体现了混合监管的理念。

互联网金融充分运用信息科技的特性实现了金融服务的便利化、脱媒化、普惠化。互联网金融促进了金融交易行为和消费方式的改变，交易成本更低，资源得到了更有效快捷的配置，并在一定程度上弥补了传统金融服务的不足，为实体经济发展提供了更多层面的支持。然而，互联网金融本质上仍属于金融，同样存在信用风险、市场风险、流动性风险，互联网金融不能游离于金融监管框架之外，必须通过有效监管，才能守住不发生系统性金融风险的底线。加强互联网金融监管，是促进互联网金融健康发展的内在要求。互联网金融的监管对象包括网络支付、P2P 网贷、众筹、互联网银行、互联网证券、互联网保险、互联网基金、互联网信托和户外消费金融等主要业态类型。

二、我国互联网金融监管的现状

近年来，我国互联网金融发展迅猛，给金融市场带来了新形式的金融产品和金融服务。互联网金融的快速发展在拓展金融服务深度和广度的同时，也带来了日益突出的风险。

2015 年 7 月，中国人民银行等部门制定发布《指导意见》，标志着监管部门正式将互联网金融纳入监管体系，我国互联网金融监管逐渐开始走上正轨。《指导意见》在鼓励创新、促进互联网金融稳步发展的基础上明确各部门对互联网金融监管的分工与职责，将需要监管的主要业态分为六类，其中互联网支付、网络借贷和股权众筹融资可视为互联网企业在网络平台上开展的金融活动，而互联网基金销售、互联网保险、互联网信托和互联网消费金融业务可视为传统金融机构利用网络技术将自身已有业务在网络平台上进行拓展销售和改进创新。[1]

目前，我国互联网金融监管涉及的范围广、监管主体多且尚不具有统一的监管法则，主要监管职能仍由传统的金融监管部门来承担，信息技术方面则由专业性强的工信部门和公安部门等来协助监管。

（一）互联网支付的监管

第三方支付是互联网金融中最具核心竞争力的功能，也是对传统金融最具挑战的功能。人们常说的互联网金融对传统金融具有颠覆性作用，通常指的是互联网金融的第三方支付功能。

互联网金融中的第三方支付，按照使用终端形态的不同，通常分为互联网支付和移动支付。互联网支付基于个人计算机终端，移动支付基于手机和平板电脑移动终端。随着移动终端的不断普及，移动支付正成为第三方支付的发展趋势。无论是互联网支付还是移动

[1] 杨宇珊．我国互联网金融监管理论研究及现状分析[J]．2017（11）：3-9．

支付，第三方支付都存在技术风险和操作风险，这一点与传统金融的卡支付所存在的风险相近似。第三方支付所存在的技术风险主要指，所信赖的信息系统技术安全和技术容量、黑客攻击、账户资金被盗等。操作风险指的是支付人的操作失误。从已有的实践和案例看，不能得出第三方支付所存在的技术风险和操作风险比传统金融高的结论，但如何提高第三方支付的技术保证，增厚其技术盾牌，改善操作上的灵活性、便捷性和安全性，仍是互联网金融防范风险的重要内容。㊀

互联网支付作为第三方支付机构的具体业务由中国人民银行进行监管。中国人民银行已经对第三方支付制定了若干规章和规范性文件。其中，《非金融机构支付服务管理办法》及实施细则明确了非金融机构从事支付业务的行政许可制度，对业务开展、制度建设和监督管理做出了明确规定。《支付机构客户备付金存管办法》对支付机构客户备付金的存放、归集、使用和划转等行为及其监督管理进行了规定。《银行卡收单业务管理办法》和《支付机构反洗钱和反恐怖融资管理办法》分别规范了收单业务和规定了支付机构的反洗钱、反融资义务等。

根据 2016 年 7 月 1 日起实施的《非银行支付机构网络支付业务管理办法》及相关监管法规，互联网支付监管的主要内容包括如下几个方面：

（1）实施市场准入管理。坚持“小额便民、服务于电子商务”的原则，有效隔离跨市场风险，维护市场公平竞争秩序及金融稳定。同时，对第三方支付机构实施市场准入管理，由中国人民银行发放牌照。

（2）坚持支付账户实名制。账户实名制是支付交易顺利完成的保障，也是反洗钱、反恐怖融资和遏制违法犯罪活动的基础。针对网络支付非面对面开户的特征，强化支付机构通过外部多渠道交叉验证识别客户身份信息的监管要求。

（3）兼顾支付安全与效率。本着小额支付偏重便捷、大额支付偏重安全的管理思路，采用正向激励机制，根据交易验证安全程度的不同，对使用支付账户余额付款的交易限额做出了相应安排，引导支付机构采用安全验证手段来保障客户资金安全。

（4）防范信息泄露风险，保护消费者合法权益。基于我国网络支付业务发展的实际和金融消费的现状，支付机构应以“最小化”原则采集、使用、存储和传输客户信息，防范信息泄露风险。支付机构应建立完善的风险控制机制，健全客户损失赔付、差错争议处理等客户权益保障机制，有效降低网络支付业务风险，保护消费者的合法权益。

（5）对非银支付机构实施动态分类管理。中国人民银行在充分考虑大型支付机构的诉求后，提出了建立分类评价机制和动态管理的新政策，也就是对综合评级较高的机构，在客户身份验证渠道、支付账户转账功能、支付账户单日交易限额、银行卡快捷支付验证方式等多个方面，给予了更充分的信任和有力的支持；对综合评级较低的机构，提出了更加严格的监管措施，以加强风险防范和客户权益保护。㊁

（二）P2P 网络借贷的监管

P2P 网贷作为互联网金融业态中的重要组成部分，近几年的发展呈现出机构总体数量

㊀ 吴晓求．互联网金融：成长的逻辑[J]．财贸经济．2015（2）：5-15．

㊁ 周雷．互联网金融理论与应用[M]．北京：人民邮电出版社，2017：251-272．

多、个体规模小、增长速度快以及分布不平衡等特点。

当前，P2P 网络借贷监管存在的主要挑战有：P2P 网络借贷的法律定位不明，业务边界模糊，监管部门间职责不清，难以开展有效监管；当前 P2P 网络借贷存在着较大的沉淀资金被挪用风险、洗钱风险和流动性风险等，导致金融监管部门维护金融稳定的压力较大。

P2P 网络借贷平台融资的风险主要表现在三个方面：一是借款人的信息披露是否充分，这是 P2P 最大的风险源；二是缺乏有效的、可持续的风险对冲机制，不存在类似于商业银行的贷款风险拨备机制，一旦出现借款人较大规模的违约，就有可能出现“跑路”现象；三是政策边界风险，从形式上看，P2P 融资模式离非法集资只差一步，如果存在“资金池”，则可能出现严重的政策法律风险。

P2P 网贷是指以互联网为主要渠道，为借款人和出借人实现直接借贷提供信息搜集、信息公布、资信评估、信息交互、借贷撮合等服务的业务。网络借贷信息中介机构本质是信息中介而非信用中介，因此不得吸收公众存款、归集资金设立资金池，不得自身为出借人提供任何形式的担保等。根据中国人民银行等 10 部委联合发布的《指导意见》、原银监会《网络借贷信息中介机构业务活动管理暂行办法》等监管法规，P2P 网贷监管包括以下内容：

（1）探索建立 P2P 行业准入标准。目前，中国 P2P 行业的门槛太低，简单注册公司就能从事类金融业务，又不会受到金融机构那样严格的监管，这种过低的门槛导致大量没有金融背景的企业争相涌入 P2P 行业，造成整个行业良莠不齐、乱象丛生。因此，相关部门应在注册资本、发起人资质、组织结构、内控制度、技术条件等方面，对 P2P 平台设置行业准入标准。

（2）落实客户资金银行存管制度，限制借款集中度风险。为防范网贷机构设立资金池和欺诈、侵占、挪用客户资金，增强市场信心，对客户资金和网贷机构自身资金实行分账管理，落实由银行业金融机构对客户资金实行第三方存管，对客户资金进行管理和监督，资金存管机构与网贷机构应明确约定各方责任边界，便于做好风险识别和风险控制，实现尽职免责。限制借贷集中度风险，网贷具体金额应当以小额为主，同一借款人在网贷机构上的单笔借款上限和借款余额上限应当与网贷机构风险管理能力相适应。

（3）完善信息披露机制，建立非现场监管信息报送制度。监管部门和自律组织应完善 P2P 网络借贷信息披露规范机制，要求 P2P 平台完整地保存客户资料，充分履行风险告知义务，确保投资者和借款者明确自身的权利和义务（包括借贷金额、期限、利率、服务费率、还款方式等），保障客户的知情权和选择权。要如实披露经营信息，包括公司治理情况、平台运营模式、业务数据（如交易额、累计用户数、平均单笔借款金额、投资人收益情况、不良贷款指标等），供客户参考。在此基础上，建议对普通网民和监管者分层次、有差异地披露信息。

（4）设立金融消费者保护局，加强金融消费者权益的保护。P2P 业务具有无形性、专业性和信用性，尤其是 P2P 网络业务打破了空间阻碍，使其消费者比其他有形业务的消费者更容易受到侵害，维权成本极高。P2P 网贷平台只需拥有线上域名即可成立，部分平台并不具备固定的工作场所，消费者往往独立分散、互不知晓、维权难度大，消费者保护问题更应受到高度重视。

首先，从金融消费者保护机构设置来看，设立统一的金融消费者保护机构，设立统一独立的金融消费者保护局，在金融消费保护立法、金融消费者教育、金融消费者维权诉讼等方面发挥作用。其次，从金融消费者权益保护内容来看，P2P 消费者保护应从以下四个方面入手：①加强 P2P 公司的信息披露，保护消费者的知情权；②保护消费者（特别是投资者一方往往处于弱势）的隐私，不得非法交易和披露消费者的个人信息；③培养和教育消费者养成权利意识；④构建高效的消费者投诉及处理体系，严厉打击各种侵害消费者权益的行为。

（5）完善行业征信体系，充分发挥行业自律作用。应建立和完善 P2P 行业征信体系，制定统一的信用评价标准，建立“黑名单”，积极促进多行业、多系统的征信系统融合和对接，并最终形成信息共享、信用评级、风险测度统一的征信体系，以降低 P2P 网贷的信用风险和成本。同时，在 P2P 行业监管尚不完善的情况下，积极推动行业协会自我约束、自我监督，根据监管部门发布的文件要求，设立协会准入门槛、监督平台信息公开、建设 P2P 行业的信息共享平台。

（6）充分发挥市场优胜劣汰的作用，完善 P2P 平台退出机制。由于市场竞争激烈、自身经营不善、借款人违约导致资金短缺及流动性问题等因素影响，部分 P2P 平台有可能退出市场。但因 P2P 平台的特殊性，其市场退出机制是否科学合理，关系到借贷双方的利益能否得到保护，甚至影响金融市场的秩序。因此，应完善 P2P 平台的退出机制。一是要明确市场退出机制的处置原则。P2P 网络借贷平台作为信息中介机构，应由监管机构对其运营进行监管，并根据监管过程中监测到的不同风险采取现场检查、行政处罚等不同的措施。二是要保护好出借人的权益。P2P 平台仅承担着借款人和出借人之间的交易中介角色，所以平台破产倒闭并不必然导致出借人的资产损失。为保护出借人的合法权益，平台应设立风险准备基金，以保障平台倒闭后，未到期的借贷项目仍有效并可得到有序的管理，直至借贷双方资金结清为止。

（7）坚持底线思维，注重协同监管。通过负面清单界定网贷业务的边界，明确网贷机构不能从事的禁止性行为，对符合法律法规的网贷业务和创新活动，给予支持和保护；对以网贷名义进行非法集资等非法金融活动，坚决予以打击和取缔；加强信息披露，完善风险监测，守住不发达区域性、系统性风险的底线；实行分工协作、协同监管，发挥网贷业务国家相关管理部门、地方人民政府、行业自律组织的作用，促进有关主体依法履职，加强沟通、协作，形成监管合力。

（三）股权众筹的监管

众筹模式主要利用互联网让小企业或个人展示创意或创业项目，以获取外部资金支持。众筹通常有债权式众筹和股权式众筹等形式。股权众筹是当前众筹的主要模式，对于拓宽小微企业直接融资渠道、支持实体经济发展、完善多层次资本市场体系建设具有重要意义，受到社会各界的高度关注。

股权众筹监管的主要内容包括以下几个方面：

（1）建立征信系统。征信系统对于众筹平台来说十分重要。较为完善的征信体系缩减了业务信贷审核成本，是众筹行业长远高效发展的基石。鉴于我国央行存在征信系统，待我国政府明确众筹监管主体时，可将央行的征信系统导入众筹平台中。同时众筹平台也应建立自身征信系统，包括身份识别、金融经验、个人背景等方面信息。只有信息更加完备，才能更好地保障客户利益。

（2）充分披露与核实信息。因为募资方与投资方并不相识，所有信息的传递均依赖众筹平台，所以对于众筹平台来讲，它的核心价值也就是核实信息的真实性与促进信息披露的完整性。对于投资方而言，平台发布的信息是其做出投资决策的重点依据，而对于众筹平台而言，其发布的信息真实性会影响到投资者投资的成功与否。项目允许失败，投资也可以损失，但是所有信息及交易记录应在平台上登记得清楚明白，信息的真实与完整的程度越高，对投资者的判断越有利。所以监管的核心应落实在众筹平台的信息披露与核实方面。监管部门应审核众筹平台的运营资质，对不合规的众筹平台予以取缔。

（3）加强对投资者的风险提示与教育。众筹平台应对投资者进行投资说明，要清楚明白表述投资有风险，提示投资者在投资前应有心理准备。互联网小额碎片化的特性使得互联网金融商业模式的参与主体是净资产不高、风险能力较低的人群。针对这一点，我国监管部门可参照美国对于投资者的投资额度限制的规定，对收入或净资产不同的人群进行投资门槛设置。通过对投资金额的设定，可以阻挡一些小额投资放贷对象不考虑风险地进入众筹，避免一旦风险发生，投资者损失惨重。㊀

总之，对于众筹融资，需要加强法律规范，明确具体的监管部门并出台指导意见，引导众筹规范健康发展。众筹具有私募特征，如果缺乏明确的法律规范，较容易触碰非法吸收公众存款和非法集资两条红线。

（四）互联网保险的监管

互联网保险是指保险机构依托互联网和移动通信等技术，通过自营网络平台、第三方网络平台等订立保险合同、提供保险服务等，具有无时空限制、交易成本低、信息对称、服务效率高、普惠金融等显著特征。互联网保险在互联网金融的背景下，正在迅速兴起，发展日新月异，势头迅猛。但在迅猛发展的过程中也暴露了一些问题。

一是互联网保险的法律法规缺乏前瞻性和引领性。法律法规的制定落后于互联网保险的发展，市场出现了许多相关的问题，却没有对应的规章制度和管理办法来规范和指引，以致造成现在市场上出现的混乱局面。许多互联网保险产品在短时间内取得了巨大的销售量，但同时也出现了一些为了谋取私利而损害市场公平秩序的违法乱纪行为，如虚假保单、夸大产品的作用、欺骗消费者、未尽到如实告知的义务、违反保险的最大诚信原则。二是监管机构的人员与职位不匹配，机构臃肿、缺乏效率，工作人员的分工和职责不明确，出现监管过程推卸责任，未能发现问题，作风和态度不严谨等行为。三是监管体系不完善，力度不够。我国的监管体系还不成熟，还在不断的发展和建设中，许多借鉴的事务都还在探索中，监管部门的监管还存在力度不够，监管不到位的问题，没有办法及时对一些违法的经营行为进行打击和惩罚。

互联网保险监管主要包括以下内容：

（1）坚持互联网保险新产品事后备案制监管模式，加强对保险公司创新行为的引导。

㊀ 孙楠．中国互联网金融监管研究[D]．沈阳：辽宁大学，2015．

目前，我国的互联网保险监管尚处于起步阶段。对互联网保险新产品应坚持事后备案制监管模式，即保险公司在推出新产品时，可直接向市场投放销售，无须事先审核，在销售期内向监管机构备案，若产品不合规，监管机构就会叫停。事后备案的好处是不会抑制保险产品创新，保险公司可充分抓住消费者需要，设计出能够满足大众需要的互联网保险产品。而事后备案的不利之处在于，市场上会充斥不正规的互联网保险产品，这些产品在一定程度上不符合保险产品的基本原则，不符合大数法则和保险利益原则。

（2）互联网保险业务应采取与线下产品一致的监管要求，防止监管套利。根据《互联网保险业务监管暂行办法》，互联网保险业务采取与线下产品一致的监管要求，由保险公司根据自身管控水平、信息化水平及产品特点，自主选择符合互联网特性的产品开展经营。保险机构应保证互联网保险消费者享有不低于其他业务渠道的投保和理赔等保险服务，保障保险交易信息和消费者信息的安全。保险监管机构主要通过事中监控和事后监督等措施，实施退出管理以加强对互联网保险产品的监管。

（3）强化互联网保险产品信息披露与信息安全监管。开展互联网保险业务的保险机构，应在其官方网站建立互联网保险信息披露专栏，需披露的信息包括：经营互联网保险业务的网站名称、网址，如为第三方网络平台，还要披露业务合作范围。互联网保险产品信息包括：保险产品名称、条款费率及批复文号、备案编号、报备文件编号或条款编码；突出提示和说明免除保险公司责任的条款，并以适当的方式突出提示理赔要求、保险合同中的犹豫期、费用扣除、退保损失、保险单现金价值等重点内容；客户服务及消费者投诉方式等。

（4）明确保险机构与第三方网络平台的职责划分。第三方是指除保险机构的自营网络平台外，在互联网保险业务活动中，为保险消费者和保险机构提供网络技术支持辅助服务的网络平台。互联网保险业务的销售、承保、理赔、退保、投诉处理及客户服务等保险经营行为，应由保险机构管理和负责。第三方网络平台如经营开展上述保险业务的，则应取得代理、经纪等保险业务经营资格。

（5）完善互联网保险渠道创新的分类监管，提升监管有效性。根据原保监会出台的《互联网保险业务监管暂行办法》，对保险渠道创新而言，监管机构在《保险法》的基础上发布了一些法律规定，主要规定了开展互联网保险业务应当具备的条件，同时就如何保障消费者知情权做出了一系列的规定。下一步应当针对不同的互联网保险模式进行不同的有效监管。

（6）推动传统保险业务互联网化，营造开放、公平的市场环境。在互联网保险监管中，除了针对符合监管要求的互联网保险公司发放专门的互联网保险牌照外，还应推动传统保险业务向互联网化转型升级，鼓励传统保险公司利用区块链、云计算、个体风险度量等新技术积极开发适合互联网渠道销售和场景应用的新产品，同时通过监管引导，营造开放、公平的市场环境。

（7）明确互联网保险平台准入条件，完善市场退出机制。《互联网保险业务监管暂行办法》规定了保险机构开展互联网保险业务的自营网络平台以及保险机构通过第三方网络平台开展互联网保险业务时第三方网络平台应具备的具体条件，明确了市场准入标准。同时，根据“放开前端、管住后端”的监管思路，通过明确列明禁止性行为的方式，完善保险机构和第三方网络平台的市场退出管理，为互联网保险业务的发展营造良好的市场环境。

（五）网络银行的监管

网络银行是指在互联网金融背景下，经原银监会批准设立，不设实体网点，以信息技术和互联网技术为依托，完全通过互联网平台和移动金融应用向用户提供各种金融服务的新型银行业金融机构。随着我国民营银行试点工作的开展，首家网络银行——微众银行于2015年1月18日试运行，于4月18日正式对外营业。我国首批试点设立的5家民营银行中有2家为纯网络银行。

网络银行监管的主要内容如下：

（1）严格准入监管。要求网络银行具备设计良好的股权结构与公司治理结构，确定合理可行的业务范围、市场定位、经营方针和计划，建立科学有效的组织机构和管理制度、风险管理体系及信息科技架构等。发起设立网络银行应制定合法章程，有具备任职所需专业知识和业务工作经验的董事、高级管理人员和熟悉银行业务的合格从业人员，有符合要求的营业场所、安全防范措施和与业务有关的其他设施。网络银行注册资本要遵从城市商业银行有关法律法规规定。

（2）坚持全程监管。加强审慎监管，制定网络银行监管制度框架，健全系统性风险监测评估体系；严格市场准入，构筑风险防范的第一道防线；加强事中、事后监督和风险排查，加强对重大风险，特别是互联网信息科技风险的早期识别和预警；提高监管的科学性、精细化水平，避免出现监管真空，防止监管套利。

（3）坚持创新监管。深入研究网络银行的业务特点和发展趋势，坚持“鼓励与规范并重，创新与防险并举”的监管原则，以提高网络银行综合竞争力为基本导向，加强监管引领，创新监管手段，不断丰富监管工具箱，适时评估和改进监管安排；简化监管流程，提高监管透明度；优化监管资源，突出属地监管、部门联动监管，更好地贴近网络银行发展的新要求，探索建立既适应网络银行发展实践又符合国际惯例的有效监管机制。

（4）坚持协同监管。在强化监管的同时，各有关部门和地方各级人民政府应加强沟通协调，加快推进有利于网络银行发展的金融基础设施建设，加快相关金融创新的制度研究与机制完善，同时不断完善金融机构市场退出机制，尽量减少个别金融机构经营失败对金融市场的冲击，切实促进网络银行持续健康发展。

三、我国互联网金融的监管模式

互联网金融以其高效快捷的服务在快速发展繁荣市场的同时，其发展还伴随着传统金融既有的及其自身特有的种种风险。对这些业已表现出的风险，必须认识到互联网金融也不是一个普通的行业，其本质仍是金融，蕴含着不亚于传统金融的可能引发系统性风险的种种风险，中国采取了政府监管和行业自律相结合的混合式监管模式，防止互联网金融引发系统性风险。

目前，我国金融监管的架构有了新的变化，已形成了“一委一行两会”+地方金融监管局的新格局。我国主要的监管客体包括：金融市场、金融机构及金融工具。为贯彻党的十九大精神，落实全国金融工作会议要求，党中央、国务院决定设立国务院金融稳定发展委员会，作为国务院统筹协调金融稳定和改革发展重大问题的议事协调机构。其主要职责是：落实党中央、国务院关于金融工作的决策部署；审议金融业改革发展重大规划；统筹金融改革发展与监管，协调货币政策与金融监管相关事项，统筹协调金融监管重大事项，协调金融政策与相关财政政策、产业政策等；分析研判国际国内金融形势，做好国际金融风险应对，研究系统性金融风险防范处置和维护金融稳定重大政策；指导地方金融改革发展与监管，对金融管理部门和地方政府进行业务监督和履职问责等。从职责安排上可以看出，新成立的金融稳定发展委员会是部际协调机制的一次大升级。

根据 2018 年 3 月 13 日公布的国务院机构改革方案，原中国银行业监督管理委员会和原中国保险监督管理委员会职责整合，组建直属国务院事业单位——中国银行保险监督管理委员会（以下简称“银保监会”）；将拟订银行业、保险业重要性法律法规草案和审慎监管基本制度的职责划入中国人民银行。新组合的银保监会主要职责是，依照法律法规统一监督管理银行业和保险业，维护银行业和保险业合法、稳健经营，防范和化解金融风险，保护金融消费者合法权益，维护金融稳定。

下面，我们来分析我国政府监管和行业自律相结合的混合式监管模式。

（一）政府监管

2014 年，政府工作报告首次提出“促进互联网金融健康发展”。2014 年 3 月 24 日，中国人民银行明确了互联网金融监管必须遵循的五个原则分别是：互联网金融创新必须坚持金融服务实体经济的本质要求，合理把握创新的界限和力度；互联网金融创新必须从宏观调控和金融稳定的总体要求；切实维护消费者的合法权益；维护公平竞争的市场秩序；处理好政府监管和自律管理的关系，充分发挥行业自律的作用。

央行主要在宏观层面制定和实施货币政策，并对金融体系进行总体把控和监管，在其领导之下，银保监会负责对银行业金融机构和保险行业进行监管，证监会负责对证券业及资本市场进行监管。从各监管部门对互联网金融各业态监管的分工来看，中国人民银行负责监管网络支付业务，银保监会负责网络借贷业务、互联网保险业务、互联网信托业务和互联网消费金融业务，证监会负责监管股权众筹融资业务、互联网基金销售业务，财政部负责互联网金融从业机构财务监管政策。各监管部门相互协作、形成合力，充分发挥金融监管协调部际联席会议制度的作用，构建了国家层面的政府监管协同体。

1. 中国人民银行的监管

根据《关于促进互联网金融健康发展的指导意见》，中国人民银行负责监管的领域是网络支付和数字货币。

（1）对网络支付业务的监管。中国人民银行于 2010 年 6 月发布《非金融机构支付服务管理办法》，规定了网络支付的业务范围、准入门槛、监管措施，特别要求提供支付服务的非金融机构必须取得支付业务许可证。2015 年 7 月，中国人民银行进一步发布了《非银行支付机构网络支付业务管理办法（征求意见稿）》，确立了坚持支持账户实名制、平衡支付业务安全与效率、保护消费者和推动支付创新的监管思路，提出了清晰界定支付机构定位、坚持支付账户实名制、兼顾支付安全与效率，突出对个人消费者合法权益的保护、实施分类监管推动创新的监管措施。

（2）对数字货币的监管。中国人民银行等五部委于 2013 年 12 月联合发布的《关于防范比特币风险的通知》中规定，“比特币不是真正意义上的货币，不能且不应作为货币在市场上流通使用。但比特币交易作为一种互联网上的商品买卖行为，普通民众在自担风险的前提下拥有参与的自由。”2017年1月，中国人民银行约谈多家比特币交易平台的负责人，提示交易平台可能存在的法律、政策及技术风险等，要求这些平台不得从事违法活动。

2．中国银行保险监督管理委员会的监管

2015年，原银监会新设普惠金融部，对网络借贷等非持牌机构进行监管协调。同时，传统金融机构互联网化最早尝试的网络银行业务，也是原银监会在商业银行监管中的重点领域。

（1）对网络借贷的监管。2016年8月，原银监会等四部委联合发布《网络借贷信息中介机构业务活动管理暂行办法》，界定了网贷业务的展业范围，确立了网贷监管体制，明确了网贷业务规则，对网贷行业进一步的规范发展确立了基础和依据。同时，2016年8月，原银监会发布了《网络借贷资金存管业务指引（征求意见稿）》，对网络借贷资金存管业务提出了具体要求。2016年11月，原银监会联合工信部、工商局联合发布了《网络借贷信息中介备案登记管理指引》，规定网贷平台备案制是银行存管、增值电信业务许可证申请的前置条件。2017年2月，原银监会发布《网络借贷资金存管业务指引》，进一步细化了对资金存管的相关要求，加强对网贷资金交易流转环节的监督管理，防范网贷资金挪用风险，保护投资人资金安全。

（2）对网络银行业务的监管。2005年11月10日，原中国银监会发布《电子银行业务管理办法》，明确了原银监会对电子银行业务实施监督管理。同时依据其内容，于2006年1月20日制定了《电子银行安全评估指引》，对网络银行安全评估的实施和管理做出规定。

（3）对互联网保险业务的监管。2015年7月22日，原保监会发布的《互联网保险业务监督暂行办法》，标志着中国互联网保险业务监督制度的正式出台，明确了互联网保险业务的定义，并就参与互联网保险业务的经营主体、经营条件、经营区域、信息披露、监督管理等方面提出了基本规范和监管要求。

3．中国证券监督管理委员会的监管

中国证监会主要负责监管股权众筹和互联网基金这两个业态。

（1）对股权众筹的监管。2014年12月，中国证券业协会发布《私募股权众筹融资管理办法（试行）（意见征求稿）》，明确了中国证券业协会对股权众筹融资行业进行自律管理，并规定了9条股权众筹平台禁止的行为。2015年8月7日，证监会下发《关于对通过互联网开展股权融资活动的机构进行专项检查的通知》，规定未经证监会批准，任何人不得开展股权众筹融资活动。

（2）对互联网基金的监管。2013年3月15日，证监会发布了《证券投资基金销售机构通过第三方电子商务平台开展业务管理暂行规定》，对基金销售机构通过第三方电子商务平台开展基金销售业务的准入条件、行为规范、备案流程等做出了相应要求，以推动基金销售机构借助成熟的互联网机构及电子商务平台开展网上基金销售业务。

4．地方政府的监督管理

互联网金融将过去的很多民间非正规金融活动转移到了互联网平台上，这在缓解地方中小企业“融资难”的同时，也为区域金融体系带来了新的风险。由于地方金融监管部门往往处于金融办和金融管理局“一套班子，两块牌子”的状态，这意味着除一般意义上的监管职能外，地方金融监管部门往往还兼具“指导”“规划”“管理”“服务”等职能，承担着发展和监管辖区内互联网金融的双重角色，需要平衡好发展与监管的关系。

互联网金融的热潮以及中央对互联网金融的重视引起了地方政府的关注，北京最先出台了互联网金融相关政策，上海、广州、深圳、南京、武汉等地紧随其后，从发展和规范两个角度制定相应措施推进地方互联网金融行业的发展。

（二）行业自律

行业自律是对政府监管的有益补充和有力支撑，也是互联网金融监管创新的重要内容。行业自律通过各级互联网金融行业协会实现。同一行业中互联网金融企业基于共同利益，制定规则、自我约束，实现本行业内部的自我监管，以保护自身利益并促进本行业的发展。健全的行业自律机制有利于营造效率更高、方式更灵活的监管环境，提高监管的弹性和有效性。

在我国，既有国家层面的中国互联网金融协会，也有各省市互联网金融行业协会，形成了多层次的行业自律体系。

1．国家层面的行业自律组织

2015 年 7 月 18 日，经党中央、国务院同意，按照中国人民银行等 10 部委联合发布的《指导意见》要求，中国人民银行会同原银监会、证监会、原保监会等国家有关部委组织建立了国家级互联网金融行业自律组织——中国互联网金融协会。

2016 年 3 月 25 日，中国互联网金融协会在上海召开成立会议。协会旨在通过自律管理和会员服务，规范从业机构市场行为，保护行业合法权益，推动从业机构更好地服务社会经济发展，引导行业规范健康运行。协会主要职能为按业务类型制定经营管理规则和行业标准，推动机构之间的业务交流和信息共享；明确自律惩戒机制，提高行业规则和标准的约束力；强化守法、诚信、自律意识，树立从业机构服务经济社会发展的正面形象，营造诚信规范发展的良好氛围。

2016 年 10 月 13 日，中国互联网金融协会开通互联网金融举报信息平台及微信公众号举报功能，充分发挥社会公众力量的监督作用。举报对象包括提供互联网支付、网络借贷、股权众筹融资、互联网基金销售、互联网保险、互联网信托和互联网消费金融等各类互联网金融业务的传统金融机构与互联网企业；举报范围为以上从业机构的违法、违规行为。举报平台将统一汇集整理举报线索，及时转相关管理部门处理，并严格按照法律及其有关规定，对举报人和举报内容予以严格保密，保护举报人权利。

2．地方行业自律组织

中国互联网金融协会作为全国性的行业自律组织仅能覆盖那些规模最大、名声最响的互联网金融企业，而地方性的行业自律组织为实现更广泛的行业自律提供了出路。事实上，早在中国互联网金融协会成立之前，很多地方就先行先试，在辖区内建立了地方性互联网金融行业协会，为互联网金融行业自律做了一些有益的尝试。作为较早成立的地方行业协会之一，广东互联网金融协会成立于2014年5月18日，协会成员涵盖企业、高校，以期集民间互联网金融智慧，助力互联网金融发展。紧随广东，上海、江苏、浙江等地区相继建立互联网金融协会，希望发挥协会职能，建立有序的市场环境，助推互联网金融行业的健康发展。

作为互联网金融的起源地，英美等互联网技术较为发达的国家也在不断调整互联网金融的政策体系，以适应本国互联网金融发展的实际需要，从而形成了不同的监管模式。

案例分析

监管之下，互联网金融行业面临新升级

据网贷之家数据显示，2018年1月，停业转型的P2P平台有49家，问题平台（含跑路、提现困难、警方介入等情况）为24家，合计已达73家，约为上个月的2倍，也是一年多以来，单月停业及问题平台数量最多的一个月。与此同时，2018年1月，P2P网贷行业的成交量为2 081.99亿元，环比下降7.39%，创近11个月成交量的新低。

2018年，中国人民银行工作会议再次要求“加强金融风险研判及重点领域风险防控，完善金融风险监测、评估、预警和处置体系”，“建立完善互联网金融监管和风险防范长效机制”。

高压监管之下，是否意味着互联网金融行业前景堪忧？市场人士表示，虽然高压监管让整个互联网金融行业承受着巨大压力，但互联网金融自兴起以来，在提高金融服务实体经济效率、助力普惠金融发展方面都起到了强大的促进作用，在新一轮国家明晰和合理的监管指导下，互联网金融的普惠价值、服务实体经济能力也得到大大增强。

思考：试分析互联网金融监管的必要性。

（资料来源：根据网络资料整理）

本章小结

（1）互联网金融风险定义为在互联网技术背景和新型金融运作方式下产生的不确定性以及引起损失的可能性与不可控性。基于对已有研究和传统金融风险的分类，将互联网金融风险具体分为道德风险、信用风险、市场风险、流动性风险、操作风险、技术风险、法规风险及声誉风险八大风险。

（2）我国互联网金融监管的主要监管职能由“一行两会”来承担，信息技术方面则由专业性强的工信部门和公安部门等来协助监管。在监管职责划分上，中国人民银行负责互联网支付业务的监督管理；银保监会负责包括个体网络借贷和网络小贷在内的网络借贷、互联网保险以及互联网信托和互联网消费金融的监督管理；证监会负责股权众筹融资和互联网基金销售的监管管理。

（3）互联网金融其本质仍是金融，蕴含着不亚于传统金融的可能引发系统性风险的种种风险，中国采取了政府监管和行业自律相结合的混合式监管模式，防止互联网金融引发系统性风险。

知识自测

一、单选题

1.（　　）是指互联网金融机构在某个时点没有足够的资金量来满足客户提现需要的风险。

A. 流动性风险　B. 操作风险　C. 市场风险　D. 道德风险

2.（　　）又称违约风险，是指借款人、证券发行人或交易对方因种种原因，不愿或无力履行合同条件而构成违约，致使银行、投资者或交易对方遭受损失的可能性。

A. 道德风险　B. 流动性风险　C. 法规风险　D. 信用风险

3.（　）是指由于缺乏恰当的法律政策监管，互联网金融公司擅自突破业务范围违反法律、政策规定而引发的风险。

A. 道德风险　B. 声誉风险　C. 法规风险　D. 市场风险

4. 以下不属于技术风险特定管控措施的是（　　）。

A. 病毒管制　B. 信息披露　C. 数据保护　D. 风险内控

5. 以下不属于银保监会负责监管的互联网金融业态是（　　）。

A. 网络银行　B. P2P 网络借贷

C. 互联网消费金融　D. 互联网支付

6.（　　）是互联网金融中最具核心竞争力的功能，也是对传统金融最具挑战的功能。

A. 第三方支付　B. P2P 网络借贷

C. 股权众筹　D. 互联网消费金融

7. 对各机构的监管职责描述错误的是（　　）。

A. 中国人民银行负责互联网支付业务的监督管理

B. 银保监会负责包括个人网络借贷和网络小额贷款在内的网络借贷

C. 证监会负责互联网信托和互联网消费金融的监督管理

D. 银保监会负责互联网保险的监督管理

8. 股权众筹融资的融资者是（　　）。

A. 民营企业　B. 小微企业　C. 国有企业　D. 上市公司

9. 下列不属于当前我国 P2P 网络借贷监管的主要措施的是（　　）。

A. 对 P2P 平台设置行业准入标准　B. 限制借款集中度风险

C. 客户资金第三方存管　D. 服务中小微企业

10.（　　）于 2013 年 12 月联合发布的《关于防范比特币风险的通知》中规定“比特币不是真正意义上的货币，不能且不应作为货币在市场上流通使用”。

A. 中国人民银行等五部委　B. 原银监会

C. 原保监会　D. 证监会

二、多选题

1. 以下属于互联网金融风险特征的是（　　）。

A. 隐蔽性　B. 突发性　C. 扩散性　D. 开放性

2. 大数据风控的核心是数据，而数据的来源十分关键。大数据风控数据来源主要有

(　　)。

A. 用户申请时提交的各种数据信息　B. 用户在使用过程中产生的行为数据
C. 用户在平台上累积的交易数据　D. 第三方数据

3. 我国主要的监管客体包括(　　)。

A. 一行三会　B. 金融市场　C. 金融机构　D. 金融工具

4. 网络银行监管的主要内容包括(　　)。

A. 严格准入监管　B. 坚持全程监管
C. 坚持创新监管　D. 坚持协同监管

5. 我国的互联网金融监管模式是政府监管和行业自律相结合的混合式监管模式，政府监管包括(　　)。

A. 中国人民银行的监管　B. 中国银行保险监督管理委员会的监管
C. 中国证券监督管理委员会的监管　D. 地方政府的监督管理

三、判断题

1. 互联网金融作为新兴金融业态，若对风险缺乏管控，则可能由个别风险引发系统性金融风险，甚至引发金融危机。(　　)

2. 广义的金融监管是指中央银行或其他金融监管机构根据国家的相关法律、法规对金融业进行监管管制的行为。(　　)

3. 互联网金融具备互联网和金融双重属性，使它既存在传统金融风险又存在互联网风险，这两种风险仅是简单的叠加，并无融合。(　　)

4. 互联网金融风险的扩散性体现为在信息技术的高流动、无边界、跨时空等特性中风险的传导性更强、传播速度更快。(　　)

5. 信用风险是指互联网金融机构在某个时点没有足够的资金量来满足客户提现需要的风险。(　　)

6. 2015 年 7 月由中国人民银行等部门制定发布的《网络借贷信息中介机构业务活动管理暂行办法》标志着监管部门正式将互联网金融纳入监管体系。(　　)

7. 互联网金融风险的管控仅是企业层面和国家机关层面的责任，不需要公民的积极参与。(　　)

8. 比特币可以作为货币在市场上流通使用。(　　)

9. 在我国，既有国家层面的中国互联网金融协会，也有各省市互联网金融行业协会，形成了多层次的行业自律体系。(　　)

10. 中国证监会主要负责监管股权众筹和互联网支付这两个业态。(　　)

技能实训

1. 实训主题：P2P 网贷监管现场检查方案设计。

根据相关材料，要求学生站在监管部门的角度，综合运用所学知识，设计一份对某 P2P 网贷平台进行全面现场检查的方案，以加深对监管原则的运用及对监管有效性的理解。

2. 实训主体：大数据风控应用。

根据相关材料，分析讨论阿里小贷大数据风控的流程。

参考文献

[1] 贲圣林，张瑞东，等．互联网金融理论与实务[M]．北京：清华大学出版社，2017.

[2] 周雷．互联网金融理论与应用[M]．北京：人民邮电出版社，2016.

[3] 郭福春，陶再平．互联网金融概论[M]．北京：中国金融出版社，2015.

[4] 陈雄．互联网金融实务[M]．厦门：厦门大学出版社，2016.

[5] 李蔚田．网络金融与电子支付[M]．北京：北京大学出版社，2015

[6] 孙楠．中国互联网金融监管研究[D]．沈阳：辽宁大学，2015.

[7] 江瀚，向君．物联网金融：传统金融业的第三次革命[J]．新金融，2015（7）：39-42.

[8] 苗文龙．互联网支付：金融风险与监管设计[J]．当代财经，2015（2）：55-65.

[9] 谢平，邹传伟，刘海二．互联网金融的基础理论[J]．金融研究，2015（8）：1-12.

[10] 万建华．互联网金融的七个基本特征[J]．清华金融评论，2015（12）：95-100.

[11] 朱蕾，李明亮，周洪荣．金融互联网——打造证券服务新模式[J]．中国证券，2014（8）：2-8.

[12] 王恩潭，等．证券业“网上开户”存在的问题及其化解之道[J]．中国证券，2017（12）：70-76.

[13] 湘财证券股份有限公司．上海财经大学．互联网金融及其对证券行业的影响[J]．中国证券，2014（11）：41-53.

[14] 傅凌燕．银行宝类产品与商业银行盈利等指标的实证分析[J]．时代金融，2018（1）：139-141.

[15] 邱勋．“互联网信托”P2B 网络借贷模式探析[J]．新金融，2014（3）：28-32.

[16] 姚崇慧．拆解“灰色”互联网信托[J]．中国外汇，2017（14）：64-66.

[17] 张娟，黄柏翔．互联网金融风险防范机制[J]．中国金融，2017，8（4）：93-94.

[18] 郭喜才．互联网金融风险及其监管研究[J]．江西社会科学，2015（7）：80-84.

[19] 王占军．互联网金融及风险防范的国际借鉴[J]．金融博览，2013，（9）：56-57.

[20] 黄卫东．互联网金融创新[M]．北京：新华出版社，2015.

[21] 刘爱华，大数据在网络借贷风险控制上的应用[D]．保定：河北金融学院，2015.

[22] 网贷之家，微贷网超强“风控”系统[EB/OL]．https://bbs.wdzj.com/thread-662488-1-1.html.

[23] 杨宇珊．我国互联网金融监管理论研究及现状分析[J]．2017（11）：3-9.

[24] 吴晓求．互联网金融：成长的逻辑[J]．财贸经济．2015（2）：5-15.

[25] 尹海员，王盼盼．我国互联网金融监管现状及体系构建[J]．金融论坛，2015（9）：12-24.